应用型本科汽车类专业系列教材

汽车试验学

主 编　许兆棠

参 编　张 恒

机械工业出版社

汽车试验是研制新的汽车产品、测试汽车设计后的样机、改进升级现有汽车、开发汽车新技术要做的工作，也是汽车生产企业评价汽车生产线上汽车质量和汽车检测站年检在用汽车质量的主要工作。本书依据车辆工程、新能源汽车工程、智能车辆工程等专业的教学需要，根据现在使用的汽车试验仪器、试验设备与设施，现行的汽车试验国家标准、汽车行业标准和汽车试验方法编写，并注意对先进性技术内容的介绍，主要内容包括：汽车试验概述，汽车试验的基础理论，汽车测试系统的传感器，测试信号的处理器，汽车试验的仪器、设备与设施，汽车的整车性能试验，智能网联汽车自动驾驶功能场地试验，汽车可靠性与碰撞试验，汽车环境保护性试验，汽车总成与部件试验，汽车虚拟试验。

本书可作为车辆工程、新能源汽车工程、智能车辆工程等专业的教材，也可作为汽车服务工程专业及与汽车试验或检测相关专业的教材，还可供从事汽车试验的研究人员和工程技术人员参考。本书有配套的教学课件、习题参考答案、教学大纲，供教学使用，使用本书作为授课教材的教师可从机械工业出版社教育服务网（www.cmpedu.com）上下载。

图书在版编目（CIP）数据

汽车试验学／许兆棠主编. --北京：机械工业出版社，2024.6（2025.7重印）. --（应用型本科汽车类专业系列教材）. ISBN 978-7-111-76070-2

Ⅰ. U467

中国国家版本馆 CIP 数据核字第 2024UD0805 号

机械工业出版社（北京市百万庄大街22号　邮政编码100037）
策划编辑：何士娟　　　　　　　　　责任编辑：何士娟　赵晓峰
责任校对：杜丹丹　王小童　景　飞　封面设计：陈　沛
责任印制：张　博
固安县铭成印刷有限公司印刷
2025年7月第1版第2次印刷
184mm×260mm · 17.75印张 · 411千字
标准书号：ISBN 978-7-111-76070-2
定价：60.00元

电话服务　　　　　　　　　　　网络服务
客服电话：010-88361066　　　机 工 官 网：www.cmpbook.com
　　　　　010-88379833　　　机 工 官 博：weibo.com/cmp1952
　　　　　010-68326294　　　金 书 网：www.golden-book.com
封底无防伪标均为盗版　　机工教育服务网：www.cmpedu.com

前　言

Preface

汽车试验学是车辆工程、新能源汽车工程、智能车辆工程专业的专业课,一些汽车服务工程专业及与汽车试验或检测相关专业也开设有汽车试验学课程。汽车试验理论、技术、仪器、设备和设施等在不断发展,汽车试验的标准也在不断发展,有的标准已修订,有的标准已废止,还有的标准是新制定的,智能网联汽车的试验标准也已颁布并实施。为满足汽车试验学课程的教学需求,适应汽车试验理论、技术、设备和标准等的发展,特出版本书。

汽车试验是研制新的汽车产品、测试汽车设计后的样机、改进升级现有汽车、开发汽车新技术等过程中必不可少的工作,也是汽车生产企业评价汽车生产线上汽车质量和汽车检测站年检在用汽车质量的主要工作。本书根据现在使用的汽车试验仪器、试验设备与设施,现行的汽车试验国家标准和汽车行业标准和汽车试验方法编写,并具备一定的先进性。全书共分11章。第1章为汽车试验概述,对汽车试验进行总体论述,内容包括汽车试验的概念、分类、标准、基本步骤和并行试验的方法。第2~4章分别为汽车试验的基础理论、汽车测试系统的传感器和测试信号的处理器,这些内容是选择、使用汽车试验仪器、设备的基础。第5章为汽车试验的仪器、设备与设施,介绍了汽车试验中要用的仪器、设备与设施,以及汽车试验场。第6~9章分别为汽车的整车性能试验、智能网联汽车自动驾驶功能场地试验、汽车可靠性与碰撞试验和汽车环境保护性试验,介绍了与整车有关的试验,包括汽车六大性能、可靠性、碰撞、发动机排气污染物及噪声的试验,还包括智能网联汽车自动驾驶功能场地试验,试验项目的内容来自现行的汽车试验国家标准和汽车行业标准,并以现行的汽车试验国家标准为主,涉及燃油汽车、纯电动汽车、混合动力电动汽车和智能驾驶汽车。第10章为汽车总成与部件试验,介绍了与汽车总成和部件有关的试验,试验项目的内容也是来自现行的汽车试验国家标准和汽车行业标准,并以现行的汽车试验国家标准为主,涉及发动机、驱动电机、动力蓄电池及底盘四大系统中的主要总成与部件试验。第11章为汽车虚拟试验,简单介绍了汽车虚拟试验的软件和应用。

本书有配套的教学课件和习题参考答案,还有车辆工程、新能源汽车工程、智能车辆工程专业的汽车试验学课程教学大纲,供教学使用。与本书配套的教学课件、习题参考答案、教学大纲等,可从机械工业出版社教育服务网（www.cmpedu.com）上下载。

本书由三江学院、淮阴工学院许兆棠教授主编,淮阴工学院张恒教授参与部分内容的编写和资料收集整理工作。

本书在编写的过程中,参考了许多国内出版的书籍、网站、标准的相关内容,得到了许多专家和汽车企业技术人员的大力支持,许多在汽车企业工作及考上研究生的我的学生也给了我大力支持,使得本书的编写工作得以顺利完成,并在内容上更加新颖、丰富。江苏沃开汽车技术有限公司的胡训雷副总审核了部分章节,并结合企业的汽车试验提出了许多宝贵的

Preface

修改意见。金龙联合汽车工业（苏州）有限公司的费沈重、上海汽车集团股份有限公司的朱亮亮和常宽、麦格纳卫蓝试验中心的高远、福特汽车工程研究（南京）有限公司的时为超及宁波赛福汽车制动有限公司的姚磊等工程师提出了许多宝贵的修改意见。淮阴工学院陈勇副教授对汽车试验学的授课给予了指导和支持，淮阴工学院徐礼超教授对全书进行了认真审阅，并提出了许多宝贵的修改意见，在此一并致谢。

由于编者水平所限，书中难免存在不足之处，恳请使用本书的师生和读者批评指正，以便今后进一步完善。

编　者

目　录

第1章 汽车试验概述

教学目标： 通过本章学习，读者应掌握汽车试验的分类和汽车试验的基本步骤，了解汽车试验的定义、应用、任务、理论基础、目的和意义等基本概念，了解汽车试验标准，为后续章节的学习和开展汽车试验打下基础。

1.1 汽车试验的概念

1. 汽车试验的定义及应用

（1）汽车试验的定义 汽车试验是指在专用试验场或其他专用场地、实验室内，使用专用和通用的仪器设备，依照汽车试验大纲及有关汽车标准，对整车或总成部件进行各种测试，也可根据需要在常规道路上或典型地域进行相关试验，得到整车或总成部件的测量参数或定性评价的结果。

汽车整车试验的主要内容包括汽车动力性、经济性、制动性、操纵稳定性、平顺性、通过性、燃油车的排放性、噪声、可靠性、碰撞安全性、环境保护性等试验，涉及燃油汽车、新能源汽车及智能驾驶汽车。

汽车总成部件试验的主要内容包括动力系统、底盘四大系统（传动系统、行驶系统、转向系统、制动系统）中主要部件整体性能的试验，如发动机、驱动电机、动力蓄电池、离合器、变速器、驱动桥总成、减振器、制动器等性能试验。

在汽车试验中，使用车速测量仪、燃油消耗量测量仪、转鼓试验台等汽车专用仪器和设备，使用功率测量仪、陀螺仪、数据采集卡、计算机等通用的仪器和设备。

汽车试验分为室外道路试验和室内台架试验。汽车整车室外道路试验是在汽车试验场，或在专门用于制动、爬坡等汽车试验的道路上，或在高速公路、省级公路、县级公路等公路上，或在戈壁滩、沼泽地、寒冷的漠河、高温高湿的海南岛、高温干热的新疆吐鲁番等地域上进行。在高速公路、省级公路、县级公路等公路上进行燃油车的经济性、电动汽车的续驶里程试验，在戈壁滩、沼泽地等地域上进行汽车通过性和可靠性的试验。在漠河、海南岛和新疆吐鲁番等地域上进行电动汽车电池的低、高温性能试验。

汽车室内台架试验是在发动机试验台、驱动电机试验台、转鼓试验台、道路模拟试验台等室内设备上进行，可进行发动机的速度和负荷特性、发动机的尾气排放、电动机的功率、汽车传动系统的性能、汽车的振动性能等试验。

（2）汽车试验的应用　汽车试验用于汽车研究，产生新的汽车理论、结构和材料；用于汽车设计后的样车及总成部件的试验，测试其是否达到设计要求，发现设计中的问题；用于新车及新的汽车总成部件的定型，考核其是否达到设计要求及是否符合相关法规；用于正在生产的汽车及总成部件的质量检查，鉴定其是否满足汽车出厂的质量要求；用于正在使用的汽车质量检查，主要用于汽车检测站的汽车年检、汽车修理企业对维修后的汽车质量的检查；还用于汽车事故的技术鉴定，鉴定事故汽车的技术性能。

2. 汽车试验的任务

（1）获得整车或总成部件的测量参数　对于通过测试仪器测出汽车性能参数的汽车试验，要获得整车或总成部件的测量参数。例如，汽车动力性的试验结果，获得汽车的最高车速、加速时间等主要参数，这些参数用于汽车动力性的评价；汽车制动性的试验结果，获得汽车的制动距离、制动减速度等主要参数；汽车转弯半径的试验结果，获得汽车的最小转弯半径；燃油车的变速器、电动汽车的减速器的试验结果，获得其传动效率。

（2）获得整车或总成部件的定性评价结果　在汽车试验中，汽车性能的评价方法可分为主观评价和客观评价两种。

主观评价法是让试验评价人员根据试验时自己的感觉进行评价的方法。对于主观评价的汽车试验，可获得整车或总成部件的定性评价结果，其结果用等级表示，如"好""较好""一般""较差"。主观评价法主要用于汽车操纵稳定性、平顺性中与人的感觉相关部分性能参数的评价。虽然关于汽车操纵稳定性方面的研究很多，并提出了不同复杂程度的数学模型、评价指标、试验方法及试验手段，但迄今为止，还没有找到公认的客观定量评价操纵稳定性的最佳方法。对驾驶人-汽车系统（见汽车理论中汽车操纵稳定性）进行闭环系统的分析，可以真实地反映汽车的操纵稳定性能，由于驾驶人的个性差别，因此，闭环系统分析的客观性也有一定程度的降低，其评价结果受驾驶人人为因素的影响，评价结果与试验人员的身体素质、身体状态、知识水平等有关，难以客观评价，只能用"好""较好"等模糊的等级评价。

客观评价法是通过测试仪器测出能够表征汽车性能参数的方法。客观评价的结果与人为因素的影响无关，只与仪器的性能有关，其评价是客观的，但存在测试误差。

（3）创新试验的理论、方法、仪器和设备　汽车技术在发展，汽车试验技术应随之发展。在汽车试验中，要重视并创新试验的理论、方法、仪器和设备，开发新的汽车试验仪器和设备，开发智能测试的汽车试验仪器和设备，发展虚拟仿真汽车试验。虚拟试验与实车试验的紧密结合，可满足汽车新技术发展的需要，提高汽车试验的效率和精度，提高汽车试验仪器功能集成化水平，提高汽车试验的自动、智能测试水平，减少汽车试验中人的操作、干预和影响，推动汽车试验技术的进步。

3. 汽车试验的理论基础

汽车试验是建立在汽车构造、发动机原理、汽车理论、汽车设计、汽车电器、新能源汽车技术、车用电机及其控制技术、新能源汽车电池系统及应用等课程的理论基础之上。要做好汽车试验，应研究和掌握汽车试验的基础理论。联系发动机原理、汽车理论、汽车电器、车用电机及其控制技术、新能源汽车电池系统及应用等课程中的试验，将有助于汽车试验学的学习。

汽车整车和总成部件的试验均涉及汽车构造，汽车构造是整个汽车试验的理论基础。发动机原理介绍发动机的特性、排放与噪声，这些是进行燃油车发动机的特性、排放性和噪声试验的理论基础。汽车理论介绍汽车动力性、经济性、制动性、操纵稳定性、平顺性和通过性，这些是进行汽车动力性、经济性、制动性、操纵稳定性、平顺性和通过性试验的理论基础。车用电机及其控制技术介绍新能源汽车的电机及其控制技术，这些是进行车用电机特性试验的理论基础。新能源汽车电池系统及应用介绍车用电池及其管理系统等，这些是进行车用电池及其管理系统试验的理论基础。

4. 汽车试验的目的和意义

汽车制造的特点是大批量、精益生产，在汽车生产线上，40 多秒下线一辆乘用车，50 多秒下线一辆货车的底盘。汽车的性能、质量要求高，其形式有燃油、燃氢、纯电动、混合动力汽车等，结构复杂。

汽车使用的特点是使用人员、自然气候、道路等情况多种多样，并要求汽车在不同情况下都能高可靠性的工作。使用汽车的人员年龄范围大，驾驶汽车的熟练程度差别大，驾驶汽车的操作力和驾驶反应的时间差别大。汽车使用的自然气候有温度、湿度、降雨、降雪、降雾、风沙等情况及它们的季节性变化，自然气候影响汽车使用时的冷却、润滑、起动、电池放电、制动等性能，直接影响汽车的正常工作和使用寿命。汽车行驶的道路有车速高的高速公路、红绿灯多的城市道路、山区的崎岖盘山公路、涉水及泥泞的道路等。

汽车技术发展的特点是汽车的功能在扩展，各种新材料、新技术、新能源在汽车上应用，新能源汽车、智能汽车成为汽车重点发展的方向。

根据汽车制造、使用和技术发展的特点，要求在设计汽车之后、大批量生产汽车之前对汽车样机进行全面试验；要求在汽车生产之中，对汽车进行淋雨、制动等专项试验；还要求新材料、新技术、新能源在汽车上应用之前及之中，进行汽车试验，更新和补充新的汽车试验内容和试验方法。汽车试验对于汽车设计、制造、检测维修具有举足轻重的作用，可以说，没有汽车试验的发展，就没有汽车工业的今天。

汽车试验的目的和意义，就是支持汽车设计、制造和使用，发现汽车在设计、制造和使用过程中的缺陷及薄弱环节，了解汽车在实际使用中各种现象的本质和规律，保证汽车的性能和安全使用，避免汽车召回，提高汽车的品质和市场竞争力，并推动汽车技术的进步。

1.2　汽车试验的分类

汽车试验可根据目的、对象和场所进行分类。每种试验类型中，有不同的试验方法，可根据汽车设计、制造和使用的要求，选用相应的试验方法。

1. 按试验目的分类

按试验目的的不同，汽车试验可分为研究性试验、新产品定型试验和质量检查试验 3 大类。

(1) 研究性试验 研究性试验是指为了研制新的汽车，或为了改进升级现有汽车、开发新的汽车技术，或为了研究新的汽车理论，或研究汽车的新部件、新结构、新材料和新工艺等，所进行的试验。例如，新研制的智能驾驶汽车行驶路线规划算法的试验、新研制的碳纤维增强复合材料传动轴的试验，均为研究性试验。为了研究需要，研究性试验可以不执行有关汽车标准。研究性试验又分为汽车新产品研发试验、材料试验、工艺试验和试验研究试验4种。

(2) 新产品定型试验 新产品定型试验又称新产品鉴定试验，是指新的汽车产品（包括整车、总成或零部件）在正式投产前进行的全面性能试验，考核新开发的汽车产品是否达到设计要求及是否满足汽车法规，这类试验必须按国家有关试验标准和规程进行试验。

(3) 质量检查试验 质量检查试验是指为了评价汽车产品的质量，进行定期或不定期的检查试验。例如，在生产汽车的流水线上，对在线生产的汽车进行应急制动、驻车制动、淋雨、灯光试验；对目前生产的汽车离合器、驱动电机、动力蓄电池等产品进行抽查试验等；在汽车检测站对汽车年检。在汽车产品质量检查试验中，汽车产品的技术性能和质量指标参数已经确定，试验规范已经成型，试验的国家标准已经颁布，所测得的汽车产品的技术性能参数，要与其质量指标参数和相关的国家标准对比，给出质量是否合格的评价。

2. 按试验对象分类

按试验对象的不同，汽车试验可分为整车性能试验、机构及总成部件试验和零件试验3大类。

(1) 整车性能试验 整车性能试验是考核汽车整车的主要技术性能，测得各项技术性能指标，如测试汽车动力性、经济性、制动性、操纵稳定性、平顺性和通过性等。

(2) 机构及总成部件试验 机构及总成部件试验主要考核汽车的机构及总成部件的工作性能、强度和耐久性，如测试发动机、变速器和驱动桥的机械效率，发动机和驱动电机的功率，离合器和制动器的特性，以及它们的结构强度、疲劳寿命等。

(3) 零件试验 零件试验主要考核汽车零件设计和工艺的合理性，测试其精度、强度、刚度、磨损和疲劳寿命，以及研究材料的选择是否合适。

3. 按试验场所分类

按试验场所的不同，汽车试验可分为室外道路试验、室内台架试验、试验场试验、虚拟仿真试验和模拟试验5大类。

(1) 室外道路试验 室外道路试验是指在室外的道路上进行汽车整车试验，考核汽车各项性能是否满足汽车实际使用的要求。室外的道路可以是高速公路、省级公路、县级公路，也可以是不同气候、不同交通状况的地区道路。对于有越野性能要求的车辆，"道路"也可以包括泥土地、丘陵地、涉水地、沙地、冰雪地等非铺装地面。

(2) 室内台架试验 室内台架试验是指在室内试验台上进行汽车试验，对汽车整车或总成部件、零件进行测试。室内台架试验不受环境影响，可24h不停地进行，易于控制试验条件，可以消除天气、道路状况和交通流量等室外随机因素的影响，有利于组织和安排试验，适用于汽车性能的对比试验和可靠性、耐久性试验，不仅适用于汽车整车，也适用于汽车的总成部件、零件。

（3）试验场试验 试验场试验是指在专用的汽车试验场或专用的汽车试验道路上进行汽车试验。例如，在海南汽车试验场内进行汽车试验。试验场试验也是一种室外道路试验，但试验场的道路是按试验场的标准或特殊试验要求修建。在试验场内进行汽车试验，可在不受道路交通影响的情况下完成汽车性能等试验；试验场中有扭曲路、比利时卵石路等强化路面，还有高速环形路道，可进行高强度的汽车试验，可缩短汽车可靠性等试验的时间；在汽车试验场，还有模拟"浓雾、风、雨、雷、电"等极端气象条件的极端天气环境仓，模拟隧道内的导航信号由"强-弱-无信号-弱-强"变化的信号屏蔽仓，可进行智能网联汽车的特殊试验。

（4）虚拟仿真试验 虚拟仿真试验是指在计算机上利用 Simulink、CRUISE、CarSim、ANSYS、ADAMS 等软件进行汽车仿真试验。虚拟仿真试验还可与试验仪器相结合，构成虚拟仪器系统，进一步产生与真实试验一致的试验效果。虚拟仿真试验具有理论和虚拟仿真软件操作要求高、试验费用低、人力和物力投入低的特点，是汽车试验的发展方向。虚拟试验要与实车试验紧密结合，在实车试验前进行虚拟仿真试验，可为实车试验提供经济、有效的参考数据和方案。

（5）模拟试验 模拟试验是利用模拟试验台模拟汽车运动及动力性的试验。典型的模拟试验台是汽车驾驶模拟试验台，如图 1-1 所示。汽车的前方是屏幕，汽车的下方是并联机器人，并联机器人的定平台固定在地面上，汽车的底板固定在并联机器人的动平台上，定平台通过液压缸连接动平台，汽车的转向盘、离合器踏板、制动踏板、加速踏板通过控制器与液压缸连接，控制液压缸的长度变化。驾驶人观看屏幕上的路况，与实际驾驶一样，通过转向盘、离合器踏板、制动踏板、加速踏板改变汽车的运动，控制器控制液压缸，使其长度变化，改变动平台的位置、姿态、速度和加速度，即改变汽车车身的位置、姿态、速度和加速度，模拟汽车的运动。动平台有 6 个自由度，分别是沿汽车坐标系的 x、y、z 轴的 3 个移动自由度和绕 x、y、z 轴的 3 个转动自由度，可模拟汽车的移动和转动。

屏幕
汽车
动平台
液压缸
定平台

图 1-1 汽车驾驶模拟试验台

1.3 汽车试验的标准

在汽车新产品定型试验和质量检查试验中，主要根据汽车试验标准做测试；在后续章节中介绍汽车试验项目时，会涉及和引述汽车试验标准，并以汽车试验标准为基础介绍汽车试验。为了学好汽车试验学，需要了解汽车试验的相关标准。

1. 汽车试验标准的类型

（1）按试验标准适用范围分类

1）国际标准（ISO）。国际标准是由国际标准化组织（International Standards Organization，ISO）制定的。ISO 是世界上最大的、非官方工业和技术合作国际组织，是联合国的高级咨询机构。我国于 1978 年 9 月加入 ISO。凡是由 ISO 制定的标准，开头都有"ISO"标记，如 ISO 2631-1：1997《机械振动和冲击—人体暴露于全身振动的评估—第 1 部分：一般要求评价指南》。

2）国际区域性标准。国际区域性标准由若干个成员国共同参与制定并共同遵守。典型的有欧洲经济委员会（Economic Commission of Europe，ECE）标准和欧洲经济共同体（European Economic Community，EEC）标准。出口及进口汽车时，应注意使用相关标准，进行汽车试验。

3）国家标准。国家标准是各国依据自己的国情而制定的适用于本国的标准。我国国家标准简写为 GB，美国国家标准简写为 ANSI，日本国家标准简写为 JIS。

4）行业标准。行业标准是指对没有国家标准而又需要在全国某个行业范围内统一技术要求所制定的标准。行业标准是对国家标准的补充，是专业性和技术性较强的标准。我国汽车行业标准简写为 QC，交通行业标准简写为 JT。

5）地方标准。对没有国家标准和行业标准，而又需要在省、自治区、直辖市范围内统一规定技术要求与规范，则需由省、自治区、直辖市标准化行政主管部门制定地方标准。在公布国家标准或者行业标准之后，该地方标准即应废止。

6）企业标准。企业标准是指各汽车生产企业、汽车试验场根据本身的特点，参考相应的国际、国家标准而制定的标准，它仅限于在本企业内使用。为提高本企业产品的品质，企业标准通常严于国家标准和国际标准。

（2）按试验标准的性质分类

1）强制性试验标准。强制性试验标准是指为了保障人身健康、安全，保护环境、节约能源而制定的强制执行的标准。这类标准一般称为法规，如 GB 7258—2017《机动车运行安全技术条件》。

2）推荐性试验标准。推荐性试验标准无强制性，企业自愿采用，但一经采用就应严格执行，不得随意改动。在我国，凡标准代号中带"T"的，均为推荐性标准，如 GB/T 12678—2021《汽车可靠性行驶试验方法》等。

2. 汽车试验中一些常用的国家标准

汽车试验中一些常用的国家标准有：GB/T 12534—1990《汽车道路试验方法通则》、GB/T 12544—2012《汽车最高车速试验方法》、GB/T 12543—2009《汽车加速性能试验方法》、GB/T 18385—2024《纯电动汽车 动力性能 试验方法》、GB/T 19752—2024《混合动力电动汽车 动力性能 试验方法》、GB 18352.6—2016《轻型汽车污染物排放限值及测量方法（中国第六阶段）》、GB/T 19233—2020《轻型汽车燃料消耗量试验方法》、GB/T 18386.1—

2021《电动汽车能量消耗量和续驶里程试验方法 第 1 部分：轻型汽车》、GB/T 19753—2021
《轻型混合动力电动汽车能量消耗量试验方法》、GB 21670—2008《乘用车制动系统技术要求
及试验方法》、GB/T 13594—2024《商用车辆和挂车防抱制动系统制动性能要求及试验方
法》、GB/T 6323—2014《汽车操纵稳定性试验方法》、GB/T 30677—2014《轻型汽车电子稳
定性控制系统性能要求及试验方法》、GB/T 4970—2009《汽车平顺性试验方法》、GB/T
41798—2022《智能网联汽车 自动驾驶功能场地试验方法及要求》、GB/T 12678—2021《汽车
可靠性行驶试验方法》、GB 11551—2014《汽车正面碰撞的乘员保护》、GB 18285—2018《汽
油车污染物排放限值及测量方法（双怠速法及简易工况法）》、GB/T 18297—2024《汽车发
动机性能试验方法》、GB/T 18488.2—2015《电动汽车用驱动电机系统 第 2 部分：试验方法》
和 GB/T 31486—2024《电动汽车用动力蓄电池电性能要求及试验方法》。

3. 汽车试验标准的执行

在研究性试验中，为获得新的研究成果，可以不执行汽车试验标准。在汽车新产品定型
试验和质量检查试验中，要执行汽车试验标准；汽车事故鉴定的试验，也要执行汽车试验标
准。在执行汽车试验标准中，根据汽车试验要求，选用相关的汽车试验标准，如电动汽车动
力性的试验，应执行标准 GB/T 18385—2024《纯电动汽车 动力性能 试验方法》；涉及国
外进口汽车，要考虑原合同中的要求，执行国家标准或国际区域性标准等，要注意国家标准
的更新和使用最新的国家标准。

1.4 汽车试验的基本步骤

汽车试验可分为试验准备、实施试验、试验报告和试验报告后的研究工作 4 个基本步骤，
这也是汽车试验的一般流程。

1. 试验准备

试验准备一般指按照汽车试验的实际需要，对整个试验过程进行全面而系统的试验前的
准备。试验准备的内容如下。

（1）全面了解试验对象，明确试验目的及要求　试验对象是要进行试验的汽车或总成部
件。全面、深入地了解试验对象是进行试验的前提。可从汽车或总成部件的设计图、样机等
实物和相关的设计、制造技术人员中，了解试验对象的结构、工作原理、性能等，仔细阅读
试验任务书，明确试验目的及要求，包括要测量的参数及其精度、完成试验的时间、核算试
验的费用、学习试验的标准或规范。

（2）制定试验大纲　试验大纲是汽车试验的纲领性文件，其内容一般包括：试验的对
象、任务、目的和要求，试验的内容和需要测量的参数，试验仪器和场地，试验的技术和方
法，试验人员的组织与分工，试验进度计划等。

汽车试验的技术性很强，试验结果的影响因素很多，在汽车试验前必须进行周密的计划、
组织与准备，根据试验任务书、试验对象和试验条件等，制定切实可行的试验大纲。

试验大纲是指导试验工作的重要文献，试验大纲应科学、合理，其质量的高低，关系到
汽车试验工作质量的高低，甚至影响到汽车试验工作的成败。

（3）准备试验设备、场地及人员　根据试验大纲，准备好试验的汽车或总成部件、仪器设备、场地及人员，调试、标定、试运行仪器设备，检查仪器设备的精度，针对各仪器设备和各项测试操作，安排好专门的试验人员，（试验人员包括仪器设备操作人员和汽车驾驶人等），配置必要的记录表格。所选的仪器设备要有一定的精度和先进性，并与计算机连接，尽可能自动测试和记录测试数据，减少人操作仪器设备带来的误差。

2. 试验实施

根据试验大纲，使用仪器设备对被试验的汽车或总成部件进行测试，以获取试验数据和结果。在实施试验过程中，必须遵守以下原则。

1）试验开始前，应起动预热车辆，检查试验的条件，如汽车的冷却液温度、轮胎气压、燃油、电池的电压等是否达到正常的工作状态，室外试验时空气的温度、湿度和风速等，测试仪器设备是否正常，测试人员是否进入正常的测试状态，安全措施是否到位。

2）试验数据和结果应真实、准确、有效，实事求是，不得改变试验数据。

3）及时记录、汇总并处理测试数据，发现问题及时解决，应分析、查找数据误差大的原因，必要时应重做试验。有的汽车试验国家标准中有试验记录表，可选用。

4）不得临时改变试验项目或内容，以免因考虑不周、准备不足而发生意外。

5）发现车辆、仪器和设备故障，应立即停止试验，查找原因并进行维修。

6）不应突破试验大纲中规定的最大负荷、最高车速、最高转速、最大压力、仪器的量程等各参量的极限值。

7）测试同一项目要尽可能在相同的自然条件下进行。

8）确保参加试验人员的人身和设备安全，做好安全保障措施。

3. 试验报告

在完成汽车试验工作后，应编写试验报告，上报主管部门，经主管批准后，再将试验报告提交给要求对整车或总成部件进行试验的研制单位和使用单位。

试验报告的主要内容包括：前言（介绍试验任务及其来源、研制单位、试验单位及试验基本情况），目录，能反映试验汽车基本外形特征的照片两张，试验仪器设备的相关信息，试验依据，国内外试验概况，试验车的技术指标、试验条件、试验内容、试验中观察到的现象和发现的问题的分析，试验数据误差分析，试验结果和结论，试验结论与改进意见，附件（包括图表、曲线、照片、视频和各种专项及台架试验报告，必要的技术资料，试验人员及职务等），试验日期，试验负责人签字及签字日期，盖有试验单位的业务章。

4. 试验报告后的研究工作

一般情况下，向要求汽车试验的单位提交试验报告并获得认可后，即完成了汽车试验，但是，对于试验单位和试验人员来说，这项工作没有结束，还需要进一步做试验的研究工作，提高试验仪器、设备的精度和自动化测试水平，提高试验人员的理论和操作水平，提高汽车试验的质量和效率。

试验报告提交后，对于研究性试验、新产品定型试验，可进行回访和分析研究，对于质量检查试验，可定期总结，发现试验中的问题，改进试验过程，改进、创新试验理论、方法、仪器和设备。

1.5 汽车并行试验的方法

　　汽车并行试验的方法是指汽车试验部门及人员主持并完成试验，整车或总成部件的设计、制造人员及与试验相关的部门人员参与试验，提出试验中的问题，共同准备试验、实施试验和完成试验报告，这样，可提高试验的一次成功率，优化试验过程，提高试验的质量和速度。在汽车试验中，要用汽车并行试验的方法。

习　题

1-1　简述汽车试验的定义及应用。

1-2　简述汽车试验的任务。

1-3　按试验目的，汽车试验可分为哪几类？

1-4　按试验对象，汽车试验可分为哪几类？

1-5　按试验场所，汽车试验可分为哪几类？

1-6　简述汽车试验的基本步骤。

1-7　简述汽车试验报告的主要内容。

1-8　查找一两个汽车试验的国家标准，阅读并介绍其主要内容。

1-9　查找文献，阅读一两篇汽车试验的文献，介绍其主要内容。

1-10　查找一两个汽车试验的视频，与班级同学交流

第2章　汽车试验的基础理论

教学目标：通过本章学习，读者应掌握汽车测试系统的组成及工作原理、汽车测试的测量误差及其分析，了解汽车测试系统的静、动态特性，了解汽车测试的计算机数据采集系统、汽车测试系统的构建，为制定汽车测试方案、选择测试仪器、构建汽车测试系统和开展汽车试验打下理论基础。

2.1 汽车测试系统的组成及工作原理

1. 汽车测试系统的组成

汽车测试系统是指获得被测对象测量参数的系统，整车或总成部件为被测对象。汽车测试系统的基本任务是获得要测量的被测对象的物理量，如汽车的最高车速、汽车的制动距离、驱动电机的功率和发动机的燃油消耗率。

汽车测试系统由被测对象、传感器、信号处理装置和显示、记录装置等组成，如图 2-1 所示，其中，传感器、信号处理装置和显示、记录装置组成测试装置或测试仪器。

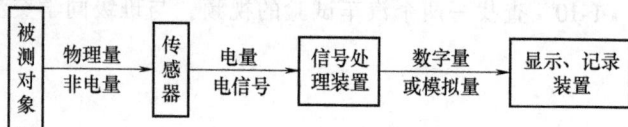

图 2-1　汽车测试系统的组成

（1）被测对象　被测对象是指要进行汽车试验的整车或总成部件。被测对象上具有要测量的速度、加速度、功率、燃油消耗量、质量、力、电压、电流等物理量。

（2）传感器　传感器是将被测对象的物理量（通常是非电量）转换成电压、电流或电阻等电量，并形成电信号的装置。常用的传感器有电阻应变片式传感器、电涡流式传感器、霍尔式传感器、光电式传感器、图像式传感器等。

（3）信号处理装置　信号处理装置是将电信号转换成显示、记录装置可显示、记录被测对象物理量的数字量或模拟量的装置。

信号处理装置由信号预处理装置、信号传输装置和信号后处理装置组成。

1）信号预处理装置将传感器输出信号转换成便于传输和处理的规范信号。因为传感器的输出信号一般是微弱且混有噪声的信号，不便于处理、传输或记录，所以一般要经过放大、整流和滤波等处理，或作进一步的变换，如将阻抗的变化转换为电压信号等。信号预处理装置多与传感器结合在一起，为传感器的前置放大器。

2）信号传输装置将预处理后的信号传输给信号后处理装置。信号传输装置主要有调制解调器和数据采集卡。数据采集卡可将多个传感器经信号预处理装置处理后的电信号经模/数（A/D）转换后，传输给信号后处理装置。

3）信号后处理装置将模拟信号或数字信号转换成被测对象的物理量。信号后处理装置主要为单片机、计算机的主机及软件。

（4）显示、记录装置

显示、记录装置记录测试信号，并显示被测对象的物理量。记录装置多采用磁介质记录，如硬盘、固态硬盘、移动硬盘、U 盘等。显示装置有计算机的显示器、示波器、显示屏等。信号也可发送到手机上显示。

汽车测试系统的组成与测试任务有关，并不一定都包含图 2-1 中的所有装置。例如，用示波器显示被测对象的信号时，信号处理装置中只有信号预处理装置，没有信号传输装置和信号后处理装置；还有的汽车测试系统中有多于图 2-1 中的装置，如在汽车平顺性测试系统中，有用于激励汽车振动的道路模拟试验台。

汽车测试系统与一般测试系统的主要区别是被测对象。汽车测试系统的被测对象是整车或总成部件，整车是一个刚、柔体有机结合的多体系统，具有汽车运动的特点；此外，汽车动力性、制动性等测试还与驾驶人、道路、环境、能源等有关；在汽车测试过程中，汽车自身有些特性还会发生变化，如汽车制动的热稳定性，汽车由冷态到热态行驶，电动汽车动力蓄电池的电压在行驶中逐渐降低，燃油在行驶中逐渐减少。从汽车构造、理论、设计和控制等方面深入研究整车及总成部件，有助于深层次地认识汽车测试系统。

2. 汽车测试系统的工作原理

如图 2-1 所示，整车或总成部件产生要测量的物理量，传感器将要测量的物理量转换成电量并形成电信号，信号处理装置将电信号经预处理、传输和后处理后，转换成可记录和显示被测对象物理量的数字量或模拟量，显示、记录装置记录测试信号，并通过数字或图、表或光、声、色彩信号，显示被测对象的物理量。

从测试装置或测试仪器的角度来说，整车或总成部件产生要测量的物理量，经测试装置或测试仪器的测量后，通过数字或图、表或光、声、色彩信号，记录与显示被测对象的物理量。

从被测量属性转换的角度来说，汽车测试系统采用非电量电测量的方法。被测对象的物理量是非电量，传感器输出的电压、电流或电阻是电量，汽车测试系统的这种测量，称为非电量电测量。

3. 汽车测试系统的输入、传输和输出关系

汽车测试系统可以简化成如图 2-2 所示的测试系统模型。汽车测试问题就是在处理输入量 $x(t)$、系统的传输特性 $h(t)$ 和输出量 $y(t)$ 三者之间的关系。

如果已知传输特性 $h(t)$，通过对输出量 $y(t)$ 的分析就能得到输入量 $x(t)$，称为测量。

如果已知输入量 $x(t)$，通过对传输特性

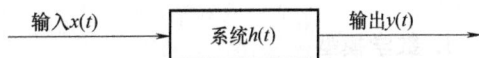

输入 $x(t)$ → 系统 $h(t)$ → 输出 $y(t)$

图 2-2　汽车测试系统模型

$y(t)$ 的分析就能得到传输特性 $h(t)$，称为系统或仪器的标定（定度）过程。如通过标定，可确定输入测试系统的汽车速度与测试系统输出的关系。传感器等测量装置，只有经过标定，确定了输入量转换为输出量的定量关系，才能根据其输出量推断出输入量，也就是被测量。

如果输入量 $x(t)$ 和传输特性 $h(t)$ 都已知，可以推断或估计输出量 $y(t)$，称为输出信号预测。

在测量中，标定是常用的技术，标定能确定测试装置的输出与输入的关系。例如，标定电涡流式传感器输入-输出关系，可用游标卡尺测定被测物体到电涡流式传感器的位移，电涡流式传感器的前置放大器接在示波器上，用示波器测定前置放大器的输出电压，这样可得任意位移对应的电压，从而得到电涡流式传感器的输入位移与输出电压的关系，这个方法同样可用于计算机测试系统等的标定。对于新购的测试装置或测试仪器，一般不需要标定，因为已在生产企业完成了标定工作，并在其使用说明书中进行了介绍，但是为了保证测试精度，测试技术人员应主动进行测试装置或测试仪器的标定工作。

4. 对汽车测试系统的要求

一个理想的汽车测试系统，要满足以下 3 点基本要求。

要求 1：测试系统为单值、具有确定的输入-输出关系的系统。

这就要求系统的一个输入值 x 只能对应一个输出值 y，同样，一个输出值 y 也只能对应一个输入值 x，输入和输出之间就是数学上的"一一映射"关系。很显然，若不满足该关系，则同一个输入会引起不同的输出或者同一个输出对应不同的输入，产生测量值的奇异，系统将无法工作。

要求 2：测试系统为单向影响系统。

单向影响系统是指测试装置或测试仪器对被测量的影响可以忽略，不能因为设置了测试装置或测试仪器而影响被测对象原来的工作状况。在测试中，主要应注意测试仪器的质量，测试仪器的质量大，会影响汽车的载重量及质量分布，汽车的载重量增大、质量分布不均，会影响汽车的动力性、经济性、制动性、稳定性和平顺性等测试结果，产生相应的测试误差。此外，还要注意被测对象自身的变化，如测试中消耗燃油后，产生汽车的载重量及质量分布的变化。

要求 3：测试系统为线性系统。

线性系统是指测试系统的输入-输出具有线性关系。对于具有静态特性的测试系统，其数学模型为线性方程，相应的测量曲线是一条直线。对于具有动态特性的测试系统，其数学模型为常系数线性微分方程。

由于测试装置的工作原理和工作环境等限制，追求绝对的单向影响系统和线性系统是很困难的，或者说是不可能的。试验工作者的任务，往往是尽量选择单向影响小的测试仪器设备，尽量消除测试仪器设备工作中的非线性等误差。

2.2 汽车测试系统的静态特性

1. 数学模型

汽车测试系统的静态特性是指汽车测试系统的输入和输出状态都不随时间变化（或变化

极缓慢，在所观察的时间间隔内，可忽略其变化而视为常量）的特性。具有静态特性的汽车测试系统的数学模型可用多项式表示，即

$$y = a_0 + a_1 x + a_2 x^2 + \cdots + a_n x^n \tag{2-1}$$

式中，x 为系统的输入量；y 为系统的输出量；a_0，a_1，a_2，$\cdots$，a_n 为常数。

具有理想静态特性的汽车测试系统为线性系统，其输出为单值，线性比例于输入，其输入与输出的关系为一条过直角坐标系原点的直线，输入和输出关系的数学模型为

$$y = a_1 x \tag{2-2}$$

2. 静态特性

根据式（2-1），汽车测试系统的静态特性包括：零点漂移、灵敏度、分辨率、非线性度、回程误差、重复度和信噪比等。

（1）零点漂移　零点漂移是指当测试系统的输入为零时，输出不为零，即 $x=0$，$y=a_0 \neq 0$。显然，造成零点漂移的原因就是式（2-1）中的参数 a_0 不等于零。也就是说，零点漂移表达的是 y-x 关系曲线在纵坐标上的截距（图 2-3）。零点漂移通常是由测试装置内部的温度变化和元件性能不稳定造成的。零点漂移是测试装置常见的现象，测试前，要消除零点漂移。当测试系统有零点漂移时，可在输入 $x = 0$ 的状态下，将测试系统的输出调为零，消除零点漂移。

（2）灵敏度　灵敏度 S 是测试系统的输出增量 Δy 与输入增量 Δx 之比，如图 2-4 所示。

$$S = \frac{\Delta y}{\Delta x} \tag{2-3}$$

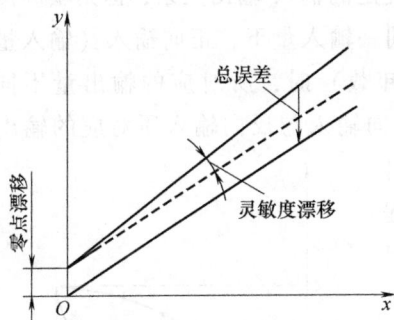

图 2-3　零点漂移和灵敏度漂移

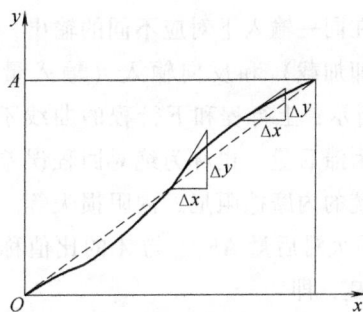

图 2-4　灵敏度

非线性测量系统的灵敏度就是该系统静态特性曲线上各点的斜率。当输出和输入为同一量纲时，灵敏度常称为测量系统的放大倍数。

在选择测量仪器时，应当注意其灵敏度的合理性。一般来说，测试装置的灵敏度以高些为好，这就意味着很小的输入量（即被测量）变动就能引起显著的输出量变化，这就是"灵敏"。但测试装置的灵敏度过高，往往会引起测试装置的稳定性下降。例如，天平的灵敏度很高，很小的输入，就能产生输出的变化，如果将天平的灵敏度用于地磅，则地磅的输出将不稳定，输出质量的指针不停地摆动或数值不停变化，无定值，则无法读出要称的质量。注意，测量仪器的灵敏度越高，测量范围往往越窄，稳定性也往往越差。

在一定的被测量情况下，由于外界环境条件等因素的变化，引起测量系统输入和输出的

变化，最后表现为灵敏度的变化，如温度改变引起测量仪器中电子元器件参数的变化等，由此引起的测量系统灵敏度的变化称为"灵敏度漂移"。

实际上，在被测量一定的情况下，灵敏度漂移与零点漂移结合在一起，如图 2-3 所示，是环境因素的变化导致式（2-1）中系数 a_0，a_1，a_2，$\cdots$，a_n 变化所致。性能良好的测量系统，其灵敏度漂移较小。

（3）分辨率　分辨率是指测试装置最小输入量引起输出量的变化。对于模拟仪表来说，分辨率就是标尺的最小刻度值的一半；对于数字仪表，就是显示末位的 1 个单位值。

分辨率与灵敏度有相似之处，但不完全是一个概念。灵敏度指的是在一定输入下，系统的输出被"放大"了多少倍；分辨率则是说输入的变动达到一定程度，即最小输入变化量，输出就会被"感知"到，或引起输出的变化。

（4）非线性度　非线性度是定度曲线或称标定曲线偏离其拟合直线的程度，如图 2-5 所示。定度曲线是通过测试得到的系统输入-输出关系的实际特性曲线，如图 2-5 中的实线。拟合直线是根据实际特性进行拟合得到的理论直线，如图 2-5 中的虚线。实际特性曲线与理论直线的最大差值为 B，仪器的输出范围（即满量程）为 A，则非线性度为

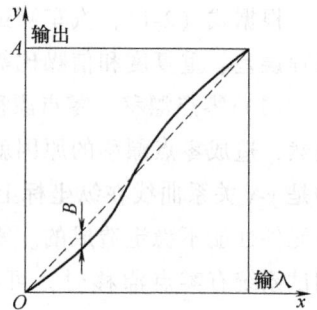

图 2-5　定度曲线与非线性度

$$Q = \frac{B}{A} \tag{2-4}$$

（5）回程误差　理想的测试系统应该具有单值、确定的输入-输出关系，但是实际测试系统可能在同一输入下对应不同的输出，通常表现为在同一输入量下，正向输入（输入量由小到大，即加载）和反向输入（输入量由大到小，即卸载）时，所对应的输出量不同。如图 2-6 所示，上行程和下行程的曲线不重合，Δh 是正向输入与反向输入所对应的输出的差值，称为滞后量，也称为绝对回程误差。回程误差来自测试系统的内摩擦阻尼、内阻损失等。测试系统全量程 A 内的最大滞后量 $\Delta h_{\max}$ 与 A 的比值称为回程误差或迟滞误差 E_r，即

$$E_r = \frac{\Delta h_{\max}}{A} \tag{2-5}$$

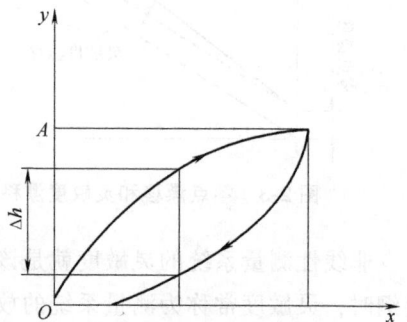

图 2-6　回程误差

（6）重复度　重复度是指在相同的试验条件下，对同一被测参数进行重复测量时测量值的一致程度。重复性的好坏，在很大程度上反映了测量结果中随机误差的大小，随机误差越大，则测量结果的重复性就越差。应选择重复度高的测试仪器。

（7）信噪比　信噪比是信号幅值与噪声幅值之比，通常用分贝（dB）表示。这里的"噪声"，指的是测试时杂乱无章的随机干扰。对于正弦信号，幅值可以取均方根值或者峰值；对于非正弦信号，则可取信号峰值。

综上所述，从静态特性的角度看，良好的测试系统应该具有足够高和足够稳定的灵敏度、

分辨率和信噪比，非线性度和回程误差则要尽可能小，重复度要高，要消除零点漂移。

2.3 汽车测试系统的动态特性

1. 数学模型

汽车测试系统的动态特性是指测试系统的输入和输出状态都随时间变化的特性。具有动态特性的汽车测试系统的输入和输出关系的数学模型为常系数线性微分方程，其一般式为

$$a_n \frac{\mathrm{d}^n y(t)}{\mathrm{d}t^n} + a_{n-1} \frac{\mathrm{d}^{n-1} y(t)}{\mathrm{d}t^{n-1}} + \cdots + a_1 \frac{\mathrm{d}y(t)}{\mathrm{d}t} + a_0 y(t)$$

$$= b_m \frac{\mathrm{d}^m x(t)}{\mathrm{d}t^m} + b_{m-1} \frac{\mathrm{d}^{m-1} x(t)}{\mathrm{d}t^{m-1}} + \cdots + b_1 \frac{\mathrm{d}x(t)}{\mathrm{d}t} + b_0 x(t) \tag{2-6}$$

式中，x 为系统的输入量；y 为系统的输出量；a_0，a_1，a_2，$\cdots$，a_{n-1}，a_n 和 b_0，b_1，b_2，$\cdots$，b_{m-1}，b_m 为与系统结构参数有关的常数。

2. 动态特性

根据常系数线性微分方程解的特性、微分和积分的关系，可得以下动态特性。

（1）叠加特性　叠加特性是指多个输入同时作用于系统所引起的输出，等于这些输入单独作用于系统所引起的输出之和。即输入 $x_1(t)$ 的输出为 $y_1(t)$，输入 $x_2(t)$ 的输出为 $y_2(t)$，则输入 $x_1(t) + x_2(t)$ 的输出为 $y_1(t) + y_2(t)$。

这个特性可用于信号分析，非常重要。当系统的输入信号很复杂时，可以将这个复杂输入看成是若干"输入分量"的叠加，或通过级数，分解为若干个分量的和，先逐个分析这些输入分量单独作用于系统所引起的效果，然后把这些效果加起来，所得就是原先的复杂输入所引起的输出。

（2）比例特性　比例特性是指某输入的若干倍作用于系统所引起的输出，等于该输入单独作用于系统所引起输出的若干倍。即输入 $x(t)$ 的输出为 $y(t)$，取任意常数 k，则输入 $kx(t)$ 的输出为 $ky(t)$，输入和输出均扩大 k 倍。

（3）微分特性　微分特性是指某输入先求微分，再作用于系统所引起的输出，等于该输入直接作用于系统所引起的输出，再求微分。即输入 $x(t)$ 的输出为 $y(t)$，则输入 $\frac{\mathrm{d}x(t)}{\mathrm{d}t}$ 的输出为 $\frac{\mathrm{d}y(t)}{\mathrm{d}t}$。

（4）积分特性　积分特性是指某输入先求积分，再作用于系统所引起的输出，等于该输入直接作用于系统所引起的输出，再求积分。即输入 $x(t)$ 的输出为 $y(t)$，且初始条件为零，则输入 $\int x(t)$ 的输出为 $\int y(t)$。

（5）频率保持性　频率保持性是指线性系统的输入频率与输出频率相同。若输入为某一频率的正弦信号，则其稳态输出将保持同一频率。稳态是指输入和输出信号都进入等振幅的周期振荡状态，测试系统的常系数线性微分方程的解为其特解。

频率保持性非常重要，由于信号在线性系统中传输和变换时，其频率不会改变，所以可将信号的频率作为"索引信息"，查找相应频率的输出信号，此信号即为要获取的输出信号；此外，如果确知输入的频率，那么系统的输出信号中就只有该频率的成分才有可能是这个输入所引起的，其余频率的分量都是噪声干扰，可以采取滤波等技术手段将其去除。

3. 具有动态特性的汽车测试系统的分析方法

具有动态特性的汽车测试系统的分析方法有传递函数和频率响应函数法，其结果均是要得到汽车测试系统的幅频特性和相频特性，这两个特性是具有动态特性的汽车测试系统的输入与输出的幅值关系、相位关系的主要特性。在汽车测试中，要用到并主要测试这两个特性；在汽车测试前，可通过理论分析得到这两个特性，将有利于选择传感器及其测试仪器，减小测试误差，避免传感器固有频率选择的错误。

（1）传递函数　当初始条件为零时，系统输出的拉普拉斯变换与系统输入的拉普拉斯变换之比，为系统的传递函数。

令 $s = \sigma + j\omega$ 为复变量，其中，σ 为复变量的实部，圆频率 ω 为复变量的虚部，$j = \sqrt{-1}$ 为虚数单位。对式（2-6）的两边进行拉普拉斯变换，得

$$(a_n s^n + a_{n-1} s^{n-1} + \cdots + a_1 s + a_0) Y(s) = (b_m s^m + b_{m-1} s^{m-1} + \cdots + b_1 s + b_0) X(s) \tag{2-7}$$

系统输出、输入的拉普拉斯变换分别为 $Y(s)$ 和 $X(s)$，由式（2-7）得具有动态特性的汽车测试系统的传递函数 $H(s)$，即

$$H(s) = \frac{Y(s)}{X(s)} = \frac{b_m s^m + b_{m-1} s^{m-1} + \cdots + b_1 s + b_0}{a_n s^n + a_{n-1} s^{n-1} + \cdots + a_1 s + a_0} \tag{2-8}$$

（2）频率响应函数　频率响应函数又称频响函数。令 $\sigma = 0$，则 $s = j\omega$，仍为复变量。由式（2-8）得具有动态特性的汽车测试系统的频率响应函数 $H(j\omega)$，即

$$H(j\omega) = \frac{Y(j\omega)}{X(j\omega)} = \frac{b_m (j\omega)^m + b_{m-1} (j\omega)^{m-1} + \cdots + b_1 (j\omega) + b_0}{a_n (j\omega)^n + a_{n-1} (j\omega)^{n-1} + \cdots + a_1 (j\omega) + a_0} \tag{2-9}$$

将 $H(j\omega)$ 写成复数的形式，即

$$H(j\omega) = P(\omega) + jQ(\omega) = A(\omega) e^{j\varphi(\omega)} \tag{2-10}$$

式中，$P(\omega)$ 为 $H(j\omega)$ 的实部；$Q(\omega)$ 为 $H(j\omega)$ 的虚部；$A(\omega)$ 为 $H(j\omega)$ 的模；$\varphi(\omega)$ 为 $H(j\omega)$ 的辐角。

$H(j\omega)$ 的模 $A(\omega)$ 为幅频响应特性，反映输入与输出的幅值比与圆频率 ω 之间的关系，是圆频率 ω 的函数。$H(j\omega)$ 的幅频响应特性为

$$|H(j\omega)| = A(\omega) = \sqrt{P^2(\omega) + Q^2(\omega)} \tag{2-11}$$

$H(j\omega)$ 的辐角 $\varphi(\omega)$ 为相频响应特性，反映输出函数与输入函数的相位差 $\varphi_2 - \varphi_1$ 与圆频率 ω 之间的关系，是圆频率 ω 的函数。$H(j\omega)$ 的相频响应特性为

$$\varphi(\omega) = \arctan \frac{Q(\omega)}{P(\omega)} \tag{2-12}$$

（3）幅频响应特性和相频响应特性的求解　幅频响应特性和相频响应特性的求解步骤如下：

1）确定汽车动态测试系统的物理模型，进行数学抽象，写出反映具有动态特性的汽车

测试系统的输入和输出关系的常系数线性微分方程，见式（2-6）。

2）对反映具有动态特性的汽车测试系统的输入和输出关系的常系数线性微分方程的两边进行拉普拉斯变换，得具有动态特性的汽车测试系统的传递函数 $H(s)$，见式（2-8）。

3）令 $\sigma=0$，得具有动态特性的汽车测试系统的频率响应函数 $H(\mathrm{j}\omega)$，见式（2-9）。

4）将频率响应函数 $H(\mathrm{j}\omega)$ 写成复数的形式，见式（2-10）。

5）求频率响应函数 $H(\mathrm{j}\omega)$ 的模，得具有动态特性的汽车测试系统的幅频响应特性 $|H(\mathrm{j}\omega)|$，见式（2-11）。

6）求频率响应函数 $H(\mathrm{j}\omega)$ 的辐角，得具有动态特性的汽车测试系统的相频响应特性 $\varphi(\omega)$，见式（2-12）。

下面通过一、二阶系统，说明幅频响应特性、相频响应特性的求解方法及特性。

4. 一阶系统的幅频和相频响应特性

图 2-7 所示的 RC 电路是一个可用一阶微分方程描述的一阶系统。图中，R 为电阻，C 为电容。

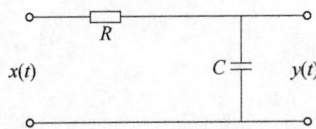

图 2-7　RC 电路

由图 2-7 和式（2-6），得一阶系统的一阶微分方程为

$$a_1\frac{\mathrm{d}y(t)}{\mathrm{d}t}+a_0 y(t)=b_0 x(t) \tag{2-13}$$

当 $b_0=a_0$ 时，按幅频响应特性和相频响应特性的求解步骤，解得幅频响应特性和相频响应特性分别为

$$A(\omega)=\frac{1}{\sqrt{1+(\omega\tau)^2}} \tag{2-14}$$

$$\varphi(\omega)=-\arctan(\omega\tau) \tag{2-15}$$

式中，τ 为时间常数，$\tau=\dfrac{a_1}{a_0}$。

根据式（2-14）、式（2-15），得 $b_0=a_0$ 的一阶系统的幅频响应特性曲线和相频响应特性曲线，分别如图 2-8a、b 所示。

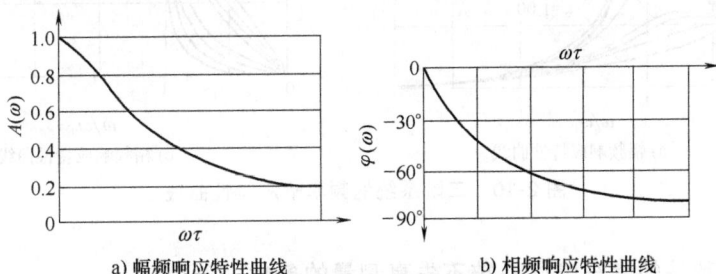

a）幅频响应特性曲线　　　　b）相频响应特性曲线

图 2-8　一阶系统的频率响应特性曲线

5. 二阶系统的幅频和相频响应特性

图 2-9a、b 所示的质量弹簧阻尼系统和 LRC 电路均是可用二阶微分方程描述的二阶系统。图中，m 为质量，k 为弹簧的刚度系数，c 为阻尼，L 为电感，R 为电阻，C 为电容。

由图 2-9 和式（2-6），得二阶系统的微分方程为

$$a_2 \frac{\mathrm{d}^2 y(t)}{\mathrm{d}t^2} + a_1 \frac{\mathrm{d}y(t)}{\mathrm{d}t} + a_0 y(t) = b_0 x(t)$$

$$(2\text{-}16)$$

当 $b_0 = a_0$ 时，按幅频响应特性和相频响应特性的求解步骤，解得幅频响应特性和相频响应特性分别为

$$A(\omega) = \frac{1}{\sqrt{\left[1-\left(\dfrac{\omega}{\omega_n}\right)^2\right]^2 + 4\zeta^2\left(\dfrac{\omega}{\omega_n}\right)^2}}$$

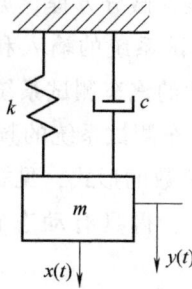

$$(2\text{-}17)$$

a) 质量弹簧阻尼系统　　　　　　b) LRC电路

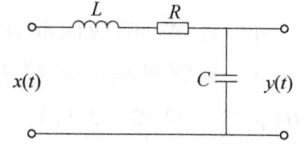

图 2-9　二阶系统

$$\varphi(\omega) = -\arctan\left[\frac{2\zeta\left(\dfrac{\omega}{\omega_n}\right)}{1-\left(\dfrac{\omega}{\omega_n}\right)^2}\right]$$

$$(2\text{-}18)$$

式中，固有频率 $\omega_n = \sqrt{\dfrac{a_0}{a_2}}$；阻尼比 $\zeta = \dfrac{a_1}{2\sqrt{a_0 a_2}}$。

根据式（2-17）、式（2-18），得 $b_0 = a_0$ 的二阶系统的幅频响应特性曲线和相频响应特性曲线，分别如图 2-10a、b 所示。

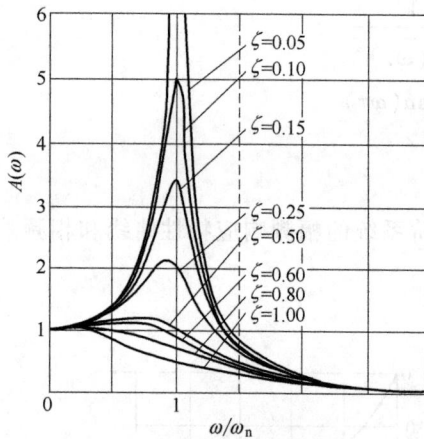

a) 幅频响应特性曲线　　　　　　b) 相频响应特性曲线

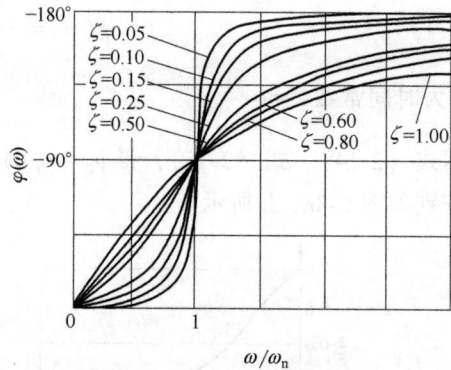

图 2-10　二阶系统的频率响应特性曲线

6. 具有动态特性的汽车测试系统不失真测量的条件

（1）不失真测量的条件　具有动态特性的汽车测试系统不失真地测量，就是被测试信号通过测试系统后，其输出波形 $y(t)$ 与输入波形 $x(t)$ 精确地相似，幅值和相位允许有差异，如图 2-11 所示。

对于线性系统，要实现不失真测量，就必须同时满足两个条件：幅频响应特性为常数和相频响应特性成线性，即

$$\begin{cases} A(\omega) = A_0 \\ \varphi(\omega) = -\tau_0\omega \end{cases} \qquad (2\text{-}19)$$

式中，A_0 和 τ_0 为常数。

满足式（2-19），可实现具有动态特性的汽车测试系统不失真地测量，但系统的输出仍有一定时间 τ_0 的滞后。如果测试的目的是精确地测出输入波形，那么上述条件完全可以满足要求。如果测试中涉及对被测对象进行控制，则要注意滞后时间 τ_0。

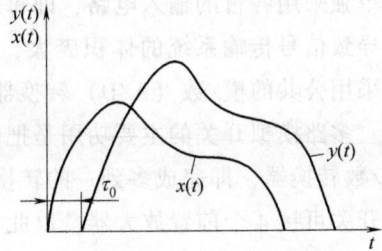

图 2-11 波形不失真地复现

（2）一阶系统不失真测量的分析 根据图 2-8，对于一阶系统，为满足式（2-19），不失真地测量，就要求 $\omega\tau$ 尽可能小，使 $A(\omega)$ 尽可能接近 1，且相频响应特性的线性较好。其中，ω 是输入信号的频率，无法预知，也不应对其进行限制；作为试验人员，选择和优化的对象应该是测试系统参数，也就是时间常数 τ。好的测试系统，应该尽可能做到对任何频率的信号都能不失真测量，所以一阶系统不失真测量的条件就是时间常数 τ 越小越好。

（3）二阶系统不失真测量的分析 根据图 2-10，对于二阶系统，为满足式（2-19），不失真地测量，要求注意以下 3 点。

1）阻尼比 $\zeta \approx 0.7$，或者认为取 $0.6 \sim 0.8$ 比较合适。这样，阻尼比变化时，幅频响应特性 $A(\omega)$ 接近 1 的范围大，且相频响应特性接近直线，有利于不失真地测量。

2）频率比远小于 1，即 $\omega/\omega_n \ll 1$。这样，幅频响应特性 $A(\omega)$ 接近 1，受阻尼比变化的影响小，有利于不失真地测量。输入信号的频率 ω 无法预知，也不应对其进行限制，要使频率比远小于 1，应使固有频率 ω_n 足够大；对于二阶线性系统的传感器，$\omega_n = \sqrt{k/m}$，在弹簧的刚度系数 k 一定时，要求传感器的质量 m 很小，相应的传感器很小。

3）固有频率 ω_n 不能太高，否则会导致灵敏度降低。

从一、二阶系统不失真测量的分析可知，对具有动态特性的汽车测试系统进行分析具有重要意义，这是做好汽车测试的理论基础。对于具有静态特性的汽车测试系统，在汽车测试前，同样要进行汽车测试的理论分析。

2.4 汽车测试的计算机数据采集系统

汽车测试的计算机数据采集系统主要由传感器、前置放大器（信号预处理装置）、多路模拟开关、采样-保持器（S/H）、模/数（A/D）转换器、计算机、显示器、打印机组成，如图 2-12 所示。其中，多路模拟开关、采样-保持器、模/数转换器是数据采集卡的主体。数据采集卡有插在个人计算机的扩展槽中的扩展卡形式，也有放置在计算机外的卡盒形式。

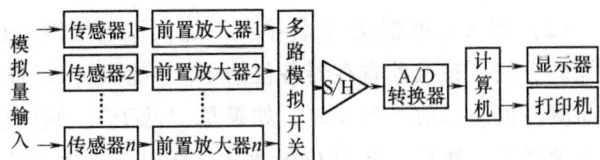

图 2-12 计算机数据采集系统

1. 多路模拟开关

在测试中，如果多个传感器信号要送入计算机，则有多路数据采集的问题。如果每一路都单独采用各自的输入电路，即每一路都采用模/数转换器等电路，不仅成本会成倍增加，还会导致信号传输系统的体积庞大，以至于从结构上无法实现。因此，除了少数特殊情况外，常采用公共的模/数（A/D）转换器，而要实现这种设计，就需采用多路模拟开关。

多路模拟开关的主要功用是把多个前置放大器输出的模拟量参数，分时地接通并送达到模/数转换器，即完成多到一的转换。通常，多路模拟开关通道数有 4、8 和 36 等，4 通道模拟开关可接 4 个前置放大器，以此类推。多路模拟开关又分为 TTL、CMOS、HMOS 等多种不同的结构形式。

2. 采样-保持器

采样-保持器（S/H）由采样/保持电路组成，是计算机系统模拟量输入通道中的一种模拟量存储装置。

采样器是一种开关电路或装置，它在固定时间点上取出被处理信号的值；保持器则把这个信号值放大后存储起来，保持一段时间，以供模/数转换器转换，直到下一个采样时间再取出一个模拟信号值来代替原来的值。在模/数转换器工作期间，采样-保持器一直保持着转换开始时的输入值，因而能抑制由放大器干扰带来的转换噪声，提高模/数转换器的精确度和消除转换时间的不准确性。

一般过程控制计算机的模拟量输入可能是每秒几十点、几百点，对于大型系统甚至是上千点，往往需要高速采样（如 5000~10000 点/s）。为将这些模拟量信号逐个地送到模/数转换器，而不至降低被测信号的真实性，必须用采样-保持器。在低速系统中一般可以省略这种装置。

3. 模/数转换器

模/数（A/D）转换器的功用是对采样-保持电路在时间上离散的模拟电压值输出一个 n 位的二进制数字量。

模/数转换技术有很多种，但只有少数几种能以芯片集成的形式实现。最常用的两种模/数转换技术是计数器型模/数转换器和逐次逼近型模/数转换器。

（1）计数器型模/数转换器　计数器型模/数转换器是最简单、最廉价的模/数转换器。一个计数器控制着一个 D/A 转换器，随着计数器由零开始计数，D/A 转换器输出一个逐步升高的阶梯电压。输入的模拟电压与 D/A 转换器生成的电压被送至比较器进行比较，当二者一致或基本一致（在允许的量化误差范围内）时，比较器辅以一个指示信号，立即停止计数器计数。此时，D/A 转换器的输出值就是采样信号的模拟近似值，其相应的数字值由计数器给出。

（2）逐次逼近型模/数转换器　逐次逼近型模/数转换器采用的是从最高位到最低位逐位试探的方法。转换前寄存器各位清零。转换时，将最高位置设为 1，并将 D/A 转换器的输出值与测得的模拟值进行比较，如果是"低于"，则该位的 1 被保留；如果是"高于"，则该位的 1 被清除。然后，次高位置为 1，再比较，决定去留，直至最低位完成相同的比较过程。寄存器从最高位到最低位都试探过一遍的最终值就是 A/D 转换的结果。

计数器型模/数转换器和逐次逼近型模/数转换器都属于负反馈比较型 A/D 转换器。但对于一个 n 位 A/D 转换器，逐次逼近型只需 n 次比较就可以完成 A/D 转换；计数器型的比较次数却不固定，最多可能需 2^n 次。逐次逼近型模数转换器是中速（转换时间 $1\mu s \sim 1ms$） $8 \sim 16$ 位 A/D 转换器的主流产品。

（3）模/数转换器的两个主要技术指标　模/数转换器的两个主要技术指标为分辨率和转换时间。

分辨率是指输出的数字量变化一个相邻的值所对应的输入模拟量的变化值。A/D 转换器的分辨率习惯上以输出二进制位数或 BCD 码位数表示，分辨力以 1LSB（最低有效位）表示。例如，n 位 A/D 转换器的分辨力为 $1/(2^n-1)$，约等于 $1/2^n$，或称为 n 位分辨率。

转换时间是指完成一次 A/D 转换所需的时间。不同类型的模/数转换器，转换时间不同。计数器型模/数转换器比逐次逼近型模/数转换器的转换时间短，转换速度快。

以上的计算机数据采集系统有多个传感器，如果只需用一个传感器，也可用数据采集卡。另外，可用单片机替代图 2-12 中的多路模拟开关、采样-保持器、模/数转换器，单片机的主要任务是模/数转换。

2.5　汽车测试系统的构建

汽车测试系统的构建是指根据被测对象的测量参数和汽车测试系统的组成，利用已有的传感器、前置放大器、示波器、数据采集卡、计算机等，构建汽车测试系统。传感器、前置放大器、示波器、数据采集卡、计算机等可从生产企业购置，测试软件、单片机等可自行开发。

1. 利用示波器构建汽车测试系统

利用示波器构建的汽车测试系统主要用于易于测量参数的静态测量，如静态的位移、温度、电压；也可用于传动轴振型等动态测量。

利用示波器构建汽车测试系统的框图如图 2-13 所示。传感器与前置放大器连接，前置放大器直接与示波器连接。被测对象为汽车或汽车上的部件。传感器和前置放大器来自传感器的生产企业，示波器来自示波器的生产企业。

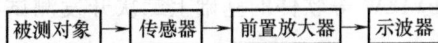

被测对象 → 传感器 → 前置放大器 → 示波器

图 2-13　利用示波器构建
汽车测试系统的框图

测试时，传感器将被测对象的参数量转变为电信号，经前置放大器转变为电压信号，在示波器上显示波形。在测试前，需要进行测试系统的标定，可得被测对象的参数量与示波器上显示电压的关系。测试时，根据被测对象的参数量与示波器上显示电压的关系及示波器上显示的电压，得被测对象的参数量。另外，示波器中有存储器或 U 盘接口，可将存储器或 U 盘中的测试数据通过 USB 接口输入计算机。存储器中的测试数据是一个时间和电压的二维数表，根据该表及被测对象的参数量与示波器上显示电压的关系，用 MATLAB 等软件进行编程和计算，可得被测对象的参数量及图像。示波器显示的图像，也可存储到存储器中，再通过计算机显示。

2. 利用数据采集卡和计算机构建汽车测试系统

利用数据采集卡和计算机构建的汽车测试系统可用于被测对象的不同参数的静态和动态测试。这种构建汽车测试系统的方法，尤其适合构建研究性试验的汽车测试系统。

利用数据采集卡和计算机构建汽车测试系统的框图如图 2-14 所示。传感器与前置放大器连接，前置放大器与数据采集卡连接，数据采集卡与计算机连接。数据采集卡来自数据采集卡的生产企业。有些汽车测试仪器的生产企业，自己研制数据采集卡或在市售的数据采集卡的基础上进行二次开发，成为本企业汽车测试仪器的专用数据采集卡。

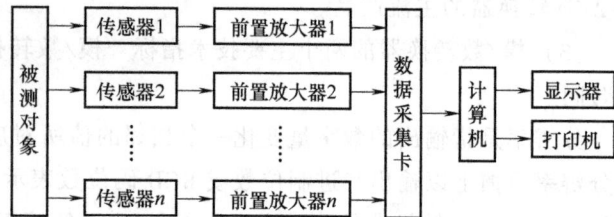

图 2-14　利用数据采集卡和计算机构建汽车测试系统的框图

计算机为通用的台式机或便携式计算机。计算机中的测试软件，需在 MATLAB、LabVIEW 等软件的基础上进行二次开发，成为专用的测试软件。自己开发的专用测试软件，供自己测试使用。企业开发的专用测试软件，随测试仪器一起销售。

测试时，传感器将被测对象的参数量转变为电信号，经前置放大器转变为电压信号，通过数据采集卡传递给计算机，计算机处理测试数据，并显示测试结果。使用企业开发的传感器和数据采集卡构建汽车测试系统，在测试前，一般不需要进行测试系统的标定，汽车测试仪器在出厂前已进行标定。自己构建汽车的测试系统，在测试前，需要进行测试系统的标定。

3. 利用单片机和计算机构建汽车测试系统

利用单片机和计算机构建的汽车测试系统可用于被测对象的单个参数的静态和动态测试。这种构建汽车测试系统的方法，尤其适合构建研究性试验、新的试验的测试仪器，对被测对象的单个参数进行测试。

利用单片机和计算机构建汽车测试系统的框图如图 2-15 所示。传感器与前置放大器连接，前置放大器与单片机连接，单片机通过 USB 接口与计算机连接。传感器的生产企业开发单片机，并将单片机与前置放大器结合为一体，与传感器一起销售，给用户配套生产企业开发的测试软件。自己构建汽车测试系统时，可购置传感器，开发单片机，并在 MATLAB、LabVIEW 等软件的基础上二次开发测试程序。

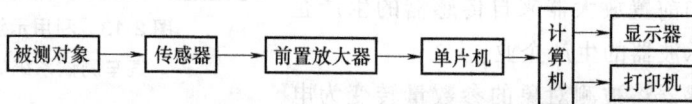

图 2-15　利用单片机和计算机构建汽车测试系统的框图

测试时，传感器将被测对象的参数量转变为电信号，经前置放大器转变为电压信号，通过单片机传递给计算机，计算机处理测试数据，并显示测试结果。使用企业开发的传感器及单片机时，在测试前，一般不需要进行测试系统的标定，企业已做了测试系统的标定工作。自己利用单片机和计算机构建汽车测试系统时，在测试前，需要进行测试系统的标定。

4. 利用单片机构建汽车测试系统

利用单片机构建汽车测试系统可用于被测对象的不同参数的静态和动态测试。这类测试系统多由汽车测试系统的生产企业构建，并形成企业生产的汽车测试仪器。

利用单片机构建汽车测试系统的框图如图 2-16 所示。传感器与前置放大器连接，前置放大器与单片机连接。企业开发单片机，利用单片机构建汽车测试仪器，并开发专用的测试软件。

测试时，传感器将被测对象的参数量转变为电信号，经前置放大器转变为电压信号，再传递给单片机，单片机处理测试数据，并显示测试结果。

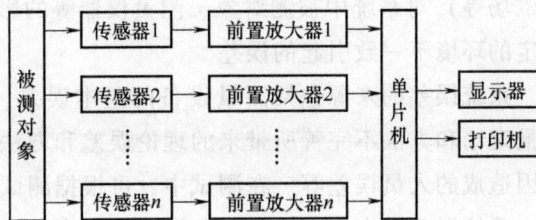

图 2-16　利用单片机构建汽车测试系统的框图

2.6　汽车测试的测量误差及分析

1. 测量及其分类

测量就是以确定被测参数的数值为目的进行的一系列试验操作。具体地说，就是应用某种测量仪器，将被测量参数与同一物理量的标准量进行比较，从而确定该参数数值的过程。根据图 2-2 所示的汽车测试系统模型，从"测试系统"的角度讲，就是通过输出量 $y(t)$ 和系统传输特性 $h(t)$，来推断输入量 $x(t)$ 的过程。测量包括直接测量和间接测量两种。

（1）直接测量　通过测试装置，将被测量参数与同一物理量的标准量直接比较，或是用事先经过标准量校正的测量仪器进行测量，直接求得被测量参数的数值。例如，用尺测量距离就属于将被测距离与尺的量直接比较的直接测量；用温度计测量温度则属于用事先经过标准量校正的温度计进行的直接测量。这些测量，均可从测量仪器上直接读出被测量参数的数值。

（2）间接测量　被测量参数与某些独立的参数存在确定的函数关系，对这些独立的参数进行直接测量，然后利用该函数关系计算得出被测量参数。例如，对矩形的长度和宽度进行直接测量，然后计算得出矩形面积，就是对矩形面积的间接测量。对发动机或驱动电机输出的转矩和转速进行直接测量，然后计算得到功率，就是对功率的间接测量。

2. 测量误差及其分类

（1）测量误差　测量误差是被测量参数的测量值 l 与真实值 X 之间的差值，简称误差，即

$$\Delta = l - X \qquad (2\text{-}20)$$

测量值 l 可通过仪器测量得到，真实值 X 往往难以得到。真实值简称真值，可来自被测量参数的理论值、规定值、标准中的值，在等精密度测量中，可取多个测量值的平均值。无论直接测量还是间接测量，测量结果都不等于被测量的真实值，也即测量存在误差。在测量中，难以避免误差，只能减小误差。

（2）按误差的性质分类

1）系统误差。系统误差是保持一定大小、正负数值或按一定规律变化的误差，是一种非随机性误差。系统误差是由测试系统中非随机因素引起的误差。例如，在室内测功机上做汽车动力性和制动性测试，车轮在滚筒上滚动替代车轮在地面上滚动，产生车轮的滚动误差，这个误差是由测试系统中固有、非随机性结构产生的；又如外界环境（光线、温度、湿度、

电磁场等）对系统中被测对象、测量仪器等的影响所产生的误差，这是实际测试环境与标准规定的环境不一致引起的误差。

系统误差的来源包括测量设备的基本误差、偏离测试条件要求所产生的测试条件误差、测量理论和方法不完善所带来的理论误差和方法误差及试验人员测量技术不熟练或其他主观原因造成的人员误差等。在测试中，可根据测试系统的组成，逐个分析系统误差的来源。

系统误差是有规律的，这种规律体现在每一次具体的测量中。因此，通过试验找到这种规律之后，就可以对测定值进行修正，以减小或消除系统误差的影响。

2）过失误差。由于测量工作中的错误、疏忽大意等原因引起的误差，称为过失误差，又可以称为粗大误差。例如，仪器操作错误，记录时看错了数字，写错了小数点位置等。这种误差的数值及正负没有任何规律，而且对测量结果的歪曲又可能很严重。含有过失误差的测量值，可通过检查测试工作、分析测试结果找出后剔除。可通过认真、正确地测量，避免过失误差。

3）随机误差。即使在相同的条件下，对同一个参数重复地进行多次测量，所得到的测量值也不可能完全相同。这时，测量误差具有各不相同的数值与符号，这种误差称为随机误差，或称偶然误差。

随机误差反映了许多相互独立的因素有细微变化时的综合影响。例如，在测量过程中，仪器内摩擦力的细微变化、环境温度的细微波动，以及观测者视线的细微变动等。

在任何测量工作中，随机误差都是无法避免的。随机误差就其个体而言，是没有规律、无法预先估计及不可控制的，但其总体却符合统计学的规律，重复测量的次数越多，这种规律性就越明显。因此，可以用概率统计的方法，计算随机误差给测量结果可能带来的影响。

（3）按误差产生的原因分类

1）测试理论误差。测试理论误差是指由于测量理论本身不够完善引起的误差。例如，采用近似公式或近似值计算测量结果时所引起的误差；非线性测试系统简化为线性测试系统，带来测试系统简化的理论误差；传感器输入输出特性为非线性但简化为线性特性，产生传感器输入输出特性简化的理论误差；在底盘测功机上做测试时，车轮在滚筒上滚动替代车轮在地面上滚动，产生车轮滚动的理论误差。

2）测试仪器误差。测试仪器误差是指由于仪器的结构和制造不完善或调整、校正不当或传感器的安装位姿精度等原因引起的误差。例如，仪器的灵敏度漂移引起的误差，模/数转换中电压量化的误差，仪器计算中的数据截断误差；传感器在汽车上安装，传感器的坐标与汽车坐标间的误差。

3）测试人员误差。测试人员误差是指由于测量者技术不熟练或受其他主观因素引起的误差。例如，因工作疲劳引起的视觉器官的生理变化，固有习惯引起的读数误差，以及精神上的因素产生的一时疏忽等所引起的误差；驾驶人的驾驶水平与测试误差有关，同一驾驶人及不同驾驶人操纵同一辆手动档汽车换档，均有换档的时间误差，且不可控制；主观评价汽车的平顺性也会因人而异，产生主观评价误差。

4）被测对象误差。被测对象误差是指由于被测对象自身变化带来的误差。例如，汽车在冷态及热态、跑合与未跑合、加润滑油等保养前后均会带来动力性、制动性等测试误差。车轮的滚动及跳动、车身的移动、车身的俯仰和侧倾、水温和油温、电池的电压、车载质量的大小和分布、空调的性能、电动汽车的驱动电机及动力蓄电池的散热性能等均会产生测试误差。

5）测试环境误差。测试环境误差是指由于各种环境因素与要求的标准状态不一致而引起的测量装置和被测量对象本身的变化所造成的误差。例如，大气的温度、湿度、气压、风向等变化引起测试的气候环境误差；利用 GPS、北斗导航系统进行汽车速度、制动测试时，导航环境引起测试的信号误差；电磁场干扰测试，所引起电磁场干扰的信号误差。

6）测试道路误差。测试道路误差是指由于测试道路引起的测试误差。例如，道路有路面不平度并使汽车产生随机振动，引起测试误差；在做汽车爬坡度试验时，道路有坡度误差；车轮在道路及滚筒上滚动，有滚动误差；在汽车绕桩试验中，有汽车运动轨迹的误差。

3. 测量误差的表达方式

（1）绝对误差 被测量参数的测定值与真实值之差为绝对误差，见式（2-20），可正可负。通常说的"误差"指的就是绝对误差。显然，其单位就是被测物理量的单位。

（2）相对误差 绝对误差与真实值之比为相对误差，通常用百分比表示，可正可负，无量纲，即相对误差

$$\gamma = \frac{l-X}{X} = \frac{\Delta}{X} \tag{2-21}$$

4. 测试的精确度

精确度简称精度，由精密度和准确度组成。

（1）精密度 精密度是指对同一被测参数进行多次重复测量，各测定值之间的接近程度。各测定值越接近，精密度就越高，反之，就越低。在图 2-17a 中，测定值以真值为中心、沿圆周分散分布，测定值不集中，接近程度低，精密度低，或称低精密度。在图 2-17b 中，测定值相对集中，接近程度高，精密度高。随机误差波动范围越大，测定值之间就越离散，精密度就越低。所以，测量的精密度受随机误差控制。

（2）准确度 准确度是指对同一被测参数进行多次重复测量，测量结果与被测参数的真实值之间的接近程度。测量结果离被测参数的真实值越远，准确度就越低。在图 2-17a 中，测定值总体接近中心真值，准确度相对较高。在图 2-17b 中，测定值总体不接近中心真值，准确度较低。如果存在较明显的系统误差，测量结果就会明显偏离真实值。所以，测量的准确度受系统误差控制。

a) 高准确度低精密度　　b) 低准确度高精密度　　c) 高精确度

图 2-17 精密度、准确度和精确度三者之间的关系

（3）精确度 精确度就是精密度与准确度的综合。只有精密度和准确度都高的测量，才能说是精确度高。在图 2-17c 中，精密度和准确度均较高，精确度高，或称高精确度。精确度要求随机误差和系统误差都

很小。测量工作就是希望得到精确度高的结果。

5. 随机误差的正态分布规律

随机误差服从正态分布，其数学模型用概率密度函数描述为

$$f(\Delta) = \frac{1}{\sqrt{2\pi}\sigma} e^{-\frac{\Delta^2}{2\sigma^2}} \qquad (2\text{-}22)$$

式中，Δ 为随机误差；σ 为随机误差的标准差，即

$$\sigma = \sqrt{\frac{1}{n}\sum_{i=1}^{n}\Delta_i^2} \qquad (2\text{-}23)$$

式中，n 为重复测量次数，$n \to \infty$。

以随机误差 Δ 为横坐标，概率分布密度 $f(\Delta)$ 为纵坐标，式（2-22）可描述成如图 2-18 所示的曲线，该曲线称作随机误差的正态分布曲线。由图可见，随机误差具有以下特征。

1）单峰性。只有一个峰值，绝对值小的误差出现的概率大，而绝对值大的误差出现的概率小。

2）对称性。绝对值相等的正负误差出现的概率相同；峰值无误差，对应的值为真值。

3）有限性。在一定条件下，绝对值无限大的误差出现的概率近于零，即误差的绝对值不会超过一定的界限。

4）抵偿性。对同一被测量的多次等精度测量中，随机误差的代数和趋近于零，即具有相互抵消的特性。抵偿性是随机误差最本质的性质，也就是说凡具有抵偿性的误差，原则上都可认为是随机误差。

由图 2-18b 还可以看出，随机误差的标准差 σ 取不同数值时，分布曲线的变化规律相似。σ_2 较小时，曲线的中部升得更高，且下降得更快，这表明绝对值小的误差出现的概率更大，测量比较精密。因此，可以用随机误差的标准差 σ 来衡量测量的精密度。

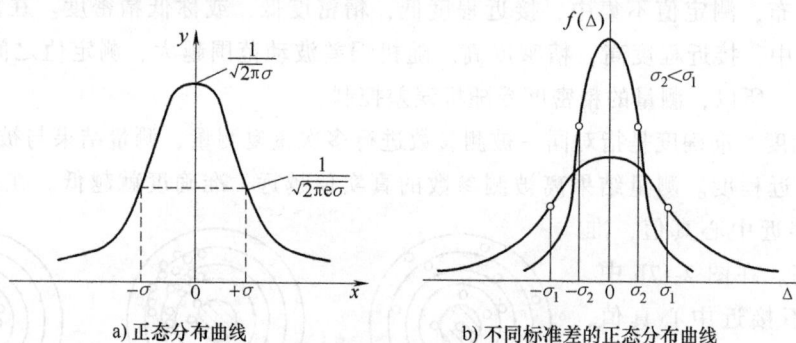

a) 正态分布曲线　　　b) 不同标准差的正态分布曲线

图 2-18　随机误差的正态分布曲线

6. 等精密度测量的算术平均值与真实值的关系

对某个参数进行 n 次等精密度测量，即得到 l_1，l_2，$\cdots$，l_n 等 n 个测量值，这些测量值组成一个测量序列。以 Δ_1，Δ_2，$\cdots$，Δ_n 表示各测量值所包含的随机误差，以 X 表示待测量的真实值，根据式（2-20），且考虑真实值只有一个，则有 $l_1 = \Delta_1 + X$，$l_2 = \Delta_2 + X$，$\cdots$，$l_n = \Delta_n + X$。若以 L 表示测量值的算术平均值，即

$$L = \frac{1}{n}(l_1 + l_2 + \cdots + l_n) = \frac{1}{n}\sum_{i=1}^{n}\Delta_i + X \tag{2-24}$$

进一步得

$$X = L - \frac{1}{n}\sum_{i=1}^{n}\Delta_i \tag{2-25}$$

根据随机误差的抵偿性可知，当测量次数无限增加时，可使得 $\lim\limits_{n\to\infty}\frac{1}{n}\sum_{i=1}^{n}\Delta_i = 0$，此时，测量值的算术平均值就等于被测参数的真实值，即

$$X = L \tag{2-26}$$

但实际上，测量次数是有限的，所以测量值的算术平均值只是真实值的一个近似值。随着测量次数的增加，算术平均值就越接近于真实值，因此可以认为，等精密度测量的测量值的算术平均值是最可信赖值。

测量值 l_i 与算术平均值 L 之差，称为残余误差，简称残差（或称偏差），以 ν_i 表示，则有

$$\nu_i = l_i - L \tag{2-27}$$

将各测量值的残差值相加，再根据式（2-24），可得

$$\sum_{i=1}^{n}\nu_i = \sum_{i=1}^{n}l_i - nL = 0 \tag{2-28}$$

可见，各测量值残差的代数和等于零。残差的这个性质可用来检查算术平均值的计算是否正确。

7. 汽车测试误差的分析

（1）汽车测试误差分析的意义　汽车测试是要讲误差的，汽车测试仪器是要讲精度的。在汽车测试设计过程中及获得汽车测试结果后，一定要进行汽车测试误差分析。如果不知道汽车测试的误差、精密度和准确度，那么汽车测试结果将失去意义。因此，进行汽车测试误差分析，获得误差的大小及来源，评定汽车测量的精密度和准确度，就成为汽车测试中一项必不可少的重要工作。

在汽车测试设计中，进行汽车测试误差分析，是要防止、避免较大的理论误差。在测试理论指导下，选择合适的测试方法和仪器，制定高精度的测试方案，为高精度的汽车测试打下理论和设计基础。

在汽车测试过程中，进行测试误差分析，是要保证测试过程的正确。正确使用测试仪器，减小测试过程中的操作误差，防止、避免测试过程中的过失误差，从而达到汽车测试设计要求的精度。

在获得汽车测试结果后，进行测试误差分析，是为了知道哪些测试有较大误差，对测试结果有何影响，测试数据可信度，评价测试结果是否达到测试精度的要求，并给出结论；通过测试误差分析，也为继续做好汽车测试工作打下基础。

（2）汽车测试误差分析的目的　汽车测试误差分析的目的，不是要消除它，因为这是不可能的；也不是使它小到不能再小，这不一定必要，因为这要花费大量的人力和物力；而是

在一定的条件下，把误差减小到最低限度，得到更接近于真实值的最佳测量结果，使汽车测试结果满足精度要求。

（3）汽车测试误差分析的任务　汽车测试误差分析的任务就是研究误差的来源及其产生误差的原因、性质和规律，主要内容如下。

1）分析汽车测试理论、设备及其误差，分析测试结果的误差及其精度。

2）研究和确定汽车测试中的过失误差和巨大随机误差之间的界限，以便舍弃那些含有过失误差的测量值；研究随机误差的分布规律，分析和确定汽车测量的精密度。

3）研究汽车测试中的系统误差的规律，寻找把系统误差从随机误差中分离出来的方法，并设法消除它的影响。

4）从一系列汽车测量值中，求出最接近于被测参数真实值的汽车测试结果。

（4）汽车测试误差分析的方法　汽车测试误差分析的方法是根据图 2-1、误差的分类及分布、测试标准，从测试理论、被测对象、测试仪器、测试人员、测试环境、测试道路等方面，运用汽车构造、理论、设计、控制、发动机原理、电池及其管理系统等汽车方面的知识，再运用测试系统的静态和动态特性、传感器、信号及传输、测试数据处理等测试仪器方面的知识，进行汽车测试误差分析。

习　题

2-1　简述汽车测试系统的组成。

2-2　简述汽车测试系统的工作原理。

2-3　简述对汽车测试系统的要求。

2-4　简述具有理想静态特性的汽车测试系统的数学模型。

2-5　简述汽车测试系统的静态特性。

2-6　简述具有动态特性的汽车测试系统的数学模型。

2-7　简述汽车测试系统的动态特性。

2-8　简述汽车测试系统的幅频响应特性和相频响应特性的求解步骤。

2-9　简述具有动态特性的汽车测试系统不失真测量的条件。

2-10　计算机数据采集系统主要由哪些部分组成？多路模拟开关的主要功用是什么？

2-11　简述利用数据采集卡和计算机构建汽车测试系统的方法。

2-12　按误差产生的原因，误差分为哪几类？

2-13　简述汽车测试误差分析的任务。

2-14　查找文献，阅读一两篇介绍汽车测试系统的文献，介绍其主要内容。

2-15　查找一两个汽车测试系统的视频，与班级同学交流。

第3章　汽车测试系统的传感器

教学目标：通过本章学习，读者应掌握传感器的组成及工作原理，了解传感器中的计算和传感器在汽车测试中的应用，重视全球定位系统和北斗卫星导航定位系统在汽车测试仪器和试验中的应用，为选择汽车测试仪器和设备，检查、安装和标定传感器，开展汽车试验及其误差分析打下基础。

　　传感器是将整车或总成部件上要测量的物理量转换成电量的装置。传感器的形式有很多，按被测物理量分类，可分为测量长度、位移、速度、加速度、角位移、力、流量、声、磁、温度和光等的传感器；按工作原理分类，可分为电阻式、电感式、电容式、压电式、超声波式、激光式、卫星导航式等。本节只介绍用于汽车试验的几类典型的传感器的基本工作原理、性能特点等。

3.1 电阻应变片式传感器

1. 金属电阻丝应变片的基本构造

　　金属电阻丝应变片的基本构造如图 3-1 所示。细长的金属电阻丝构成线栅，电阻丝是应变片的敏感元件，其直径在 0.025mm 左右，材料为铜镍合金、镍铬合金、铁铬铝合金和康铜等，有效长度 l 为基长，有效宽度 b 为基宽。基底和盖片胶接，电阻丝在基底和盖片之间，基底和盖片对电阻丝起到定位、保护、防潮和密封的作用。应变片是通过在基底的下表面涂胶粘贴在被测零件上的，引线则通过焊接等方式与下级变换电路（通常是应变仪）连接。电

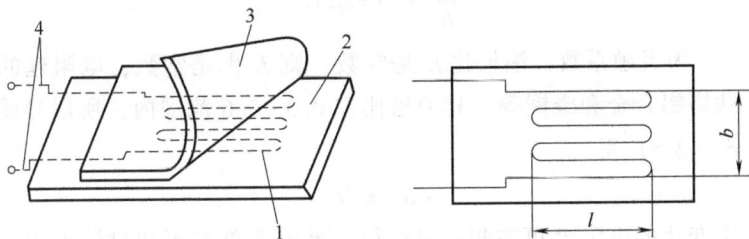

图 3-1　金属电阻丝应变片的基本构造
1—电阻丝　2—基底　3—盖片　4—引线

阻应变片的规格一般用使用面积和电阻表示，例如：$3\times10\text{mm}^2$，120Ω。

2. 金属电阻丝应变片的工作原理

金属电阻丝应变片的工作原理是基于金属导线的电阻应变效应，即应变片粘贴在被测零件上，被测零件在外力作用下产生机械变形，电阻丝随之变形，其电阻值发生改变，这将被测零件的机械变形转变为电阻值的变化。

由电阻定律可知，一根金属导线的电阻 R 与其长度 L、横截面积 A 和电阻率 ρ 的关系为

$$R=\rho\frac{L}{A} \tag{3-1}$$

对式（3-1）全微分，得

$$\mathrm{d}R=\frac{L}{A}\mathrm{d}\rho+\frac{\rho}{A}\mathrm{d}L-\rho\frac{L}{A^2}\mathrm{d}A \tag{3-2}$$

将式（3-1）代入式（3-2），再将等式两边同除以 R，得

$$\frac{\mathrm{d}R}{R}=\frac{\mathrm{d}\rho}{\rho}+\frac{\mathrm{d}L}{L}-\frac{\mathrm{d}A}{A} \tag{3-3}$$

式中，$\frac{\mathrm{d}R}{R}$ 为单位电阻的电阻变化量，称为电阻变化率；$\frac{\mathrm{d}\rho}{\rho}$ 为电阻率的变化率；$\frac{\mathrm{d}L}{L}$ 为金属导线长度的变化率，即线应变 ε，$\frac{\mathrm{d}L}{L}=\varepsilon$；$\frac{\mathrm{d}A}{A}$ 为金属导线面积的变化率，金属导线的横截面为圆形，其面积 $A=\pi r^2$，r 为半径，$\mathrm{d}A=2\pi r\mathrm{d}r$，$\frac{\mathrm{d}A}{A}=\frac{2\pi r\mathrm{d}r}{\pi r^2}=\frac{2\mathrm{d}r}{r}$，$\mathrm{d}r$ 为导线在半径方向上的变化量，则 $\frac{\mathrm{d}r}{r}$ 为横向应变，由材料力学可知，$\frac{\mathrm{d}r}{r}=-\mu\varepsilon$，其中，$\mu$ 为导线材料的泊松比，故可得 $\frac{\mathrm{d}A}{A}=-2\mu\varepsilon$。

将 $\frac{\mathrm{d}L}{L}=\varepsilon$、$\frac{\mathrm{d}A}{A}=-2\mu\varepsilon$ 代入式（3-3），得

$$\frac{\mathrm{d}R}{R}=\frac{\mathrm{d}\rho}{\rho}+(1+2\mu)\varepsilon=\left(\frac{\mathrm{d}\rho}{\varepsilon\rho}+1+2\mu\right)\varepsilon \tag{3-4}$$

式中，$\frac{\mathrm{d}\rho}{\varepsilon\rho}$ 的值很小，可以忽略不计。由式（3-4）得

$$\frac{\mathrm{d}R}{R}\approx(1+2\mu)\varepsilon \tag{3-5}$$

令 $K=1+2\mu$，K 为灵敏系数，泊松比 μ 是常数，则 K 也是常数；电阻丝的材料为铜镍合金、镍铬合金、铁铬铝合金和康铜等，其泊松比在 $0.3\sim0.6$ 范围内，所以导线材料的灵敏系数 K 约为 2。由式（3-5）得

$$\mathrm{d}R=KR\varepsilon \tag{3-6}$$

金属电阻丝应变片的电阻 R 可在制造时测得，灵敏系数 K 可通过泊松比 μ 计算得到，这样，$\mathrm{d}R$ 与 ε 成正比，并且具有线性关系。

工作时，金属电阻丝应变片粘贴在被测零件的表面上，被测零件的表面产生应变 ε，这

个应变可能是由力、力矩、压强、位移、温度或加速度等物理量作用在被测零件上产生的，根据式（3-6），应变片将应变转变为电阻值的变化，应变片接在电路中，可进一步转变为电路的输出电压或电流的变化，实现对作用在被测零件上的力、力矩等的测量。

除了金属电阻丝应变片外，还有金属箔式应变片、半导体应变片等，其功用相同，均是将被测零件表面的应变转变为电阻值的变化。

3. 电阻应变片式传感器的应用

（1）圆柱式力传感器　图 3-2a 所示为一种圆柱式力传感器，通常称为拉压传感器。8 个电阻应变片贴在圆柱体的外表面上，并组成桥式测量电路；R_1、R_2、R_3 和 R_4 与圆柱的轴线平行，用于测量轴向力；R_5、R_6、R_7 和 R_8 与圆柱的轴线垂直，用于消除温度误差；载荷 F 作用于圆柱的轴线上。

圆柱式力传感器用于称重仪，如地磅、电子秤，测量汽车的质量、轴荷等。

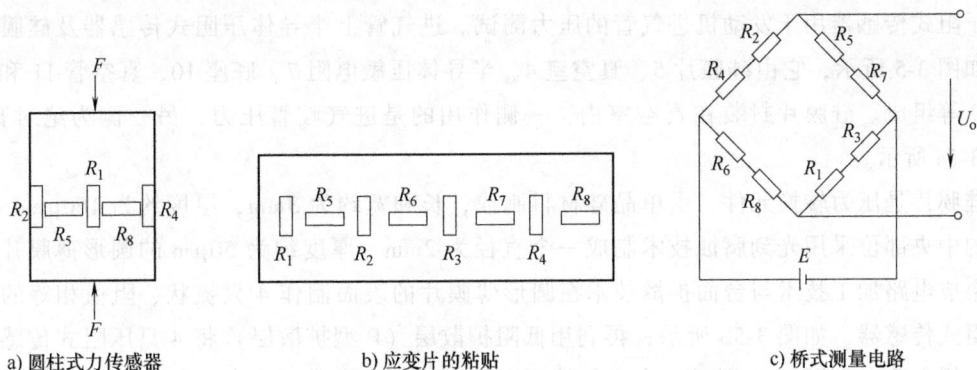

a) 圆柱式力传感器　　　　b) 应变片的粘贴　　　　c) 桥式测量电路

图 3-2　圆柱式力传感器及应变片的粘贴和桥式测量电路

（2）梁式力传感器　图 3-3 所示为一种梁式力传感器。载荷 F 作用于梁上，使梁产生弯曲，电阻应变片贴在梁的上、下表面上，测量梁的上、下表面的弯曲应力；载荷 F 为交变载荷时，使梁产生弯曲振动，电阻应变片测量梁的弯曲振动。

同理，将电阻应变片贴在汽车车架的上、下表面上，则可用于测量车架上、下表面的弯曲应力和车架的弯曲振动。

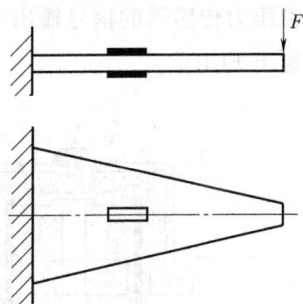

3.2　压阻式传感器

图 3-3　梁式力传感器

1. 压阻式传感器的构成

压阻式传感器的工作原理是半导体材料的压阻效应。压阻效应是指某些半导体材料受压力作用时，其电阻率随压力变化的现象。单晶硅、锗及化合物半导体都具有压阻效应。

压阻式传感器的构成如图 3-4 所示，在单晶硅的基片上用扩散工艺制成一定形状的应变元件，构成压阻式传感器。压阻式传感器受压力 p 后，其电阻率为

$$\frac{dR}{R} = \lambda E \varepsilon = K \varepsilon \tag{3-7}$$

进一步得压阻式传感器电阻的变化为

$$dR = \lambda E R \varepsilon = K R \varepsilon \qquad (3\text{-}8)$$

式中，λ 为压阻系数；E 为材料的弹性模量；R 为电阻；ε 为压阻式传感器处的线应变 ε；灵敏系数 $K = \lambda E$。

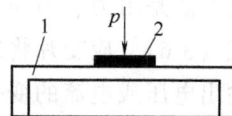

图 3-4 压阻式传感器的构成
1—单晶硅的基片 2—压敏电阻

压阻系数 λ、材料的弹性模量 E 可在制造压阻式传感器时测得，$\lambda E \approx 50 \sim 100$，这使得压阻式传感器远比金属电阻丝应变片传感器的灵敏系数大；压阻式传感器工作时，几何形状的变化很小，即线应变 ε 的变化很小，可以忽略不计，线应变 ε 近似为常量，这样，dR 与 R 成正比。当压阻式传感器连接到电路中且受到压力 p 作用时，压阻式传感器的电阻发生变化，从而使输出电压发生变化。

2. 压阻式传感器的应用

压阻式传感器用于发动机进气管的压力测试。进气管上半导体压阻式传感器及硅膜片的结构如图 3-5 所示，它由硅膜片 5、真空室 4、半导体压敏电阻 7、底座 10、真空管 11 和电极引线 9 等组成。硅膜片封装在真空室内，一侧作用的是进气歧管压力，另一侧为绝对真空，如图 3-5a 所示。

硅膜片是压力转换元件，由单晶硅材料制成，长和宽约为 3mm，厚度约为 160μm。在硅膜片的中央部位采用光刻腐蚀技术制成一个直径为 2mm、厚度约为 50μm 的圆形薄膜片，并采用集成电路加工技术与台面扩散技术在圆形薄膜片的表面制作 4 只梳状、阻值相等的半导体压阻式传感器，如图 3-5b 所示，再利用低阻扩散层（P 型扩散层）将 4 只压阻式传感器连接成电桥电路，如图 3-5c 所示。在进气管压力下，硅膜片产生应变，压阻式传感器的阻值发生变化，导致电桥输出电压变化，即将进气管压力变化转变为电桥输出电压的变化。这种进气管压力传感器的信号输出电压与进气管绝对压力呈线性关系，集成电路将此电压信号放大后送至 ECU。

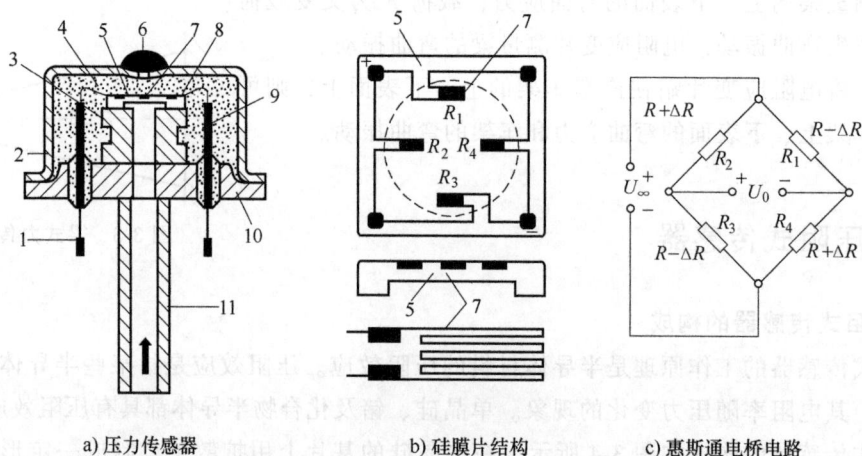

a) 压力传感器　　　　　　b) 硅膜片结构　　　　　　c) 惠斯通电桥电路

图 3-5 进气管上半导体压阻式传感器及硅膜片的结构
1—引线端子 2—壳体 3—硅杯 4—真空室 5—硅膜片 6—锡焊封口
7—半导体压敏电阻 8—金线电极 9—电极引线 10—底座 11—真空管

3.3 电容式传感器

1. 电容式传感器的工作原理

电容式传感器是将被测物理量的变化转换为电容值变化的一种传感装置，也属于参量式传感器。其基本构造就是一个具有可变参数的电容器。

在一对相距很近、平行相对的电极板两侧施加电压，在两极板之间的区域内将产生均匀的等强电场，两极板会带上等量异号电荷，这就是电容效应，这对极板就构成了一个典型的平行板电容器，如图 3-6 所示。平行板电容器的电容值 C 为

$$C = \frac{\varepsilon_r \varepsilon_0 S}{d} \tag{3-9}$$

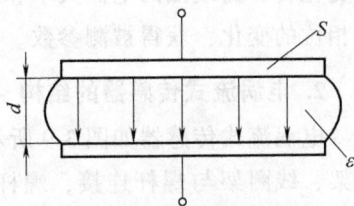

图 3-6　平行板电容器

式中，S 为两极板的正对面积；d 为两极板的间距；ε_0 为真空中的介电常数，为 8.85×10^{-12}（F/m）；ε_r 为极板间实际介质的相对介电常数，极板间填充物质不同，相对介电常数不同，对于空气，取 $\varepsilon_r = 1$。

根据式（3-9），如果被测量能使电容器结构参数中的 S、d 或 ε_r 中的任一项变化，那么电容值 C 就会发生变化。测量电路将这个电容变化进一步转换为电流、电压或频率等输出信号，根据输出信号的特性，就可求得被测量的大小。

2. 电容式传感器在声级计中的应用

在汽车噪声的测量中，广泛使用声级计，精密声级计的核心就是电容式传感器，又称为电容式微音器，其实质就是一个微型话筒或称传声器，如图 3-7 所示。振动膜片作为电容器的活动极板，在被测噪声的声压下发生位移，根据式（3-9），微音器的电容发生变化，测量电路将这个电容变化进一步转换为电压信号，从而测出噪声。背板是固定极板，外壳和中心电极分别为振动膜片和背板提供连接线，绝缘体起支承定位作用。

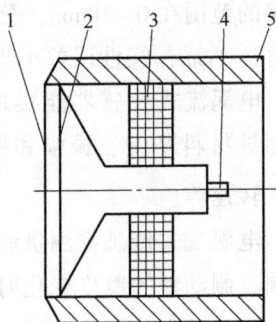

图 3-7　电容式微音器
1—振动膜片　2—背板　3—绝缘体
4—中心电极　5—外壳

3.4 电涡流式传感器

1. 电涡流式传感器的工作原理

根据法拉第电磁感应原理，一个块状金属导体置于变化的磁场中或在磁场中切割磁力线运动时，导体内部会产生闭合的电流，这种电流像水中漩涡，故称为电涡流，这种现象为电涡流效应。形成电涡流必须具备两个条件：第一，存在交变磁场；第二，金属导体处于交变的磁场中。电涡流式传感器是根据电涡流效应制作的传感器。

电涡流式传感器的工作原理如图 3-8 所示。线圈置于金属板附近，距离为 d，当线圈中通以高频交变电流 i 时，便在线圈周围产生交变磁通 Φ。此交变磁通通过金属板时，金属板上便产生电涡流 i_1，该电涡流也将产生交变磁通 Φ_1，根据楞次定律，电涡流的交变磁场与线圈的磁场变化相反，Φ_1 总是抵抗 Φ 的变化。当电涡流磁场的作用变化时，使原线圈的等效阻抗发生变化，并使流过线圈的电流大小和相位都发生变化。金属板到线圈距离 d 的变化，金属板的裂纹、齿轮等的结构变化，均会引起电涡流磁场的变化，即均将其变化转变为线圈的电流大小和相位的变化，根据线圈的电流大小和相位的变化，获得被测参数。

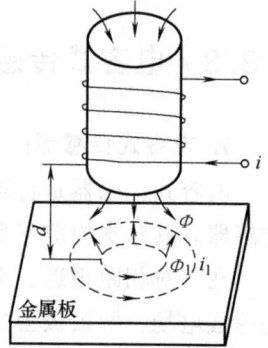

图 3-8　电涡流式传感器的工作原理

2. 电涡流式传感器的结构

电涡流式传感器如图 3-9 所示，线圈绕在聚四氟乙烯的线圈架上，保护套包围线圈和线圈架，线圈架与螺杆连接，螺杆和螺母用于固定电涡流式传感器。

3. 电涡流式传感器的应用

电涡流式传感器具有结构简单、使用方便、灵敏度高、不受油污介质影响等优点。它测量位移的范围在 $0 \sim 30mm$，分辨率在 $0 \sim 1mm$ 量程时可达 $1\mu m$，线性误差小于 3%。

电涡流式传感器能实现非接触测量，可用于测量材料厚度、振幅和振动频率、位移、探伤、转速等。

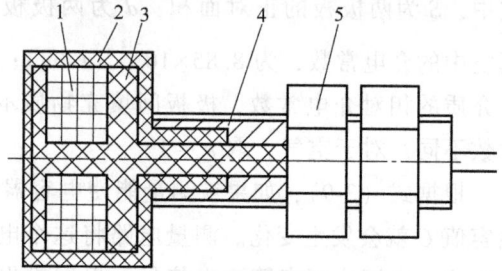

图 3-9　电涡流式传感器

1—线圈　2—保护套　3—线圈架　4—螺杆　5—螺母

电涡流式传感器测量制动盘的厚度如图 3-10a 所示，两个电涡流式传感器位于制动盘的两侧，制动盘的厚度变化时，制动盘到电涡流式传感器的距离发生变化，引起线圈的电流大小和相位的变化，从而可测得制动盘的厚度，测量精度可达 $0.1\mu m$。

电涡流式传感器测量传动轴弯曲振动的振幅和频率如图 3-10b 所示，传动轴弯曲振动时，传动轴到电涡流式传感器的距离发生变化，距离变化的次数与弯曲振动的频率一致，从而可测得弯曲振动的振幅和频率。

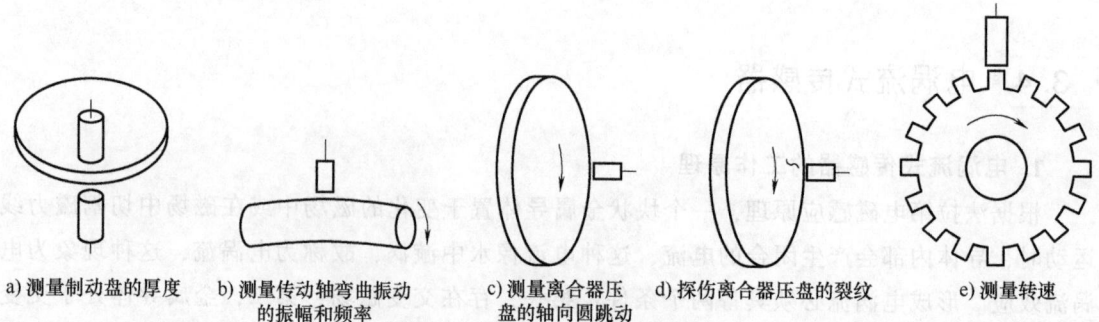

a) 测量制动盘的厚度　　b) 测量传动轴弯曲振动的振幅和频率　　c) 测量离合器压盘的轴向圆跳动　　d) 探伤离合器压盘的裂纹　　e) 测量转速

图 3-10　电涡流式传感器的应用

电涡流式传感器测量离合器压盘的轴向圆跳动如图 3-10c 所示，圆盘为离合器的压盘，压盘转动时，压盘到电涡流式传感器的距离发生变化，从而可测得压盘的轴向圆跳动。

电涡流式传感器探伤离合器压盘的裂纹如图 3-10d 所示，压盘上有、无裂纹处的电涡流不同，使线圈的电流大小和相位变化，从而可探伤离合器压盘的裂纹。

电涡流式传感器测量转速如图 3-10e 所示，齿轮转动，轮齿和齿槽通过电涡流式传感器的下方时，齿轮中的电涡流不同，使线圈的电流大小和相位变化。在齿轮转动一圈中，电流大小呈波动变化，变化的次数与齿数相同，从而可测得转速。

3.5 压电式传感器

1. 压电效应和压电材料

压电式传感器的工作原理是压电效应。当沿着一定的方向对某些材料施加压力（或拉力）F_X 时，该材料不仅发生机械变形，而且内部发生极化，在两侧表面出现等量的异号电荷，电荷量与压力大小成正比；当外力去掉后，该材料又重新回到不带电的状态，如图 3-11 所示。图 3-11 中 X 表示受力方向，这样的特性称为压电效应，具有这样特性的材料称为压电材料。

传感器内的压电材料常被称为压电元件或压电晶体、压电晶片。常见的压电材料有石英（SiO_2）、压电陶瓷（钛酸钡 $BaTiO_3$ 和锆钛酸铅 PZT 等）和聚二氟乙烯（PVF_2）高分子薄膜等。其中，石英晶体的

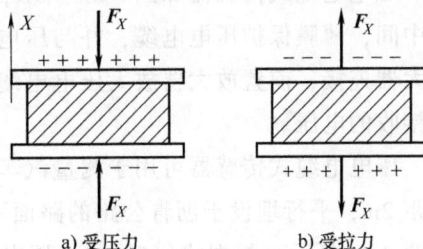

a) 受压力　　　b) 受拉力

图 3-11　压电效应

强度、刚度大，动态特性好，输出特性对温度变化不敏感，绝缘性、重复性好；缺点是压电系数较低。压电陶瓷的压电系数高，可以测量较小的力，但是不适用于有高稳定性要求的测量。

压电式传感器是一种发电式传感器，这种压电材料相当于一个对压力敏感的电荷源，压力越大，产生的电荷越多。电荷量 Q 与压力 F 的关系为

$$Q = KF \tag{3-10}$$

式中，K 为压电系数（C/N）。

2. 压电式加速度传感器及其应用

压电式加速度传感器的结构如图 3-12 所示，图中 3 为两片压电晶片，其间放置一金属片，一条引线 5 焊接在金属片上，另一条引线与基座 4 相连。压电晶片上装有一块密度较大的金属质量块 2，并用刚度很大的压紧弹簧 1 对其预加载荷。

压电式加速度传感器的工作原理：测量时，传感器基座与被测件连接，当被测件做加速运动时，质量块产生正比于加速度的惯性力作用于压电晶片上，并在压电晶片上产生相应的电荷。电荷经电荷放大器放大和阻抗变换后，再用一般测量电路处理，最终在显示器上显示出加速度的大小。

压电式加速度传感器的应用：在汽车平顺性试验中，用压电式加速度传感器测量汽车振

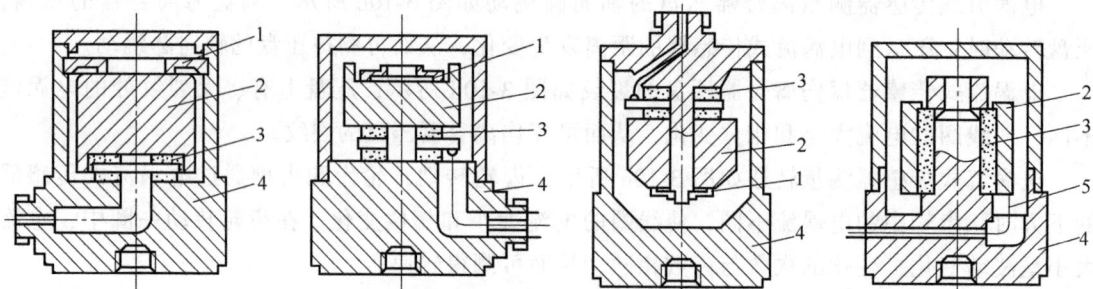

图 3-12 压电式加速度传感器的结构

1—压紧弹簧 2—质量块 3—压电晶片 4—基座 5—引线

动的振幅和频率。在发动机燃烧试验中，用压电式加速度传感器测量发动机的爆燃，发动机爆燃时，传感器输出最大电压信号。

3. 压电电缆式传感器及其应用

压电电缆式传感器如图 3-13 所示，压电电缆通过环氧树脂黏接在薄膜中间，薄膜保护压电电缆，并与压电电缆成为一体；压电电缆与前置放大器连接，前置放大器放大压电电缆的输出电压，成为信号传输装置可接收的电压。

压电电缆式传感器可用于测量汽车的轴荷和车速。将两根压电电缆相距 2m，平行埋设于沥青公路的路面下约 5cm 处，汽车通过压电电缆，如图 3-14 所示。根据式（3-10），压电电缆中的电荷量与汽车的轴荷成正比，从而测得汽车的轴荷；根据车轮通过压电电缆时产生的电信号，测得车轮通过两根压电电缆的时间，再根据两根压电电缆间的距离，由速度公式，计算出汽车的车速；还可根据压电电缆的电信号，判定汽车的轴数、轴距、轮距、单双轮胎等，为交通监控提供数据。

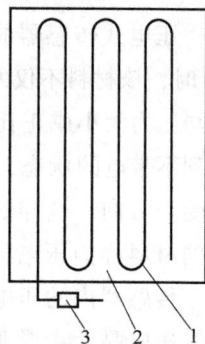

图 3-13 压电电缆式传感器

1—压电电缆 2—薄膜 3—前置放大器

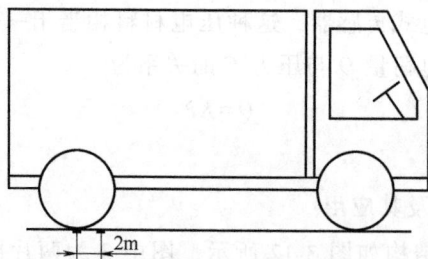

图 3-14 压电电缆式传感器测量汽车的轴荷和车速

3.6 磁电式传感器

1. 电磁感应

磁电式传感器是一种发电式传感器，其工作原理是电磁感应或称电磁效应。由法拉第电磁感应定律可知：通过闭合回路面积内的磁通量发生变化时，回路内会产生感应电动势，其

大小正比于磁通量的变化率，可表达为

$$e = -N \frac{\mathrm{d}\Phi}{\mathrm{d}t} \tag{3-11}$$

式中，e 为感应电动势（V）；N 为闭合回路线圈的匝数；$\frac{\mathrm{d}\Phi}{\mathrm{d}t}$ 为磁通量的变化率（Wb/s）；负号表示感应电流的磁场方向与上述磁通量的增长方向相反。

2. 磁电式传感器的工作原理

磁电式传感器的工作原理如图 3-15 所示，线圈绕在磁铁外面，齿轮安装在轴上并随轴一起转动，轮齿和齿槽通过线圈的下方时，空气间隙发生变化，线圈中的磁通量发生变化，根据式（3-11），在线圈中感应出波动的电压并输出，如图 3-16 所示。波峰的个数与齿轮的齿数相等，波动的电压经整形电路整形后送入计数电路，t 时间间隔内的脉冲个数 k，齿轮的齿数 z，k 个脉冲对应齿轮转过 k/z 圈或转，t 时间间隔内齿轮转过 k/tz 圈或转，再考虑转速的单位为 r/min 或圈/min，得齿轮的转速为 $60k/tz$；根据角速度的定义及频率 $f=k/t$，可得角速度的计算公式。齿轮的转速 n 及角速度 ω 的计算公式为

$$n = \frac{60k}{tz} = \frac{60f}{z} \tag{3-12}$$

$$\omega = \frac{2\pi n}{60} = \frac{2\pi f}{z} \tag{3-13}$$

测得 t 时间间隔内的脉冲个数 k 及频率 f 后，由式（3-12）和式（3-13），可分别计算出齿轮的转速及角速度，即间接测得转速及角速度。

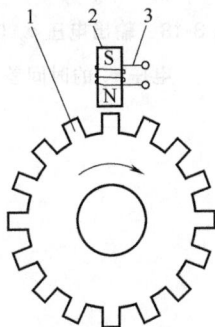

图 3-15　磁电式传感器的工作原理
1—齿轮　2—磁铁　3—线圈

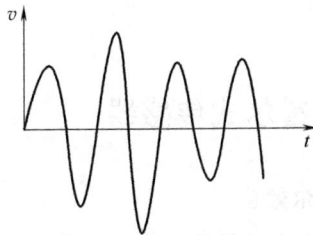

图 3-16　线圈中波动的电压

3. 磁电式传感器的应用

磁电式传感器用于发动机的曲轴、防抱制动系统（ABS）车轮的角速度或转速的测量，如果再接入微分或积分电路，也可以测量角加速度或角位移。

磁电式传感器还用于功率的测量，其工作原理如图 3-17 所示，两个相同的磁电式传感器及齿轮平行安装，齿轮固定在扭杆的两端。动力和运动由轴的一端输入，经齿轮 1、扭杆 3、齿轮 4 后，由轴的另一端输出。轴转动时，磁电式传感器 2 输出电压 v_1，磁电式传感器 5 输出电压 v_2，由于扭杆的扭转，使齿轮 4 和齿轮 1 之间有相对扭转角 φ，又由于两个相同的磁

电式传感器和齿轮平行安装及扭杆的扭转，使输出电压 v_2 与输出电压 v_1 有时间差 Δt，如图 3-18 所示，对于转动的齿轮来说，表现为输出电压 v_2 与输出电压 v_1 的相位差。根据输出电压 v_1 和输出电压 v_2，通过相位检测电路，可测得输出电压 v_2 与输出电压 v_1 的相位差，再由输出电压 v_2 与输出电压 v_1 的相位差与齿轮 4 和齿轮 1 之间相对扭转角的标定关系，可得齿轮 4 和齿轮 1 之间的相对扭转角 φ。

由材料力学得轴中的转矩为

$$T = \frac{\pi \varphi d^4 G}{32L} \tag{3-14}$$

式中，d 为扭杆的直径；L 为扭杆的长度；G 为扭杆材料的剪切弹性模量。

扭杆的直径 d 和扭杆的长度 L 可由扭杆测得，剪切弹性模量 G 可由机械设计手册中查得或由试验得到，这样，由式（3-14）可计算得到轴中的转矩 T；由磁电式传感器 2 或磁电式传感器 5 可测得轴的角速度 ω，进一步可计算得轴传递的功率

$$N = T\omega \tag{3-15}$$

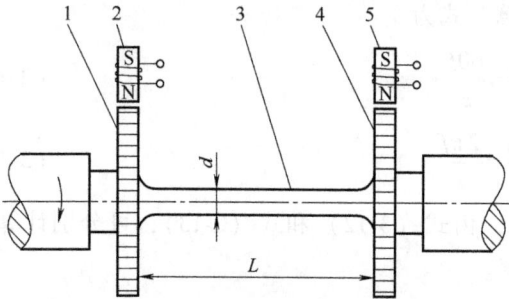

图 3-17　磁电式传感器测量功率的工作原理

1、4—齿轮　2、5—磁电式传感器　3—扭杆

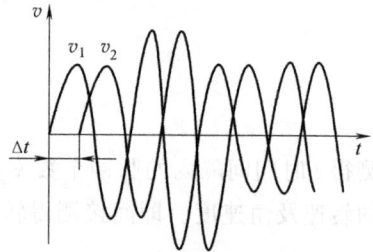

图 3-18　输出电压 v_2 与输出
电压 v_1 的时间差

3.7　霍尔式传感器

1. 霍尔效应

霍尔式传感器的工作原理是霍尔效应，霍尔效应原理如图 3-19 所示。长度 l、宽度 b、厚度 d 的 N 型半导体薄片（N 型半导体为电子型），处在磁感应强度为 B 的磁场中，磁场方向垂直于薄片，在薄片长度方向上施加控制电流 I，那么在垂直于磁场和电流所形成的平面的方向（即图中宽度方向）上，将产生电动势 U_H。U_H 称为霍尔电动势或霍尔电压，该半导体薄片就是霍尔元件。霍尔电压为

$$U_H = R_H \frac{IB}{d} \tag{3-16}$$

式中，R_H 为霍尔系数，与载流材料的电阻率和载流子迁移率成正比。

载流材料厚度 d 越小，霍尔电压越大，所以霍尔元件都比较薄，薄膜型霍尔元件可薄至 $1\mu m$。

将霍尔元件的霍尔系数 R_H 和厚度 d 视作元件的结构参数，则霍尔电压 U_H 与控制电流与磁感应强度之积 IB 成正比。若控制电流 I 一定，霍尔电压 U_H 与磁感应强度 B 成正比。

图 3-19　霍尔效应原理

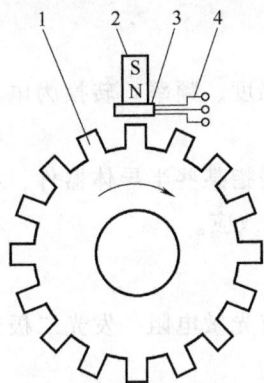

2. 霍尔式传感器的工作原理

霍尔式传感器的工作原理如图 3-20 所示，霍尔元件在磁铁和齿轮之间，磁铁在霍尔元件和齿轮中产生磁感应强度，齿轮转动，轮齿和齿槽通过线圈的下方时，空气间隙发生变化，霍尔元件中的磁感应强度发生变化，根据式（3-16），导线中电压产生波动并输出，如图 3-21 所示。波峰的个数与齿轮的齿数相等，波动的电压经整形电路整形后送入计数电路，再根据相邻脉冲的时间间隔以及齿轮的齿数，算出齿轮的转速及角速度，即测得转速及角速度。齿轮的转速 n 及角速度 ω 的计算公式分别同式（3-12）和式（3-13）。

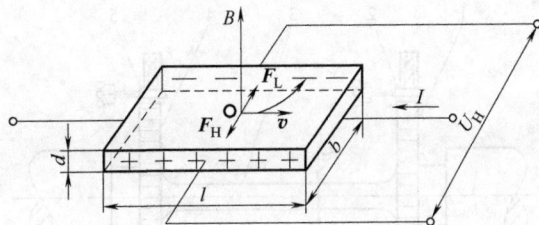

图 3-20　霍尔式传感器的工作原理
1—齿轮　2—磁铁　3—霍尔元件　4—导线

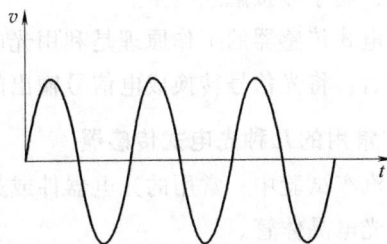

图 3-21　导线中波动的电压

3. 霍尔式传感器的应用

霍尔式传感器与磁电式传感器有很多相同的应用，同样可用于发动机的曲轴、ABS 车轮的角速度或转速的测量，如果再接入微分或积分电路，也可以测量角加速度或角位移。

霍尔式传感器与磁电式传感器一样，还可用于功率的测量，其工作原理如图 3-22 所示，霍尔式传感器替换了磁电式传感器，其功率测试原理相同。输出电压 v_2 与输出电压 v_1 有时间差 Δt，如图 3-23 所示，输出电压 v_2 和输出电压 v_1 的幅值不变。可根据式（3-14）计算轴中的转矩，可根据式（3-15）计算轴传递的功率。

根据式（3-16）并由图 3-21 可见，霍尔式传感器输出电压的幅值仅取决于控制电流和磁感应强度，而与磁感应强度的变化速度无关，即与被测转速无关。根据式（3-11）并由图 3-16 可见，磁电式传感器输出电压的幅值与磁感应强度的变化速度有关，即与被测转速有关，输出的电压幅值会随被测转速变化。磁电式传感器在低速时输出电压小、高速时输出电压大，给后续电压波形的整理和标准化等带来了一定困难，霍尔式传感器可避免这个问题，可用于较大的转速范围。

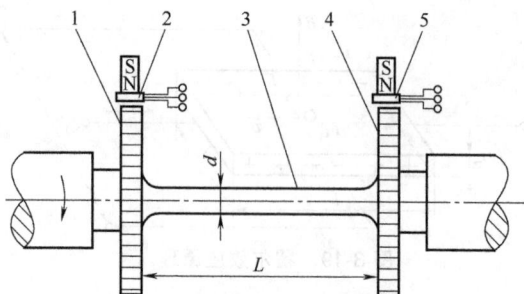

图 3-22 霍尔式传感器测量功率的工作原理

1、4—齿轮 2、5—霍尔式传感器 3—扭杆

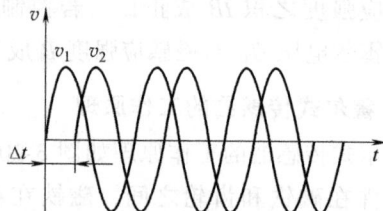

图 3-23 输出电压 v_2 与输出

电压 v_1 的时间差

3.8 光电式传感器

1. 光电式传感器的工作原理

光电式传感器是将被测量的变化通过光信号（如光的强度、频率）转换为电信号的一种传感器，属于非接触式测量。

光电式传感器的工作原理是利用光电效应。光电效应是指某些半导体器件，在受到可见光照射后，将光信号转换成电信号输出的效应，即光生电的效应。

2. 常用的几种光电式传感器

在汽车试验中，常用的光电器件或光电式传感器主要有光敏电阻、发光二极管、光电二极管、光电晶体管。

（1）光敏电阻 光敏电阻又称光导管，其结构、外形及电路符号如图 3-24 所示。在玻璃底板上涂一层对光敏感的半导体物质，两端有梳状金属电极，然后在半导体上覆盖一层漆膜或压入塑料封装体内，就制成了一只光敏电阻。

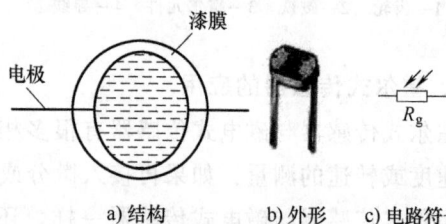

a) 结构   b) 外形   c) 电路符号

图 3-24 光敏电阻

把光敏电阻 R_g 连接到如图 3-25 所示的电路中，在外加电压的作用下，回路中的电流随光敏电阻的阻值变化而变化，通过光照强弱可以改变光敏电阻的阻值，从而改变电路中电流的大小。在图 3-25 中，光敏电阻 R_g 在受到光照时，导电载流子增加，使其导电性能增加，电阻下降，流过负载电阻 R_L 的电流增加，引起输出电压变化。光照越强，光敏电阻 R_g 的阻值越小，回路电流越大，当光照停止时电阻恢复原值，光电效应消失。

（2）发光二极管 发光二极管又称 LED，它是一种将电能转换为光能的器件，其工作原理是利用固体材料的电致发光。半导体掺杂材料不同时，发光二极管发出的光颜色不同，有红、绿、黄色等。在 PN 结加正向电压时，在电子与空穴结合过程中，发射一定频率的光信号。发光二极管电路符号如图 3-26 所示。

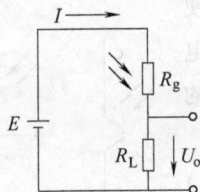

图 3-25　光敏电阻基本电路

图 3-26　发光二极管电路符号

（3）光电二极管　光电二极管结构、电路符号与外形如图 3-27 所示。光电二极管结构与一般二极管相似，它们都有一个 PN 结，并且都是单向导电的非线性元件。但作为光电元件，光电二极管在结构上有特殊之处，一般光电二极管封装在透明玻璃外壳中，PN 结在管子的顶部，可以直接受到光的照射，为了提高转换效率，增大受光面积，其 PN 结的面积比一般二极管大。

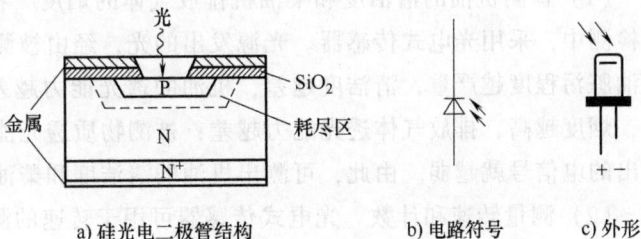

a) 硅光电二极管结构　　b) 电路符号　　c) 外形

图 3-27　光电二极管

光电二极管工作原理如图 3-28 所示。光电二极管加反向电压，在电路中一般处于反向偏置状态，无光照时反向电阻很大，反向电流很小，此反向电流称为暗电流。当有光照在 PN 结时，PN 结处产生光生电子-空穴对，光生电子-空穴对在反向偏压和 PN 结内电场作用下做定向运动，形成光电流，光电流随入射光强度变化，光照越强，光电流越大。因此，光电二极管在不受光照射时，处于截止状态；受光照射时，光电流方向与反向电流一致。

（4）光电晶体管　光电晶体管把光电二极管产生的光电流进一步放大，是具有更高灵敏度和响应速度的光敏传感器。

光电晶体管结构如图 3-29 所示，光电晶体管在结构上与一般晶体管相似，也有 NPN 型、PNP 型。与普通晶体管不同的是，光电晶体管是将集电结作为光电二极管，无论是 NPN 型还是 PNP 型，都用集电结做受光结。大多数光电晶体管的基极无引线，集电结加反向偏置电压。玻璃封装上有个小孔，让光照射到基区，结构上有单体型和集合型。

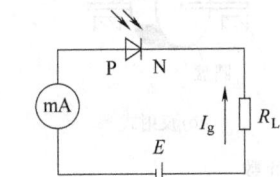

图 3-28　光电二极管工作原理

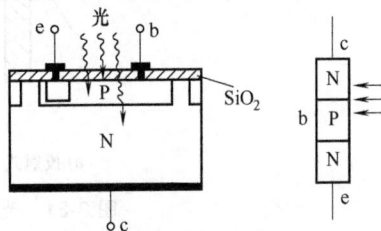

图 3-29　光电晶体管结构

硅（Si）光电晶体管一般都是 NPN 结构，基极开路，集电结加反向偏置电压，光电晶体管电路符号与等效电路如图 3-30 所示。当光照射在集电结上时，集电结附近产生光生电子-空穴对，在外电场作用下，光生电子被拉向集电极，基区留下正电荷（空穴），相当于晶体管基极电流，同时使基极与发射极之间的电压升高，发射极便有大量电子经基极流向集电极，形成晶体管输出电流，使光电晶体管具有电流增益，从而在集电极回路中得到一个放大了的信号电流。该电流信号在负载电阻上的输出电压为

$$U_o = \beta i_g R_L \qquad (3-17)$$

式中，β 为晶体管电流放大系数；i_g 为集电结二极管电流源电流；R_L 为负载电阻。

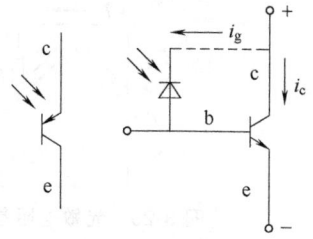

图 3-30　光电晶体管电路符号及等效电路

3. 光电式传感器的应用

（1）检测机油的清洁度和柴油机排放气体的烟度　在机油清洁度及柴油机排放气体的烟度检测中，采用光电式传感器。光源发出的光，经由被测物质反射或透射后由光电元件接受，机油脏污程度越严重，清洁度越差，机油的透光能力越差；柴油机排放气体中的炭黑微粒越多，烟度越高，排放气体透光能力越差；被测物质透光能力越差，光电元件的受光量就越小，输出的电信号就越弱。由此，可测出机油的清洁度和柴油机排放气体的烟度。

（2）测量转速和计数　光电式传感器可用于转速的测量。图 3-31 所示为光电式传感器测量转速和计数的示意图。图 3-31a 所示的结构是在圆盘上开孔，被称作"投射式"，转盘 2 固定在被测轴 1 上，被测轴 1 带动转盘 2 旋转，转盘上开有一圈等间隔的孔（或光栅）。光源 3 发出的光由透光器 4 汇聚，投向转盘上孔所在的半径处。如果转盘转到孔对准光源的方位，光线就穿过孔并被受光器 5 里面的光电二极管或光电晶体管的光电元件 6 所接收，产生一个电信号脉冲，电脉冲的频率等于单位时间内转过的孔数，也就是和转速成正比，由式（3-12）和式（3-13），分别可得轴的转速和角速度，这是一种频率输出式转速计。图 3-32b 所示的结构是在圆盘的外缘涂上黑白相间的条纹，被称作"反射式"，光源持续发光，圆盘的轴转动时，反光与不反光交替出现，光电二极管或光电晶体管的光电元件接收间断的反光信号，进而形成电脉冲频率输出。

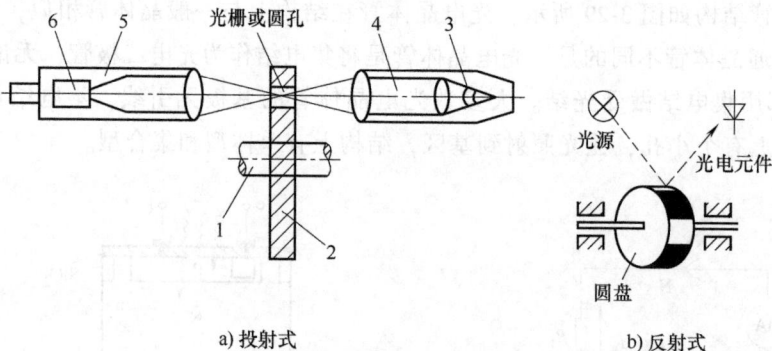

a）投射式　　　　　　　　b）反射式

图 3-31　光电式传感器测量转速和计数

1—被测轴　2—转盘　3—光源　4—透光器　5—受光器　6—光电元件

光电式传感器对光学环境、温度环境和仪器元件的清洁度要求较高，这一点不如磁电式传感器或霍尔式传感器。

光电式传感器可用于计数，构成计数器，用于变速器、传动轴的疲劳试验中，计数轴转

过的圈数。若在图 3-31 中的投射式的转盘上只开 1 个孔或在反射式的圆盘的外缘只涂上 1 条白色的条纹，则轴转 1 圈，受光器只接收 1 个光信号，通过计数光信号的个数，可计数轴转过的圈数。

（3）检测汽车左右车轮的对称度和前后轴的平行度　检测汽车左右车轮的对称度和前后轴的平行度如图 3-32 所示，车轮与车轮之间或车轴与车轴之间相互发光、受光，通过受光器上光敏元件感受到的光点位置，光线形成封闭的直角四边形，检测汽车左右车轮的对称度和前后轴的平行度，判定车轮或车轴之间的相对位置是否正常。这种光电测试系统的发光器发出的通常是不可见的红外光线。

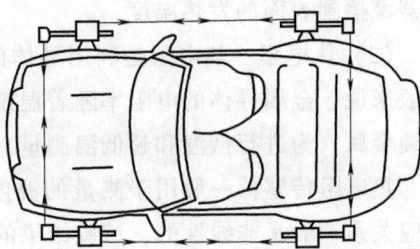

图 3-32　检测汽车左右车轮的对称度和前后轴的平行度

3.9　热电式传感器

1. 几种热电式传感器

某些材料在温度变化时，其电学参数发生相应的变化，利用这种特性，可以制成各种类型的热电式传感器，主要有以下几种。

（1）热电偶　热电偶是利用金属的温差电动势测温，其工作原理是热电效应。如图 3-33 所示，两种不同性质的导体 A 和 B，两端紧密地连接在一起，形成一个回路。当两个结合点 T_0 和 T 存在温差时，则在导体 A 和 B 之间产生电势差，形成一个原电池，称为热电动势，进而在回路中形成电流。导体 A 和导体 B 是两个热电极，T_0 端称为参比端、自由端或冷端，T 端称为工作端或热端。由这两种对偶导体材料组成并将温度（实际上是 T 与 T_0 的温差）转换成热电动势的传感器就称为热电偶，这种效应称为热效应。

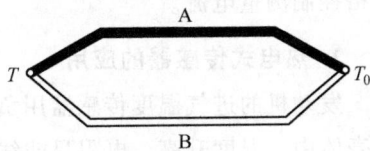

图 3-33　热电偶

热电偶的两个热电极 A 和 B 必须由不同材料制成，热电偶的两端 T_0 和 T 的温度必须不同，否则热电动势为零。

另外，如果在由 A、B 两极构成的热电偶回路中接入中间电路（也称为中间导体），只要确保中间电路的两端温度相同，那么热电偶的输出热电动势仍只取决于两端的温度差 $T-T_0$，与引入的中间电路无关，如图 3-34 所示。在实际应用中，中间电路可以是其他测量仪表、电路或连接导线，这方便了温度的测量。

热电偶最突出的优点是温度测量范围广，高温热电偶的工作温度可以超过 2000℃，低温热电偶则可低至 -200℃ 以下。热电偶体积小、热惯性小、动态响应快，可以测量复杂结构狭小处的温度或零件表面的温度，如测量离合器和制

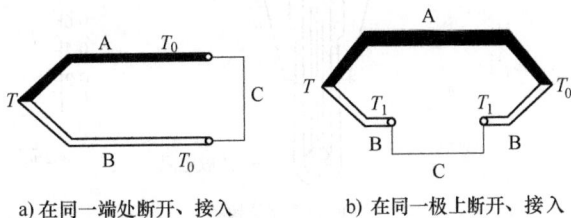

a）在同一端处断开、接入　　　b）在同一极上断开、接入

图 3-34　热电偶两极间接入中间电路的方式

动器摩擦副表面的发热温度。

（2）热电阻　热电阻是利用导体的电阻随温度变化测温，其热敏元件是金属导体电阻。一般来说，金属导体的电阻率随着温度的升高而增大。常用的热电阻材料是铂、铜、镍、铁等纯金属。为进行低温和超低温测量，开发了铟、锰、碳等材料的热电阻。

热电阻传感器一般用于测量的温度范围为 $-200 \sim 500℃$。材料的电阻-温度特性稳定，其对应关系一般是非线性的，试验结果的精度和重复性好。与热电偶相比，热电阻不存在冷端温度 T_0 的控制问题。

（3）热敏电阻　热敏电阻是利用半导体材料的电阻随温度变化测温，其半导体材料通常是钴、锰、镍等金属氧化物的混合烧结物。热敏电阻的电阻率随温度的升高可能增大，也可能减小，这与半导体材料有关，所以，热敏电阻分为正温度系数（PTC）热敏电阻和负温度系数（NTC）热敏电阻，其中应用较多的是 NTC 型。

热敏电阻的优点主要在于温度系数高，而且热惯性很小，灵敏度高，适于动态测量。缺点是温度系数随温度变化而变化，即输出电阻率与输入温度不成线性关系，尤其是高温时线性度更差，所以使用上限温度约为 $300℃$。目前，开发了各种新型 NTC 热敏电阻，线性度有明显改善。半导体材料的稳定性和互换性也较差，测试系统中更换元件需要重新标定。

另外，由于采用半导体材料，热敏电阻的自身电阻值很高，因此导线电阻对于测量的影响很小，这是优点。但是，电阻值过高，使得通过不大的电流就会产生较大的发热量和温升，这种温升是施加测量电流产生的，而不是被测对象产生的，对测量来说是一种误差，因此要严格控制测量电流。

2. 热电式传感器的应用

发动机的进气温度传感器用负温度系数的热敏电阻制成。如图 3-35 所示，热敏电阻被包在壳体中，温度升高，电阻呈非线性降低。发动机的冷却液温度传感器与进气温度传感器的结构类似。

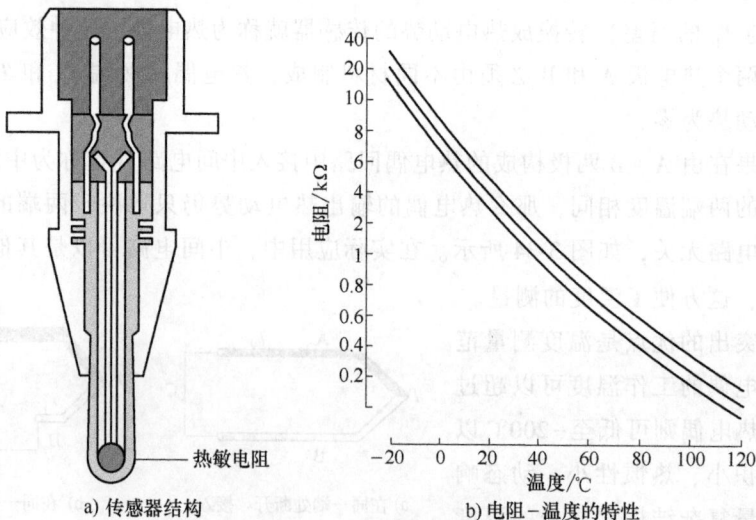

a) 传感器结构　　　　　　　b) 电阻-温度的特性

图 3-35　进气温度传感器

3.10　图像式传感器

1. 图像式传感器的工作原理及功能

图像式传感器的核心器件是电荷耦合器件（charge coupled device，CCD）。它是一种大规模集成电路的半导体光敏器件。

CCD 以半导体为衬底，在其上覆盖一层 SiO_2 绝缘层，再在 SiO_2 表面排列金属电极（也称像素或像元）而成，如图 3-36 所示，各像素间缝隙很小，只有 $0.2 \sim 2\mu m$。根据像素排列的方法不同，CCD 可分为一维线阵式（图 3-37）和二维面阵式（图 3-38）。

CCD 器件有如下 3 种处理电荷的功能：

1）光电转换功能（由光产生电荷）。当光照射在 CCD 的像素上时，像素将产生电子形成电荷，光照越强，产生的电荷越多，如图 3-36 所示。

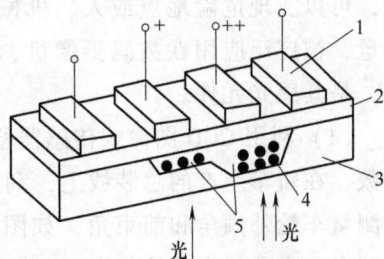

图 3-36　CCD 的结构、光电转换原理
1—电极　2—绝缘层（SiO_2）　3—P 型硅衬底　4—电子　5—电位阱

图 3-37　线阵式 CCD 图像式传感器

图 3-38　面阵式 CCD 图像式传感器

2）电荷存储功能。当某电极（像素）上加一个正电压时，由于电场作用，就会在该电极下产生"势阱"，在该区域的任何电子都会受到"势阱"的强大"吸引力"，并能漏流进去，实现电荷在像素上存储。这可以比作把"水"倒入"水桶"内，"水"就是电荷，而"水桶"就是"势阱"。

3）电荷转移功能。一个 CCD 芯片上的像素有很多线阵。如果每一个像素都有一个引脚，将很容易获得各个像素的电荷信息，这在实际上是不可能的。CCD 采用"势阱"，分别获得各个像素的电荷信息。假如在第一个电极上加一个 +5V 的电压，那么在此电极下就会产生一个"势阱"，如果在第二个电极上加上 +10V 的电压，电荷就会流入这个新的"势阱""桶"内，如图 3-39 所示。假如去掉第一个电极上的电压，并把第二个电极的电压从 +10V 降到 +5V，电荷就会被收集在第二个电极下面。这样就成功地转移了电荷。如果重复上述的步骤，就能利用一连串的脉冲，把电荷作为独立的小包沿着衬底的整个长度传输出去，以便进行进一步的处理。

CCD 的测量电路最主要的功能是完成 CCD 电荷转移，通常称为 CCD 驱动电路。可以根据 CCD 厂家提供的 CCD 工作时序图，自己用数字电路设计驱动电路，也可以购买专用的 CCD 驱动电路芯片。

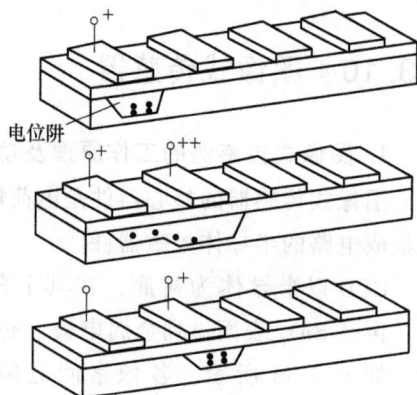

图 3-39　CCD 电荷转移

2. 图像式传感器的应用

图像式传感器用于非电量测量，是非接触测量方式，可以实现危险地点或人、机械不可到达的场所的测量，被广泛应用在数码摄像机、数码照相机的摄像头，是其感光元件。

（1）利用 CCD 图像式传感器检测汽车车轮的定位参数　在轿车生产的总装线上，利用 CCD 图像式传感器测量车轮外倾角和前束角，如图 3-40 所示，由前轮的两个前束角可得前轮前束。四组测量头分别对着四个车轮，每个测量头由三个传感器总成组成，每个传感器都包含一个激光器和一个 CCD。三个激光器发出的三条激光线分别射在被测车轮侧壁的三个特定位置 A、B、C 上，再反射到 CCD，得到三个特定位置 A、B、C 到测量头的距离 L_A、L_B、L_C，由于车轮存在外倾角和前束角，因此车轮侧壁上的三个特定位置距测量头的距离 L_A、L_B、L_C 各不相等。若设车轮的前束角为 α，外倾角为 β，测量头到测量中心的距离为 S，可得被测参数 α 和 β 为

$$\alpha = \arcsin \frac{|L_A - L_C|}{S} \qquad (3\text{-}18)$$

$$\beta = \arcsin \frac{L_A + L_C - 2L_B}{S} \qquad (3\text{-}19)$$

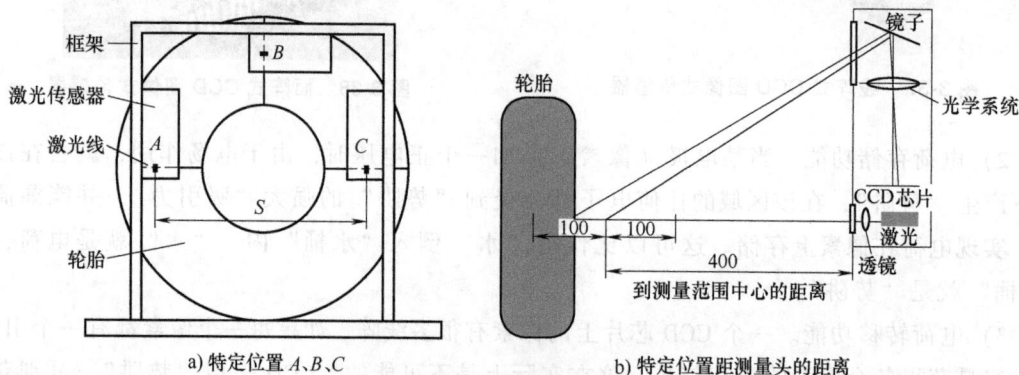

a) 特定位置 A、B、C　　　　b) 特定位置距测量头的距离

图 3-40　车轮定位参数的测量

（2）利用 CCD 图像式传感器进行三维扫描测量　汽车车身设计通常要经历车身造型设计、模型制作、模型的测量及车身结构设计等过程，其中模型测量曾经是一项烦琐而费时的工作。然而，有了 CCD 图像式传感器，这件事情就变得十分简单。

对汽车车门进行三维扫描测量如图 3-41 所示。将激光线（也可用白光）射在被测物体上，利用 CCD 传感器对被测物体上的激光线进行摄像，该形线在 CCD 上的影像如图 3-41 所示，影像在 CCD 上水平方向的位置，反映了被测形线上的对应点距 CCD 的距离，即被测形

线对应点的 x 坐标；影像在 CCD 上铅垂方向
的位置即为被测形线对应点的 z 坐标；将射在
被测物体上的激光线自左向右间隔地移动，每
移动一相等距离 ΔL 就可得到图 3-41 所示的一
幅图像，显然激光线移动的次数 n 与 ΔL 的乘
积即为被测点的 y 坐标，如此便可得到密布在
被测车门表面上各点的三维坐标，从而可绘出
车门曲面，并可与设计的曲面值比较，进一步
得测量误差。

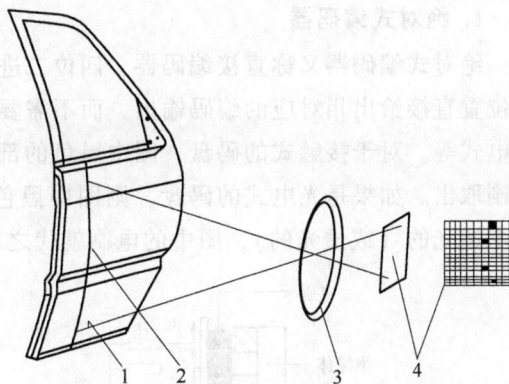

图 3-41　对汽车车门进行三维扫描测量
1—车门　2—激光线　3—光学系统　4—CCD 芯片

（3）利用 CCD 图像式传感器测量车外物
体的位置　单摄像头为单目视觉传感器，可获
得物体的平面图像，其感光元件是 CCD 图像
式传感器，为二维面阵式，可获得物体的二维点云，二维点云不能准确反映物体的深度尺寸。
汽车倒车影像显示屏，通过安装在车身上的摄像头获得车体后部的图像。

两个摄像头或两个单目视觉传感器构成双目视觉传感器，如图 3-42 所示，可获得物体的
立体图像，即获得物体的三维点云，该三维点云可用于物体的位置识别，能准确反映物体的
深度尺寸信息。智能汽车通过安装在车顶等位置的两个摄像头或更多个摄像头获得车外人、
物体等的位置。双目视觉传感器是智能汽车识别人、物体等位置的基础，也是智能汽车测试
中车外图像识别的基础。

双目视觉传感器测量物体位置的原理主要基于三角法，一个视觉传感器或一个摄像头获
得一幅平面图像，两个视觉传感器或两个摄像头和被测物体之间构成三角形，如图 3-43 所
示，获得两幅相交的平面图像，由于两个视觉传感器或两个摄像头之间的距离及角度是已知
的，即 CCD 芯片上的像素点阵是已知的，通过三角计算，可得物体上点 a 的三维坐标，物体
上多个点的三维坐标构成物体的三维点云，由该三维点云，可确定物体相对两个视觉传感器
或两个摄像头的空间位置，并可确定物体的深度尺寸。

图 3-42　双目视觉传感器

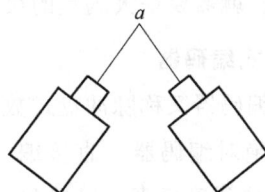

图 3-43　双目视觉传感器测量物体位置的原理

3.11　轴角编码器

轴角编码器又称码盘，是测量轴角位置和角位移的一种数字式传感器。它的精确度、分
辨率和可靠性都很高。轴角编码器有两种类型：绝对式编码器和增量式编码器。

1. 绝对式编码器

绝对式编码器又称直接编码器，四位二进制绝对式编码器码盘如图 3-44 所示。它按照轴角位置直接给出相对应的编码输出，而不需要专门的开关电路。它的信号取出方式有接触式、光电式等。对于接触式的码盘，图中黑色的部分是导电的，白色的部分是绝缘的，信号就从电刷取出。如果是光电式的码盘，则图中黑色的部分是透光的（或不透光的），白色的部分是不透光的（或透光的），图中的电刷就代之以光电元件。

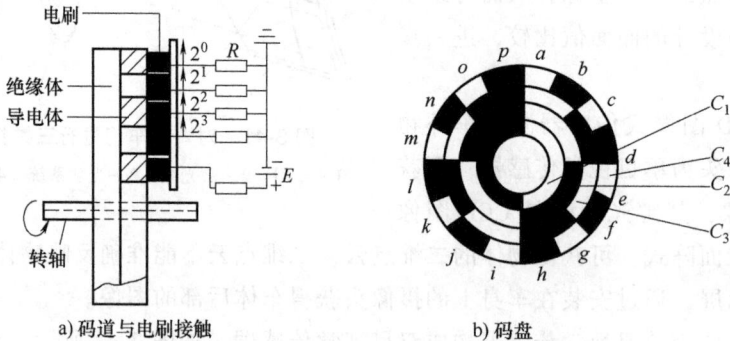

a) 码道与电刷接触　　　　　　b) 码盘

图 3-44　四位二进制绝对式编码器码盘

绝对式编码器的每一个角位置对应一个确定的数字码，它的示值与测量的起始和终止位置有关。工作时，码盘被固定在旋转轴上，随轴旋转。一个公共电源的正端被接到码盘所有的导电部分，另一端接至负载。四个电刷沿一固定的径向安装，它们分别与四个码道（黑白相间的一圈为一个码道）相接触。电刷的引线分别接至各自负载的另一端。根据轴角位置状态，电刷将分别输出"1"电平或"0"电平。C_1 对应最高位、C_4 对应最低位，轴转角对应输出的二进制数为 $C_1 C_2 C_3 C_4$，每一个轴的转角对应唯一的一个四位二进制数的编码，每个四位二进制数的编码对应的轴的转角为 $360°/n$，n 为总编码数。根据四位二进制数的编码，由测量的起始角位置和终止角位置，可确定转角内的编码数，再根据每个四位二进制数的编码对应的轴的转角，可确定轴的转角的大小，实现对轴的转角的测量和控制。

编码器的精确度决定于码盘的精确度，分辨率则决定于码道的数目。为了得到高的分辨率和精确度，就需要增大码盘的尺寸，以容纳更多的码道。

2. 增量式编码器

增量式编码器又称脉冲盘式数字传感器。光电式增量编码器的基本组成如图 3-45 所示。它的码盘比绝对编码器（直接编码器）的码盘简单得多，一般只需 3 条码道，光电元件也只需要 3 个。

码盘最外圈码道上只有一条透光的狭缝与光电元件 A 配合，它作为码盘的基准位置，所产生的脉冲将给计数系统提供一个初

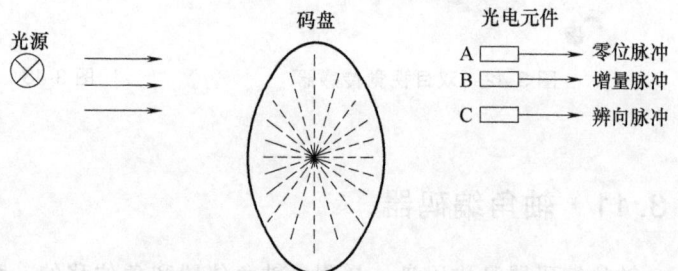

图 3-45　光电式增量编码器的基本组成

始的零位（清零）信号；中间一圈码道称为增量码道，它与光电元件 B 配合，用来产生增量脉冲；最内一圈码道称为辨向码道，它与光电元件 C 配合，用于辨识轴的转向。

增量码道和辨向码道都等角距地分布着 m 个透光与不透光的扇形区，但彼此错开半个扇形区，即 $90°/m$，如图 3-46 所示。扇形区的多少决定了增量编码器的分辨率 $360°/m$。

增量式编码器将角位移转换成周期性的电信号，再把这个电信号转变成增量脉冲，用脉冲的个数表示角位移的大小。工作时，与光电元件 A 产生的零位脉冲配合，如果检测到 N 个增量脉冲，则对应角位移为 $360°N/m$（$N \leqslant m$），从而得到轴的转角。

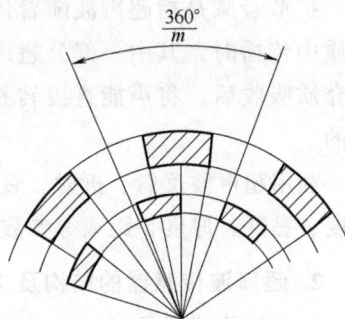

图 3-46 增量码道与辨向码道

为分辨出正反方向角位移，需要进行方向判别。码盘每转一周，与这两圈相对应的光电元件 B 和 C 将产生 m 个增量脉冲和 m 个辨向脉冲。由于两圈码道在空间上彼此错开半个扇区即 $90°/m$，所以增量脉冲与辨向脉冲在时间上相差 1/4 个周期，即相位上相差 $90°$。正转时，增量脉冲超前辨向脉冲 $90°$。反转时，增量脉冲滞后辨向脉冲 $90°$，由此辨识轴的转向。

3. 轴角编码器的应用

绝对式编码器应用于对伺服电动机轴转角的测量和控制，设定测量的起始角位置，根据编码，确定轴的转角的大小。

增量式编码器用于测量平均转速，其方法是在给定的时间间隔内对编码器的输出脉冲进行计数。例如，一个每转 360 脉冲的编码器，若 1s 时间间隔输出 360 个脉冲，根据式（3-12），则平均转速为 60r/min；若 1s 时间间隔输出 3600 个脉冲，则平均转速为 600r/min。

3.12 超声波传感器

1. 超声波的特性

超过 20kHz 的声波称为超声波，高于人耳能听到的声波频率（为 20Hz~20kHz）。超声波的频率高（可达 10^9 Hz）、波长短，其能量远远大于振幅相同的声波能量，因此具有很高的穿透能力，在钢材中甚至可穿透 10m 以上。

超声波在均匀介质中按直线方向传播，但到达界面或遇到另一种介质时，也像光波一样产生反射和折射，并服从几何光学的反射、折射定律。超声波在反射、折射过程中，其能量及波形都将发生变化。超声波按直线方向传播过程中，频率越高，绕射越弱，但反射能力越强，利用这种性质，可以制成超声波测距传感器。

超声波在界面上反射能量与透射能量的变化，取决于两种介质的声阻抗特性。介质密度 ρ 与声速 c 的乘积称为声阻抗特性（$Z_c = \rho c$），它是表征弹性介质声学性质的一个重要参量。两介质的声阻抗差别越大，则反射的强度越大。例如，钢与空气的声阻抗特性相差 10 万倍，故超声波几乎不能通过空气与钢的界面。超声波对密度大的物体反射能力强，如金属、木材、玻璃、混凝土、橡胶和纸张可近乎反射 100% 的超声速，因此容易对这些物体进行检测；棉花、布、绒毛等物体吸收超声波，几乎不反射，因此很难用超声波检测。

超声波在介质中传播时，能量的衰减（损失）取决于波的扩散、散射（或漫射）及吸收。扩散衰减是指超声波随着传播距离的增加，引起的声能减弱。散射衰减是指超声波在介质中传播时，其中一部分超声波不再沿原有方向运动，形成向其他方向的散射；超声波被介质吸收后，将声能直接转换为热能，这是由于介质的导热性、黏滞性及弹性滞后造成的。

利用超声波反射、折射、衰减等物理性质，可以实现物质结构无损探伤以及液位、流量、温度、黏度、厚度、距离等参数的测量。

2. 超声波传感器的结构及工作原理

超声波传感器是利用压电元件制作的一种声波传感器，利用压电元件的压电特性实现超声波的发射和接收。

超声波传感器的结构如图3-47所示，主要由压电晶片、阻尼块、保护膜、接线端、金属外壳等组成。压电晶片的两面镀银，为圆形薄片，超声波的频率与压电晶片的厚度成反比。压电晶片的极板用导线与接线端连接，接线端用于对外连接电路。保护膜保护压电晶片并可穿过超声波。阻尼块吸收声能，降低机械品质因数，避免无阻尼时电脉冲停止后压电晶片继续振荡，导致脉冲宽度加长，使分辨率变差。超声波传感器有开放型和密封型两种结构。

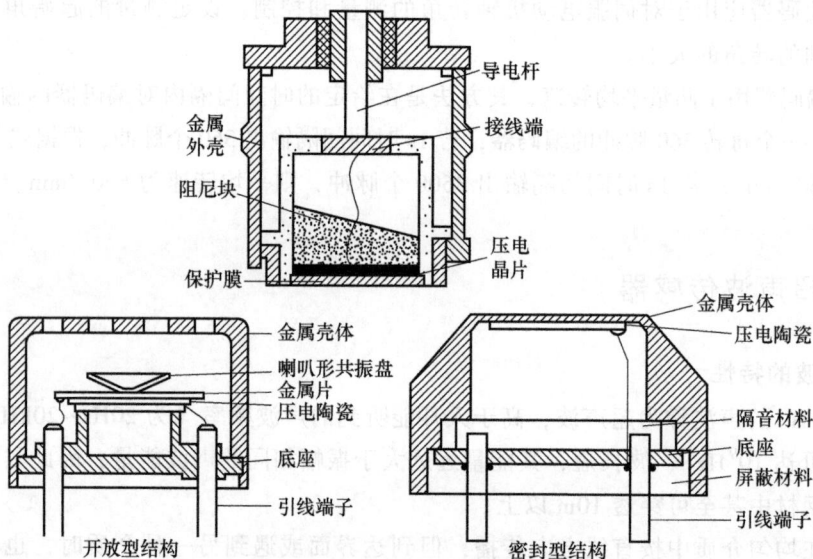

图 3-47　超声波传感器的结构

超声波传感器的工作原理：超声波发射器利用逆压电效应制成发射元件，将高频电压波动或高频电振动转换为压电晶片的机械振动，产生超声波；超声波接收器利用正压电效应制成接收元件，将超声波引起压电晶片的机械振动转换为波动的电信号。

3. 超声波传感器的形式

超声波传感器又称换能器，主要功能是产生超声波信号和接收超声波信号，有反射型、分立式反射型和透射型，如图3-48所示。反射型传感器将发送（TX）和接收（RX）器件制作在一起，发送器件和接收器件放置在被测物体的同一侧，如图 3-48a 所示，发送器件发送的超声波通过被测物体反射后由接收器件接收，器件可同时完成超声波的发射和接收。分立式反射型传感器的发送（TX）和接收（RX）器件各自独立，放置在被测物体的同一侧，如图 3-48b 所示。透射型传感器的发送（TX）和接收（RX）器件各自独立，分别放置在被测物体的两侧，如图 3-48c 所示。超声波传感器上一般标有中心频率（如 23kHz、40kHz、75kHz、200kHz、400kHz），表示传感器工作频率。

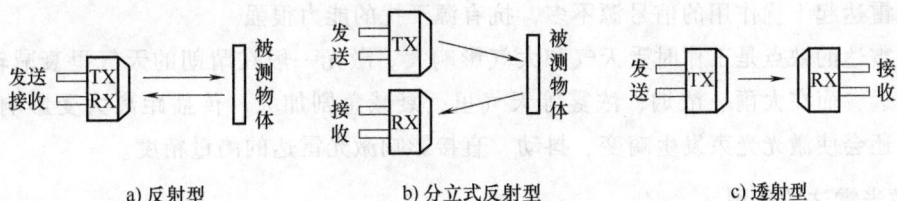

a) 反射型　　　　　　　　b) 分立式反射型　　　　　　　　c) 透射型

图 3-48　超声波传感器的形式

4. 超声波传感器的应用

超声波传感器用于倒车雷达，如图 3-49 所示。倒车雷达的测距原理如图 3-50 所示。倒车雷达是反射型超声波传感器，由安装在车尾保险杠上的反射型超声波传感器发送超声波，遇到障碍物后进行反射，倒车雷达主机内的微型计算机，根据超声波在空气中传播的时间及声速，由式（3-20）计算出汽车与障碍物之间的距离 d，再与安全距离比较，由报警器发出不同的报警声。汽车与障碍物之间的距离为

$$d = \Delta t \frac{c}{2} \tag{3-20}$$

式中，c 为声速，超声波是声波，其传播速度为声速，声速与传播的介质有关，不同传播介质中，声速不等，可查手册得到；Δt 为波的传播时间，由测量得到。

图 3-49　倒车雷达

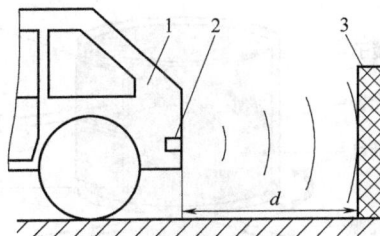

图 3-50　倒车雷达的测距原理
1—汽车　2—倒车雷达　3—障碍物

3.13　激光雷达

1. 激光雷达的工作原理

激光雷达是利用激光技术进行测量的传感器。激光雷达工作时，先由激光发射二极管

（激光发送器）对准目标发射激光脉冲，经目标反射后激光向各方向散射，部分散射光返回到激光接收器，被光学系统接收后成像到雪崩光电二极管上，根据激光在空气中传播的时间及光速，计算出汽车与障碍物之间的距离。反射型激光雷达的汽车与障碍物之间的距离计算公式见式（3-20），式中 c 为光速。

激光雷达的优点是体积小、质量轻；可以获得极高的角度、距离和速度分辨率，传播距离长；激光直线传播、方向性好、光束非常窄，只有在其传播路径上才能接收到，自然界中能对激光雷达起干扰作用的信号源不多，抗有源干扰的能力很强。

激光雷达的缺点是工作时受天气和大气影响大。激光一般在晴朗的天气里衰减较小，传播距离较远，而在大雨、浓烟、浓雾等天气里，衰减急剧加大，传播距离大受影响，而且，大气环流还会使激光光束发生畸变、抖动，直接影响激光雷达的测量精度。

2. 激光雷达的类型

（1）根据工作方式的不同分类　激光雷达根据工作方式的不同，可分为 3 种：机械旋转式激光雷达、固态激光雷达以及半固态激光雷达。

机械旋转式激光雷达是指发射模块和接收模块存在宏观转动的激光雷达。这一类激光雷达在竖直方向上排布多束激光，通过不断旋转发射头，将传播速度远高于发射头旋转速度的多束激光线变成多个激光面，动态扫描并动态接收信息。图 3-51 所示为一款经典的机械旋转式激光雷达，通过底座固定在汽车上，激光雷达的上半部分在电动机的带动下以固定转速做 360°转动，激光源（激光发射器）和激光接收器在转动的同时进行激光的发射和接收，激光源产生的激光束被镜子反射后射向目标物，目标物反射回的激光束经过镜子反射后被接收。伺服电动机通过调整镜子的姿态实现对发射和接收激光束角度的调整，从而控制激光束的垂向张角与垂向分辨率。

固态激光雷达是指自身不存在任何移动和转动部件的激光雷达，如图 3-52 所示。这种激光雷达通过控制光源阵列中各光源发光的时间差，合成具有特定方向的主激光束，从而实现对不同方向的扫描。固态激光雷达精度高、体积小、生产成本低，但研发成本高。

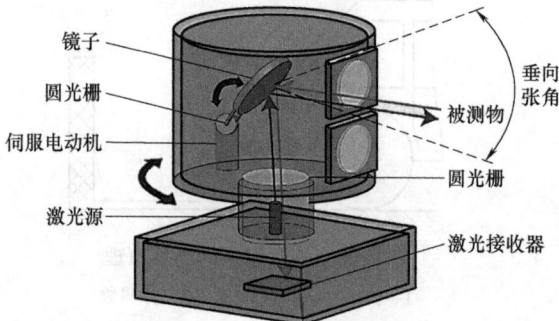

图 3-51　机械旋转式激光雷达

图 3-52　固态激光雷达

半固态激光雷达又称混合固态激光雷达，如图 3-53 所示，是一种单轴非完全旋转的激光雷达，采用固态激光源，通过内部玻璃片转动的方式改变激光束的方向。这种激光雷达具备固态雷达的一般性能特点，如分辨率高，具备前向感知视野而非 360°感知视野等。

（2）根据线束数量的不同分类　激光雷达根据激光线束数量的不同，可分为单线激光雷

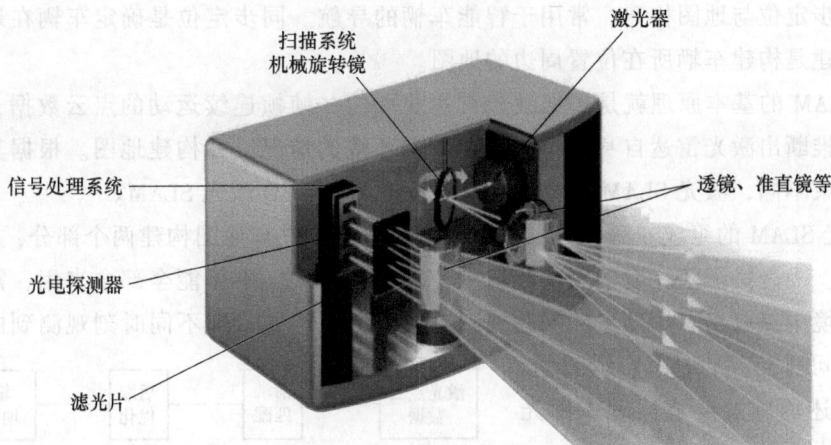

图 3-53　半固态激光雷达

达和多线激光雷达。

单线激光雷达只有一条激光线，主要用于规避障碍物，其扫描速度快、分辨率强、可靠性高。但是，单线激光雷达只能平面式扫描，建立 2D 地图，不能测量物体高度，有一定局限性，主要应用于移动服务机器人，如常见的扫地机器人。

多线激光雷达如图 3-54 所示，有多条激光线，并构成激光线束。激光线有 4 线、8 线、16 线、32 线、64 线、128 线等，分别有 4、8、16、32、64、128 条激光线。多线激光雷达在垂直方向上具有多个发射器和接收器，通过电动机的旋转，获得多条线束。多线激光雷达用于构建 3D 地图等 3D 建模，线数越多，物体表面轮廓越完善，地图的分辨率越高，当然处理的数据量越大，对硬件要求越高。多线激光雷达主要应用在智能汽车上。

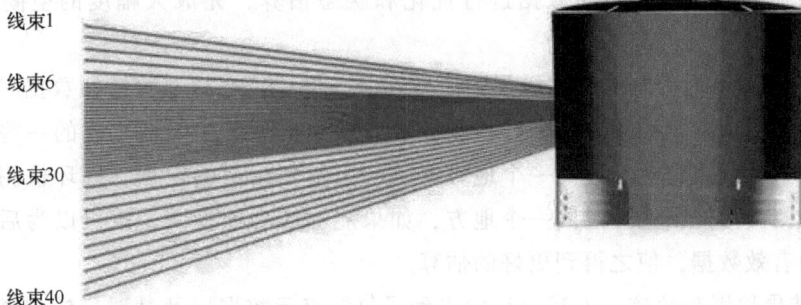

图 3-54　多线激光雷达

3. 激光雷达的应用

（1）激光雷达用于测量流速和车速　激光雷达可以测量风洞气流速度、大气风速和汽车速度等。基于激光的传播特性，激光传感器具有测量速度快、精度很高的优点。同时，由于激光传播容易受到传播介质（雨、雾、烟、沙尘）的干扰，并且镜头清洁度、传感器自身的干扰对测量结果的影响很大，导致激光传感器在汽车辅助驾驶系统中表现并不十分理想。

（2）激光 SLAM

1）激光 SLAM 的基本原理。激光 SLAM（simultaneous localization and mapping）是将激光

雷达用于同步定位与地图构建，常用于智能车辆的导航。同步定位是确定车辆在地图中的位置，地图构建是构建车辆所在位置周边的地图。

激光 SLAM 的基本原理就是根据激光雷达获取的一帧帧连续运动的点云数据，进行点云拼接，从中推断出激光雷达自身的位置以及周围环境的情况，并构建地图。根据其所用的激光雷达的线束不同，激光 SLAM 可分为 2D 激光 SLAM 和 3D 激光 SLAM。

2）激光 SLAM 的组成。激光 SLAM 主要分为同步定位与地图构建两个部分，主要解决 3 个基本问题：一是特征值提取问题，环境中信息量非常大，不可能全部拿来用，需要解决如何从周围环境中提取出有用信息的问题；二是数据关联问题，即不同时刻观测到的环境信息之间的关系问题；三是地图表示问题，即如何来描述周围的环境问题。激光 SLAM 的框图如图 3-55 所示。

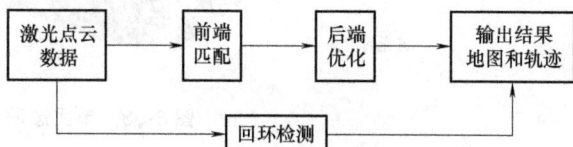

① 激光点云数据。激光雷达通过发射激光束来测量周围环境中障碍物对应的角度和距离信息，再通过一定

图 3-55 激光 SLAM 的框图

的算法，转换为以激光雷达为坐标系的三维坐标点，并构成点云数据，用于三维地图构建。

② 前端匹配。前端匹配实际上就是寻找前后两帧点云的对应关系，在给定智能汽车移动前后的两组激光测量点数据的条件下，可以从点云数据中提取出有用的信息，并通过迭代运算求得激光雷达的旋转平移参数，使得前后两帧数据尽可能地对准。

③ 后端优化。由于数据会受到噪声的影响，所以前端匹配一定会存在误差。在这些噪声的影响下，希望通过带噪声的数据推断出位姿和地图，这构成了一个状态估算问题。主要使用非线性优化方法，对采集到的数据进行优化和状态估算，完成大幅度的空间累积误差的消除。

④ 回环检测。虽然后端能够估算最大后验误差，但是只有相邻关键帧数据时，能做的事情并不多，也无法消除累积误差。回环检测模块能够给出除了相邻帧之外的一些时隔更加久远的约束，当察觉激光雷达经过同一个地方时，会采集到相似的数据。回环检测的关键就是如何有效地检测出激光雷达经过同一个地方，如果能够成功地检测，就可以为后端的位姿优化提供更多的有效数据，使之得到更好的估算。

⑤ 输出结果地图和轨迹。上述过程中得到了每帧点云数据以及其对应的位姿，就可以将这帧点云拼接到全局地图中完成地图的更新，输出 6 自由度位姿和所需格式的地图和轨迹，用于车辆导航。

在 SLAM 过程中，智能汽车通过激光雷达感知周围环境，并对周围环境进行重建，然后通过观测数据计算智能汽车当前的位姿，并融合智能汽车内部的里程计、加速度计等传感器推算得到的位姿改变，以此对智能汽车进行精准的定位。与此同时，通过智能汽车的定位信息以及外部传感器在当前时刻的观测信息对地图进行增量式更新，再通过建好的地图作为先验信息进行下一步的定位与建图，此过程周而复始。

激光 SLAM 具有能够准确测量环境中目标点的角度与距离、无须预先布置场景、可融合多传感器、能在光线较差环境中工作以及能够生成便于导航的环境地图等特点。

3. 14 毫米波雷达

1. 毫米波雷达的结构及工作原理

毫米波雷达的结构如图 3-56 所示,主要由发射机和接收机、天线、处理器等组成,安装在由雷达圆顶、机身、底板等构成的盒中。

毫米波雷达的工作原理如图 3-57 所示,雷达发射机产生发射信号,通过雷达天线以电磁波的形式辐射出去,遇到目标后反射,再由雷达天线接收回波信号,传输给雷达接收机,处理器处理接收到的信号,根据发射频率和反射回来的频率的差异,得到目标的距离、速度和方位角等信息。

毫米波雷达发射的信号波长在 1 ~ 10mm 之间、频率在 30 ~ 300GHz 范围内,因此信号的带宽更大、天线可以制成更小的体积;毫米波的传播受外界环境影响较小,稳定性好、全天候工作,可以随时进行探测,测量精度高。

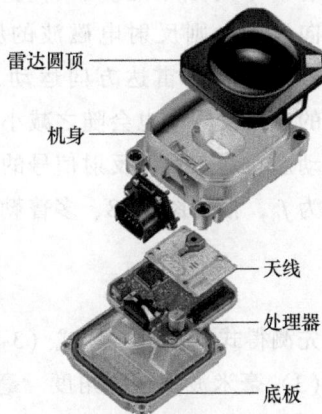

雷达圆顶
机身
天线
处理器
底板

图 3-56 毫米波雷达的结构

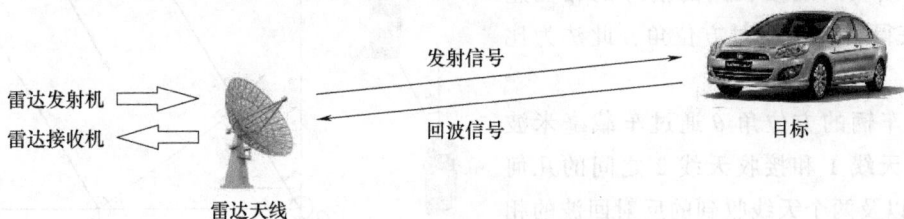

雷达发射机
雷达接收机
雷达天线

发射信号
回波信号
目标

图 3-57 毫米波雷达的工作原理

2. 毫米波雷达的应用

毫米波雷达主要用于测距、测速和角度测量等,可以同时对目标的距离、速度、方位乃至体积等状态信息进行测算,主要工作在 24GHz、35GHz、120GHz 等频段,这些工作频段避免了毫米波传播受大气的影响,且目标表面的整洁度等对其影响不大。

(1) 毫米波雷达测距 毫米波雷达通过发射一串连续调频的毫米波信号,经被测目标汽车、行人、障碍物等反射,产生回波信号,回波信号与发射信号的波形相同,但存在时间间隔 Δt,目标距离 d 与时间间隔 Δt 的关系见式 (3-20),这时式中的 c 为电磁波在空间传播的速度。

实际环境中的时间间隔 Δt 受噪声等因素影响,发射信号与动态、静态目标反射信号的频率不等,如图 3-58 所示,反射信号的频率差为 f',根据图 3-58 及三角关系,得 $2\Delta t/f' = T/\Delta f$,再由式 (3-20) 得目标距离为

$$d = \frac{cTf'}{4\Delta f} \tag{3-21}$$

式中,Δf 为信号的调频带宽;T 为信号的发射周期。

（2）毫米波雷达测速 毫米波雷达测速一般根据多普勒原理，如图 3-58 所示。雷达电磁波经由天线发射，遇到目标后产生回波，回波的频率随目标的运动速度发生改变，并产生动态与静态目标反射信号的频率差。若目标朝着雷达的方向运动，则反射电磁波的频率会增加；若目标背离雷达方向运动，则反射回来的电磁波频率也会随之减小。

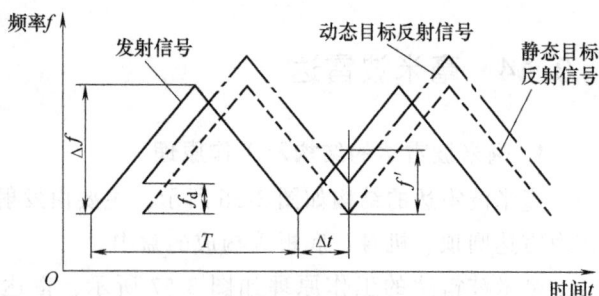

图 3-58 毫米波雷达的测距和测速原理

动态与静态目标反射信号的频率差称为多普勒频移或频率差，为 f_d，取发射信号的中心频率为 f_0，根据图 3-58、多普勒原理及相对运动的原理，可得目标的相对移动速度为

$$v_d = \frac{cf_d}{2f_0} \tag{3-22}$$

先测得式（3-21）和式（3-22）中的参数，再计算得到目标距离和相对移动速度。

（3）毫米波雷达测角度 毫米波雷达测角度需要两个或两个以上并排放置的接收天线，根据两个雷达之间的距离 d 和工作波长 λ，对比两个接收天线接收到的信号的相位差 $\Delta\varphi$，来获得目标的相对方位角，此法为比相法。

目标车辆的方位角 θ 通过车载毫米波雷达接收天线 1 和接收天线 2 之间的几何距离 d，以及两个天线收到的反射回波的相位差 $\Delta\varphi$，如图 3-59 所示，采用三角函数计算得到：

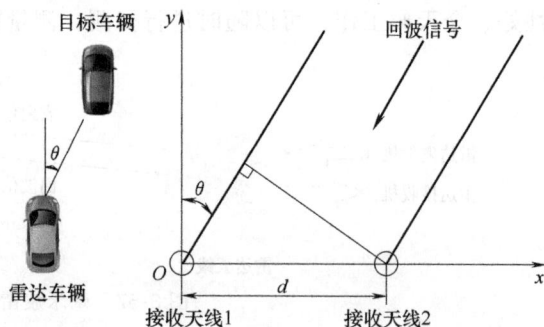

图 3-59 毫米波雷达的测角度原理

$$\theta = \arcsin\frac{\lambda\Delta\varphi}{2\pi d} \tag{3-23}$$

毫米波雷达工作波长 λ 和相位差 $\Delta\varphi$ 可通过测量得到，两个雷达之间的距离 d 为已知的结构参数，这样，由式（3-23）可计算得到目标车辆的方位角 θ。

3.15 全球定位系统

1. 全球定位系统的组成

全球定位系统（global positioning system，GPS）是由美国国防部建设的基于卫星的无线电导航定位系统。它能连续为世界各地的陆海空用户包括汽车试验用户提供连续、实时、高精度的三维位置、三维速度和时间信息，最大的优势是覆盖全球且全天候工作，可以为高动态、高精度的平台服务。GPS 是由导航卫星、地面监控设备和 GPS 用户组成的，如图 3-60 所示。

（1）导航卫星　导航卫星有 24 颗，其中，21 颗卫星为工作卫星，3 颗为备用卫星。24 颗卫星均匀分布在 6 个轨道平面上，即每个轨道面上有 4 颗卫星，在距离地球约 20000km 的高空上进行监测，每 12h 环绕地球一圈；最少只需其中 4 颗卫星，就能迅速确定用户端在地球上所处的位置及海拔；测试时，最少需要 8 颗卫星，才能保证汽车测试精度。所能接收连接到的卫

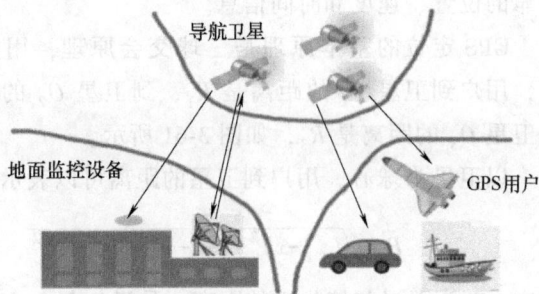

图 3-60　全球定位系统的组成

星数越多，解码出来的位置就越精确。导航卫星的任务是接收和存储来自地面监控设备发送来的导航定位控制指令，通过微处理器进行数据处理，在空中连续发送带有时间和空间位置信息的无线电导航定位信息，供用户的 GPS 接收机接收。

（2）地面监控设备　地面监控设备由 1 个主控站、4 个注入站和 6 个监测站组成，它们的任务是实现对导航卫星的控制。

（3）GPS 用户　GPS 用户是接收 GPS 导航定位信息的用户，主要由 GPS 接收机和 GPS 数据处理软件组成。GPS 接收机的主要功能是接收、追踪和放大卫星发射的信号，获取定位的观测值，提取导航电文中的广播星历以及卫星时钟改正参数等。接收机通过记录卫星信号传播到用户所经历的时间，再将其乘以光速，得到或测量出已知空间位置的卫星到用户接收机之间的距离。GPS 数据处理软件的主要功能是对 GPS 接收机获取的卫星测量记录数据进行预处理，并对处理的结果进行平差计算、坐标旋转和分析综合处理，计算出用户所在位置的三维坐标、速度、方向和精确时刻等。

2. 全球定位系统的工作原理

全球定位系统的工作原理如图 3-61 所示，GPS 卫星在空中连续发送带有时间和位置信息的无线电信号，供用户的 GPS 接收机接收。接收机测量出已知位置的卫星到用户接收机之间的距离。进一步说，GPS 卫星不断地传送轨道信息和卫星上的原子钟产生的精确时间信息，GPS 接收机上有一个专门接收无线电信号的接收器，同时也有自己的时钟。当接收机收到一颗卫星传来的信号时，可以测定该卫星离用户的空间距离，用户就位于以观测卫星为球心、以观测距离为半径的球面与地球表面相交的圆弧的某一点；当 GPS 接收机观测到第二颗卫星的信号时，以第二颗卫星为球心、以第二个观测距离为半径的球面也与地球表面相交于一个圆弧，上述两个圆弧在地球表面会有两个交会点，但是还不能确定出用户唯一的位置；当 GPS 接收机观测到第三颗卫星的信号时，以第三颗卫星为球心、以第三个观测距离为半径的球面也与地球表面相交于一个圆弧，上述三个圆弧在地球表面相交于一点 A，A 点即为 GPS 用户所在的空间位置。

如果没有时钟误差，用户接收机只要利用接收观测到的 3 颗卫星的距离观测值，就可以唯一确定出用户所在的位置。但由于 GPS 接收机的时钟有误差，从而会使测得的距离含有误差，所以定位时要求接收机至少观测到 4 颗卫星的距离观测值才能同时确定出用户所在空间位置及接收机时钟差。当 GPS 接收机观测到 4 颗以上的卫星信号时，就可以得到更为精确和

可靠的位置、速度和时间信息。

GPS 定位的基本原理是三球交会原理,用户位置在 A 点,用户到卫星 O_1 的距离是 R_1,到卫星 O_2 的距离是 R_2,到卫星 O_3 的距离是 R_3,如图 3-61 所示。

以卫星为球心,用户到卫星的距离可以表示为

$$R = \sqrt{(x_1-x)^2+(y_1-y)^2+(z_1-z)^2} \qquad (3-24)$$

式中,R 为卫星与接收机的距离,是已知量;(x_1, y_1, z_1) 为卫星坐标,也是已知量;(x, y, z) 为接收机位置,是未知量。

如果有 3 颗卫星,则有不同卫星坐标及卫星与接收机的距离的 3 个式(3-24)的方程,3 个方程可以解出接收机

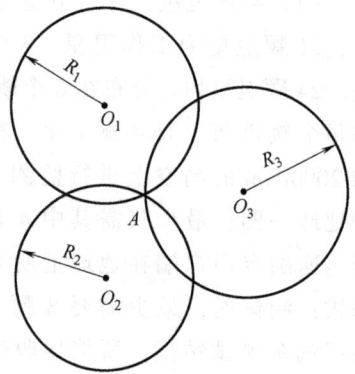

图 3-61　全球定位系统
的工作原理

位置的 3 个坐标量。然而,实际上由于大气层电离层的干扰,用户接收机的时钟不是十分准确,不与卫星同步,所以卫星与用户之间的距离 R 不是真实距离,称为伪距。设接收机和 GPS 的时钟差为 t,光速为 c,则式(3-24)可改为

$$R = \sqrt{(x_1-x)^2+(y_1-y)^2+(z_1-z)^2} - ct \qquad (3-25)$$

式中含有 4 个未知量,所以接收机需要接收到 4 个以上的卫星才能解算方程,得到接收机的位置。

GPS 定位可以分为绝对定位和相对定位两种。绝对定位又称为单点定位,是直接得到接收机相对于地心位置的定位方法,这种方式只需要一个 GPS 接收机,但是其精度受卫星轨道误差、时钟差和信号传播误差等影响,一般为米级。伪距差分定位作为相对定位中的一种,现在广泛用于精密导航、大地测量等。差分定位基本原理是利用两个或多个位置相近的 GPS 接收机各自与 GPS 卫星信道相关的特性,使用差分定位算法以减少信道误差的影响,从而提高定位精度。

室外无遮盖环境下,GPS 定位精度高。GPS 相对定位精度在 50km 以内可达 6~10m,100~500km 可达 7~10m,1000km 可达 9~10m。GPS 也存在诸多不足,如受天气和位置的影响较大。当遭遇不佳天气(雨、雾、烟、沙尘)或者接收器上空存在遮盖时,会屏蔽 GPS 信号,定位精度就会受到相当大的影响,甚至无法进行定位服务。此外,GPS 更新频率低,并不能满足实时计算的要求。因此,GPS 在汽车测速、测制动距离中应用时,会产生一定的测试误差。

3.16　北斗卫星导航定位系统

1. 北斗卫星导航系统的组成

北斗卫星导航系统(Beidou navigation satellite system,BDS)是我国自行研制的在全球或特定区域提供定位、导航、位置报告等服务的导航系统。北斗卫星导航系统由空间段、地面

段和用户段三部分组成，如图 3-62 所示。

（1）空间段　北斗系统空间段由若干地球静止轨道卫星、倾斜地球同步轨道卫星和中圆地球轨道卫星组成。

（2）地面段　北斗系统地面段包括主控站、时间同步/注入站和监测站等若干地面站。

（3）用户段　北斗系统用户段包括北斗兼容其他卫星导航系统的芯片、模块、天线等基础产品，以及终端产品、应用系统与应用服务等。

图 3-62　北斗卫星导航系统的组成

2. 北斗卫星导航系统（BDS）与全球定位系统（GPS）的区别

（1）BDS 是一个有源系统　用户在定位过程中必须发射信号，具备通信能力，这是它与 GPS 最大的不同。BDS 具有低速通信功能，可以在中心站与任意一个用户机之间或任意两个用户机之间一次发送包含 36 个汉字字符的信息，经过授权的用户一次可以发送包含 120 个汉字字符的信息，这个功能是 GPS 无法实现的。

（2）BDS 的用户作业须经授权　BDS 每次定位作业都是由用户机发出请求，经过中心站解算出坐标，然后发给用户机。这种工作方式使得 BDS 存在用户容量限制，凡是未经授权的用户都无法利用 BDS 进行定位作业，因此具备极好的保密性。

（3）BDS 的用户定位需经中心站—卫星　BDS 一次用户定位需要测距信号经中心站—卫星—用户机往返两次，费时较长，从用户机发出定位请求到收到定位数据大约需要 1s，因此，它适合车辆、人员等低速运动目标的定位。

3. 北斗卫星导航系统的定位原理

BDS 的定位原理与 GPS 的定位原理基本相同。BDS 在进行定位时，所采用的原理是通过对卫星信号站点之间的传播时间进行推算，进而确定相应的卫星站点距离，一般采用载波相位测量法进行定位，这样就能够对接收机进行较为准确的定位。

载波相位测量法定位的原理大致如下：首先用 a 来表示卫星所发射的载波信号相位数值，用 b 来表示地面基站所接收的载波信号相位数值，卫星站点之间的距离 $X = n(a+b)$，其中 n 指的是载波信号的波长。在实际操作中 a 值是无法进行测算的，往往是采用接收机所产生的基准信号来代替，由于该基准信号的频率与卫星所发射的载波信号相位是一致的，所以并不会影响到后续定位的精准程度。

通过载波相位测量法进行定位，在整个定位过程中会受到多种误差因素的影响，进而降低定位精度。在相同时间点，不同观测站在观测同一卫星时，进行信号接收时所受到的误差影响具有较强的关联性，通过不同方式对同步观测量进行差值计算，就能够最大化地减少误差。

北斗卫星导航系统利用 3 颗地球静止轨道（GEO）卫星、3 颗倾斜地球同步轨道（IG-SO）卫星、24 颗中地球轨道（MEO）卫星，可向位于地表及其以上 1000km 空间的全球用户，全天候、全天时提供高精度、高可靠定位、导航、授时免费服务，并且具备短报文通信能力，定位精度为 dm、cm 级别，测速精度 0.2m/s，授时精度 10ns。

习　题

3-1　简述金属电阻丝应变片的基本构造及工作原理。

3-2　简述压阻式传感器的构成及应用。

3-3　简述电容式传感器的工作原理。

3-4　简述电涡流式传感器的工作原理及应用。

3-5　简述压电式加速度传感器的结构及工作原理。

3-6　简述磁电式传感器的工作原理及应用。

3-7　简述霍尔式传感器的工作原理及应用于功率的测量。

3-8　简述光电式传感器检测机油的清洁度和柴油机排放气体烟度的原理。

3-9　简述热电偶及热电效应。

3-10　简述利用 CCD 图像式传感器检测汽车车轮定位参数的工作原理。

3-11　简述超声波传感器的结构和工作原理。

3-12　简述超声波传感器的形式。

3-13　简述激光雷达的工作原理。

3-14　简述毫米波雷达的工作原理。

3-15　简述全球定位系统的工作原理。

3-16　简述北斗卫星导航系统的定位原理。

3-17　查找文献，阅读一两篇介绍汽车测试系统传感器的文献，介绍其主要内容。

3-18　查找一两个传感器工作原理的视频，与班级同学交流。

3-19　查找一两个传感器在汽车测试中应用的视频，与班级同学交流。

3-20　查找一两个智能传感器的工作原理及在汽车测试中应用的视频，与班级同学交流。

第4章 测试信号的处理器

教学目标：通过本章学习，读者应掌握直流电桥、集成运算放大器、*RC* 滤波器、模/数转换器，了解交流电桥、测量放大器、滤波器的分类及基本参数，为了解汽车测试仪器和设备的工作原理和误差、选择和正确使用汽车测试仪器和设备打下基础。

测试信号处理器的任务是处理测试信号，即将传感器产生的电信号转换成计算机可接受的数字信号，及示波器等仪器可接受的数字或模拟信号。测试信号的处理器包括电桥，测试信号的放大、整流和滤波、调制、解调和模/数（A/D）转换等。了解测试信号处理器的知识是选择、正确使用汽车测试仪器和设备的基础。

4.1 电桥

传感器将被测对象的物理量（通常是非电量）转换成电压、电流或电阻等电量，并形成电压、电流或电阻的电信号，如电阻应变片式传感器产生电阻变化的电信号，电涡流式传感器产生电压和电流变化的电信号，电容式传感器产生电容变化的电信号。电压和电流的电信号可直接传输或经放大、整流和滤波等处理后传输。电阻、电容和电感的电信号则需要转变成电压和电流的电信号，才能传输。

电桥是将电阻、电容和电感的变化量转变为电压或电流输出的一种变换电路。可以采用一些电路，将电阻、电容和电感的变化量转变为电压或电流的变化量，如给电阻通电流，从电阻的两端输出电压，但相比之下，电桥是一种高精度的变换电路，是传感器中常用的电路。

电桥分为直流电桥和交流电桥。以直流电源供电的电桥为直流电桥，以交流电源供电的电桥为交流电桥。直流电桥的任务是将电阻的变化量转变成电压或电流的变化量。交流电桥的任务是将电容、电感的变化量转变成电压或电流的变化量。

4.1.1 直流电桥

1. 直流电桥的电路

直流电桥的电路如图 4-1 所示。直流电桥由 4 个电阻 R_1、R_2、R_3 和 R_4 组成 4 个桥臂，流过 R_1、R_3 的电流分别为 I_1 和 I_3，流过 R_2、R_4 的电流分别为 I_1+I_L 和 I_3-I_L；在电桥的对角

AC 间由直流稳压电源施加供电电压 E，称 A、C 为供电桥端；电桥的对角 BD 间连接负载 R_L 并输出电压 U_L 和电流 I_L，U_L 为负载电压或输出电压，I_L 为负载电流或输出电流，称 B、D 为输出端，负载为阻抗大的放大电路，电桥与放大电路连接，并通过放大电路传输电信号。

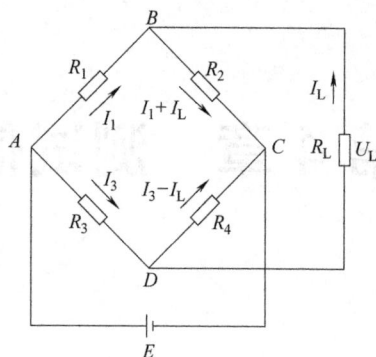

图 4-1　直流电桥的电路

2. 直流电桥的输出电压

根据基尔霍夫定律，列出下列方程

$$\begin{cases} I_3R_3+(I_3-I_L)R_4=E \\ I_1R_1-I_LR_L-I_3R_3=0 \\ (I_1+I_L)R_2-(I_3-I_L)R_4+I_LR_L=0 \end{cases} \tag{4-1}$$

由式（4-1）解得输出电流为

$$I_L=\frac{R_1R_4-R_2R_3}{R_L(R_1+R_2)(R_3+R_4)+R_1R_2(R_3+R_4)+R_3R_4(R_1+R_2)}E \tag{4-2}$$

负载为阻抗大的放大电路，电桥输出端相当于开路，这时电桥的输出信号是 B、D 端的电位差，也是输出电压 U_L。根据欧姆定律和式（4-2），得输出电压为

$$U_L=I_LR_L=\frac{R_1R_4-R_2R_3}{(R_1+R_2)(R_3+R_4)+\dfrac{1}{R_L}[R_1R_2(R_3+R_4)+R_3R_4(R_1+R_2)]}E \tag{4-3}$$

由于负载 R_L 很大，所以 $1/R_L$ 很小，略去式（4-3）分母中的第 2 项，进一步得输出电压为

$$U_L=\frac{R_1R_4-R_2R_3}{(R_1+R_2)(R_3+R_4)}E \tag{4-4}$$

3. 直流平衡电桥

输出电压 $U_L=0$ 时的电桥，为直流平衡电桥。由式（4-4）得直流电桥的平衡条件为

$$R_1R_4=R_2R_3 \tag{4-5}$$

平衡电桥用于设置电桥输出电压的初始状态，即输出电压的初始状态为零。若是电阻应变片组成的电桥，则电桥平衡时，电阻应变片所贴位置的材料无应变。可用万用表等仪表检测 B、D 端的电压是否为零，判别电桥是否为平衡电桥；可通过调节电阻 R_1、R_2、R_3 和 R_4，使其满足式（4-4），使电桥成为平衡电桥。当电阻的阻值发生变化时，无论哪个桥臂电阻的阻值发生变化，电桥平衡都会被打破，电桥电路的输出电压也将随之发生变化。

4. 直流电桥的变换关系

设电桥的各桥臂电阻都发生了变化，其阻值的增量分别为 ΔR_1、ΔR_2、ΔR_3 和 ΔR_4，由式（4-4）得输出电压为

$$U_L=\frac{(R_1+\Delta R_1)(R_4+\Delta R_4)-(R_2+\Delta R_2)(R_3+\Delta R_3)}{(R_1+\Delta R_1+R_2+\Delta R_2)(R_3+\Delta R_3+R_4+\Delta R_4)}E \tag{4-6}$$

将式（4-6）展开，取初始状态电桥各臂的阻值相等，即 $R_1=R_2=R_3=R_4=R$，或者说，

一定能找到一个电桥各臂共有的阻值 R，考虑 $\Delta R \ll R$，忽略 ΔR 的高次项，得输出电压为

$$U_{\text{L}} = \frac{E}{4}\left(\frac{\Delta R_1}{R} - \frac{\Delta R_2}{R} + \frac{\Delta R_3}{R} - \frac{\Delta R_4}{R}\right) \tag{4-7}$$

在式（4-7）中，共有的阻值 R 是一定的，供电电压 E 由直流稳压电源提供，也是一定的，所以，输出电压 U_{L} 随阻值的增量 ΔR_1、ΔR_2、ΔR_3 和 ΔR_4 变化，即式（4-7）将阻值的增量 ΔR_1、ΔR_2、ΔR_3 和 ΔR_4 变换为输出电压 U_{L}，这就是直流电桥的变换关系。

5. 直流电桥的变换关系应用于电阻应变片式传感器

直流电桥应用于电阻应变片式传感器，将电阻应变片的电阻的变化转变为输出电压的变化。

应变片是可变电阻，根据应变片在电桥电路中的分布方式，电桥的接法有 3 种：单臂电桥、双臂电桥和全桥，如图 4-2 所示。如果电桥只有 1 个桥臂上有应变片，即只有 1 个工作臂，或者说，只有 1 个应变片贴在被测量的材料上并参与应变，则称为单臂电桥，也称为惠斯通电桥；如果 2 个桥臂上有应变片，即有 2 个应变片贴在被测量的材料上并参与应变，则称为双臂电桥，也称为开尔文电桥；如果 4 个桥臂上都有应变片，即所有应变片贴在被测量的材料上并参与应变，则称为全桥。

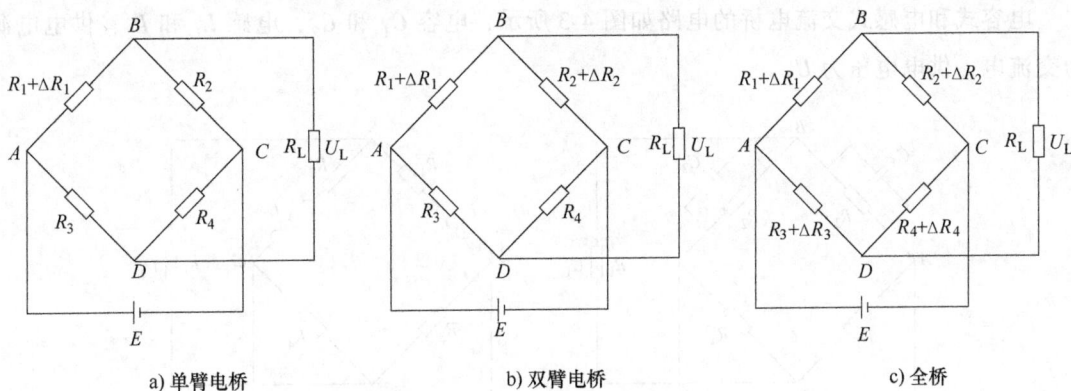

a) 单臂电桥　　　　　　　　b) 双臂电桥　　　　　　　　c) 全桥

图 4-2　电桥的接法

（1）单臂电桥的输出电压　由式（3-6）得 $\Delta R_1 = K R \varepsilon_1$，$K$ 为灵敏系数，ε_1 为电阻 R_1 的应变片所贴位置材料的线应变。根据图 4-2a 和式（4-7），得单臂电桥的输出电压为

$$U_{\text{L}} = \frac{E \Delta R_1}{4R} = \frac{K E \varepsilon_1}{4} \tag{4-8}$$

（2）双臂电桥的输出电压　双臂电桥的电阻 R_1 和 R_2 是两个相同的应变片，1 个感受拉应变，1 个感受压应变，接在电桥的相邻两个臂，$\varepsilon_1 = -\varepsilon_2$。根据图 4-2b 和式（4-7），得双臂电桥的输出电压为

$$U_{\text{L}} = \frac{E}{4}\left(\frac{\Delta R_1}{R} - \frac{\Delta R_2}{R}\right) = \frac{K E}{4}(\varepsilon_1 - \varepsilon_2) = \frac{K E}{2}\varepsilon_1 \tag{4-9}$$

（3）全桥的输出电压　全桥的电阻是 4 个相同的应变片，2 个感受拉应变，2 个感受压应变，接在电桥的相邻 4 个臂，$\varepsilon_1 = -\varepsilon_2 = \varepsilon_3 = -\varepsilon_4$。根据图 4-2c 和式（4-7），得全桥的输出电

压为

$$U_L = \frac{E}{4}\left(\frac{\Delta R_1}{R} - \frac{\Delta R_2}{R} + \frac{\Delta R_3}{R} - \frac{\Delta R_4}{R}\right) = \frac{KE}{4}(\varepsilon_1 - \varepsilon_2 + \varepsilon_3 - \varepsilon_4) = KE\varepsilon_1 \tag{4-10}$$

式（4-8）~式（4-10）实现了材料的线应变变换为输出电压。对于同一个线应变，电桥 3 种不同工作方式的输出电压 U_L 值是不一样的，电阻 R_1 的应变片所贴位置材料的线应变为 ε_1 时，4 臂全桥输出电压最高，是双臂电桥的 2 倍，是单臂电桥的 4 倍，也是最常用的一种形式。

直流电桥存在误差。略去式（4-3）分母中的第 2 项、难以保证应变片的电阻相同、直流稳压电源的供电电压有一定的精度，这些使电桥存在测试误差。

4.1.2 交流电桥

直流放大器存在零点漂移的问题且较难解决。交流电桥的优点是放大电路简单，无零点漂移，缺点是不易取得高精度。若用稳定性较好的载波交流放大器，这时就需要采用交流电桥。

1. 交流电桥的电路及输出电压

电容式和电感式交流电桥的电路如图 4-3 所示，电容 C_1 和 C_2，电感 L_1 和 L_2，供电电源为交流电，供电电压为 U。

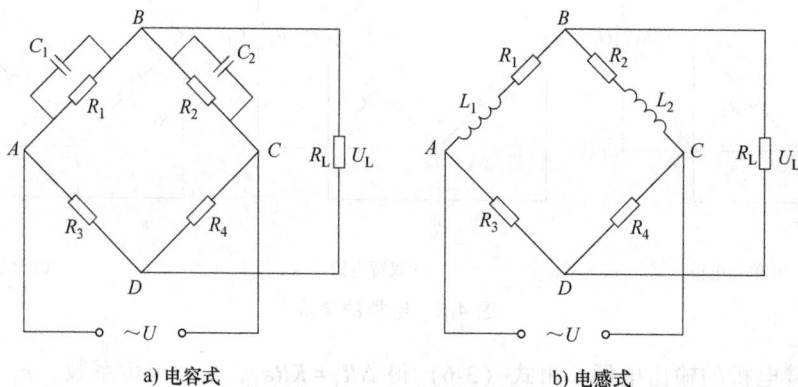

a) 电容式   b) 电感式

图 4-3 交流电桥的电路

在交流电桥中应计入电容和电感对电桥工作的影响，即将直流电桥中的电阻 R_i 换成电桥的阻抗 Z_i，按导出式（4-4）的方法，得交流电桥的输出电压为

$$U_L = \frac{Z_1 Z_4 - Z_2 Z_3}{(Z_1 + Z_2)(Z_3 + Z_4)} U \tag{4-11}$$

取输出电压 $U_L = 0$，由式（4-11）得交流电桥的平衡条件为

$$Z_1 Z_4 = Z_2 Z_3 \tag{4-12}$$

图 4-3a 中的电容式交流电桥是双臂电阻应变片的交流电桥，其中两臂由电阻应变片组成，另外两臂由应变仪中精密无感电阻组成。由于电阻应变片接线和线栅存在分布电容，所以由两电阻应变片组成的两桥臂可认为由电阻、电容并联的阻抗构成。如果 4 臂均为电阻应

变片，则在电阻 R_3 和 R_4 再分别并联一个电容，构成全桥电阻应变片的交流电桥。测量前，电桥进行电阻和电容平衡，测量时只是电阻应变片电阻发生了变化。可以认为，交流电桥的4个桥臂均由电阻构成，这样直流电桥的基本关系完全适用于交流电桥，可根据直流电桥的基本关系来分析交流电桥的特性。

2. 单臂、双臂和全桥交流电桥的输出电压

取初始状态电桥各臂的阻抗相等，即 $Z_1 = Z_2 = Z_3 = Z_4 = Z$，或者说，一定能找到一个电桥各臂共有的阻抗 Z，设电桥的各桥臂相对阻抗 Z 的增量分别为 ΔZ_1、ΔZ_2、ΔZ_3 和 ΔZ_4，由式（4-11）可得单臂、双臂和全桥交流电桥的输出电压，即单臂、双臂和全桥交流电桥的变换关系。

单臂交流电桥的输出电压为

$$U_L = \frac{U \Delta Z_1}{4Z} \tag{4-13}$$

双臂交流电桥的输出电压为

$$U_L = \frac{U}{4} \left(\frac{\Delta Z_1}{Z} - \frac{\Delta Z_2}{Z} \right) \tag{4-14}$$

全桥交流电桥的输出电压为

$$U_L = \frac{U}{4} \left(\frac{\Delta Z_1}{Z} - \frac{\Delta Z_2}{Z} + \frac{\Delta Z_3}{Z} - \frac{\Delta Z_4}{Z} \right) \tag{4-15}$$

式（4-13）~式（4-15）分别将单臂、双臂和全桥的阻抗变化变换为输出电压的变化。

4.2　放大器

放大器的功用是将电压或电流放大。有的传感器的输出电压或电流很小，需要通过放大器放大，如电阻应变片工作时，其电阻值变化很小，相应电桥的输出电压很小，需要通过放大器放大。下面介绍集成运算放大器和测量放大器。

4.2.1　集成运算放大器

集成运算放大器的基本形式有反相、同相、求和、微分、积分、对数、指数等运算放大器，分别用于反相、同相、求和、微分、积分、对数运算；还有电压比较器、电压跟随器等，分别用于电压比较和电压跟随。在模拟电子技术的教材中，对集成运算放大器有详细的介绍，测试仪器中，多使用基本形式的集成运算放大器及其组合。下面只介绍反相、同相及电压跟随运算放大器，电压跟随运算放大器是同相运算放大器的特例，许多集成运算放大器的电路都是在反相和同相两种集成运算放大器电路的基础上组合或演变而来的。

1. 反相运算放大器

反相运算放大器如图 4-4 所示，左边为输入端，"−"号表示反相输入端，"+"号表示同相输入端，右边为输出端，输入与输出之间的连接为反馈，输入电压 u_i，输出电压 u_o，输入

电阻 R_1，反馈电阻 R_2，正相输入端接地，电压为零。反相运算放大器的特点是输入信号和反馈信号都加在运算放大器的反相输入端。

根据理想运算放大器的特性，其同相输入端电压与反相输入端电压近似相等，流入运算放大器输入端的电流近似为零，可以得到反相运算放大器的电压增益为

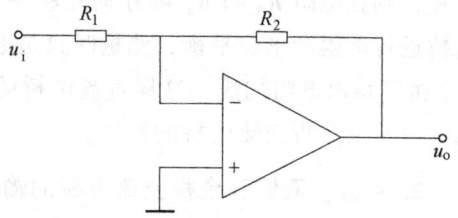

图 4-4　反相运算放大器

$$A_{vf} = \frac{u_o}{u_i} = -\frac{R_2}{R_1} \tag{4-16}$$

反馈电阻 R_2 可大于、等于和小于输入电阻 R_1 的阻值，反相运算放大器电压增益的绝对值大于零；反相运算放大器的电压增益为负值，表示输入电压与输出电压反相，即相位相反。在反相运算放大器与传感器配合使用时，需注意阻抗匹配的问题。

2. 同相运算放大器

同相运算放大器如图 4-5 所示，反相输入端通过输入电阻 R_1 接地，电压不为零，接近于零。同相运算放大器的特点是输入信号加在同相输入端，而反馈信号通过反馈电阻 R_2 加在反相输入端。同样，由理想运算放大器特性，可以分析出同相运算放大器的电压增益为

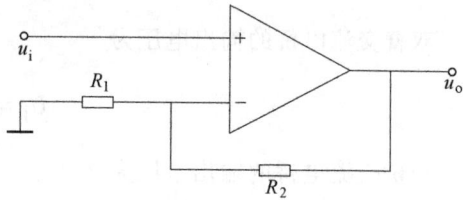

图 4-5　同相运算放大器

$$A_{vf} = \frac{u_o}{u_i} = 1 + \frac{R_2}{R_1} \tag{4-17}$$

同相运算放大器的电压增益为正值，表示输入电压与输出电压同相。

3. 电压跟随运算放大器

作为同相运算放大器的特例，如果 $R_1 \to \infty$、$R_2 \to 0$，根据式（4-17），同相运算放大器的电压增益等于 1，输出电压等于输入电压，称为电压跟随运算放大器。由此可知，电压跟随运算放大器的电压增益是 1。

电压跟随运算放大器的特点是：对低频信号，其增益近似为 1，同时具有极高的输入阻抗和低输出阻抗，所以，在测试系统中常用作阻抗变换器。由于输入阻抗很大，不会有电流流入运算放大器（实际运算放大器的泄漏电流很小，只有几微安到几毫安），适用于传感器信号的提取，减小传感器与测量仪器之间的电流干扰。

4.2.2　测量放大器

传感器输出的信号不仅很微弱，而且伴随有很大的噪声和共模干扰（包括干扰电压），对这种信号一般需要采用具有很高共模抑制比、高增益、低噪声、高输入阻抗的放大器组合，实现信号放大，将具有这种特点的放大器称为测量放大器，也称仪表放大器。共模干扰是指在传感器的两条传输线上产生完全相同的干扰。

常用的三运放测量放大器的电路如图 4-6 所示。其中，输入级 A_1、A_2 为两个性能一致（主要指输入阻抗、共模抑制比和开环增益）的通用集成运算放大器，工作于同相放大方式，结构对称，构成平衡对称的差动放大输入级；输出级 A_3 工作于差动放大方式，作用是进一步抑制 A_1、A_2 的共模信号，并接成单端输出方式，以适应接地负载的需要。

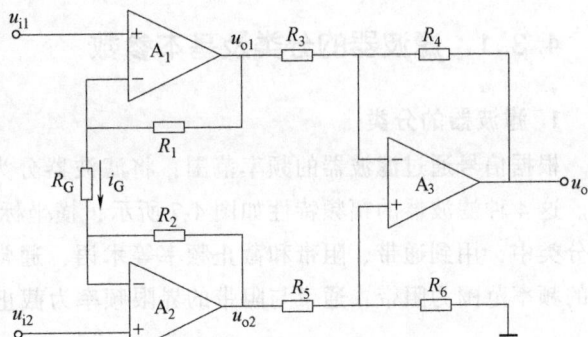

图 4-6 三运放测量放大器的电路

A_1 和 A_2 都是同相运算放大器，共用电阻 R_G，电阻 $R_1 = R_2$，根据式（4-17），两个放大器的电压增益为

$$A_1 = 1 + \frac{R_1}{R_G/2} = 1 + \frac{2R_1}{R_G} \tag{4-18}$$

$$A_2 = 1 + \frac{R_2}{R_G/2} = 1 + \frac{2R_2}{R_G} \tag{4-19}$$

当两个输入信号是共模信号时，由于同相放大器 A_1 和 A_2 的增益相等，输出电压 u_{o1} 和 u_{o2} 也是共模相等的。经 A_3 差动放大，这两个共模信号可被完全消除，总输出信号 u_o 为零。由此可见，这种电路的输出几乎不受输入共模干扰的影响。

当两个输入信号是差模信号时，经 A_1 和 A_2 同相放大后仍是差模的，再经 A_3 差动放大后输出。根据式（4-16），差动放大器 A_3 的电压增益为

$$A_3 = -\frac{R_4}{R_3} \tag{4-20}$$

输入级和输出级串联，因此对于差模输入信号，根据式（4-18）和式（4-20），得三运放测量放大器的电压增益为

$$A = A_1 A_3 = -\left(1 + \frac{2R_1}{R_G}\right)\frac{R_4}{R_3} \tag{4-21}$$

由式（4-21）可知，两级放大的三运放测量放大器比输入级或输出级的增益大。另外，测量放大器的电路还具有增益调节功能，调节 R_G，能够改变增益而不影响输入级电路的对称性。

4.3 滤波器

滤波器的主要功用是滤除噪声，提高信噪比，且可分离不同频率的有用信号。测试系统有噪声，噪声来自传感器、电源等，影响测试，要滤除。噪声与频率和幅值有关，可通过低通滤波器滤除高频且幅值小的噪声，通过高通滤波器滤除低频且幅值小的噪声。

4.3.1 滤波器的分类及基本参数

1. 滤波器的分类

根据信号通过滤波器的频率范围,将滤波器分为 4 类,即低通、高通、带通和带阻滤波器。这 4 种滤波器的幅频特性如图 4-7 所示,横坐标为频率 f,纵坐标为幅值 $A(f)$。在滤波器的分类中,用到通带、阻带和截止频率等术语,通常称可以通过的频率范围为通带,不能通过的频率范围为阻带,通带与阻带的界限频率为截止频率。

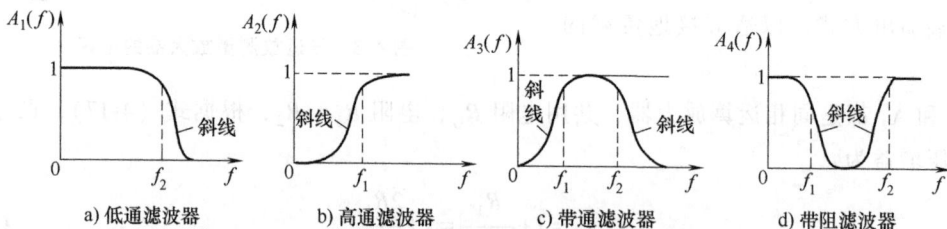

图 4-7　滤波器的幅频特性

(1) 低通滤波器　通带为 $0 \sim f_2$。它使低于 f_2 的频率成分几乎不衰减的通过,而高于 f_2 的频率成分受到极大的衰减,幅值小,不能通过。

(2) 高通滤波器　通带为 $f_1 \sim \infty$。它使高于 f_1 的频率成分通过,低于 f_1 的频率成分衰减,幅值小,不能通过。

(3) 带通滤波器　通带在 $f_1 \sim f_2$ 之间。它使信号中高于 f_1 而低于 f_2 的频率成分通过,其余成分衰减,幅值小,不能通过。

(4) 带阻滤波器　阻带在 $f_1 \sim f_2$ 之间。它使信号中高于 f_1 而低于 f_2 的频率成分衰减,幅值小,不能通过,其余成分通过。

对于理想滤波器,其通带的幅频特性的幅值为常数 A_0,阻带的幅频特性的幅值为零,实际上,滤波器在通带和阻带之间有一个过渡带,其幅频特性为斜线,如图 4-7 中的斜线。在此频带内,信号受到不同程度的衰减,这是滤波器所不希望的,却是不可避免的,也就是说,理想滤波器是无法实现的,但可指导测试系统的使用、选择、设计和误差分析。

2. 滤波器的基本参数

(1) 截止频率　幅频特性的幅值等于 $A_0/\sqrt{2}$ 所对应的频率称为滤波器的截止频率。$A_0/\sqrt{2}$ 对应于 $-3\mathrm{dB}$(分贝)点,即最大幅值 A_0 衰减 3dB。

(2) 带宽　上下两截止频率之间的频率范围称为滤波器的带宽。

(3) 倍频程选择性　指在上截止频率 f_2 与 $2f_2$ 之间,或者在下截止频率 f_1 与 $f_1/2$ 之间幅频特性幅值的衰减率,即频率变化一个倍频程时幅值的衰减率,以 dB 为单位。也可用 10 倍频程衰减量表示。这个衰减率越大,说明超出导通频率以外的信号衰减越大。

4.3.2　*RC* 滤波器

滤波器的基本形式有 *RC* 滤波器、*LC* 滤波器、*RLC* 滤波器等,在电工学或电子技术基础的教材中，对滤波器有详细的介绍。

　　RC 滤波器电路简单、抗干扰性强、有较好的低频性能、成本低，在测试仪器中，多使用 RC 滤波器。它的缺点是信号的能量会被电阻所消耗，而且选择性差，多级串联时输入输出阻抗不容易匹配。下面只介绍 RC 滤波器。RC 滤波器分为 RC 无源滤波器和 RC 有源滤波器，RC 无源滤波器不带电源，RC 有源滤波器带电源。

1. RC 无源低通滤波器

　　RC 无源低通滤波器如图 4-8 所示，由电阻 R、电容 C 组成，电流 i，输入电压 u_x，输出电压 u_y，电压从电容的两端输出，其电路方程为

$$\begin{cases} u_x = iR + u_y \\ i = C\dfrac{\mathrm{d}u_y}{\mathrm{d}t} \end{cases} \tag{4-22}$$

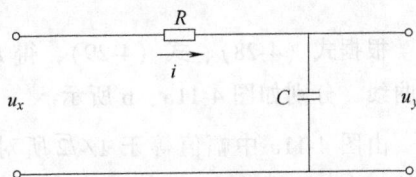

图 4-8　RC 无源低通滤波器

由式（4-22）解得对时间 t 的一阶微分方程为

$$CR\frac{\mathrm{d}u_y}{\mathrm{d}t} + u_y = u_x \tag{4-23}$$

　　按第 2 章中幅频响应特性和相频响应特性的求解步骤，由式（4-23），解得幅频响应特性和相频响应特性分别为

$$A(f) = \frac{1}{\sqrt{1 + (2\pi f\tau)^2}} \tag{4-24}$$

$$\varphi(f) = -\arctan(2\pi f\tau) \tag{4-25}$$

式中，时间常数 $\tau = RC$；f 为自然频率。

　　根据式（4-24）、式（4-25），得 RC 无源低通滤波器的幅频响应特性曲线和相频响应特性曲线，分别如图 4-9a、b 所示。

　　由图 4-9a 中幅值等于 $1/\sqrt{2}$ 所对应的频率可以看出，RC 无源低通滤波器的截止频率 $f_c = \dfrac{1}{2\pi\tau}$，低于截止频率 f_c 的频率成分几乎不衰减的通过，而高于截止频率 f_c 的频率成分受到极大的衰减，因幅值小，不能通过。进一步说，因为不能对电容充电，所以在电容的两端无高于截止频率的电压输出，从而实现低通滤波。

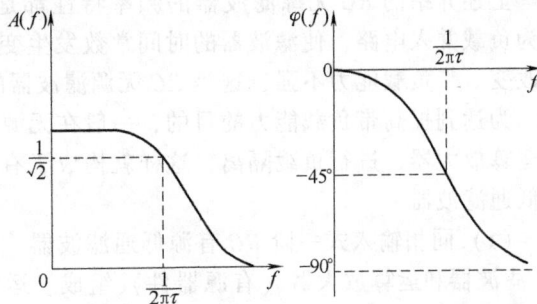

a) 幅频响应特性曲线　　　　b) 相频响应特性曲线

图 4-9　RC 无源低通滤波器的频率响应特性曲线

2. RC 无源高通滤波器

　　RC 无源高通滤波器如图 4-10 所示，与图 4-8 不同的是，电压从电阻 R 的两端输出，其电路方程为

$$\begin{cases} u_x = \dfrac{1}{C}\displaystyle\int i\,\mathrm{d}t \\ i = \dfrac{u_y}{R} \end{cases} \tag{4-26}$$

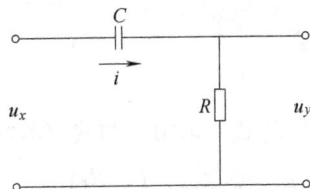

图 4-10　RC 无源高通滤波器

由式（4-26）解得对时间 t 的一阶微分方程为

$$u_y = CR \frac{\mathrm{d}u_x}{\mathrm{d}t} \tag{4-27}$$

按第 2 章中幅频响应特性和相频响应特性的求解步骤，由式（4-27），解得幅频响应特性和相频响应特性分别为

$$A(f) = \frac{2\pi f\tau}{\sqrt{1+(2\pi f\tau)^2}} \tag{4-28}$$

$$\varphi(f) = \arctan\left(\frac{1}{2\pi f\tau}\right) \tag{4-29}$$

根据式（4-28）、式（4-29），得 RC 无源高通滤波器的幅频响应特性曲线和相频响应特性曲线，分别如图 4-11a、b 所示。

由图 4-11a 中幅值等于 $1/\sqrt{2}$ 所对应的频率可以看出，RC 无源高通滤波器的截止频率 $f_c = \frac{1}{2\pi\tau}$，高于截止频率 f_c 的频率成分几乎不衰减的通过，而低于截止频率 f_c 的频率成分受到极大的衰减，因幅值小，不能通过。因为不能对电容充电，所以在电容的两端，无低于截止频率的电压输出，从而实现高通滤波。

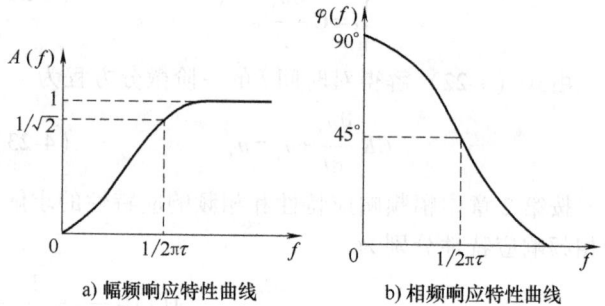

a) 幅频响应特性曲线   b) 相频响应特性曲线

图 4-11　RC 无源高通滤波器的频率响应特性曲线

3. RC 有源滤波器

上述介绍的 RC 无源滤波器的频率特性都是无负载时的结论。当滤波器输出接负载时，因为负载并入电路，使滤波器的时间常数发生变化，从而导致频率特性改变，也就是截止频率改变。带负载能力不强，这是 RC 无源滤波器的弱点，也是无源滤波器的弱点。

为达到提高带负载能力的目的，一般在无源滤波器的输出端和负载之间接入高输入阻抗的运算放大器，进行负载隔离，这样就构成了有源滤波器。测试系统中最常用的滤波器是有源低通滤波器。

（1）同相输入式一阶 RC 有源低通滤波器　一阶 RC 有源低通滤波器如图 4-12 所示，由 RC 滤波器和运算放大器（有源器件）组成。运算放大器可作为级间隔离，又可起信号幅值放大作用。

将低通 RC 滤波器接到同相运算放大器的同相输入端，并由低通 RC 滤波器输入电压信号，便可得到同相输入式一阶 RC 有源低通滤波器，如图 4-12a 所示，电阻 R 和电容 C 组成 RC 滤波器。同相输入式一阶 RC 有源低通滤波器的幅频响应特性和相频响应特性分别为

$$A(f) = \left(1+\frac{R_f}{R_1}\right)\frac{1}{\sqrt{1+(2\pi f\tau)^2}} \tag{4-30}$$

$$\varphi(f) = -\arctan(2\pi f\tau) \tag{4-31}$$

将式（4-30）与式（4-24）比较可知，同相输入式一阶 RC 有源低通滤波器是 RC 无源低通滤波器幅值的 $\left(1+\frac{R_f}{R_1}\right)$ 倍。由式（4-17）、图 4-5、图 4-12a 可知，$\left(1+\frac{R_f}{R_1}\right)$ 是同相运算放大器

的增益。可通过调节 R_f 和 R_1，改变同相输入式一阶 RC 有源低通滤波器的幅值。将式（4-31）与式（4-25）比较可知，同相输入式一阶 RC 有源低通滤波器与 RC 无源低通滤波器的相位角相同，相应的截止频率相同，为 $f_c = \dfrac{1}{2\pi\tau}$。

（2）反相输入式一阶 RC 有源低通滤波器　将 RC 低通滤波器接到反相运算放大器的反相输入端，并由低通 RC 滤波器反馈输出电压信号，电容 C 与反馈电阻 R_f 并联，可得到反相输入式一阶 RC 有源低通滤波器，如图 4-12b 所示。反相输入式一阶 RC 有源低通滤波器的幅频响应特性和相频响应特性分别为

$$A(f) = -\frac{R_f}{R_1}\frac{1}{\sqrt{1+\left(2\pi f\tau\right)^2}} \tag{4-32}$$

$$\varphi(f) = -\arctan\left(2\pi f\tau\right) \tag{4-33}$$

将式（4-32）与式（4-24）比较可知，反相输入式一阶 RC 有源低通滤波器是 RC 无源低通滤波器幅值的 $\dfrac{R_f}{R_1}$ 倍。由式（4-16）、图 4-4、图 4-12b 可知，$-\dfrac{R_f}{R_1}$ 是反相运算放大器的增益。可通过调节 R_f 和 R_1，

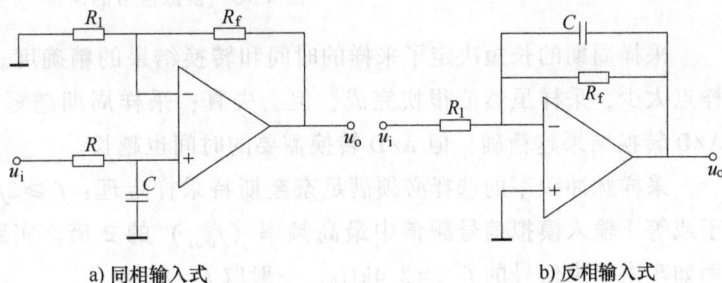

a) 同相输入式　　　　b) 反相输入式

图 4-12　一阶 RC 有源低通滤波器

改变反相输入式一阶 RC 有源低通滤波器的幅值。将式（4-33）与式（4-25）比较可知，反相输入式一阶 RC 有源低通滤波器与 RC 无源低通滤波器的相位角相同，相应的截止频率相同，为 $f_c = \dfrac{1}{2\pi\tau}$。

同样，将高通 RC 滤波器接到同相运算放大器的同向输入端，可得同相输入式一阶 RC 有源高通滤波器。将 RC 高通滤波器接到反相运算放大器的反相输入端，可得反相输入式一阶 RC 有源高通滤波器，高通 RC 滤波器电阻 R 需与反馈电阻 R_f 并联或共用一个电阻。这两种滤波器的详细信息，请见模拟电子技术方面的教材。

4.4　模/数转换器

模/数转换是把模拟量转换成数字量，也称 A/D 转换，实施 A/D 转换的器件，称为模/数转换器，也称 A/D 转换器。模/数转换器的任务是将传感器输出的模拟量转换成计算机可接受的数字量。

4.4.1　模/数转换的基本过程

模/数转换的基本过程由采样、保持、量化和编码组成。通常，采样和保持两个过程由采

样-保持电路完成，量化和编码常在转换中同时实现。

1. 采样

采样是指周期地采集模拟信号的瞬时值，得到一系列的脉冲样值。图 4-13 表明了采样过程。$U(t)$ 是模/数转换器输入模拟信号的电压；$S(t)$ 是采样输出信号的电压，形成采样值序列，采样值序列实质上是一串时间上间断的模拟信号的电压值。

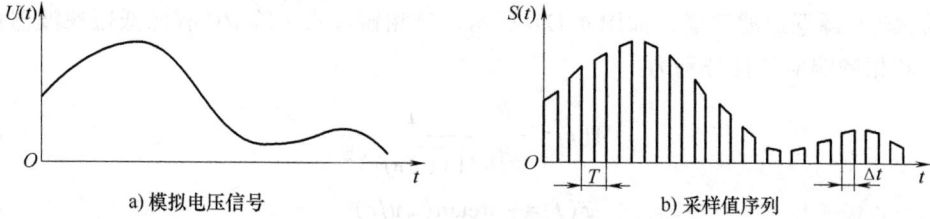

图 4-13　模拟信号的采样

采样周期的长短决定了采样的时间和转换结果的精确度。显然，采样周期太长将导致采样点太少，采样虽然能很快完成，但会失真；采样周期越短，采样频率越高，采样点越多，A/D 转换结果越精确，但 A/D 转换需要的时间也越长。

采样脉冲频率的选择必须满足奈奎斯特采样定理：$f_s \geqslant 2f_{max}$，即采样脉冲的频率 f_s 应大于或等于输入模拟信号频谱中最高频率（f_{max}）的 2 倍。实践中，一般取 $f_s = (2.5 \sim 3)f_{max}$，例如车内噪声信号的 $f_{max} = 3.4\text{kHz}$，一般取 $f_s = 8\text{kHz}$。

2. 保持

保持是对采样得到的信号"样值"保持一段时间，直到进行下一次取样。采样-保持的电路图和波形图如图 4-14 所示。电路由 1 个存储样值的电容 C，1 个场效应晶体管 V 构成的电子模拟开关及电压跟随运算放大器组成。

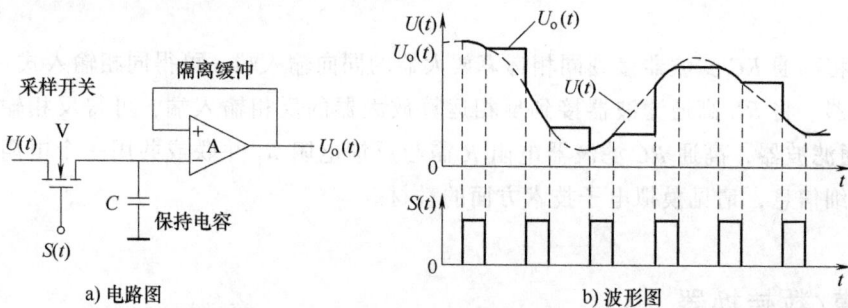

图 4-14　采样-保持的电路图和波形图

当采样脉冲 $S(t) = 1$ 时，场效应晶体管 V 导通，相当于开关闭合，输入模拟量 $U(t)$ 经 V 向电容充电，进行采样，电容的充电时间常数被设置为远小于采样脉冲宽度，那么，在采样脉冲宽度内，电容电压跟随输入模拟信号变化，运算放大器的输出电压 $U_o(t)$ 也将跟踪电容电压。

当采样脉冲 $S(t) = 0$ 时，采样结束，V 迅速截止，因其截止阻抗很高（$10^{10}\Omega$ 左右），运算放大器的输入阻抗也很高，所以电容的漏电极小，电容上的电压在采样停止期间可基本保持不变，即实现保持输入信号的电压值。

当下一个采样脉冲到来，场效应晶体管 V 又导通，电容上的电压又跟随输入模拟信号的变化，获得新的采样-保持信号的电压值。

3. 量化

量化是将采样-保持电路的输出信号的电压值数量化，也就是将模拟信号的电压值离散化，成为数字。经采样、保持所得的电压信号电压值仍是模拟量，不是数字量，还不能进行编码，量化是为模拟电压的编码做准备。

量化的数值是量化单位的整数倍。任何一个数字量的大小，都是以某个最小数字量单位的整数倍来表示的，在用数字量表示模拟电压时，将数字量的最低有效位（LSB）的 1 所代表的模拟电压值，称为量化单位，记作 Δ 或 S。若采用 3 位二进制编码和只舍不入量化法，如图 4-15 所示，将 8V 电压分为 8 份，每份为 1 个量化单位 Δ，分为 8 份是因为每 1 份对应 1 个 3 位二进制编码。若采用 3 位二进制编码和四舍五入量化法，如图 4-16 所示，将 7.5V 电压分为 15 份，每份为 1 个量化单位 Δ，分为 15 份是因为每 2 份对应 1 个 3 位二进制编码（除第一份外）。量化结果是这个量化单位的整数倍。

量化方法一般有 2 种，一种是只舍不入量化法，如图 4-15 所示，它是将采样保持信号中不足 1 个 Δ 的尾数舍去，取其原整数，它的最大误差 $\varepsilon_{max} = \Delta$；另一种是四舍五入量化法，如图 4-16 所示，当采样保持信号的尾数 $< \Delta/2$ 时，用舍尾取整法得其量化值；当采样保持信号的尾数 $\geq \Delta/2$ 时，用舍尾入整法得其量化值，这种方法要比第 1 种方法误差小，它的最大误差 $\varepsilon_{max} = \Delta/2$。

量化有一定的精度。将采样电压按一定的等级进行分割，也就是说用近似的方法取值，这就不可避免地带来了误差，我们称之为量化误差，用 ε 表示。误差的大小取决于量化的方法。在各种量化方法中，对模拟量分割的等级越细，则误差越小，精度越高。由此可知，模/数转换有量化误差，但误差很小。

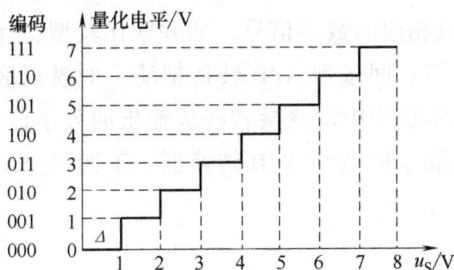

图 4-15　只舍不入量化法　　　　　图 4-16　四舍五入量化法

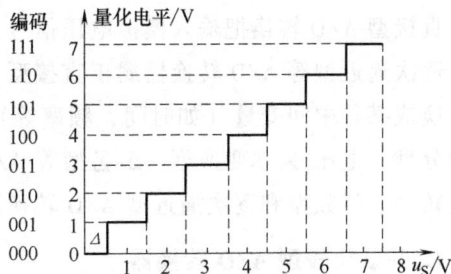

4. 编码

编码是将量化所得的数字用数字代码即二进制数来表示。只有经过编码的信号电压，计算机才能识别。

3 位二进制 A/D 转换的输出电压特性如图 4-17 所示。输入为 0~1V 的模拟电压，输出为 3 位二进制代码。图 4-17a 所示为只舍不入量化法，图 4-17b 所示为四舍五入量化法。

在图 4-17a 中取量化电平 $\Delta = 1/8V$，最大量化误差可达 Δ，即为 1/8V；再取区间 [0，1/8V] 对应的二进制码为 000，区间 [1/8V，2/8V) 对应的二进制码为 001，区间 [2/8V，3/8V) 对应的二进制码为 010，以此类推，可获得 0~1V 的模拟电压的所有二进制码，即编码。

在图 4-17b 中取量化电平 $\Delta = 2/15V$，最大量化误差为 $\Delta/2$，即为 1/15V；再取区间 [0，1/15V) 对应的二进制码为 000，区间 [1/15V，3/15V) 对应的二进制码为 001，区间 [3/15V，5/15V) 对应的二进制码为 010，以此类推，可获得 0~1V 的模拟电压的所有二进制码，即编码。

当输入的模拟电压为正或为负时，一般要求采用二进制码的形式编码。当输入的模拟电压在正、负范围内变化时，一般要求采用二进制补码的形式编码。

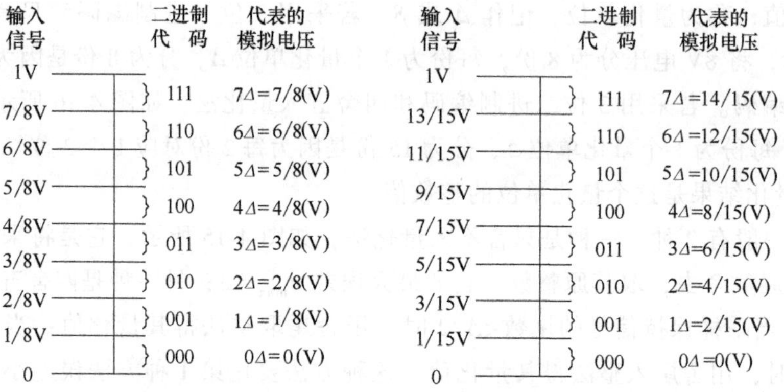

图 4-17 3 位二进制 A/D 转换的输出电压特性

4.4.2　几种常用的模/数转换器

模/数（A/D）转换器的种类很多，主要分为直接型 A/D 转换和间接型 A/D 转换两大类。直接型 A/D 转换把输入模拟电压信号直接转换成相应的数字信号，如并联比较型、计数型、逐次逼近型等 A/D 转换器属于直接型 A/D 转换器；间接型 A/D 转换把输入的模拟信号先转换成某种中间变量（如时间、频率等），然后再将这个中间变量转换成输出的数字信号，如积分型、电压-频率变换型、Δ-Σ 型等 A/D 转换器属于间接型 A/D 转换器。下面只介绍并联比较型、计数型和逐次逼近型 A/D 转换器。

1. 并联比较型 A/D 转换器

图 4-18 所示为并联比较型 A/D 转换器的原理图，它由电压比较器、寄存器和编码电路三部分组成，其任务是完成量化和编码。输入为 U_{REF} 的参考电压，输出为 3 位二进制代码 $D_2D_1D_0$，如 3 位二进制代码 110，则 $D_2 = 1$，$D_1 = 1$，$D_0 = 0$。采样-保持电路与电压比较器连接，这里略去了采样-保持电路。

此电路采用四舍五入的量化方法。电阻 R 组成的分压器，按量化单位 $\Delta = 2U_{REF}/15$，把参考电压 U_{REF} 分为 $U_{REF}/15 \sim 13U_{REF}/15$ 之间的 7 个比较电压（量化电压）u_1、u_2、u_3、u_4、u_5、u_6 和 u_7，并分别接到 7 个电压比较器 $C_1 \sim C_7$ 的反相输入端。将采样-保持后的输入电压

U_S 接到 7 个电压比较器的同相输入端。电压比较器的作用是将 U_S 和 u_i 进行比较。当电压比较器的输入 $U_S < u_i$ 时，向对应的 D 触发器输出 "0"，否则输出 "1"。电压比较器的输出在时钟信号 CP 上升沿时刻送入 D 触发器，然后经编码电路输出二进制代码 $D_2D_1D_0$，完成量化和编码的任务。

　　并联比较型 A/D 转换器的优点是转换速度快，一般为 ns 级；缺点是需要很多的电压比较器和触发器。例如，8 位并联比较型 A/D 转换器，需 $2^8-1=255$ 个电压比较器和 255 个 D 触发器，而 10 位的并联比较型 A/D 转换器则需要 1023 个电压比较器和 1023 个触发器。

　　并联比较型 A/D 转换器的转换精度主要取决于量化电平的划分，分得越细（即 Δ 取得越小），精度越高，随

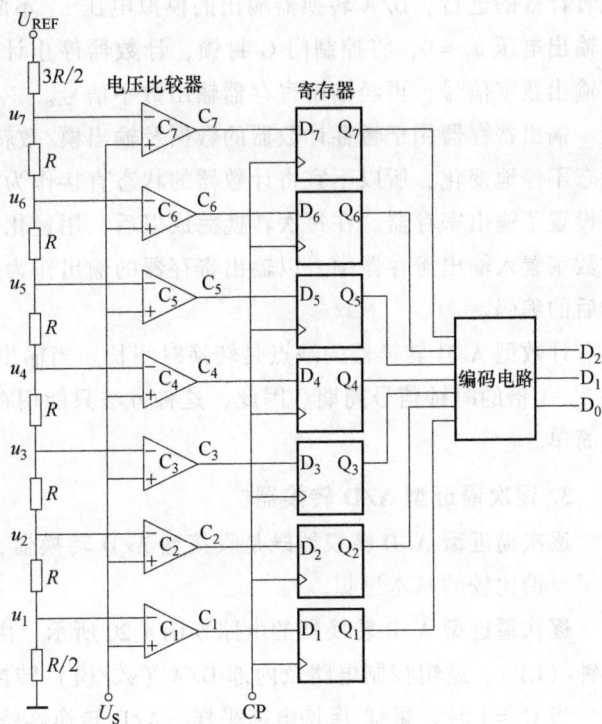

图 4-18　并联比较型 A/D 转换器的原理图

之而来的是比较器和触发器数目的增加，电路更加复杂。此外，转换精度还受参考电压的稳定度、分压电阻的相对精度以及电压比较器灵敏度的影响。

2. 计数型 A/D 转换器

　　计数型 A/D 转换器既是直接型 A/D 转换器，也是一种反馈比较型 A/D 转换器。反馈比较的基本思想是：每次取一个数字量加到 D/A 转换器，经 D/A 转换得到一个模拟电压，用这个模拟电压与输入的模拟电压进行比较，如果两者不相等，则调整所取的数字量，直到两个模拟电压相等为止，最后所取得的这个数字量就是所求的转换结果。

　　计数型 A/D 转换器的原理图如图 4-19 所示，它由比较器 A、计数器、D/A 转换器、脉冲源、控制门 G 以及输出寄存器等部分组成。

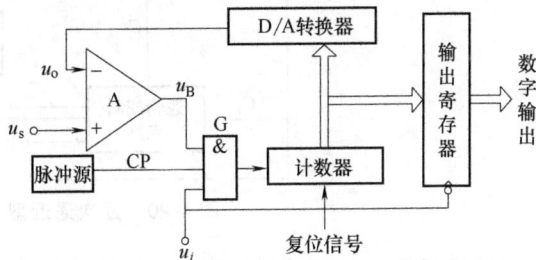

图 4-19　计数型 A/D 转换器的原理图

　　转换开始前复位信号将计数器清零，量化后的比较电压 $u_i=0$。这时控制门 G 被封锁，计数器不工作。计数器输出全 "0" 信号，即 D/A 转换器输入全 "0" 信号，所以 D/A 转换器输出的模拟电压 $u_o=0$。如果采样信号 u_s 为正电压信号，则 $u_s>u_o$，比较器的输出电压 $u_B=1$。

　　量化后的比较电压 u_i 是一个逐步升高的阶梯电压。当量化后的比较电压 u_i 升高后，脉冲源产生的脉冲 CP 经过控制门 G 加到计数器的时钟信号输入端，计数器开始由小到大计数。

随着计数的进行，D/A 转换器输出的模拟电压 u_o 不断增加：当 u_o 增加到 $u_o = u_s$ 时，比较器的输出电压 $u_B = 0$，将控制门 G 封锁，计数器停止计数。这时计数器中所存的数字就是所求的输出数字信号，再经输出寄存器输出数字信号。

输出寄存器用于暂存计数器的数据及输出模/数转换的结果，因为在转换过程中计数器的状态不停地变化，所以不宜将计数器的状态直接作为模/数转换器的输出信号。为此，在输出端设置了输出寄存器。在每次转换完成以后，用量化后的比较电压 u_s 的下降沿将计数器输出的数字置入输出寄存器中，以输出寄存器的输出作为最终的输出信号，该输出信号为模/数转换后的编码。

计数型 A/D 转换器的缺点是转换时间长。当输出为 n 位二进制数时，最长的转换时间可达 $2^n - 1$ 倍的时钟信号周期。因此，这种方法只能用在对转换速度要求不高的场合；优点是电路简单。

3. 逐次逼近型 A/D 转换器

逐次逼近型 A/D 转换器既是直接型 A/D 转换器，也是一种反馈比较型 A/D 转换器，用到了反馈比较的基本思想。

逐次逼近型 A/D 转换器的电路如图 4-20 所示，由逐次逼近寄存器（SAR）、电压比较器、时钟（CP）、逻辑控制电路及内部 D/A（数/模）转换器组成。

当 $C_1 = 1$ 时，采样-保持电路采样，A/D 转换器停止转换，将上一次转换的结果经输出电路输出；当 $C_1 = 0$ 时，采样-保持电路停止采样，输出电路禁止输出，A/D 转换器工作，进行模/数转换。

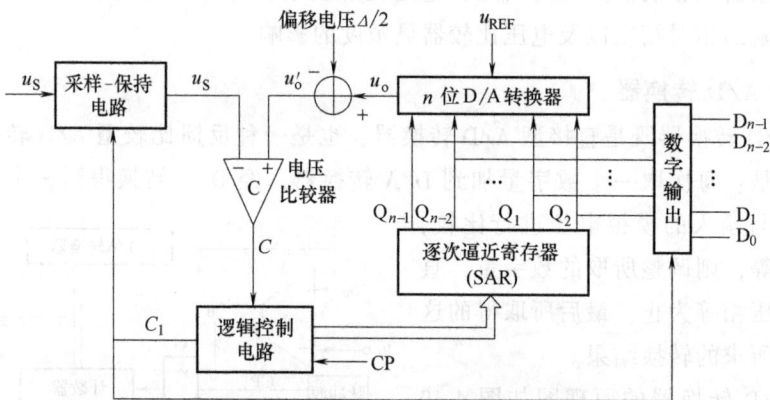

图 4-20 逐次逼近型 A/D 转换器的电路

模/数转换的工作过程如下：在转换开始之前，先将 n 位逐次逼近寄存器（SAR）清零。在第 1 个时钟信号 CP 作用下，将逐次逼近寄存器（SAR）的最高位置 1，寄存器输出为 100…000。这个数字量被 D/A 转换器转换成相应的模拟电压 u_o，再与偏移电压 $\Delta/2$ 合成后，得到 $u_o = u_o - \Delta/2$，然后将 u_o' 送至电压比较器的正相输入端，与 A/D 转换器输入模拟电压的采样值 u_s 相比较。如果 $u_o' > u_s$，则比较器的输出 $C = 1$，说明这个数字量过大了，逻辑控制电路将逐次逼近寄存器（SAR）的最高位复 0；如果 $u_o' < u_s$，则比较器的输出 $C = 0$，说明这个数字量小了，逐次逼近寄存器（SAR）的最高位将保持 1 不变。这样就确定了逐次逼近寄存器

（SAR）的最高位是 0 还是 1。在第 2 个时钟信号 CP 作用下，逻辑控制电路在前一次比较结果的基础上，先将逐次逼近寄存器（SAR）的次高位置 1，然后根据 u'_o 和 u_S 的比较结果确定逐次逼近寄存器（SAR）次高位是 0 还是 1。在时钟信号 CP 的作用下，按照同样的方法，由高位到低位，逐位比较、确定是 0 还是 1，直到最低位。这时，逐次逼近寄存器（SAR）中所存的数就是这次 A/D 转换的最终结果，也即完成了一个模拟电压的采样值 u_S 的模/数转换。

当 $C_1 = 1$ 时，采样-保持电路再采样，A/D 转换器停止转换，将上一次转换的结果经输出电路输出；当 $C_1 = 0$ 时，采样-保持电路再停止采样，输出电路禁止输出，A/D 转换器工作，进行模/数转换。按此方法，完成所有模拟电压的采样值 u_S 的模/数转换，也即实现了逐次逼近型 A/D 转换器的模/数转换。

在逐次逼近型 A/D 转换器的模/数转换中，采用了四舍五入的量化法，量化单位 $\Delta = U_{REF}/2^n$，最大量化误差 $\varepsilon_{max} = \Delta/2$。

逐次逼近型 A/D 转换器的优点是：转换原理直观、电路简单、成本低、转换精度较高，其转换精度与输出数字量的位数有关，位数越多，转换精度越高。缺点是：工作速度较慢。工作速度与位数和时钟频率有关，位数越少，时钟频率越高，工作速度越快。因此逐次逼近型 A/D 转换器适用于高精度、中速以下的场合。

习 题

4-1 简述直流电桥的电路。

4-2 直流电桥由电阻应变片式传感器组成，分别介绍其单臂、双臂和全桥的输出电压。

4-3 交流电桥每个桥臂由电容和电阻并联，分别介绍其单臂、双臂和全桥的输出电压。

4-4 简述反相和同相运算放大器的电压增益。电压跟随运算放大器的增益是多少？

4-5 简述低通、高通、带通和带阻滤波器。

4-6 简述 RC 无源低通滤波器的幅频响应特性和相频响应特性及其特性曲线。

4-7 简述同相输入式一阶 RC 有源低通滤波器的幅频响应特性和相频响应特性。

4-8 简述采样-保持电路的工作原理。

4-9 简述计数型 A/D 转换器的工作原理。

4-10 简述逐次逼近型 A/D 转换器的工作原理。

4-11 查找文献，阅读一两篇介绍汽车测试信号处理系统的文献，介绍其主要内容。

4-12 查找一两个汽车测试信号处理系统的视频，与班级同学交流。

第5章 汽车试验的仪器、设备与设施

教学目标：通过本章学习，读者应掌握汽车试验仪器、汽车试验设备及设施，了解汽车试验场，为选择、使用汽车试验仪器、设备与设施和后继学习、开展汽车试验打基础。

5.1 典型的汽车试验仪器

5.1.1 汽车速度测量仪

1. 光电式车速测量仪

光电式车速测量仪利用梳状光电器件测量车速，是一种非接触光电式车速测量仪。

光电式车速测量仪的核心是光电式速度传感器，如图 5-1 所示，主要由投光器和受光器组成。车速测量时，光电式速度传感器通过吸盘安装在汽车的车门上（图 5-2），或通过支架安装在汽车的前后保险杠上，安装在汽车中部较好，可减小汽车俯仰产生的误差。

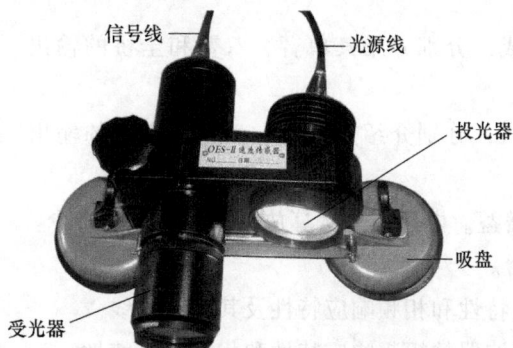

图 5-1 光电式速度传感器

图 5-2 光电式速度传感器安装在汽车的车门上

光电式车速测量仪的信号输出原理如图 5-3 所示，照明灯是投光器，光电管式的梳状光电器件是受光器。投光器将强光射到地面上，由于地面凹凸不平，形成明暗对比度不同的反射光，反射光经透镜、狭缝，由梳状光电器件的受光器接收，并由其中的光敏条产生电流。梳状光电器件中的电流，经前置放大器整形和放大后成为电信号，通过信号线输出。

梳状光电器件的测速原理如图 5-4 所示，A、B 是两组等间隔的光敏条，各有 n 个，同组

光敏条的间隔是 T，x 方向为汽车的运动方向。汽车行驶时，地面明暗对比度不同的反射光经过透镜投射到梳状光电器件上，使光敏条 A、B 上的感应电流 I_A、I_B 发生变化。当移动 $0.5T$ 时，除了最前面的一个光敏条接收新的图像并产生新的感应电流外，其余的明暗图像都没有变，在光敏条上产生的感应电流的大小不变，但是在 A 上产生的感应电流变到了 B，相当于电信号反相。如果再前进 $0.5T$，B 又变成 A，电信号再次反相。经滤波后，传感器仅输出一路随机窄带正弦波信号，设信号的频率为 f，则光在 A 上产生的感应电流变到了 B 的时间为 $1/f$，由 B 变成 A 的时间也为 $1/f$，移动距离为 T；设汽车的速度为 v，地面相对光电式速度传感器移动的速度等于车速 v，则汽车的速度为

$$v = \frac{T}{\dfrac{1}{f} + \dfrac{1}{f}} = \frac{fT}{2} \tag{5-1}$$

速度 v 的变化通过频率 f 表现。T 是已知的，通过测量频率 f，可得汽车的速度 v。通过对汽车速度的积分和求导，可分别得汽车的位移和加速度。

光电式车速测量仪的优点是非接触测量、测量精度高，适用于高速测量，最高测量速度可达 250km/h。

光电式车速测量仪的缺点是安装不方便、光源耗电量大，在车速很低时，测量误差大，车速小于 1.5km/h 时不能测量；在冰雪路面和潮湿的 ABS 性能测试路面上，由于湿的低附着系数路面无法实现光线的良好反射，会导致信号丢失，仪器失效；此外，车身的俯仰会产生测量误差，在汽车起动和制动的测量中要注意这一点。

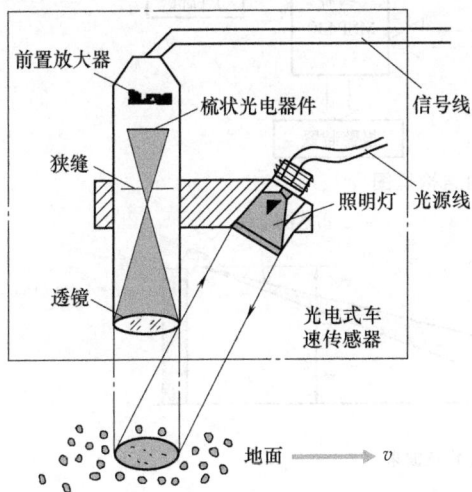

图 5-3　光电式车速测量仪的信号输出原理

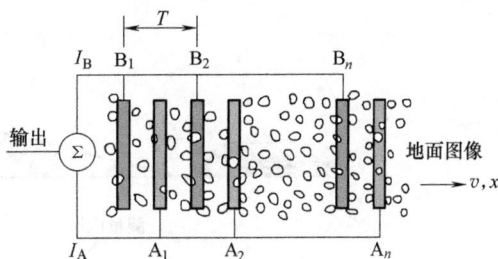

图 5-4　梳状光电器件的测速原理

2. 雷达测速仪

雷达测速仪是非接触式测量汽车车速的仪器，安装在测试道路上方的龙门架上（图 5-5），或安装在测试道路边的支架上，或安装在测速的汽车上，对一定区域内行驶的汽车进行测量，获得被测汽车的速度。雷达测速仪是非接触测量，这给测量汽车的速度带来了极大的方便，广泛应用于汽车试验道路、公路及高速公路上汽车车速的测量。

雷达测速仪的结构框图如图 5-6 所示，毫米波雷达通过跟随运算放大器、A/D 转换器、电压比较器与微处理器连接，微处理器与显示器、报警装置连接。根据图 2-1，跟随运算放大器、A/D 转换器、电压比较器和微处理器为信号处理装置，由单片机实现，根据图 2-16，这是利用单片机构建的汽车测试仪器。

雷达测速仪主要利用多普勒效应原理测速，其测速原理如图 5-7 所示。雷达测速仪安装在汽车运动前方的支架上，汽车运动方向如图 5-7 中箭头所示，雷达测速仪发射窄波电磁波。当汽车向雷达测速仪靠近时，反射信号频率将高于雷达发射频率；反之，当汽车远离天线而去时，反射信号频率将低于雷达发射频

图 5-5 雷达测速仪安装在测试道路上方的龙门架上

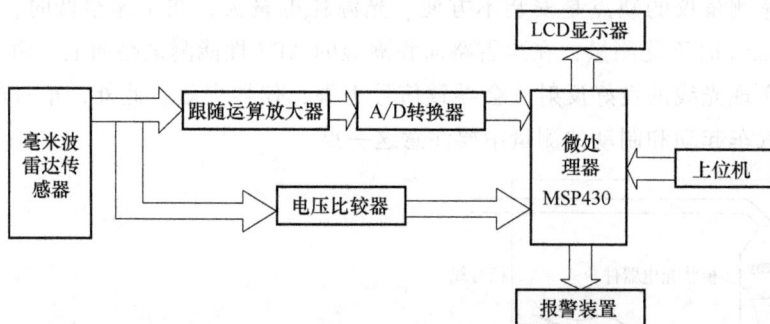

率。因此可借由频率的改变数值，计算出汽车与雷达测速仪的相对速度。当雷达测速仪不动时，得到汽车的相对速度；当雷达测速仪安装在汽车上随车运动时，得到汽车相对雷达测速仪的速度，再根据安装雷达测速仪的汽车的速度，由速度合成原理，得被测汽车的速度。

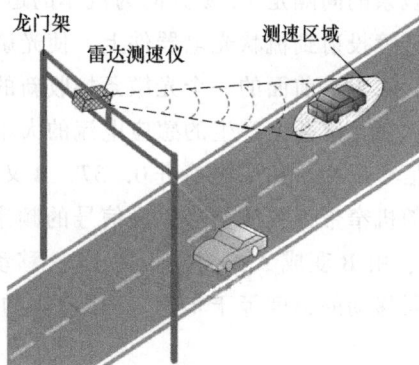

图 5-6 雷达测速仪的结构框图

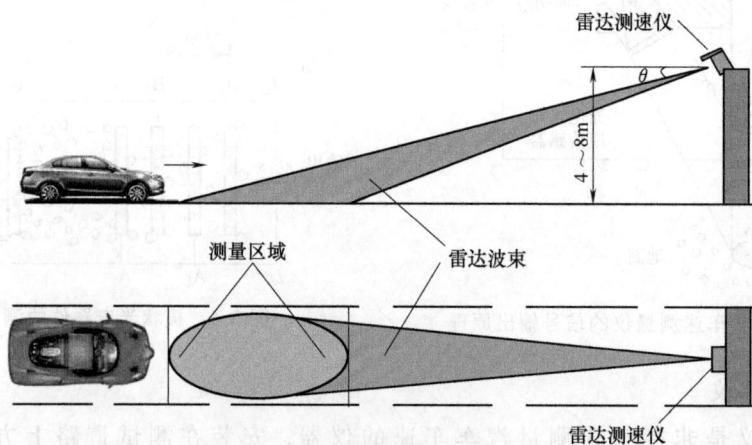

图 5-7 雷达测速仪的测速原理

雷达测速仪的测速误差来自电磁波的反射角度。汽车的车身是曲面，不同汽车的车身，电磁波的反射角度不同，存在电磁波反射角度的误差；汽车的运动方向与电磁波反射方向之

间存在角度,在同一个测试点,由于汽车的运动方向不同,当汽车的速度相同时,会产生不同的电磁波的反射频率,使雷达测速仪产生测速误差。雷达测速仪固定时,测速误差为±1km/h;运动时,测速误差为±2km/h。

雷达发射的电磁波波束有一定的张角,使雷达测速仪有一定的测速范围。雷达测速仪发射波束的张角是一个很重要的技术指标,张角越大,测速准确率越易受影响;反之,则影响较小。雷达测速仪的有效测速距离相对于激光测速较近,最远测速距离为 800m(针对大车)。

3. GPS 和 BDS 定位车速测量仪

(1) GPS 定位车速测量仪 GPS 定位车速测量仪主要包括 GPS 天线、数据采集系统、数据处理和显示系统,如图 5-8 所示,它是一种非接触测量车速的仪器。

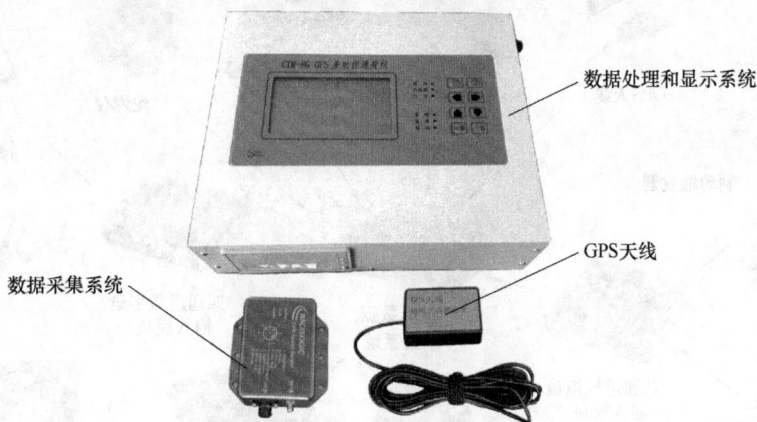

图 5-8　GPS 定位车速测量仪

GPS 定位车速测量仪的工作原理:测量车速时,将 GPS 天线通过磁性材料吸附在车顶或其他便于接收信号的位置。GPS 天线接收卫星信号,利用位置已知的卫星(不少于 4 颗)的三维坐标来确定汽车的三维坐标 (x, y, z),根据卫星发射的无线信号的传播延时建立三维位置量和时间量的方程,结合测量得到的各卫星与汽车位置的距离确定被测目标在地面上的位置,数据采集系统采集数据,并由数据处理和显示系统计算并显示汽车的位移和速度。

GPS 定位车速测量仪的测量误差主要来自 GPS。由于 GPS 相对定位精度在与卫星相距 50km 以内可达 6~10m,100~500km 可达 7~10m,1000km 可达 9~10m;另外,受天气和位置的影响较大,当遭遇不佳天气(雨、雾、烟、沙尘)或者 GPS 天线上空存在遮盖时,会屏蔽 GPS 信号,定位精度会受到相当大的影响,甚至无法进行定位服务;还有,GPS 的定位精度与可接收信号的卫星数量有关。因此,GPS 定位车速测量系统的测量误差较大,稳定性不高。

(2) BDS 定位车速测量仪 将 GPS 定位车速测量仪中的 GPS 天线改为北斗天线,GPS 数据采集、处理系统改为北斗数据采集系统,可形成 BDS(北斗)定位车速测量仪,其工作原理同 GPS 定位车速测量仪。由于 BDS 定位精度高于 GPS 定位精度,因此,BDS 定位车速测量仪的测量精度相对较高。

5.1.2　VBOX 汽车试验数据采集系统

VBOX(velocity box)是基于 GPS 进行车速测量的典型设备,由英国 Racelogic 公司生产制造，是一套专业测量、记录和分析显示车辆行驶数据的综合性便携式测试设备。VBOX 汽车试验数据采集系统由卫星接收器、主机和多种外接模块及传感器组成，如图 5-9 所示。卫星接收器、主机由英国 Racelogic 公司生产制造，油耗仪、陀螺仪、测力转向盘等由销售企业匹配，匹配的设备主要来自国内。主机可直接获得汽车的速度和移动距离，提供横（纵）向加/减速度值、充分发出的平均减速度（MFDD）、加速时间以及制动、滑行距离等值。系统附加多种模块和传感器，可以采集油耗、温度、加速度、角速度及角度、转向角速度及角度、转向力矩、制动踏板力、制动踏板位移、制动风管压力等，便捷完成动力性、燃油经济性、制动性和操纵稳定性等十多项试验内容。

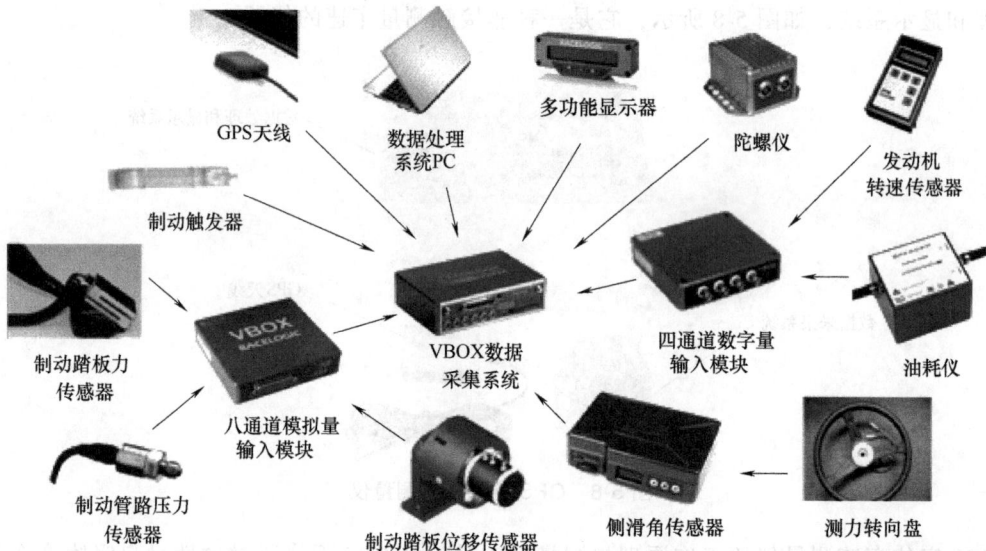

图 5-9　VBOX 汽车试验数据采集系统

5.1.3　USBCAN 分析仪

USBCAN 分析仪又称 CAN 分析仪，是读取汽车传感器数据的仪器，可获取汽车的车速、发动机的转速、电池的电压、冷却液温度、燃油量、里程和故障码等与汽车上传感器有关的数据，可参与燃油经济性、制动性、续驶里程等汽车试验。USBCAN 分析仪主要有两种形式：数据线 CAN 接口卡集成式和数据线 CAN 接口卡分立式。

USBCAN 分析仪由数据线、CAN 接口卡、便携式计算机及软件组成。数据线与 CAN 接口卡集成后，成为 CAN 接口卡数据线，相应的 USBCAN 分析仪为数据线 CAN 接口卡集成式的 USBCAN 分析仪，称为 USBCAN-OBD 分析仪，如图 5-10 所示。CAN 接口卡数据线的一端是 OBD 接口，另一端是 USB 接口。若 CAN 接口卡与数据线分开制造，相应的 USBCAN 分析仪为数据线 CAN 接口卡分立式的 USBCAN 分析仪，如图 5-11 所示。CAN 接口卡的一端通过数据线与 OBD 接口连接，另一端通过数据线与 USB 接口连接。数据线上的 OBD 接口连接汽车上的 OBD 接口，此接口是汽车上故障码的解码器接口，汽车仪表板左下方的 OBD 接口位置如图 5-12 所示。数据线上的 USB 接口与便携式计算机或单片机连接，USBCAN 分析仪的软件安装在便携式计算机或单片机中，通过便携式计算机或单片机操作 USBCAN 分析仪。

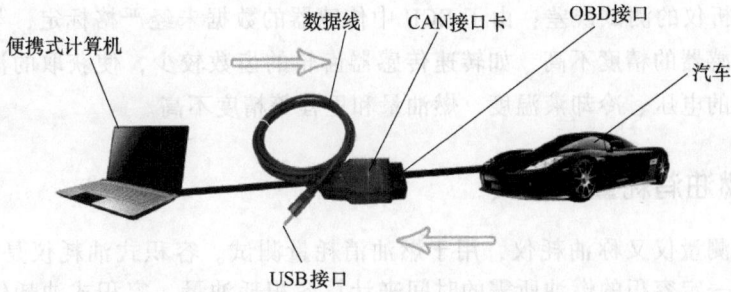

图 5-10 数据线 CAN 接口卡集成式的 USBCAN 分析仪的组成及连接

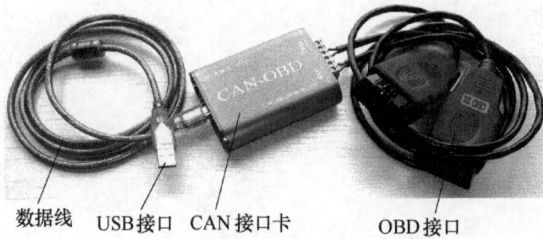

图 5-11 数据线 CAN 接口卡分立式的
USBCAN 分析仪的组成及连接

图 5-12 OBD 接口位置

USBCAN 分析仪的工作原理：电子控制单元（ECU）与各传感器连接，USBCAN 分析仪通过 CAN 总线，获取 ECU 中各传感器的数据，再根据这些数据，确定汽车的车速、发动机的转速、电池的电压、冷却液温度、燃油量、里程和故障码等。USBCAN 分析仪显示的汽车车速、发动机转速和冷却液温度如图 5-13 所示。

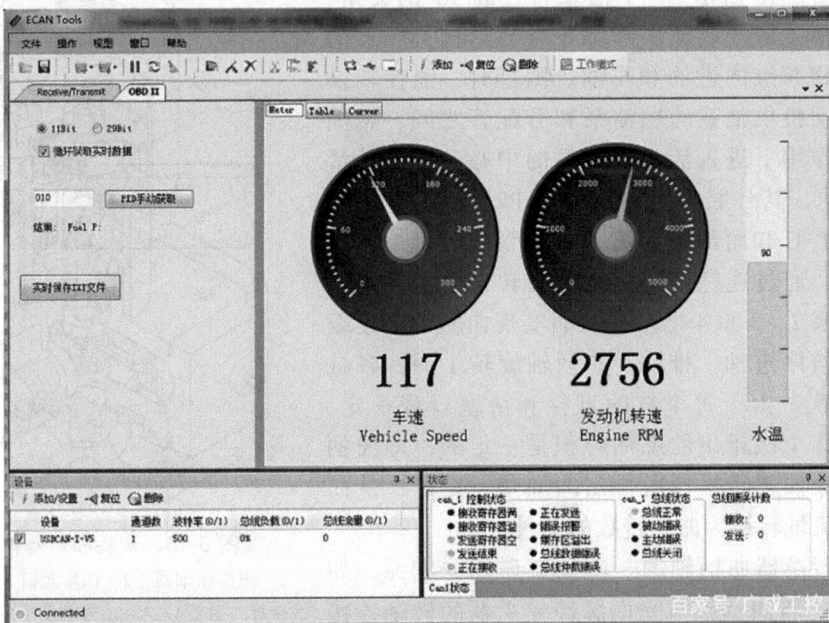

图 5-13 USBCAN 分析仪显示的汽车车速、发动机转速和冷却液温度

USBCAN 分析仪的测试误差：由于 ECU 中传感器的数据未经严格标定，与专用的测试仪器相比，有的传感器的精度不高，如转速传感器齿轮的齿数较少，使获取的汽车车速、发动机的转速、电池的电压、冷却液温度、燃油量和里程等精度不高。

5.1.4 燃油消耗量测量仪

燃油消耗量测量仪又称油耗仪，用于燃油消耗量测试。容积式油耗仪是常用的油耗仪，它通过测定消耗一定容积的燃油所需的时间来计算容积耗油量。容积式油耗仪按其结构可分为活塞式油耗仪、齿轮式油耗仪、膜片式油耗仪和涡轮式油耗仪。

活塞式油耗仪如图 5-14 所示。油耗和信号转换器如图 5-15 所示，下方是油耗转换器，上方是信号转换器。

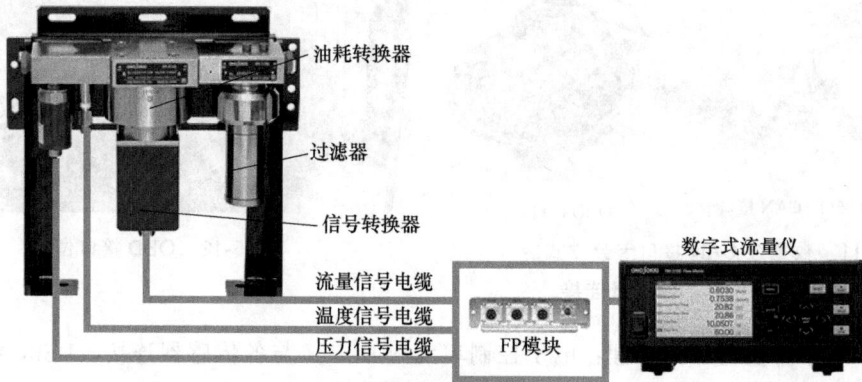

图 5-14　活塞式油耗仪

油耗转换器由在同一水平面内的 4 个曲柄连杆机构组成，如图 5-16 所示。4 个活塞布置成 90°的夹角，共用 1 个曲柄，每个活塞中部都开有环形槽，环形槽可用来控制相邻缸的进油和排油。测量时，油耗转换器串接在发动机供油系的燃油泵和分配管之间，燃油在油泵压力作用下进入活塞式油泵的中心，并推动活塞 1 向外运动，其外腔的燃油经管道 P2、活塞 2 上的环槽、出油道 E 和耐油胶管流入分配管；活塞 1 向外运动的同时，通过连杆带动曲柄轴旋转，曲柄又带动其他三个活塞 2、3 和 4 运动，从而实现曲柄轴的连续转动，各缸按序进油、排油。曲柄轴旋转 1 周，各缸分别工作 1 次。由于每个缸的直径和活塞行程一定，因此每缸工作 1 次排出的燃油容积是一定的，即曲柄轴旋转 1 周，油耗转换器所排出的油是一定的，从而可以将燃油流量转换为曲柄转数的测量。

在油耗转换器曲柄轴的一端装有磁性联轴器，如图 5-15 所示，将曲柄轴与光电脉冲发生器的转轴连接在一起，曲柄轴旋转时，带动脉冲信号发生器输出脉

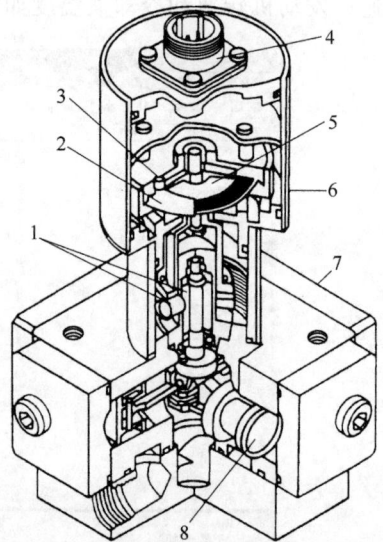

图 5-15　油耗和信号转换器

1—磁性联轴器　2—固定光栅　3—光电二极管（对置）　4—信号端子　5—转动光栅　6—信号转换器　7—油耗转换器　8—活塞

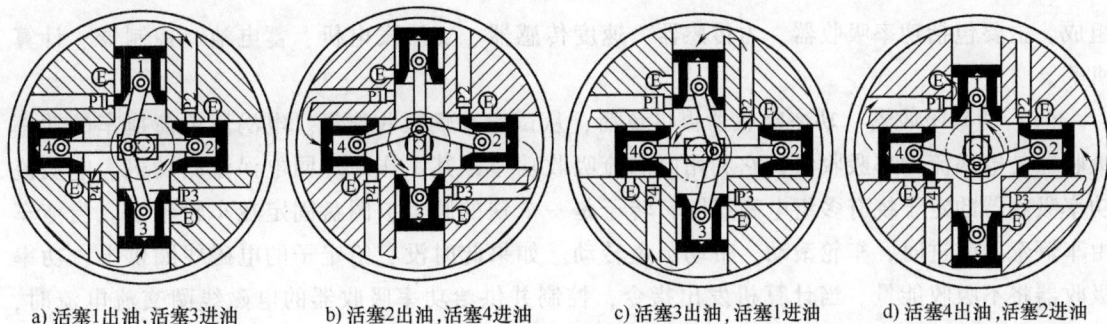

a) 活塞1出油,活塞3进油   b) 活塞2出油,活塞4进油   c) 活塞3出油,活塞1进油   d) 活塞4出油,活塞2进油

图 5-16　油耗转换器的工作原理

冲信号,即将曲柄转数转换成脉冲信号。脉冲信号的频率按一定比例直接转换成瞬时流量,并显示出来。累计流量为测量时间内接收到的脉冲信号数按比例(因数)转换成的油耗量。

将容积式油耗仪用于多工况循环试验时可能会出现的问题有:燃油流速高时,过大的压力降可能会影响发动机的供油性能;流速低时,由于燃油通过传感器元件有泄漏,使测量准确度有下降的趋势,尤其是怠速时燃油泄漏,将导致测量的准确度明显下降,从而产生测量误差。此外,燃油从燃油分配管回流到油箱,存在测量误差,可在回油管路中,再接一个活塞式油耗仪,测量回油流量,从供油流量中去除回油流量,消除燃油回流误差。

5.1.5　负荷拖车

负荷拖车是一种给试验车辆提供负荷的测试设备,主要用于测试汽车的驱动力特性、汽车滑行阻力及滑行阻力系数、爬坡性能、制动性能、整车标定等。负荷拖车有两类,即动力负荷拖车和无动力负荷拖车。两者的区别在于,前者既可以被拖动,也可以自己行驶;后者只能被拖动行驶。下面以无动力电涡流负荷拖车为例,介绍负荷拖车的结构及工作原理。

1. 负荷拖车的结构

负荷拖车如图 5-17 所示,其结构示意图如图 5-18 所示。负荷拖车由电控部分和机械部分

图 5-17　负荷拖车

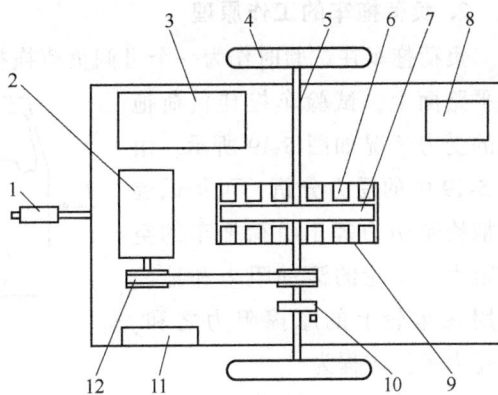

图 5-18　负荷拖车的结构示意图

1—力传感器　2—交流发电机　3—蓄电池　4—车轮

5—车轮轴　6—电磁线圈　7—圆盘　8—控制器

9—功率吸收器　10—速度传感器　11—计算机　12—传动装置

组成，主要包括功率吸收器、力传感器、速度传感器、交流发电机、蓄电池、控制器、计算机等。

（1）功率吸收器 功率吸收器提供负荷，从试验车辆吸收能量。电涡流负荷拖车的功率吸收器是电涡流功率吸收器，它利用电涡流吸收功率，其工作原理同电涡流测功机。电涡流功率吸收器的定子绕有多组电磁线圈，转子是一个铁的圆盘，圆盘固定在车轮轴上。当拖车由车辆牵引前进时，车轮滚动，带动圆盘转动。如果此时没有给定子的电磁线圈供电，功率吸收器将不吸收能量。当计算机发出指令，控制并供给功率吸收器的电磁线圈交流电流时，功率吸收器才能吸收能量，其表现为定子中线圈产生磁场，同时在圆盘中产生电涡流，圆盘的转子在转动中不断切割磁力线，阻止磁场发生磁通量变化，圆盘的转子受到与其转动方向相反的阻力矩，该阻力矩通过车轮轴传递到车轮，于是产生了拖车的负荷。通过调节电磁线圈中电流的大小，可以控制拖车负荷大小。

（2）力传感器 力传感器在拖车的前部，利用应变片测量拖车施加于被试车辆的负荷。试验时，负荷拖车产生负荷，力传感器受载，它将载荷转换为应变片的电信号并输入计算机进行处理。

（3）速度传感器 速度传感器为霍尔式转速传感器，安装在负荷拖车的车轮轴上，用于测量负荷拖车的速度，也就是被试车辆的速度。试验时，负荷拖车的车轮转动，速度传感器将产生脉冲信号并输入计算机。

（4）交流发电机和蓄电池 车轮通过车轮轴、传动装置带动交流发电机发电，交流发电机通过控制器给车载蓄电池充电。蓄电池通过控制器给负荷拖车供电，包括给电磁线圈供电。

（5）手控盒 手控盒是一个与计算机相连的有线盒子或无线盒子，试验时由它控制负荷拖车加载与否，调节负荷拖车速度大小与负荷大小。

（6）计算机 这里的计算机是一个车载便携式计算机。负荷拖车具有足够长的连线，试验时，计算机接上信号线和电源线后，启动负荷拖车控制程序，试验人员在被试车辆上即可控制拖车，模拟各种试验工况。

2. 负荷拖车的工作原理

负荷拖车在试验时作为一个可调负荷拖挂在试验车辆之后，用以调节试验车的负荷。在水平路面上，试验车拖挂负荷拖车的受力情况如图 5-19 所示。由图 5-19 中的受力分析，可得试验车拖钩牵引力等于负荷拖车的空气阻力、车轮的滚动阻力和地面作用在车轮上的摩擦阻力之和。其受力平衡方程为

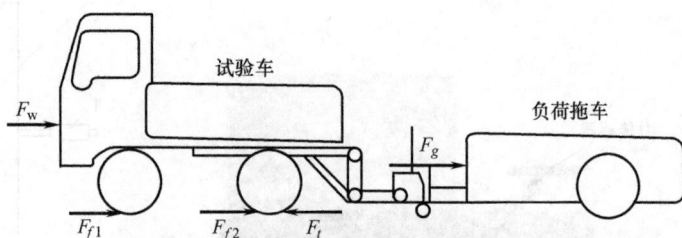

图 5-19 试验车拖挂负荷拖车的受力情况

$$F_t = F_w + F_f + F_g \qquad (5-2)$$

式中，F_t 为试验车的驱动力（N）；F_g 为试验车的拖钩牵引力（N），也是牵引负荷拖车的拖钩牵引力；F_w 为试验车的空气阻力（N）；F_f 为试验车的滚动阻力（N），$F_f = F_{f1} + F_{f2}$。

试验时，负荷拖车由试验车（被测车辆）牵引前进，拖车车轮滚动，通过车轮带动交流

发电机给车载蓄电池充电,同时还带动功率吸收器的圆盘转动;通过交流发电机和功率吸收器吸收能量,对转子产生制动阻力矩,制动阻力矩传到拖车车轮使其制动,在拖车车轮上产生与汽车运动方向相反的制动力,这个制动力给前面的被测车辆施加负荷。负荷拖车的计算机由蓄电池提供电源,试验人员可以通过操作计算机输入所要求的各种不同的负荷及速度目标值,再由计算机向控制器发出指令,由控制器调节蓄电池供给功率吸收器定子中电磁线圈的电流大小,从而改变负荷拖车的负荷,达到所要求的目标。计算机作为负荷拖车的主控单元,用来选择负荷拖车的控制模式并发出指令,而力传感器和速度传感器则向计算机传送负荷及速度的反馈信号。计算机一旦选定了负荷及速度参数,将不断比较控制目标信息和实际的反馈信息,如果二者不相符,它向控制器传输调整指令,改变负荷拖车的负荷,直到二者一致,达到控制要求。

负荷拖车的测量误差:在测试中,由于负荷拖车的俯仰运动,在负荷拖车与试验车连接处产生与试验车运动方向垂直的力,产生试验车拖钩牵引力的测量误差。负荷拖车自身也有仪器的测量误差。

5.1.6 陀螺仪和惯性导航仪

1. 陀螺仪

陀螺是围绕着某个固定的支点而快速转动的刚体。陀螺仪是利用陀螺原理制造的仪器,分为三自由度陀螺仪和二自由度陀螺仪。三自由度陀螺仪有 3 根转轴,又称三轴陀螺仪;二自由度陀螺仪有 2 根转轴,又称二轴陀螺仪。陀螺仪有压电陀螺仪、微机械陀螺仪、光纤陀螺仪和激光陀螺仪。

在汽车操纵稳定性等试验中,用陀螺仪测量车身的横摆角和横摆角速度、侧倾角和侧倾角速度、俯仰角和俯仰角速度等。

(1) 三自由度陀螺仪 三自由度陀螺仪如图 5-20 所示,其工作原理如图 5-21 所示。它的主要部分是一个定点、高速转动的转子。转子装在内环架内,绕主轴高速转动;内环架与外环架通过内环轴连接,内环架可绕内环轴转动;外环架与基座(壳体)通过外环轴连接,外环架可绕外环轴转动;主轴、内环轴和外环轴相互垂直,且相交于一点,使转子定点、高速转动。

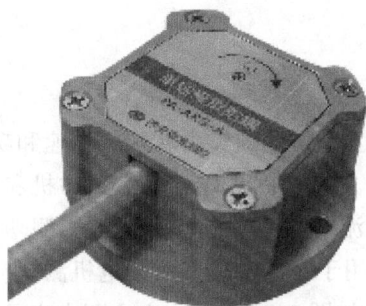

图 5-20 三自由度陀螺仪

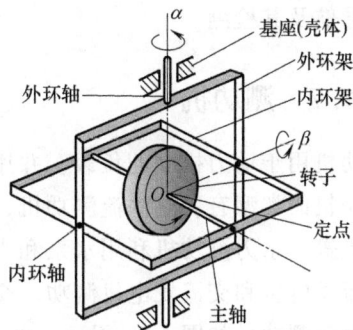

图 5-21 三自由度陀螺仪的工作原理

陀螺仪有两个重要的基本特性，即定向性和进动性。

定向性：根据动量矩守恒原理，当转子高速旋转且没有任何外力矩作用在陀螺仪上时，陀螺仪的自转轴在惯性空间中的指向保持稳定不变，即指向一个固定的方向，同时反抗任何改变转子轴向的力量。这种现象称为陀螺仪的定向性，或定轴性、稳定性。其定向性随以下物理量的改变而改变，即转子的转动惯量越大，定向性越好；转子角速度越大，定向性越好。

进动性：当转子高速旋转时，若外力矩作用于外环轴，陀螺仪将绕内环轴转动；若外力矩作用于内环轴，陀螺仪将绕外环轴转动。其转动角速度方向与外力矩作用方向互相垂直。这种特性称为陀螺仪的进动性。

测量侧倾角和侧倾角速度、俯仰角和俯仰角速度时，陀螺仪通常刚性安装在汽车地板上，主轴与地板垂直，外环轴与汽车的前进方向一致，内环轴与汽车的前进方向垂直。测量横摆角和横摆角速度、侧倾角和侧倾角速度时，陀螺仪通常刚性安装在汽车地板上，主轴与汽车的前进方向垂直，外环轴与地板垂直，内环轴与汽车的前进方向一致。陀螺仪的表面有主轴、内环轴和外环轴的方向，供安装陀螺仪使用。

陀螺仪的测试误差与陀螺仪的精度和安装误差有关。陀螺仪 3 根轴线的相互垂直度以及转子、内环架和外环架的转动阻尼影响其精度，进一步产生仪器的测试误差。陀螺仪的轴线与地板的垂直度、与汽车前进方向的误差，产生陀螺仪的安装误差及相应的测试误差。

（2）二自由度陀螺仪　将三自由度陀螺仪的外环架固定，则为二自由度陀螺仪。二自由度陀螺仪用于测量角度和角速度。测量俯仰角和俯仰角速度时，陀螺仪通常刚性安装在汽车地板上，主轴与地板垂直，内环轴与汽车的前进方向垂直。

2. 惯性导航仪

惯性导航仪是用惯性导航传感器进行测量的仪器。惯性导航传感器是将陀螺仪和加速度传感器安装在一起（一般安装在一个盒子中）构成的，如图 5-22 所示。陀螺仪测量物体的姿态、姿态角速度和姿态角加速度，加速度传感器测量物体的加速度、速度和位移，所以惯性导航仪可测物体的姿态、姿态角速度、姿态角加速度、

图 5-22　惯性导航传感器

加速度、速度和位移。惯性导航仪是一种不依赖外部环境的自主导航传感器，用于智能汽车的惯性导航及其检测。

5.1.7　测功机

测功机用于动力机械的负载，并用于测量电动机、发动机等的输出转矩、转速和功率。

测功机的类型有：电涡流测功机、磁粉测功机、水力测功机、直流电力测功机和交流电力测功机等。水力测功机利用水泵和水的阻力测功。直流电力测功机和交流电力测功机分别利用直流发电机和交流发电机测功。交流电力测功机常用于对发动机、驱动电机测功。

电涡流测功机如图 5-23 所示，电涡流测功机的结构如图 5-24 所示。它主要由定子和转子两部分组成。在定子四周装有励磁线圈，圆盘的转子用高磁导率钢制成固定在传动轴上，并

在磁场线圈之间转动。当励磁线圈通过直流电时，两极间产生磁场，在转子上产生电涡流。转子转动时，由于电涡流和外磁场的相互作用，对转子产生一个制动阻力矩。通过改变励磁线圈中的电流，可以改变制动阻力矩的大小。壳体支承在机架上，拉杆通过销轴分别与壳体、机架连接，壳体受制动阻力矩后，拉杆作用在壳体上的拉力对传动轴轴线的力矩平衡制动阻力矩。通过转速传感器，测量传动轴的转速；通过力传感器，测量拉杆中的力，力乘以力到传动轴轴线之间的距离 L 得力矩；再通过力矩与传动轴的转速的乘积得电涡流测功机的功率。

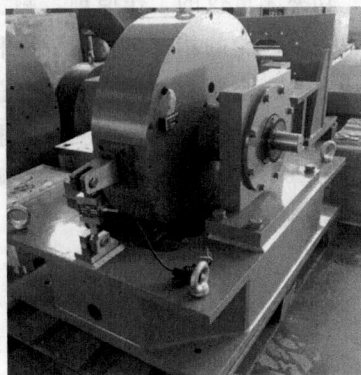

图 5-23　电涡流测功机

　　电涡流测功机的冷却方式有风冷或水冷。电涡流测功机吸收由传动轴输入的功率，产生热能，经壳体表面传给空气，有的测功机带有风扇，可提高冷却效果；功率大时，在壳体上制作水道，水流过水道，散发壳体中的热量。

　　电涡流测功机的误差来自传动轴与壳体之间的摩擦功率损失、热能损失、风扇散热的功率损失、转速传感器和力传感器的误差；散热不稳定，会影响测功机的稳定性和测量精度。

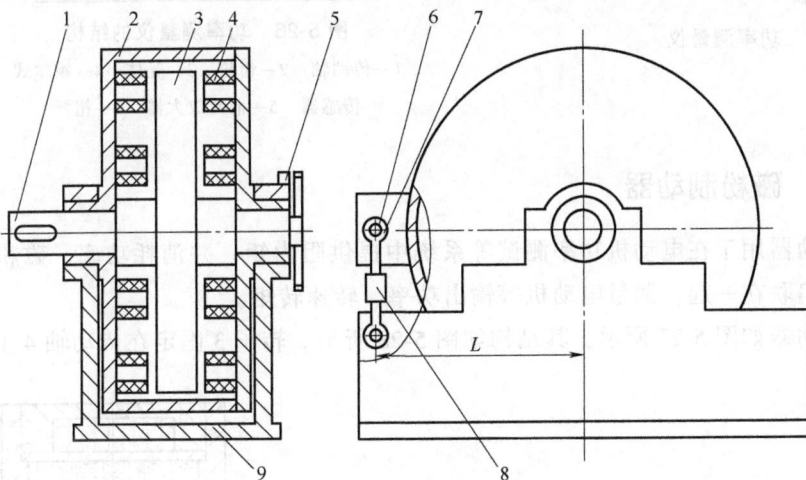

图 5-24　电涡流测功机的结构

1—传动轴　2—壳体　3—转子　4—励磁线圈　5—转速传感器　6—销轴　7—拉杆　8—力传感器　9—机架

5.1.8　功率测量仪

　　功率测量仪又称转速测量仪、转速转矩测量仪，如图 5-25 所示，用于测量功率、转速和转矩，包括测量静转矩，并有一定的测量范围。功率测量仪比测功机的测功精度高。

　　功率测量仪的结构如图 5-26 所示，它的下部是图 3-22 所示的霍尔式传感器测量功率的应用，为功率测量部分。动力和运动由传动轴的两端输入和输出，两个齿轮固定在传动轴上，扭杆与传动轴制成一体。壳体支承传动轴、霍尔式传感器和前置放大器，并被固定在测试系统的机架上。功率测量部分也可用图 3-17 所示的磁电式传感器测量功率的结构和原理。

　　功率测量仪的工作原理：测量时，两个霍尔式传感器测量转速，利用其输出电压的相位差得两个齿轮的相对扭转角，再利用扭杆得其传递的转矩；由转速和转矩得功率测量仪要测的功率。两个霍尔式传感器与前置放大器连接，并由前置放大器输出测量的电信号。

　　功率测量仪的测量精度主要取决于霍尔式传感器和扭杆的精度，也与前置放大器和计算机的计算精度有关，并由此产生测量误差。若用编码器替代齿轮和霍尔式传感器，可提高测量精度。

图 5-25　功率测量仪

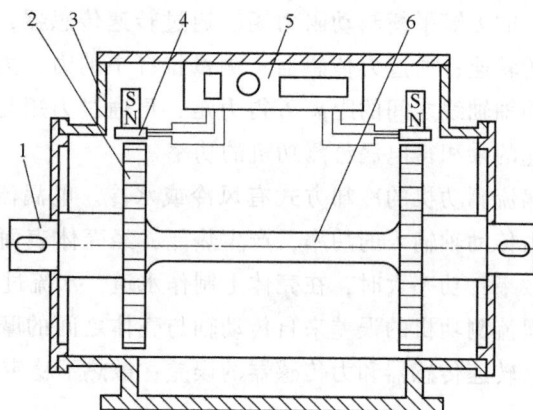

图 5-26　功率测量仪的结构

1—传动轴　2—齿轮　3—壳体　4—霍尔式
传感器　5—前置放大器　6—扭杆

5.1.9　磁粉制动器

　　磁粉制动器用于在电动机功率测试等系统中提供阻力矩，并消耗功率。磁粉制动器常与功率测量仪串联在一起，测量电动机等输出功率、转速转矩。

　　磁粉制动器如图 5-27 所示，其结构如图 5-28 所示。转子 3 固定在传动轴 4 上，在固定的

图 5-27　磁粉制动器

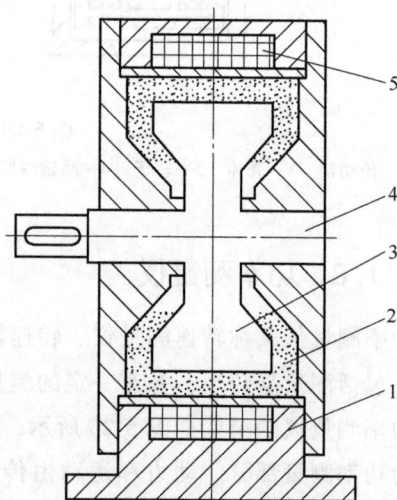

图 5-28　磁粉制动器的结构

1—壳体　2—磁粉　3—转子　4—传动轴　5—励磁线圈

壳体 1 中有励磁线圈 5，在转子与壳体之间的空腔中有磁粉 2。

　　磁粉制动器的工作原理：当励磁线圈 5 不通电时，不产生磁通，磁粉呈自由状态，此时，如果传动轴 4 旋转，由于离心力的作用，磁粉被甩在空腔的外圈，传动轴基本上不受制动转矩作用。当线圈通电时，产生磁通，静止件和旋转件之间的磁粉在磁通作用下连接成链状，这时由于磁粉之间的连接力和摩擦力，产生了对转子的制动力矩。通过改变励磁线圈中的电流，则可以改变磁粉连接力，使制动力矩的大小发生变化，实现制动力矩的控制。

5.1.10　车轮六分力测试仪

　　车轮六分力测试仪用于测量车轮的六个分力，包括纵向力、侧向力、地面法向反作用力、翻转力矩、滚动阻力矩和回正力矩，还可以用于采集车轮转速、转角位置以及纵向和垂直方向的加速度信号，用于汽车的可靠性、ABS 制动、轮胎载荷、地面载荷谱试验等。

　　车轮六分力测试仪由车轮六分力传感器、滑环总成、计算机数据处理系统组成。车轮六分力传感器的组成如图 5-29 所示，车轮六分力传感器安装在车轮上如图 5-30 所示，车轮六分力传感器与滑环总成的连接如图 5-31 所示。车轮六分力传感器由轮毂适配器、轮辋适配器、传感器外壳和传感器组成，这些均由仪器生产企业提供。轮毂适配器与车轮连接；轮辋适配

　　轮毂适配器
　　轮辋适配器
　　传感器外壳

图 5-29　车轮六分力传感器的组成

图 5-30　车轮六分力传感器安装在车轮上

　　滑环总成

　　车轮六分力传感器

图 5-31　车轮六分力传感器与滑环总成的连接

器是专门用于测试的轮辋，测试中，要用轮辋适配器替代汽车上的轮辋，与轮毂适配器连接，轮胎安装在轮辋适配器上；传感器外壳固定在轮毂适配器上；力传感器安装在传感器外壳内，传感器外壳在轮毂和轮辋之间，这样车轮受力传输至轮毂上时，会先经过传感器，六个独立的电桥测量力和力矩，各通道之间干扰度较低，不受温度变化和电磁的干扰。车轮六分力传感器的电信号传至计算机数据处理系统的形式有两种：滑环传输式和无线传输式。滑环传输式通过滑环与传感器接触，再传输电信号。无线传输式无线传输电信号。计算机数据处理系统由电子调节装置、数据采集系统及数据分析软件组成，用于处理传感器的电信号，并显示、存储六个分力等测试结果。

车轮六分力测试仪的测试误差主要来自车轮六分力传感器、传感器与轮毂之间的力传递、传感器坐标系与汽车坐标系的平行度的误差。

5.1.11　四轮定位仪

四轮定位仪用于测量汽车的前轮前束、前轮外倾角、后轮前束、后轮外倾角、主销内倾角、主销后倾角、轴距及轴距差、轮距及轮距差，以便调整及评价车轮的定位参数、轴距和轮距的精度。

四轮定位仪及定位测量如图5-32所示，四轮定位仪的标靶及夹具如图5-33所示。前轮标靶、后轮标靶分别通过夹具固定在前、后轮的轮辋上，标靶上有银白色的圆点，银白色的圆点组成圆点方阵。一个物体在空间有3个位置坐标和3个姿态坐标，只需6个圆点即可确定车轮的位置和姿态坐标，圆点数多于6个，可提高车轮的位置和姿态坐标的测量精度。测量头中包含红外发射二极管和电荷耦合器件（CCD），红外发射二极管发出的光线射在标靶的圆点方阵上，再反射到CCD，由光传播的时间，计算得到测量头到圆点的距离，再计算出车轮的位置和姿态坐标，并进一步计算出前轮前束、前轮外倾角、后轮前束、后轮外倾角、轴距及轴距差。测量时，汽车少许前移或后退，使车轮在举升机的工作台转动，以便获得最大的前轮前束和后轮前束。测量主销内倾角、主销后倾角时，车轮在转角盘上左右转动一个小的角度，因为车轮的姿态坐标受主销内倾角和主销后倾角的影响，所以可由车轮姿态坐标的变化，计算出主销内倾角和主销后倾角。

图5-32　四轮定位仪及定位测量

图5-33　四轮定位仪的标靶及夹具

5.1.12　前照灯检测仪

前照灯检测仪用于汽车检测线及装配线上检测前照灯的发光强度、光束照射方向等，保证汽车在夜晚、雨、雾、雪等光线差的情况下安全行驶。

前照灯检测的标准是 GB 7258—2017《机动车运行安全技术条件》和 GB 4785—2019《汽车及挂车外部照明和光信号装置的安装规定》。这两个标准中检测方法基本相同，要求用汽车前照灯距离屏幕 10m 的屏幕法检测，但因厂房和白天检测光亮的影响，企业根据光轴偏移量不变的原理，多用前照灯检测仪检测前照灯的发光强度、光束照射方向。

前照灯检测仪的检测原理：前照灯检测仪检测前照灯如图 5-34 所示，前照灯检测的受光器距前照灯 1m。前照灯检测仪的检测原理如图 5-35 所示，在受光器的聚光透镜后面的上下与左右装有 4 个四象限光电池，透镜后中央部位装有中央光电池。检测仪台架和受光器的位移由电动机驱动。每对四象限光电池由于受光不均所产生的电流差值，不仅用于使光轴偏移量指示计的指针偏摆，还用于控制驱动电动机转动，使检测仪台架沿导轨水平移动和使受光器沿立柱上下移动，直至每对光电池所产生的电流相等，电动机停止转动，实现自动追踪光轴；受光器的位置为光轴的位置，也即光束照射方向，光轴的位置由光轴偏斜指示器指示；发光强度由中央光电池检测并由光度计指示，发光强度越大，光电池的输出电流越大。

图 5-34　前照灯检测仪检测前照灯

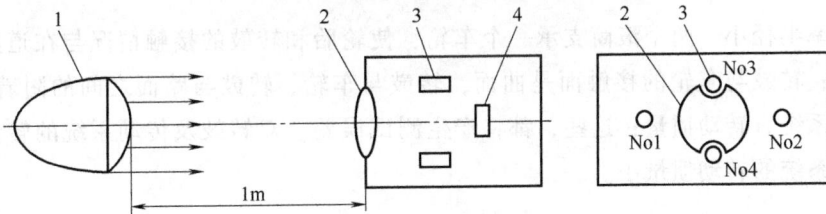

图 5-35　前照灯检测仪的检测原理
1—前照灯　2—聚光透镜　3—四象限光电池　4—中央光电池

5.2　典型的汽车试验设备及设施

5.2.1　转鼓试验台

转鼓试验台又称为底盘测功机，是检测汽车底盘输出功率及其相关参数的一种检测设备，还可以在室内进行汽车的动力性、经济性、排放性、可靠性试验以及传动系统的专项试验等。

1. 转鼓试验台的类型

根据转鼓（滚筒）的数量，转鼓试验台可分为单转鼓试验台和双转鼓试验台。单转鼓试验台主要用于汽车制造厂和科研单位的汽车研究试验。双转鼓试验台主要用于汽车生产线和检测站的汽车质量的检测试验。

（1）单转鼓试验台 图 5-36 所示为单转鼓试验台，一个滚筒支承一个车轮。滚筒的表面模拟地面，其转鼓直径越大，车轮在转鼓上转动就越像在平路上滚动。但增大转鼓直径，试验台的转动惯量、制造和安装费用将显著增加，所以一般转鼓直径均在 1500mm 以上，2500mm 以下。

单转鼓试验台对试验汽车的安放定位要求较严。车轮与转鼓的对中比较困难，较难使车轮的轴线与转鼓的轴线平行，会形成异面直线；车轮的中心和转鼓中心的连线与地面之间有垂直度的误差；转鼓与车轮的接触面是曲面，转鼓与车轮、转鼓与路面之间的附着系数不同；转鼓及传动系统有转动惯量；这些，都将产生测试误差。

（2）双转鼓试验台 图 5-37 所示为双转鼓试验台，两个滚筒支承一个车轮，其转鼓直径比单转鼓试验台的要小，一般在 185～400mm 的范围内。双转鼓试验台的两个滚筒对车轮有自动定位功能，对试验汽车的安放定位要求较低。

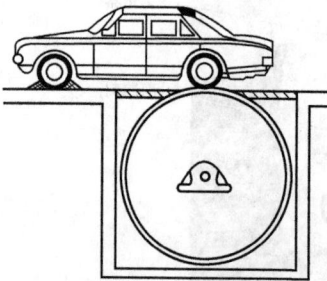

图 5-36 单转鼓试验台   图 5-37 双转鼓试验台

转鼓曲率半径小，两个滚筒支承一个车轮，使轮胎和转鼓的接触情况与在道路上的受压情况不一样；转鼓与车轮的接触面是曲面，转鼓与车轮、转鼓与路面之间的附着系数不同；转鼓及传动系统有转动惯量；这些，都将产生测试误差。双转鼓及传动系统的转动惯量较单转鼓及传动系统的转动惯量小。

2. 转鼓试验台的结构及工作原理

（1）转鼓试验台的结构 转鼓试验台主要由滚筒装置、测功装置、测量装置、飞轮机构和计算机等部分组成。双转鼓试验台的机械部分运动简图和结构图分别如图 5-38 和图 5-39 所示。滚筒装置为两对滚筒，测功装置为电涡流测功机、速度传感器和压力传感器，飞轮机构为飞轮和电磁离合器。

在转鼓试验台中，一个主动滚筒 4 和一个从动滚筒 12 构成一对滚筒，用于支承一个车轮。主动滚筒的表面有橡胶皮，橡胶皮上有花纹，橡胶皮用于模拟道路表面的防滑功能；从动滚筒的表面光滑。主动滚筒 4 和从动滚筒 12 之间通过链传动连接。两个主动滚筒之间通过

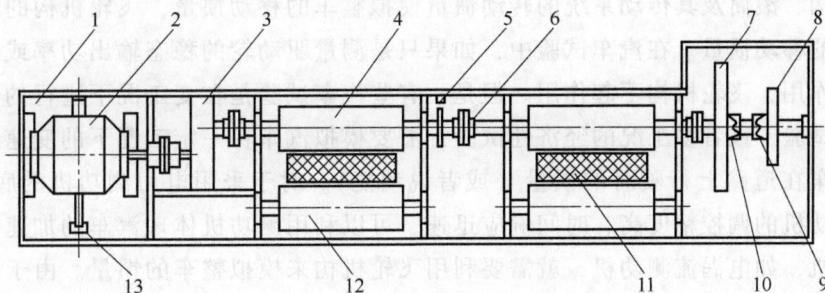

图 5-38 双转鼓试验台的机械部分运动简图

1—框架 2—电涡流测功机 3—减速器 4—主动滚筒 5—速度传感器 6—联轴器 7、8—飞轮
9、10—电磁离合器 11—举升器 12—从动滚筒 13—压力传感器

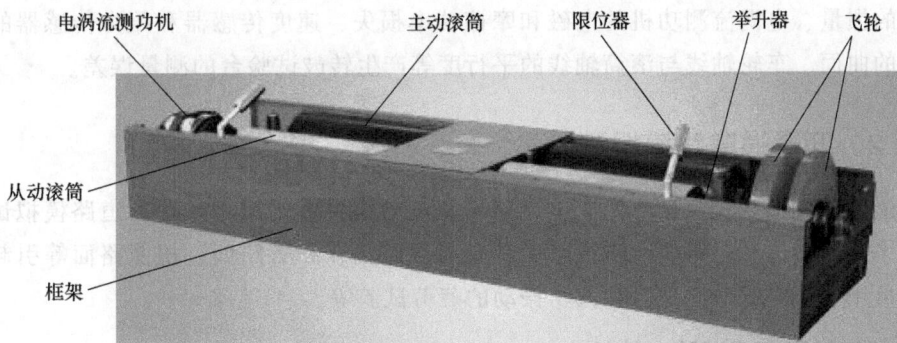

图 5-39 双转鼓试验台的机械部分结构图

联轴器 6 连接。速度传感器 5 在主动滚筒与联轴器 6 之间,有磁电式、霍尔式,速度传感器的齿轮固定在主动滚筒与联轴器 6 之间的轴上。右边的主动滚筒连接飞轮 7、8,飞轮 7、8 之间通过电磁离合器 9、10 连接。电磁离合器接合时,飞轮 8 才工作。左边的主动滚筒通过减速器 3 与电涡流测功机 2 连接,电涡流测功机 2 上有压力传感器 13。限位器通过方形键固定在框架上,限位器上有滚子。框架 1 固定在地面上。电磁离合器、速度传感器、电涡流测功机和压力传感器分别通过导线与计算机连接。

举升器 11 在主动滚筒 4 和从动滚筒 12 之间,由气压传动系统驱动。当举升器举升时,便于汽车的驱动轮进入举升器的上方;当举升器降落时,汽车的驱动轮落在主动滚筒和从动滚筒上,进行汽车试验。

(2) 转鼓试验台的工作原理 汽车试验时,汽车的驱动轮在主动滚筒和从动滚筒上,带动主动滚筒和从动滚筒转动,主动滚筒的一端带动飞轮转动,另一端通过减速器带动电涡流测功机。速度传感器的齿轮随主动滚筒转动,测得驱动轮的速度。通过电磁离合器的接合,控制飞轮的工作。当电涡流测功机不通电时,电涡流测功机不工作;当电涡流测功机通电后,电涡流测功机吸收驱动轮输出的功率,通过力传感器,测得作用在其上的力,再与驱动轮的速度结合,得驱动轮的输出功率。计算机控制电磁离合器和电涡流测功机,接收速度传感器和力传感器的测量信息,并计算得到驱动轮的输出功率,显示测试结果。

飞轮机构、滚筒及其传动系统的转动惯量模拟整车的移动惯量，飞轮机构的惯量用于调整模拟整车的移动惯量。在汽车试验中，如果只是测量驱动轮的稳态输出功率或转矩，汽车的惯量不起作用，飞轮机构不起作用。但是，有些汽车试验是在变工况下进行的，例如汽车加速、滑行试验，或者多工况的经济性试验，需要模拟汽车在一定工况下的变速运动，这就要求模拟汽车在道路上行驶时的惯量（或者说动能）。对于采用电力测功机的底盘测功机，由于电力测功机的调控精度高、时间响应迅速，可以利用测功机体现汽车的加速阻力；对于非电力测功机，如电涡流测功机，就需要利用飞轮机构来模拟整车的惯量。由于试验台需要适应不同质量的试验车辆，而同一辆车在不同档位下传动系统的旋转质量换算系数也不同，所以飞轮机构要有多个飞轮，如图 5-38 中的飞轮 7、8，通过不同转动惯量的飞轮组合，调整转动惯量，可减少模拟当前试验汽车的惯量的误差。

（3）转鼓试验台的测量误差　转鼓试验台传动系统中的摩擦力、传动系统的转动惯量、飞轮机构的惯量、电涡流测功机的电磁和摩擦功率损失、速度传感器和压力传感器的测量误差、滚筒的曲面、车轮轴线与滚筒轴线的平行度等产生转鼓试验台的测量误差。

5.2.2　四通道道路模拟试验台

四通道道路模拟试验台又称四通道道路模拟试验机，主要用于整车的道路模拟试验，模拟凸凹不平路面、比利时路面、搓板路面、鱼鳞坑路面、卵石路面、扭曲路面等引起的汽车振动，还可用于乘坐舒适性试验和汽车振动的疲劳试验等。

1. 四通道道路模拟试验台的结构

四通道道路模拟试验台及其结构示意图分别如图 5-40 和图 5-41 所示。汽车 1 每个车轮的下方有 1 根立式的液压柱，共 4 根；汽车 1 在托盘 3 上，托盘固定在活塞杆 5 的一端，活塞杆的另一端与活塞 7 固定在一起，活塞 7 在液压缸 8 内，液压缸固定在地面上；上进油口 6、下进油口 9 分别在活塞的上、下方；在液压缸内、活塞的上方和下方充满液压油 10。位移传感器 4 固定在液压缸上，加速度传感器 2 固定在汽车的车架上。

图 5-40　四通道道路模拟试验台

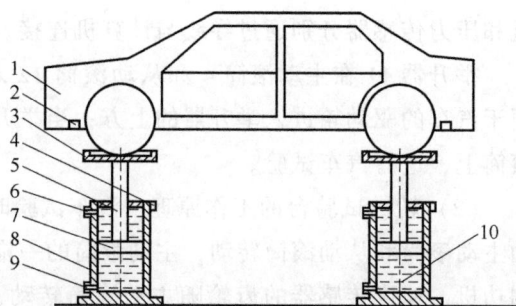

图 5-41　四通道道路模拟试验台的结构示意图

1—汽车　2—加速度传感器　3—托盘　4—位移传感器

5—活塞杆　6—上进油口　7—活塞　8—液压缸

9—下进油口　10—液压油

某些道路模拟试验台的托盘上有橡胶垫，用于模拟地面的弹性和阻尼，并防止车轮相对托盘滑动。

2. 四通道道路模拟试验台的工作原理

四通道道路模拟试验台的工作原理是利用 4 根液压柱，使汽车振动，模拟汽车在路面上行驶时的振动，并根据所测得的汽车振动，评价汽车的平顺性。

四通道道路模拟试验台工作时，液压泵将液压油经电磁阀、下进油口泵入活塞下方的液压缸中，通过活塞、活塞杆、托盘推动车轮上升，活塞上方的液压油经上进油口流出液压缸，位移传感器测量车轮上升的距离；车轮上升到一定高度后，液压泵再将液压油经电磁阀、上进油口泵入活塞上方的液压缸中，推动活塞、活塞杆和托盘下降，车轮在汽车的重力作用下随之下降，汽车作用在托盘上的力及托盘、活塞杆、活塞的重力也推动活塞、活塞杆和托盘下降，活塞下方的液压油经下进油口流出液压缸，位移传感器测量车轮下降的距离；车轮下降到一定高度后，液压泵使车轮重复上升和下降，实现汽车的振动。通过加速度传感器测量汽车的振动。在汽车的地板上，可安装陀螺仪，测量汽车的角振动。

通过电磁阀控制活塞上下往复运动的频率，从而控制汽车振动的频率；通过液压泵控制液压油流入液压缸的速度，控制活塞上下往复运动的速度和行程，从而控制汽车振动的振幅；通过位移传感器测量活塞上下往复运动的速度和行程，并反馈信息给计算机；由计算机控制电磁阀和液压泵。计算机处理加速度传感器的信号，得汽车振动的测试数据，并显示测试结果。

4 根液压柱同时上升或下降，或前两根液压柱和后两根液压柱分别同时上升或下降时，可模拟凸凹不平路面上汽车的振动。前两根液压柱或后两根液压柱分别同时上升或下降时，可模拟鱼鳞坑路面上汽车的振动。4 根液压柱分别上升或下降，可模拟卵石路面、扭曲路面、搓板路面上汽车的振动。通过汽车振动的测试，可评价汽车的平顺性和悬架、车轮系统的振动特性。

5.2.3 二十四通道道路模拟试验台

二十四通道道路模拟试验台是悬架性能试验台，用于悬架的振动性能试验和疲劳试验等，与四通道道路模拟试验台的主要不同点是汽车没有轮胎的振动。

二十四通道道路模拟试验台如图 5-42 所示，汽车 1 的轮毂 3 在垂直稳定杆 5 的上方，每个轮毂通过半圆夹 7 与两根垂直稳定杆连接，垂直稳定杆与地面通过铰链连接，半圆夹夹紧在轮毂的外圆上。横向稳定杆 4 和纵向稳定杆 6 分别与垂直稳定杆连接，垂直稳定杆、横向稳定杆和纵向稳定杆分别与不同的液压缸连接，每个轮毂的下方有 6 个液压缸，试验台共有 24 个液压缸。

二十四通道道路模拟试验台的工作原理：计算机控制液压缸伸长或缩短，可使轮毂有 6 个自由度的运动，轮毂带动悬架振动，可模拟凸凹不平路面、鱼鳞坑路面、卵石路面、扭曲路面、搓板路面上汽车悬架的振动。通过汽车悬架振动的测试，可评价汽车悬架的振动性能；通过汽车悬架一定时间内的振动，可评价汽车悬架的可靠性。

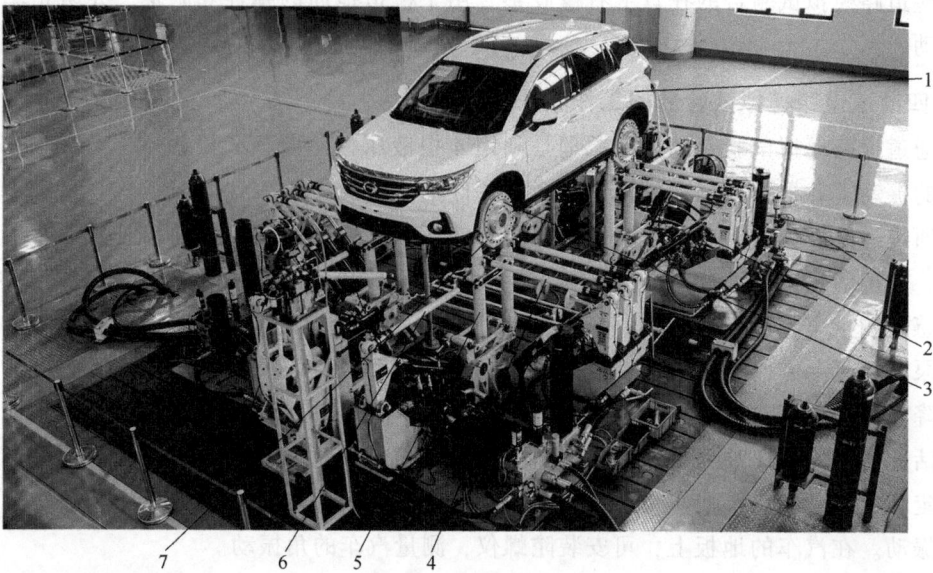

图 5-42　二十四通道道路模拟试验台

1—汽车　2—液压缸　3—轮毂　4—横向稳定杆　5—垂直稳定杆　6—纵向稳定杆　7—半圆夹

5.2.4　振动试验台

振动试验台用于电池、电池包、汽车控制器、汽车仪表台及仪表台上显示屏、汽车座椅、车灯等振动试验，获得单由度或多自由度的振动试验结果，包括固有频率、共振频率、幅频响应特性、疲劳寿命等。

单自由度振动试验台如图 5-43 所示，电池包固定在工作台上，电磁激振器推动工作台上下往复运动，使电池包随工作台振动，通过固定在工作台上的加速度传感器测得电池包的位移、速度和加速度，再通过振动分析，获得电池包的固有频率、共振频率和幅频响应特性等。

六自由度振动试验台如图 5-44 所示，工件固定在工作台上，6 根液压缸激振器推动工作台做六自由度的振动，使工件随工作台做六自由度的振动，通过固定在工作台上的加速度传感器和陀螺仪测得工件的位移、速度、加速度和角位移、角速度、角加速度，再通过振动分析，获得工件 6 个坐标方向上的固有频率、共振频率和幅频响应特性等。

图 5-43　单自由度振动试验台

图 5-44　六自由度振动试验台

5.2.5　静侧翻试验台

汽车静侧翻试验台主要用于汽车侧翻、汽车侧翻后车身与地面碰撞试验，还可用于汽车横向驻车试验和整车质心高度的测量。

汽车静侧翻试验的标准是 GB/T 14172—2021《汽车、挂车及汽车列车静侧倾稳定性台架试验方法》，此标准只涉及汽车静侧翻试验，不涉及汽车横向驻车试验、质心高度测量和汽车侧翻后车身与地面碰撞试验。

汽车静侧翻试验台的结构及工作原理：汽车静侧翻试验台如图 5-45 所示，试验台通过铰链与地面连接，汽车停在试验台上，通过液压缸举升试验台侧倾；试验台侧倾的角度不大于汽车的横向驻车坡度角时，汽车横向驻车在试验台上，可用理论力学求质心的方法，求整车质心的高度；在汽车最大横向驻车坡度角的位置，通过安装在试验台上的转角传感器测得试验台的倾角，为汽车的横向驻车坡度角；试验台侧倾的角度大于汽车的横向驻车坡

图 5-45　汽车静侧翻试验台

度角时，汽车横向侧滑到轮胎与防侧滑挡块接触，并受到防侧滑挡块的阻挡；当汽车的质心在过轮胎与防侧滑挡块接触线的垂线上时，汽车即将静侧翻，此时试验台侧倾角为汽车的静侧翻倾角，可通过安装在试验台上的转角传感器测得；试验台继续侧倾时，汽车"绊倒"侧翻，如图 5-46 所示；汽车侧翻后，车身与地面碰撞，并有可能翻滚，可检验车身的强度及车上人员的安全性。

图 5-46　汽车静侧翻

5.2.6　高低温模拟实验室

1. 高温实验室

高温实验室用于在高温和高湿的条件下，模拟高温、高湿环境状态，对汽车及其部件进行试验，并对实验室实行热管理和湿管理。为了让汽车适应高温、高湿环境，了解其性能及部件老化情况，各汽车厂家根据各自汽车产品的需要建立高温实验室。

（1）高温试验的项目

1）冷却性能试验。在炎热的地带和夏季气温很高的条件下，以是否能保证汽车主要部件保持合适的温度来评价其散热性能。检测内容包括发动机冷却液温度、发动机及变速器润滑油的油温、发动机的进气温度以及燃油的油温和气阻、驱动电机的温度、电池冷却液的温度、电池的温度、汽车控制器的温度。

2）动力性能试验。在高温条件下，评价燃油汽车、电动汽车的动力性能，评价燃油汽车熄火停车后的再起动性能。

3）耐热性能试验。在高温条件下，在汽车高速行驶、爬坡行驶、城市市区行驶，以及行驶之后的停车怠速等各种行驶工况下，评价汽车结构部件的耐热性以及发动机舱内和车身各部位的橡胶件、塑料件的耐热性等；评价电动汽车驱动电机的耐热性、润滑脂的泄漏情况、电池的耐热性、充放电性能及容量的变化；测试汽车灯的发光情况、车内气体中甲醛的含量、天窗抗紫外线的性能。

4）空调性能试验。在高温、潮湿、强烈日照的条件下，评价汽车内环境的舒适性，检测内容包括驾驶室内的温度、湿度、风速、换气及车窗视野等；评价电动汽车空调的制冷性能及制冷时电池容量的变化。

5）汽车高温的制动性能试验。主要评价汽车制动的热稳定性、液压制动管路的气阻。

（2）高温实验室的结构　高温实验室如图 5-47 所示，其结构主要包括日照装置、供风系统、加热装置和路面辐射装置，另外室内可放置转鼓试验台、驱动电机功率试验台、电池性能试验台等，实验室的四周墙体、室顶和地面采用保温结构。日照装置主要是在实验室顶壁与侧壁均匀安装红外线灯，且灯光照射强度及光照区域均可按试验的要求进行调节，用于模拟炎热的阳光，测试汽车各部位的温升及受热状态。供风系统用于模拟汽车的迎面行驶风，该系统由大型鼓风机产生风，

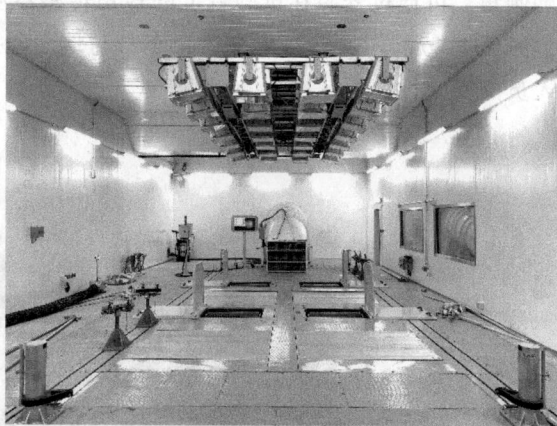

图 5-47　高温实验室

再配以风道及风速控制，与空气动力风洞不同的是，风道出口截面积很小，同时，风速调节范围要尽可能地覆盖汽车的车速。加热装置有电加热与蒸汽加热两种形式，一般大型实验室采用蒸汽加热。为了再现路面热辐射状态，路面辐射装置一般使用加热箱，并将它铺装在试

验地面上，一般设定路面的温度范围为40~80℃。实验室内的湿度可调，一般在5%~95%范围内。

2. 低温实验室

低温实验室用于在低温的条件下，模拟低温环境状态，对汽车及其部件进行试验，并对实验室实行低温管理。

（1）低温试验的项目

1）汽车发动机的低温起动性能试验。汽车发动机的低温起动性能试验包括：发动机极限起动温度试验，即找出不带任何辅助起动装置时发动机仍能起动的最低温度；发动机低温起动辅助装置的性能测试与匹配；发动机起动系统各参数的低温匹配，这些参数包括起动系统电压、起动机啮合齿轮的齿数、起动机功率和转速、蓄电池容量和蓄电池低温充放电能力等。

2）发动机的参数匹配试验。发动机的参数匹配试验是指在低温环境下，发动机冷起动、暖机、起步以及车辆行驶等工况下的发动机点火角、点火能量、供油量、节气门开度等参数的匹配。

3）电动汽车电机系统的低温试验。电动汽车电机系统的低温试验包括电机的低温起动、运行绝缘性能试验，低温下电机控制器性能的试验，电机及控制器的低温储存试验。

4）电动汽车电池的低温试验。包括电池低温充电能力、电池容量和电池低温放电能力、能量回收系统的充电能力等。

5）汽车行驶安全性试验。包括汽车风窗玻璃除霜系统和汽车风窗玻璃除雾装置试验。

6）汽车寒区适应性试验。汽车寒区适应性试验包括汽车采暖性能试验和汽车起步性能试验，后者即在发动机起动后，经过最短的暖机时间，应能使汽车顺利起步行驶。

7）刮水器等总成的低温性能试验。

8）非金属零件的低温适应性试验。

9）汽车燃油、润滑油、液压油等的低温性能验证试验。

10）汽车低温的制动性能试验。

11）其他必要的低温性能、低温适应性试验。

（2）低温实验室的结构　低温实验室采用空调制冷，并可调节温度和换气，实验室的四周墙体、室顶和地面采用保温结构，如图5-48所示。低温实验室一般由以下系统构成：

1）低温试验间要求密封、保温、防腐、有足够的面积和高度，以及足够的地面承载能力，所以内设防潮照明、冷风机和蒸发器，及温度、压力、转速、CO报警器等各类传感器，并配有测试传感器、电源、测试设备、排烟接口、拍摄支架等，同时，还要设有保

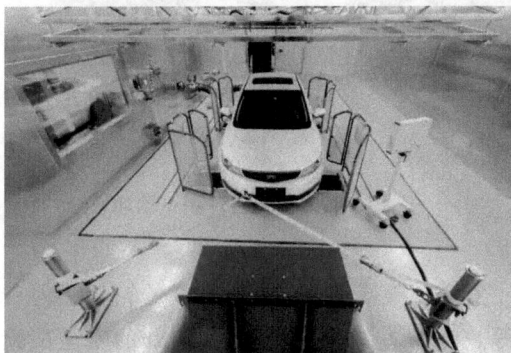

图 5-48　低温实验室

温除霜观察窗、报警器等，以保证试验安全、有效进行，同时设置转鼓试验台、驱动电机功率试验台、电池性能试验台等低温实验室常见的试验设备。

2）制冷机房和制冷系统提供冷源，包括制冷压缩机、冷却器、中冷器、蒸发器、阀门、测量参数显示装置和有关报警装置。

3）换气系统能排出室内有害废气，更换和补充低温实验室的新鲜低温冷空气，排出人员及试验样品散发的热量，维持试验规定的低温状态。

4）冷却液系统是制冷系统必需的辅助设施，用以冷却制冷机组。

5）试验测量仪器和试验数据采集与处理系统。试验数据采集与处理系统包括温度、电流、电压、时间及转速等各类试验参数的采集与处理的仪器设备，一般使用计算机进行，测试设备也由计算机控制。

6）测控及观察间。测控及观察间是放置试验测量仪器、试验数据采集与处理系统的房间，也是测试人员的工作室，它是整个低温实验室的联络指挥中心。

3. 高低温实验室

高温实验室与低温实验室结合在一起，共用房间、转鼓试验台、驱动电机功率试验台、电池性能试验台等，形成高低温实验室。

5.2.7 环境和安全试验箱

环境试验箱是一个模拟环境的试验箱，包括低温、高温、盐雾、老化环境试验箱等，用于驱动电机、驱动电机控制器、动力蓄电池、塑料件、灯等的环境试验。高低温环境试验箱如图 5-49 所示，通过空调形成高低温环境。盐雾环境试验箱如图 5-50 所示，通过喷雾系统将盐水喷雾，形成盐雾环境，并通过温度和湿度传感器控制温度和湿度。

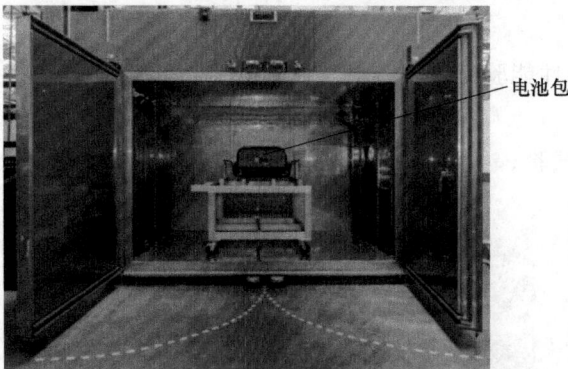

图 5-49 高低温环境试验箱

图 5-50 盐雾环境试验箱

安全试验箱是一个铁板围成的箱体，内有试验设备，分为防爆、坠落、挤压和冲击试验箱等。防爆试验箱用于电池等爆炸的安全试验。坠落试验箱用于电池、灯等的坠落试验，坠落试验箱内有电磁夹，电磁夹松开后物体坠落。挤压和冲击试验箱分别用于电池、电池盒等挤压和冲击试验，箱内有挤压和冲击设备。

5.2.8 消声实验室

消声实验室用于测量汽车及部件的噪声，包括发动机排气系统、电动机、传动系统、轮胎、空调、风扇等的噪声。它用声级计测量噪声的大小。

消声实验室分为半消声实验室和全消声实验室。半消声实验室又称半消声室，是在反射面上方可获得自由声场的测试室。全消声实验室又称消声室，是可获得自由声场的测试室。

半消声实验室如图 5-51 所示，室内的五面装有吸声体，地面为水磨石地面，作为声反射面，可模拟汽车行驶时的声音反射特点。吸声体又称吸声尖劈，是包裹玻璃棉等的吸声材料。全消声室为六面挂装吸声体的净空间，声体只来自被测的汽车或部件。在消声实验室内，还会安装底盘测功机、道路模拟试验台等测试设备。

吸声体

汽车

道路模拟试验台

图 5-51 半消声实验室

在国际标准 ISO 3745、国家标准 GB/T 6882—2016 中，推荐半消声室应具有：①足够的体积；②在测试的频率范围内，界面上具有很大的声吸收；③除了良好的反射地面和与被测声源有关的物体外，没有声学反射面和障碍物；④足够低的本底噪声。另外，还应考虑控制、照明、通信、信号传输、安全、环保、节能、美观、耐用、维护方便性、成本等方面因素。

5.2.9 电磁兼容性实验室

汽车电磁兼容性实验室主要用于纯电动汽车、混合动力电动汽车、驱动电机、动力蓄电池的电磁兼容性（electromagnetic compatibility，EMC）测试，测试内容主要包括辐射和传导干扰测试、抗扰度测试、受扰度测试等。

测试标准主要是 GB/T 36282—2018《电动汽车用驱动电机系统电磁兼容性要求和试验方法》、GB 34660—2017《道路车辆 电磁兼容性要求和试验方法》、GB/T 22630—2008《车载音视频设备电磁兼容性要求和测量方法》、GB/T 18387—2017《电动车辆的电磁场发射强度的限值和测量方法》等。

汽车电磁兼容性试验在开阔场和电磁兼容性实验室内进行。开阔场是平坦、空旷、地面铺设金属钢板、无任何反射物的椭圆形或圆形户外试验场地。

汽车电磁兼容性实验室如图 5-52 所示，实验室为房中房结构或直接建在房内，为六面盒状建筑体，五面有吸波材料，避免波的反射，地面铺设或不铺设金属导电地板和吸波材料（地面铺设金属导电地板和吸波材料的实验室为全电波暗室，地面不铺设金属导电地板和吸波材料的实验室为半电波暗室）。实验室通常配备有一系列电磁场测试设备、辐射和传导干

图 5-52　汽车电磁兼容性实验室

扰测试设备、抗扰度和受扰度测试设备等，如发射天线、电流注入钳、静电发生器、频谱分析仪、信号发生器、射频功率放大器、定向耦合器、功率计、场强发生器（辐射天线）、场强传感器、场强表等。

5.2.10　淋雨实验室

　　淋雨实验室主要用来模拟在自然降雨环境下，测试汽车前后风窗、侧窗、车门、行李舱等的防雨密封性能，是新车下线必不可少的检测设备。

　　淋雨实验室如图 5-53 所示，主要由淋雨房、喷淋系统、吹干系统和计算机控制系统组成。其中，房体的主要作用是形成封闭的试验区域，与非试验区隔离。汽车在输送带上向前移动。喷淋系统由水泵、水过滤装置、回水槽、回水池、吸水池、管路及喷嘴等组成。喷淋系统模拟降雨，水泵将水经分布式的喷嘴以一定的压力喷到车身上，再经回水

图 5-53　淋雨实验室

槽流入回水池，进行水的循环再利用。车辆完成淋雨测试后，吹干系统的风机将风吹到车身表面，对车身表面的试验水进行吹干，吹干形式有冷风、热风两种。吹干系统由风机、风箱、风管等组成。风机产生强风经过滤后由风箱分配进入分布式的风管，均匀吹在试验车辆表面，使水与车身分离。计算机控制系统对车辆试验时间、淋雨强度、喷射压力进行调整控制。

5.2.11　汽车检测线

　　汽车检测线是汽车性能检测的流水线。汽车检测线分为汽车安全及环保综合性能检测线

和汽车装配检测线。

1. 汽车安全及环保综合性能检测线

汽车安全及环保综合性能检测线主要用于公安交警部门年审检测汽车的安全及环保综合性能，也用于交通运输部门或汽车维修企业检测汽车的安全及环保综合性能，保证汽车安全及环保使用。汽车安全及环保综合性能检测线常见于汽车检测站。

汽车安全及环保综合性能检测线如图 5-54 所示，一般由外观检查、车底检测、称重、制动、侧滑、灯光、尾气、喇叭噪声等检测内容及相应的工位组成，并对车辆依次进行各工位的检测，计算机辅助称重、制动、侧滑、灯光、尾气检测。其中，车底、制动、侧滑、灯光检测属于车辆行驶安全检测，尾气、喇叭噪声检测属于车辆行驶环境保护检测。不同的汽车安全及环保综合性能检测，其检测工位和检测工位排列分别不同，主要取决于测试项目和场地。

图 5-54　汽车安全及环保综合性能检测线

外观检查内容：由检测人员从外观上检查漆面、玻璃的完好性，刮水器的完好性，轮胎有无划伤，有无改装，号牌是否正确等。

车底检测内容：由检测人员在地沟内主要从外观上检查底盘各装置及燃油车的发动机、电动车的驱动电机的连接是否牢固可靠，有无弯扭断裂及漏油、漏水、漏气、漏电等现象。

称重内容：在称重仪上，称各轴的质量，并为制动检查做准备。

制动、侧滑检测内容：在底盘测功机上，检测前轮的侧滑量、各轮的制动力，计算轴制动力、制动力差和轴制动力占轴荷的百分比。

灯光检测内容：检查前雾灯、倒车灯、转向信号灯、制动灯、示廓灯等是否正常工作；用前照灯检测仪检测前照灯的发光强度和光束照射方向。

尾气检测内容：检测发动机的排气污染物，排气污染物测量在第 9 章中介绍。

喇叭噪声检测内容：检测喇叭的声级，喇叭声级的测量在第 9 章中介绍。

2. 汽车装配检测线

汽车装配检测线用于汽车的装配线，检测装配后的新车的动力性、制动性、操纵性、安全、环保等综合性能，评价其是否达到装配质量的要求，是否可上路行驶和销售。

燃油汽车装配检测线一般由四轮定位、灯光、制动、侧滑、行驶性能、排放、淋雨、路试等检测内容及相应的工位组成，并对车辆依次进行各工位的检测。

纯电动汽车装配检测线一般由四轮定位、灯光、制动、侧滑、行驶性能、慢充电及快充电、漏电安全性（绝缘电阻测试）、电池包残余电量、电池及控制模块的通信、淋雨、淋雨后相关电路状态、路试等检测内容及相应的工位组成，并对车辆依次进行各工位的检测。

混合动力电动汽车装配检测线是燃油汽车和纯电动汽车装配检测线的综合，一般由四轮定位、灯光、制动、侧滑、行驶性能、排放、慢充电及快充电、漏电安全性、电池包残余电量、电池及控制模块的通信、淋雨、淋雨后相关电路状态、路试等检测内容及相应的工位组成，并对车辆依次进行各工位的检测。

不同的汽车装配检测线，其检测工位和检测工位排列分别不同，主要取决于汽车设计和装配的要求。燃油汽车进行排放检测，不进行充电及漏电安全性检测；纯电动汽车不进行排放检测，进行充电及漏电安全性检测；混合动力电动汽车进行排放、充电及漏电安全性检测。

四轮定位检测内容：使用四轮定位的检测设备，独立测试每个车轮的外倾角和前束角，前束角与前轮前束有关，在汽车的装配中，可通过前轮前束调整。汽车制造厂用于下线检测的四轮定位设备，几乎都不检测主销倾角（主销内倾角、主销后倾角）的大小，其原因是：①主销倾角的大小在汽车装配中是不可调的；②主销倾角的大小由制造精度保证，在主销的制造中，已测量过主销的倾角。

灯光检测内容：与汽车安全及环保综合性能检测线中灯光检测内容基本相同。因测试场地限制，用前照灯检测仪检测前照灯的发光强度和光束照射方向时，前照灯检测仪距离前照灯 1~3m。

制动、侧滑检测内容：检测前轮的侧滑量、各轮的制动力、制动踏板的行程等，计算轴制动力、制动力差和轴制动力占轴荷的百分比，与汽车安全及环保综合性能检测线中制动、侧滑检测内容基本相同。在汽车装配检测线制动检测中，要进行驻车制动的检测，驻车制动的检测在第 6 章中介绍。

行驶性能检测内容：在底盘测功机上，进行前行、倒车、加速、离合器操纵、车速表校验等检测，模拟汽车的实际运行工况。有的企业不进行这项检测，使用汽车路试替代。

排放检测内容：与汽车安全及环保综合性能检测线中尾气检测内容基本相同。

充电及漏电安全性检测内容：进行充电试验及漏电安全检测等。

淋雨检测内容：在淋雨实验室中，检测汽车前后风窗、侧窗、车门、行李舱等各部分的防雨密封性能。

路试内容：从装配线到停车场，有 1~2km 距离的道路，为试验道路。试验道路有直道、弯道、蛇形道路、起伏路面、扭曲路面、坡道、水池等，停车场有标准的停车位。汽车在玄武岩瓦块铺装成的低附着系数试验道路上路试如图 5-55 所示，用于测试汽车在低附着系数道路上的制动性能，包括 ABS 的性能；玄武岩瓦块铺装成的试验道路上有水，这是为了减小路面的附着系数；路试后，汽车进入右上方的停车场。汽车在正弦波的试验道路上路试如图 5-56 所示，用于测试汽车的平顺性和车身的抗扭强度和刚度。从汽车装配线上下线的汽车，

图 5-55　汽车在玄武岩瓦块铺装成的
低附着系数试验道路上路试

图 5-56　汽车在正弦波的试验道路上路试

由试驾员开到停车场。在试驾试验的过程中，试驾员对汽车进行前行、倒车、加速、制动、坡道驻车、涉水及涉水后制动、离合器操纵、转向盘转向操纵、鸣喇叭、开关车灯等操作，检查仪表板上的仪表、电子影像及电子显示屏的显示内容等，检测车内噪声。汽车驶入停车位，要进行倒车、制动，最后进行驻车制动、关车门及车门电子锁的操作，检测倒车雷达、倒车电子影像、倒车灯等。电动汽车经水池涉水后，检测电池是否漏电、电池盒是否密封、电池盒的插座是否密封。智能汽车下线后，智能驾驶通过测试路段，再进入停车位。

5.2.12　汽车风洞

风洞是用来产生人造气流（人造风）的管道。在这种管道中能有一段气流均匀流动的区域，为试验段，汽车风洞试验就是在这段风洞中进行的。汽车风洞由航空风洞发展而来，两者的原理是相同的。

1. 汽车风洞的分类

（1）根据汽车风洞的结构分类　根据汽车风洞的结构，汽车风洞分为直流式风洞和回流式风洞。

直流式风洞如图 5-57 所示，它是一根截面面积变化的直管道，气流的特点是从大气中吸进风洞，经稳定段使气流稳定，减少湍流；再经收缩段提高空气的流速；汽车在试验段内做试验，高速的气流流过汽车；气流再经扩压段、风扇从风洞的后部排到大气中去，风扇是吸风扇。直流式风洞里的气流受自然风的影响较大，噪声普遍较高，流入大气的气流噪声对环境影响较大。

回流式风洞又分为双回流式风洞（图 5-58）和单回流式风洞（图 5-59、图 5-60），其特点是空气

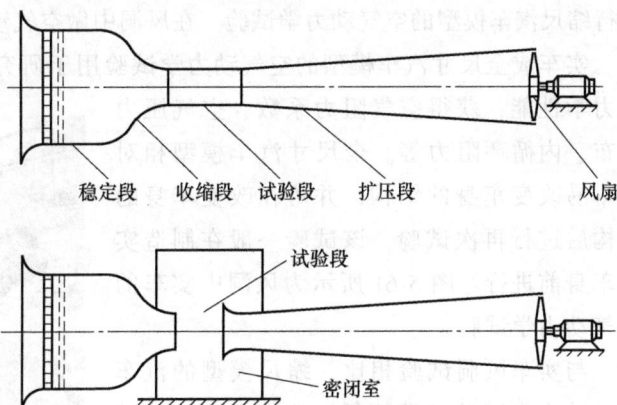

稳定段　收缩段　试验段　扩压段　风扇

试验段

密闭室

图 5-57　直流式风洞

沿封闭路线循环流动，空气流动的方向如图中的箭头所示，气流不受自然风的影响，流态稳定，气流噪声对环境影响较小。汽车在试验段内做试验。风扇是吸风扇，使流过汽车的空气平稳。

汽车风洞里可安装一些附加设备以提高风洞的试验能力，如增加底盘测功机和降雨、降雪装置等。

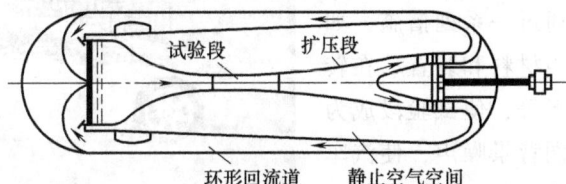

试验段　扩压段

环形回流道　静止空气空间

图 5-58　双回流式风洞

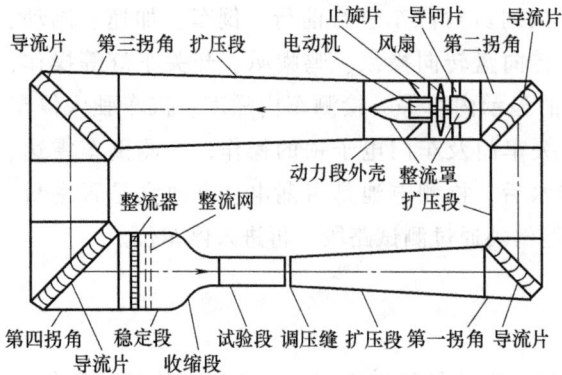

图 5-59 单回流式风洞

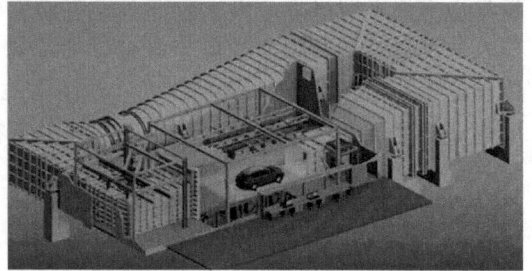

图 5-60 汽车在单回流式风洞中做试验的示意图

（2）根据汽车风洞的用途分类 根据汽车风洞的用途，汽车风洞分为空气动力风洞、噪声风洞和气候风洞等，可分别进行汽车空气动力学、空气噪声和气候试验。

2. 风洞中的汽车试验

（1）空气动力学试验 空气动力学试验是在空气动力风洞中进行的。空气动力风洞分为实车风洞和模型风洞，实车风洞主要进行实车或全尺寸汽车模型的空气动力学试验，而模型风洞进行缩尺汽车模型的空气动力学试验。在风洞中做空气动力学试验的依据是运动的相对性原理。

实车或全尺寸汽车模型的空气动力学试验用于研究和评价实车或全尺寸汽车模型的空气动力学性能，获得空气阻力系数、空气压力分布、内循环阻力等。全尺寸汽车模型相对实车易改变车身的结构，并可在改变车身的结构后进行再次试验，该试验一般在制造实车车身前进行。图 5-61 所示为风洞中实车的空气动力学试验。

与实车风洞试验相比，缩尺模型的汽车空气动力学试验的费用低、改动方便，但试验精度相对较低。实车风洞中也可进行缩尺模型的试验。汽车缩尺模型采用的缩尺比通常为 3/8、1/3、1/4、1/5。模型风洞的风速范围在 $30 \sim 70 \mathrm{m/s}$。

图 5-61 风洞中实车的空气动力学试验

（2）空气噪声试验 空气噪声试验在空气噪声风洞中进行，用于研究气流造成的车体噪声，如汽车行驶时气动噪声、车窗等处的漏风噪声等。图 5-62 所示为风洞中实车的空气噪声试验，围墙上有吸声材料。

噪声风洞的设计是通过一系列措施，如在风道盖顶和围墙加吸声材料和装置、在转角叶片加吸声材料并整形等，使试验段成为无回声室，从而降低风洞背景噪声，使汽车的空气噪声测量成为可能。

图 5-62 风洞中实车的空气噪声试验

（3）气候试验　气候试验在气候风洞中进行，用于汽车的环境适应性试验。风洞中可改变气流温度、湿度、阳光强弱模拟雨、雪和其他气候条件。图 5-63 所示为风洞中实车的下雪气候试验，测试汽车在下雪环境下的动力性、起动性等。

图 5-63　风洞中实车的下雪气候试验

5.3　汽车试验场

5.3.1　汽车试验场的功用及类型

1. 汽车试验场的功用

汽车试验场是进行汽车整车道路试验的场所。为满足汽车的实际行驶要求，汽车试验场的主要设施是集中修建的各种各样的试验道路，包括汽车高速行驶的环形跑道、可造成汽车强烈颠簸的凸凹不平的坏路以及坡道、ABS 试验路、噪声试验路等，为汽车提供稳定的路面试验条件。

汽车试验场的主要功用如下：

1）汽车产品的质量鉴定试验。

2）汽车新产品的开发、鉴定与认证试验。

3）为实验室的零部件试验或整车模拟试验以及计算机模拟试验提供路谱采集的条件。

4）汽车标准及法规的研究和验证试验等。

2. 汽车试验场的类型

汽车试验场按地域分为热带、寒带、温带和高原试验场；按功能分为综合试验场和专业试验场；按所有权分为政府、军队、企业和科研机构拥有的试验场；按行业分为汽车试验场、轮胎试验场、拖拉机试验场和工程机械试验场；按规模分为大、中、小三种类型；按汽车的智能驾驶性分为非智能网联汽车测试场和智能网联汽车测试场，非智能网联汽车测试场是普通汽车试验场。

我国的汽车试验场有海南汽车试验场、交通部公路交通试验场（通州汽车试验场）、总装备部试验场、重庆西部汽车试验场、安徽定远汽车试验场、襄樊东风汽车试验场、一汽农安汽车试验场、上海大众汽车试验场、上汽通用广德汽车试验场（安徽）、天津滨海汽车试验场、比亚迪韶关汽车试验场、中汽中心盐城汽车试验场、重庆长安汽车综合试验场和武汉智能网联汽车测试场等。汽车试验场有大有小，试验道路的种类和长短也不尽相同。由于各试验场所处的地理位置不同，气候差异较大，试验设施也不尽相同。

5.3.2 普通汽车试验场

1. 普通汽车试验场的概貌

普通汽车试验场是以非智能网联汽车试验为主的试验场，或称为汽车试验场。在汽车试验场内集中修筑了汽车试验的各种道路。图 5-64 所示为襄樊东风汽车试验场，场内有不同的试验道路，包括高速环形跑道、听筒路、越野路等。图 5-65 所示为重庆长安汽车综合试验场，场内有汽车高速环路、车外加速噪声测试道、转向圆场、碰撞测试区、强化试验道路、ABS 试验路、灰尘测试区、越野路等。

图 5-64　襄樊东风汽车试验场

图 5-65　重庆长安汽车综合试验场

2. 汽车试验道路和设施

由于各试验场所处的地理位置不同，气候差异较大，要求试验场能做的试验不同，使各试验场的试验设施不尽相同。以下仅就常规道路和设施进行说明。

（1）高速环形跑道　高速环形跑道为车辆进行连续高速行驶而建立，可进行汽车的最高车速、经济性、制动性和稳定性试验等，是构成试验场的核心道路之一。常见的环形跑道形状有椭圆形、电话听筒形、三角形和圆形等，长度从每圈几百米到数千米不等。在图 5-66 中，外环形跑道的形状为椭圆形，左边的 P 形跑道为电话听筒形。高速环形跑道一般由进行直线加速的平坦直线部分和维持高速转弯的带倾

图 5-66　高速环形跑道

斜的曲线部分,以及连接这两部分的过渡曲线部分组成。图 5-67 所示为高速环形跑道的弯道,内低外高,用于向汽车提供转弯的侧向力。有的环形跑道还在不同位置设置了大型鼓风机,以产生侧向风,用于评价侧向风对车辆稳定性及驾驶人造成的影响。

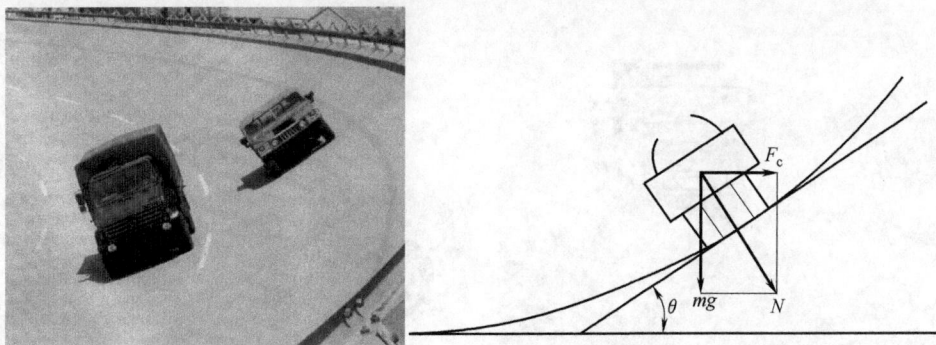

图 5-67　高速环形跑道的弯道

(2) 回转特性试验广场　回转特性试验广场如图 5-68 所示。回转特性试验广场又称圆形广场或操纵稳定性测试广场,一般是直径 100m 左右的圆形广场,内倾坡或外倾坡小于 0.5%,路面平坦均匀,而且能长期保持比较稳定的附着系数,主要用于测量和评价汽车的转向特性,可供汽车转向或绕 "8" 字形的转向轻便性试验行驶。有的圆形广场还备有淋水或溢水设施,使地面生成均匀的水膜以测试汽车侧滑情况,用来测试汽车在湿滑路面上的回转特性。

(3) 低附着系数试验道路　低附着系数试验道路用于模拟冰冻、降雪、下雨等易打滑路面,是进行防抱制动(ABS 制动)、防侧滑、牵引力控制、四轮制动驱动控制以及操纵稳定性试验等不可缺少的路面。车轮与路面间的低附着系数通常采用在沥青路面或经特殊材料加工处理后的路面上洒水实现,如在图 5-55 所示的玄武岩瓦块铺装成的低附着系数试验道路洒水。为使路

图 5-68　回转特性试验广场

面形成均匀水膜,路面铺装时横向坡度一般控制在 0.5% 左右,且在道路两侧安装喷水设施,以便调整喷水量,如图 5-69 所示。降雪的低附着系数试验道路如图 5-70 所示,低附着系数试验道路被雪覆盖;若在低附着系数试验道路上降雨,则为降雨的低附着系数试验道路。

根据路面附着系数不同,典型低附着系数道路分为 3 种:单一附着系数路面、左右对开路面(车辆左、右两侧车轮与路面间附着系数不同)和前后对接路面(车辆前、后轴车轮与路面间附着系数不同)。根据车辆试验目的不同,试验道路可以包括直线段、曲线段和具有一定宽度的广场状路段,有的也将这 3 种试验跑道组合到一起,进行比较高级的车辆试验。

常见低附着系数路面为玄武岩瓦块（图 5-71）或瓷砖铺装，也有对混凝土路面进行表面磨光、洒水、冰雪等方法降低路面的附着系数，甚至在磨光面上再涂上某种树脂、洒上均匀水膜来降低附着系数，其附着系数通常可低至 0.05~0.45。

图 5-69　喷水的低附着系数试验道路

图 5-70　降雪的低附着系数试验道路

　　（4）强化坏路　强化坏路主要包括阴井盖群路、鱼鳞坑路、搓板路、石块路、卵石路、扭曲路、砂石路、混凝土路、沥青路、长短波路、陡坡路、公路强化特性模拟路、不平整水泥路、水泥凸块路、铁轨道口、沙滩路等，主要用于检验汽车的操纵性、稳定性、平顺性及噪声等，同时也可作为一种典型的坏路进行汽车可靠性行驶试验。试验场根据车辆类型，规定试验车所行驶的强化坏路的形式及长度。

图 5-71　玄武岩瓦块铺装成的低附着系数试验道路

　　阴井盖群路如图 5-72 所示，凸起圆形阴井盖群铺在路面上。鱼鳞坑路如图 5-73 所示，下凹的圆形坑群铺在路面上。搓板路如图 5-74 所示，路面是长方形的水泥凸块，凸块之间有一定距离的间隔。石块路如图 5-75 所示，路面是凸凹不平的石块；这种路最早取自比利时某些年久失修的石块路，所以又称比利时路。卵石路如图 5-76 所示，路面是凸凹不平的直径为 180~310mm 的鹅卵石，卵石高出地表部分的高度为 40~120mm。扭曲路如图 5-77 所示，由左右两排互相交错分布的凸块组成，凸块形状以梯形最简单，也有正弦波形（图 5-56）或环锥形，作用一致，都是使汽车产生强烈的扭曲，以检验车辆的车架、车身结构强度和各系统的连接强度、干涉等，凸块高度一般为 80~200mm。

图 5-72　阴井盖群路

图 5-73　鱼鳞坑路

图 5-74　搓板路

图 5-75　石块路（比利时路）

图 5-76　卵石路

图 5-77　扭曲路

（5）制动试验路　制动试验路如图 5-78 所示，用于汽车制动试验。在图 5-78 中，有数字的路段为实施制动的试验路段，没有数字的路段为制动前加速汽车的试验路段。制动试验路段有制动试验要求的车道宽度、地面附着系数，以及足够的汽车制动试验长度，加速汽车的试验路段让汽车加速到制动前的速度。

（6）标准坡道　标准坡道如图 5-79 所示，用于汽车爬坡性能、驻车制动器驻坡性能、坡道起步和离合器研究开发等试验。标准坡道是常用坡道，是坡度从 10%～60% 并列布置或阴

图 5-78　制动试验路

图 5-79　标准坡道

阳坡两面布置的数条坡道，坡长不小于 20m，中部设置 10m 长的测试路段，坡道底部前端设有 8~10m 的平直路段。在图 5-79 中，左边坡道的坡度为 60%。为满足越野车辆试验要求，坡道的坡度可达到 100%。大于 20% 的坡道需嵌有横木条以增加附着力。为保证试验安全，在坡顶还可设置绞盘牵引机构及回转平台。

（7）山路　图 5-80 中左侧的两条路为山路，一般利用自然地形修建，也可利用现有公路改建，通常考验汽车动力装置、传动系、转向系和制动系的山路使用性能。

图 5-80　山路

（8）越野路　越野路如图 5-81 所示，用于汽车在试验场内的越野性试验，测试汽车的强度极限、疲劳强度、通过性等，常由山坡、侧坡、荒野、碎石、沙土、沙地、泥泞坑、灌木林、草地、急弯等特征路段组成。

图 5-81　越野路

（9）通过性试验路　通过性试验路常包括涉水池、溅水池、垂直障碍、路沟、壕沟等。涉水池如图 5-82 所示，用于制动器浸水恢复试验，汽车下部和底板浸水密封性、电动汽车电池盒的密封性、电池盒电插座的密封性以及电气装置防水性能等试验。涉水池为长条形或环形，水深可调。

图 5-82　涉水池

5.3.3　智能网联汽车测试场

1. 智能网联汽车测试场的概貌

武汉智能网联汽车测试场如图 5-83 所示，主要从事智能网联汽车的研发、检测、认证等服务，并引入了国际赛事活动，实现了赛车运动与智能网联汽车测试功能的相互融合。

武汉智能网联汽车测试场平面布置图如图 5-84 所示。智能网联汽车测试场包含九大场景测试区，分别为山区交通道路测试区、高速及极限性能测试区、城市高架匝道交通场景测试区、极限竞速测试区、多功能试验区、城市交通场景测试区、乡村交通场景测试区、极端环境测试区、自动泊车测试区。测试区囊括了高速环线、城市干道、乡镇道路、村道、城市立交等几乎所有的道路场景；可组合形成 130 余种测试场景；测试区部署了 1800 多个路侧智能传感设备，全面覆盖 5G 通信网、高精度地图、北斗高精度定位网等相关智能基础设施，可进行远程驾驶、车道偏离预警、辅助驾驶、自动泊车等；另有室内实验室；通过充分利用大数

图 5-83　武汉智能网联汽车测试场

据、人工智能、5G、边缘计算、平行驾驶等先进技术，该测试场可满足智能汽车出厂前的所有测试要求。

在图 5-84 中的极限竞速测试区内，F2 级国际赛道与 T5 级测试场相结合，可进行极限工况测试、性能测试、急转弯盲区测试和 5G 远程驾驶测试，也可以开展智能网联汽车竞赛活动、F2 方程式赛车竞速国际比赛。赛道全长 4.29km，共设 17 个弯道，部分区域为三维曲面，设计时速达 300km。

图 5-84　武汉智能网联汽车测试场平面布置图

2. 乡村交通场景测试区

图 5-85 所示为乡村交通场景测试区，用于汽车在乡村道路行驶的测试。它包括弯曲道路、环岛、岔道等，路面有车道和行驶方向的导向箭头，路上方有指路牌，路边有绿化，测试车速相对较低。

3. 极端环境测试区

图 5-86 所示为极端环境测试区，用于汽车在极端环境中行驶的测试。它是一个长约 250m 的白色长条形建筑，有一个极端天气环境仓和一个信号屏蔽仓。

极端天气环境仓具有设置极端天气环境的功能。在极端天气环境仓的顶部，布满了各种吹风口、喷水头、光电装置，有 4000

图 5-85   乡村交通场景测试区

个喷水头、1300 盏灯，模拟"浓雾、风、雨、雷、电"等极端气象条件，不仅可以模拟清晨、午后、黄昏等时段，还可以模拟远光、眩光等效果。智能汽车驶入极端天气环境仓后，眼前的风景可不断"切换"，从"艳阳高照"到"电闪雷鸣"再到"暴雨倾盆"，还有冬季的浓雾，窗外的天气可谓"秒变"，从而实现对智能汽车的全方位考验。

信号屏蔽仓具有屏蔽信号的功能。汽车在信号屏蔽仓的隧道内通行时，信号发生"强-弱-无信号-弱-强"的变化，地面为双向两车道，用于模拟智能网联汽车在隧道内的信号屏蔽测试，并用于对智能网联汽车在弱信号情况下的控制和运行状态开展研究和评估，以最大限度对自动驾驶汽车进行自动驾驶的开发验证。

图 5-86   极端环境测试区

5.3.4 野外汽车试验地域

野外汽车试验地域是汽车进行野外试验的地域，多选择丛林、沙地中无路或坏路等地域，进行汽车拉力、越野试验，检验汽车的强度极限、疲劳强度、通过性、动力装置的热负载性、动力蓄电池的输出特性等。汽车野外试验中山区丛林的土路如图 5-87 所示。汽车野外试验中的沙土路如图 5-88 所示。汽车拉力赛中的土路如图 5-89 所示。汽车拉力赛中的河流如图 5-90 所示。

图 5-87　汽车野外试验中山区丛林的土路

图 5-88　汽车野外试验中的沙土路

图 5-89　汽车拉力赛中的土路

图 5-90　汽车拉力赛中的河流

习　题

5-1　简述光电式车速测量仪的用途及工作原理。

5-2　简述雷达测速仪的用途及工作原理。

5-3　简述 GPS 定位车速测量仪的用途及工作原理。

5-4　简述 VBOX 汽车试验数据采集系统及应用。

5-5　简述 USBCAN-OBD 分析仪的用途及工作原理。

5-6　写出负荷拖车的受力平衡方程，简述负荷拖车的工作原理。

5-7　简述电涡流测功机的结构及工作原理。

5-8　简述功率测量仪的结构及工作原理。

5-9 简述转鼓试验台的工作原理及测量误差。

5-10 简述四通道道路模拟试验台的工作原理。

5-11 简述汽车静侧翻试验台的结构及工作原理。

5-12 简述高温实验室的结构。

5-13 简述消声实验室的用途及结构。

5-14 简述汽车电磁兼容性实验室。

5-15 简述淋雨实验室的用途、结构和工作原理。

5-16 简述汽车安全及环保综合性能检测线和汽车装配检测线的主要功用和组成。

5-17 简述汽车试验场的主要功用。

5-18 简述高速环形跑道的用途及结构。

5-19 简述智能网联汽车测试场的用途及结构。

5-20 查找新的汽车试验仪器,介绍其用途、结构及工作原理,并与班级同学交流。

5-21 查找新的汽车试验设备,介绍其用途、结构及工作原理,并与班级同学交流。

5-22 查找智能网联汽车测试场的资料,介绍其主要内容,并与班级同学交流。

5-23 查找一两个新的汽车试验仪器、设备的试验视频,并与班级同学交流。

5-24 查找文献,阅读一两篇汽车试验设备与设施的文献,介绍其主要内容,并与班级同学交流。

5-25 介绍自己参加大学生科技活动的仪器或设备的用途、结构及工作原理,并与班级同学交流。

第 6 章　汽车的整车性能试验

教学目标：通过本章学习，读者应掌握汽车的动力性、经济性、制动性、操纵稳定性试验的目的和方法，了解汽车平顺性和通过性试验，为评价汽车的动力性、经济性、制动性、操纵稳定性、平顺性和通过性提供试验数据。

汽车的整车性能试验主要指汽车理论中介绍六大性能的试验，包括汽车的动力性、经济性、制动性、操纵稳定性、平顺性和通过性试验。汽车的整车性能试验是在室内的试验设备和设施上，或在室外的道路、汽车试验场上进行的。本章仅选取汽车六大性能中有代表性的试验项目进行介绍。

本章及后续章节的汽车试验中，以汽车试验的国家标准或汽车行业标准为基础，介绍汽车的试验内容。在各个试验的介绍中，给出了汽车试验的国家标准或汽车行业标准。

6.1　汽车动力性的试验

6.1.1　汽车驱动力及驱动功率的试验

汽车驱动力及驱动功率试验的目的是要得到汽车的驱动力及驱动功率，用于评价汽车的动力装置及传动系统的动力性。

汽车驱动力及驱动功率试验的方法：用恒速功率测量法在转鼓试验台上进行试验。汽车驱动力及驱动功率的试验如图 6-1 所示，将驱动轮停在转鼓试验台的滚筒上，用钢索将汽车的后部固定在支柱上，钢索呈水平状态，钢索的拉力平衡汽车的纵向力。进入转鼓试验台的"恒速功率测量"界面，在该界面上设定速度，如图 6-2 所示。单击"开始检测"按钮，转鼓试验台开始工作，然后起动汽车、加速，驱动轮带动滚筒转动。当汽车的车速稍大于设定速度时，保持加速踏板位置，测功器产生不同的阻力矩，自动调节转鼓的转速，即调节汽车的车速到设定速度，通过转鼓试验台中的速度传感器检测汽车的速度，通过测功器测定汽车的驱动力，并在"恒速功率测量"界面上的"牵引力"栏中显示汽车的驱动力，驱动力显示为牵引力。用牵引力乘以设定速度，得汽车的驱动功率，在"恒速功率测量"界面上的"功率"栏中显示。改变设定速度，可测得不同车速下汽车的驱动力及驱动功率。

测试中注意：不同的转鼓试验台，恒速功率的测量界面不同，但用转鼓试验台测试汽车驱动力及驱动功率的原理和方法相同。

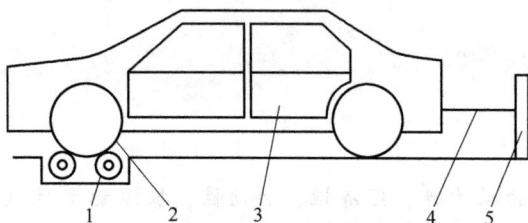

图 6-1　汽车驱动力及驱动功率的试验

1—滚筒　2—驱动轮　3—汽车　4—钢索　5—支柱

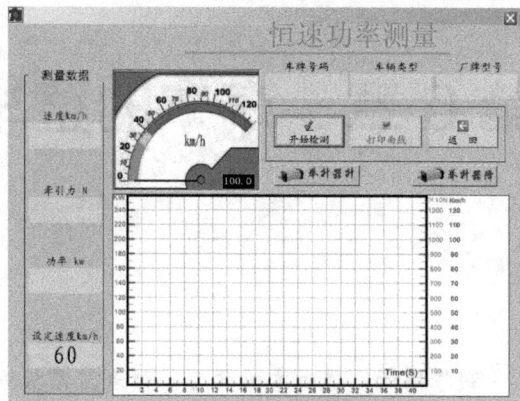

图 6-2　转鼓试验台的"恒速功率测量"界面

汽车驱动力及驱动功率试验基于功率平衡原理。转鼓试验台进入恒速功率测量后，加速度为零，转鼓试验台的输入功率和输出功率平衡，可得

$$N_t = N_C + N_{ft} + N_{Cf} \tag{6-1}$$

式中，N_t 为汽车的驱动功率；N_C 为测功器的功率；N_{ft} 为驱动轮滚动阻力的功率；N_{Cf} 为转鼓试验台传动系统摩擦阻力的功率。

N_{ft} 和 N_{Cf} 相对 N_C 较小，可略去 N_{ft} 和 N_{Cf}，由式（6-1）得汽车的驱动功率为

$$N_t = N_C \tag{6-2}$$

根据设定速度 v，得汽车的驱动力为

$$F_t = \frac{N_t}{v} = \frac{N_C}{v} \tag{6-3}$$

N_C 和 v 分别由转鼓试验台中的测功器和速度传感器测得，再由计算机计算出汽车的驱动力，并在界面上的"牵引力"栏中显示。

汽车驱动力及驱动功率试验的误差主要来自省去驱动轮滚动阻力的功率和转鼓试验台传动系统摩擦阻力的功率的测试原理误差，及测功器的测试误差、转鼓试验台的恒速调节误差。

6.1.2　汽车滑行的试验

1. 道路上汽车滑行的试验

（1）道路上汽车滑行试验的目的及标准　道路上汽车滑行试验的目的是获得汽车的滑行速度和滑行距离，另可获得汽车的行驶阻力。汽车的滑行距离可用于评价汽车传动系统的技术状况和调整状况，汽车的行驶阻力可作为设定转鼓试验台系数的依据。道路上汽车的滑行距离是指在水平良好道路上汽车空档、直线滑行所驶过的距离，水平良好道路是指水平的沥青或混凝土道路。

道路上汽车滑行试验的标准是 GB/T 12536—2017《汽车滑行试验方法》。

（2）道路上汽车滑行试验的方法　汽车在水平良好道路上直线滑行，通过汽车速度测量仪（见第 5 章介绍的光电式车速测量仪、GPS 和 BDS 定位车速测量仪、VBOX 汽车试验数据采集系统中的 GPS 定位车速测量仪等）测量汽车从（50±0.3）km/h 到停止的滑行速度和滑行距离，从测量仪显示器的屏幕上，可获取汽车的滑行速度和滑行距离。试验车辆进入滑行区域前的车速稍大于 50km/h，将档位置于空档，即对于手动档汽车，则踩下离合器踏板，变速器挂空档；对于自动档汽车、无变速档的电动汽车和智能汽车，将档位置于空档 N 位。为了减小道路坡度和风向、风速的影响，滑行试验沿相同路段至少往返各进行 3 次，取其平均值作为试验结果。

汽车行驶阻力的确定：根据汽车理论中的汽车行驶平衡方程，汽车在滑行过程中，受到空气阻力、滚动阻力、传动系统的摩擦阻力和减速阻力的影响。根据测试结果，汽车滑行距离越长，汽车的滚动阻力和传动系统的摩擦阻力之和越小，汽车传动系统的技术状况和调整状况越好。

根据汽车理论中的汽车行驶平衡方程，可得汽车的行驶阻力为

$$F_f + F_w = \delta m \frac{du}{dt} - \frac{T_f}{r} \tag{6-4}$$

式中，F_f 为滚动阻力；F_w 为空气阻力；δ 为汽车的旋转质量系数；m 为汽车的质量；$\frac{du}{dt}$ 为汽车的滑行减速度；T_f 为汽车传动系统和从动轮的摩擦力矩；r 为车轮的半径。

根据测试结果，由汽车的滑行速度可得汽车的滑行减速度。略去 T_f，由式（6-4）可得汽车的行驶阻力。

道路上汽车滑行试验的误差来自汽车直线滑行的误差和仪器测试误差。风速与道路的纵向和横向坡度及车轮半径不等也会影响汽车的直线滑行。汽车滑行时，车身的俯仰，有可能引起仪器的测试误差。

2. 转鼓试验台上汽车滑行的试验

（1）转鼓试验台上汽车滑行试验的目的　转鼓试验台上汽车滑行试验的目的是进行不同车辆的滚动阻力和汽车传动系统内阻的横向对比以及同一辆车维修前后的质量检查。同一型号或不同型号的汽车，滑行距离越长，汽车的滚动阻力以及汽车传动系统的内阻越小；同一辆汽车，经调整或维修后，滑行距离越长，汽车的滚动阻力以及汽车传动系统的内阻越小。

（2）转鼓试验台上汽车滑行试验的方法　试验前选取合适的飞轮组惯量，驱动轮停在滚筒上，如图 5-36 或图 5-37 所示。试验开始后，首先进入转鼓试验台的"滑行距离测量"界面，在该界面上设定起始速度，如图 6-3 所示。单击"开始检测"按钮，转鼓试验台开始工作，然后起动汽车、加速，驱动轮带动滚筒转动。当汽车的车速稍大于起始速度时，摘档滑行，储存在转鼓试验台的滚筒装置和汽车传动系统中的动能释放出来，克服轮胎在滚筒上滚动的滚动阻力以及汽车传动系统的内阻，拖动滚筒继续转动，直到车轮停止转动。通过转鼓试验台中的速度传感器检测汽车的速度，再对汽车的速度积分，计算出汽车的滑行距离，并在计算机的屏幕上显示汽车的滑行距离和滑行时间。改变起始速度，可测得不同车速下汽车的滑行距离和滑行时间。

测试中注意：不同的转鼓试验台，滑行试验的测量界面不同，但用转鼓试验台进行汽车滑行试验的原理和方法相同。

转鼓试验台上汽车滑行试验的误差：转鼓试验台上汽车的滑行距离与道路上汽车的滑行距离不相等，由式（6-1）可知，其误差来自滚动阻力、加速阻力和空气阻力。转鼓的表面是覆盖橡胶的曲面，曲面上的橡胶用于模拟地面的弹性和附着系数；地面是覆盖沥青的水平面；转鼓的表面与地面的结构、弹性和附着系数不同，产生滚动阻力误差。

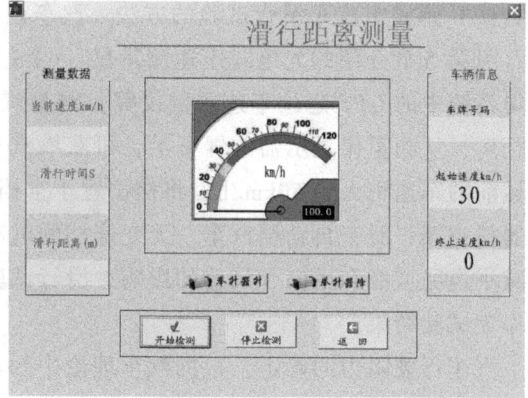
图 6-3 转鼓试验台的"滑行距离测量"界面

在道路上汽车的滑行试验中，汽车移动，有动能，汽车减速移动，释放动能，使汽车滑行；在转鼓试验台上汽车的滑行试验中，汽车不移动，飞轮组、滚筒及其传动系统转动，其转动惯量释放动能，使车轮转动，产生滑行距离，滚筒及其传动系统的摩擦阻力使滑行距离缩短；飞轮组、滚筒及其传动系统的转动惯量释放的动能与汽车移动释放的动能不相等，产生加速阻力误差。在道路上汽车的滑行试验中，汽车有空气阻力；在转鼓试验台上汽车的滑行试验中，汽车没有空气阻力，产生空气阻力误差。由上面的分析可知，转鼓试验台上汽车的滑行距离不能替代道路上汽车的滑行距离。

6.1.3 燃油汽车最低稳定车速的试验

1. 燃油汽车最低稳定车速试验的目的和标准

燃油汽车最低稳定车速试验的目的是获得汽车的最低稳定车速。汽车的最低稳定车速是指最低的能稳定行驶的车速，该车速能保证汽车在急速踩下加速踏板时，发动机不熄火，传动系不抖动，汽车能够平稳不停地加速，且对应的发动机转速不得下降。

燃油汽车最低稳定车速试验的标准是 GB/T 12547—2009《汽车最低稳定车速试验方法》。

2. 燃油汽车最低稳定车速试验的方法

燃油汽车的最低稳定车速试验是针对手动档变速器的燃油汽车开展的试验。对于装备自动变速器的汽车，该指标的价值不大。

燃油汽车的最低稳定车速试验的方法：汽车的最低稳定车速试验在道路上进行。试验时，将试验车辆的变速器和分动器（如果有）置于所要求的档位，从发动机急速转速开始，使汽车保持一个较低的能稳定行驶的车速行驶并通过试验路段。通过汽车速度测量仪观察车速，并测定汽车通过 100m 试验路段时的实际平均车速。在汽车驶出试验路段时，立即急速踩下加速踏板，发动机不应熄火，传动系不应抖动，汽车能够平稳不停顿地加速，且对应的发动机转速不得下降。试验可由低速向高速进行。如果这些条件不能满足，则应适当提高试验的车速，然后重复进行，直到找到满足前述条件的汽车最低稳定车速。

为了减小道路坡度和风向、风速的影响，试验应往返进行至少各 1 次。试验过程中，不允许为保持汽车稳定行驶而切断离合器或使离合器打滑，并且不得换档。取实测车速的算术平均值为该汽车该档位的最低稳定车速。

6.1.4　燃油汽车最高车速的试验

1. 燃油汽车最高车速试验的目的和标准

燃油汽车最高车速试验的目的是获得汽车的最高车速，用于评价汽车的动力性。汽车的最高车速是指在水平良好的路面（混凝土或沥青路面）上汽车直线行驶所能达到的最高行驶车速。

燃油汽车最高车速试验的标准是 GB/T 12544—2012《汽车最高车速试验方法》。

2. 燃油汽车最高车速试验的方法

燃油汽车最高车速试验的方法是汽车在水平良好道路上，试验车辆加速行驶到最高车速，并连续直线行驶一段距离（测试路程的长度为 200m），在此稳定直线行驶路段，通过汽车速度测量仪，获得试验车辆的最高车速。其方法是从测量仪显示器屏幕上的位移-时间曲线或计算机中的位移-时间数据中，获得试验车辆通过 200m 的时间 t（单位为 s），再计算出试验车辆的最高车速，其最高车速等于 $200 \times 3.6/t$ km/h，这种方法用于最高车速有波动等少量变化的情况；也可由车速-时间曲线直接读取最高车速，相应的车速-时间曲线为一条水平线，这种方法用于车速稳定性好的情况。

燃油汽车的档位和加速踏板位置：测试时，对于手动档汽车，加速踏板踩到底，变速器挂直接档或超速档，并选取最高车速的档位；对于自动档汽车，将档位置于前进档 D 位，加速踏板踩到底；对于智能燃油汽车，其控制系统使汽车在最高车速的行驶状态。

燃油汽车最高车速的试验分为单方向、双向和环形跑道上最高车速试验，须重复试验，取最高车速试验的平均值作为试验结果。

单方向最高车速试验是单一方向的最高车速试验。由于试验跑道的自身特性，汽车不能从两个方向达到其最高车速，则允许只从一个方向进行试验。单方向最高车速试验时，需连续 5 次重复进行试验，风速在车辆行驶方向的水平分量不超过 2m/s。

双向最高车速试验是在同一道路上往返的最高车速试验。为了减小道路坡度和风向、风速的影响，需要进行往返的双向试验。双向最高车速试验时，车辆行驶速度变化不应超过 2%，每个方向上的试验不少于 1 次，所用时间的变化不超过 3%。

环形跑道上最高车速试验是在环形跑道上进行最高车速试验。在环形跑道上进行最高车速试验时，记录汽车行驶一圈所用时间，试验至少进行 3 次，每次测量时间的差异不超过 3%，且不对转向盘施加任何动作以修正行驶方向。

进行燃油汽车最高车速试验时，要关闭门窗和空调等附件设备。进行最高车速试验的理想场地应有足够长的直线路段，其中供加速的直线路段至少长 1~3km，视车辆动力性不同而定；在测速路段后面还要有足够长的制动路段。另外，在试验场的高速环形跑道上进行试验时，测速路段应该是直线。单方向试验中直线跑道纵向坡度应不超过 0.1%。测量区的横向坡度应不超过 3%。

燃油汽车最高车速试验的误差来自汽车直线稳定行驶的误差和仪器测试误差。风速与道路的纵向和横向坡度及车轮半径不等会影响汽车的直线行驶。

6.1.5 燃油汽车加速性能的试验

1. 燃油汽车加速性能试验的目的和标准

燃油汽车加速性能试验的目的是获得汽车的加速时间，评价汽车的动力性。汽车的加速时间分为原地起步加速时间和超车加速时间。与此对应，加速性能试验也包括两项，即起步加速性能试验和超车加速性能试验。燃油汽车加速性能试验的操作过程、环境要求和测试仪器，与汽车最高车速试验类似。

燃油汽车加速性能试验的标准是 GB/T 12543—2009《汽车加速性能试验方法》。

2. 燃油汽车起步加速性能试验

起步加速性能试验的方法是以最大的加速度，将汽车从静止状态加速到 100km/h（如果最高车速的 90% 达不到 100km/h，应取最高车速的 90% 向下圆整到 5 的整数倍的车速作为试验终了车速），另以最大的加速度，使汽车由静止状态通过 400m 的距离，分别记录这两个试验的行驶时间，即为原地起步加速时间。

汽车的档位和加速踏板位置：对于手动档汽车，由 I 档起步，选择最恰当的换档时机，逐步换至最高档，挂档后加速踏板踩到底；对于自动档汽车，将档位置于前进档 D 位，加速踏板踩到底；对于智能燃油汽车，其控制系统使汽车在最大加速度的行驶状态。

3. 燃油汽车超车加速性能试验

超车加速性能试验的方法是以最大的加速度，将汽车从 60km/h 加速到 100km/h，同样，如果最高车速的 90% 达不到 100km/h，应取最高车速的 90% 向下圆整到 5 的整数倍的车速作为试验终了车速，记录行驶时间，即为超车加速时间。

燃油汽车的档位和加速踏板位置：对于手动档汽车，变速器挂直接档或超速档，并选取加速时间最短的档位，加速踏板踩到底；对于自动档汽车，将档位置于前进档 D 位，加速踏板踩到底；对于智能燃油汽车，其控制系统使汽车在最大加速度的行驶状态。

燃油汽车的加速性能试验应往返进行，每个方向至少进行 3 次。若一次试验发生问题，则该往返试验均应重做。起步加速性能试验的变化系数不得大于 3%；超车加速性能试验的变化系数不得大于 6%。

无论是起步加速性能试验还是超车加速性能试验，不仅要求加速时间数据，一般还要求绘制加速性能曲线，如图 6-4 所示。汽车速度测量仪可自动绘出加速性能曲线。

燃油汽车的加速性能试验的误差来自汽车直线行驶的误差、换档时间和仪器测试误差。汽车加速时，车身的俯仰有可能引起仪器的测试误差。

6.1.6 燃油汽车爬坡性能的试验

燃油汽车爬坡性能的试验分为爬陡坡的试验和爬长坡的试验。

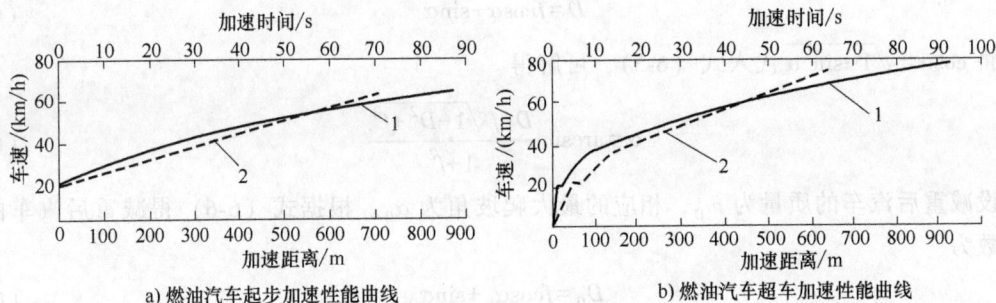

a) 燃油汽车起步加速性能曲线　　　　　　　b) 燃油汽车超车加速性能曲线

图 6-4　燃油汽车加速性能曲线

1—车速-加速距离曲线　2—车速-加速时间曲线

1. 燃油汽车爬陡坡的试验

（1）爬陡坡试验的目的和标准　燃油汽车爬陡坡试验的目的是获得汽车的最大爬坡度，用于评价汽车的动力性。爬陡坡的坡度是汽车理论中的最大爬坡度。燃油汽车爬陡坡试验的操作过程、环境要求和测试仪器，与燃油汽车最高车速试验类似。可用滑变电阻式坡度测量仪测量道路的坡度。

燃油汽车爬陡坡性能试验的标准是 GB/T 12539—2018《汽车爬陡坡试验方法》。

（2）满载法爬陡坡的试验　燃油汽车满载法爬陡坡试验是在汽车满载情况下，获得汽车的最大爬坡度。汽车从坡道前面的水平路面起步，满载爬至坡顶，如图 6-5 所示，可通过 25kg 一包的沙包加载，在通过中间的 10m 测速路段时，测定通过时间、动力装置的转速，监测各仪表的示值。爬到坡顶后，检查汽车各部位有无异常，并做记录。同一坡道可以爬两次，有一次通过就认为可以达到此爬坡度。

汽车的档位和加速踏板位置：档位置于最低档或前进档 D 位，加速踏板踩到底；对于智能燃油汽车，其控制系统使汽车在最大爬坡度的行驶状态。

如果被试车辆克服了该坡道，可以到大一级坡度的坡道上再次进行爬坡试验，以此类推，直至爬到所能克服的最大坡度，作为该车的最大爬坡度试验结果。这种试验方法难以找到恰好的最大爬坡度，要解决这个问题，可用下面介绍的减重法和负荷拖车法爬坡。

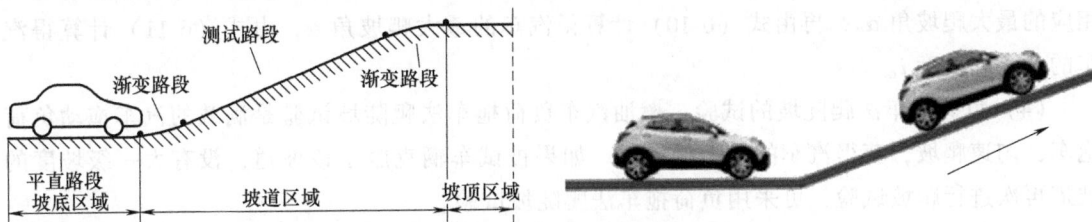

图 6-5　汽车爬陡坡的试验

（3）减重法爬陡坡的试验　燃油汽车减重法爬陡坡试验是减小汽车的载重量，获得汽车的最大爬坡度。如果被试车辆克服了该坡道，没有大一级坡度的坡道再次进行爬坡试验，可采用减重法爬陡坡试验。

设汽车的质量为 m，相应的最大爬坡角为 α。根据汽车理论，汽车的动力因数为

$$D = f\cos\alpha + \sin\alpha \tag{6-5}$$

将 $\cos\alpha = \sqrt{1-\sin^2\alpha}$ 代入式（6-5），可解得

$$\alpha = \arcsin\frac{D-f\sqrt{1-D^2+f^2}}{1+f^2} \tag{6-6}$$

设减重后汽车的质量为 m_0，相应的最大爬坡角为 α_0。根据式（6-6）得减重后汽车的动力因数为

$$D_0 = f\cos\alpha_0 + \sin\alpha_0 \tag{6-7}$$

根据动力因数的定义，得

$$mD = m_0 D_0 \tag{6-8}$$

将式（6-7）代入式（6-8），得汽车的动力因数为

$$D = \frac{m_0}{m}D_0 = \frac{m_0}{m}(f\cos\alpha_0 + \sin\alpha_0) \tag{6-9}$$

将式（6-9）代入式（6-6），得汽车的最大爬坡角为

$$\alpha = \arcsin\frac{\frac{m_0}{m}(f\cos\alpha_0 + \sin\alpha_0) - f\sqrt{1-\left[\frac{m_0}{m}(f\cos\alpha_0 + \sin\alpha_0)\right]^2 + f^2}}{1+f^2} \tag{6-10}$$

由式（6-10）得汽车的最大爬坡度为

$$i = \tan\alpha \tag{6-11}$$

当已知汽车的质量 m 和测试道路的坡度角 α_0 时，根据式（6-5）~式（6-8），得减重后的汽车的质量为

$$m_0 = m\frac{D}{D_0} = m\frac{f\cos\alpha + \sin\alpha}{f\cos\alpha_0 + \sin\alpha_0} \tag{6-12}$$

由式（6-12）得减轻的质量为

$$\Delta m_0 = m_0 - m = m\frac{f\cos\alpha + \sin\alpha - f\cos\alpha_0 - \sin\alpha_0}{f\cos\alpha_0 + \sin\alpha_0} \tag{6-13}$$

减重后汽车的质量变小，式（6-13）的计算结果为负值。通过减小汽车的载重量，测得相应的最大爬坡角 α_0，再由式（6-10）计算得汽车的最大爬坡角 α，由式（6-11）计算得汽车的最大爬坡度 i。

（4）负荷拖车法爬陡坡的试验　燃油汽车负荷拖车法爬陡坡试验是满载的汽车拖动负荷拖车，匀速爬坡，获得汽车的最大爬坡度。如果被试车辆克服了该坡道，没有大一级坡度的坡道再次进行爬坡试验，可采用负荷拖车法爬陡坡试验。

设汽车的质量为 m，汽车拖动负荷拖车匀速爬坡时，牵引负荷拖车的拖钩牵引力为 F_g，相应的最大爬坡角为 α_0。根据汽车理论，汽车的动力因数为

$$D = f\cos\alpha_0 + \sin\alpha_0 + \frac{F_g}{mg} \tag{6-14}$$

式中，g 为重力加速度。

将式（6-14）代入式（6-6），得汽车的最大爬坡角为

$$\alpha = \arcsin \frac{f\cos\alpha_0 + \sin\alpha_0 + \dfrac{F_g}{mg} - f\sqrt{1 - \left(f\cos\alpha_0 + \sin\alpha_0 + \dfrac{F_g}{mg}\right)^2 + f^2}}{1 + f^2} \tag{6-15}$$

当已知汽车的质量 m、测试道路的坡度角 α_0 和最大爬坡度对应的坡度角 α 时，根据式（6-5）和式（6-14），得拖钩牵引力为

$$F_g = mg[f\cos\alpha + \sin\alpha - (f\cos\alpha_0 + \sin\alpha_0)] \tag{6-16}$$

通过负荷拖车的计算机调节拖钩牵引力，测得相应的最大爬坡角 α_0 和拖钩牵引力 F_g，再由式（6-15）计算得汽车的最大爬坡角 α，由式（6-11）计算得汽车的最大爬坡度 i。

燃油汽车爬陡坡试验的误差来自爬坡角、汽车质量和拖钩牵引力的测试误差。汽车不能匀速爬坡时，会产生测试误差。

2. 燃油汽车爬长坡的试验

（1）爬长坡试验的目的　燃油汽车爬长坡试验的目的是考察汽车长时间在大负荷下运转的动力性、经济性、动力装置和传动系统的技术状况、变速器的档位利用率、档位设置的合理性等。爬长坡的实质是给汽车施加一个可以长期、稳定、安全行驶的大负荷工况。

（2）爬长坡试验的方法　试验路段要求为表面平整、坚实的连续上坡路，长度为 8~10km，其中上坡路段占总长度的 90% 以上，最大纵向坡度不小于 8%。试验过程中，在保证安全和符合交通法规的前提下，尽可能高速、匀速行驶；对于有变速器的汽车，尽可能使用较高的档位行驶。

记录从起点到终点的爬长坡行驶过程中各档位的使用次数、时间和里程，计算出各档位时间或里程的利用率，记录燃油消耗量、计算平均车速、燃油车的百公里油耗，注意观察动力装置及底盘零部件的工作状态，发现严重异常情况（如发动机冷却液温度过高）时应立即停止试验。

如果爬长坡试验的目的是考察发动机冷却系统的工作能力，也可以用负荷拖车代替真实长坡路进行测试。

6.1.7　纯电动汽车动力性的试验

1. 纯电动汽车动力性试验的目的及标准

纯电动汽车动力性试验的目的是要得到纯电动汽车的 30min 最高车速、最高车速、加速能力、爬坡车速、最大爬坡度和坡道起步能力，用于评价纯电动汽车的动力性能。30min 最高车速、最高车速用于评价纯电动汽车的最高车速。纯电动汽车的加速能力用 0~100km/h 最短加速时间、60~100km/h 最短加速时间评价，0~100km/h 最短加速时间用于评价纯电动汽车的原地起步加速性能；60~100km/h 最短加速时间用于评价纯电动汽车的超越加速性能。爬坡车速（包括 4% 和 12% 坡度的爬坡车速）、最大爬坡度和坡道起步能力用于评价纯电动汽车的爬坡性能。

纯电动汽车动力性试验的标准是 GB/T 18385—2024《纯电动汽车　动力性能　试验方法》。

2. 纯电动汽车动力性试验的条件

（1）试验车辆的状态　试验车辆应依据每项试验的技术要求加载。在现场环境温度下，

车辆轮胎气压应符合制造厂的规定；进行坡道试验时，轮胎气压在冷态下增大 20kPa。机械运动部件用润滑油及冷却液的规定和加注量应符合车辆制造厂的规定。除了驱动用途外，所有的储能系统应充到车辆制造厂规定的最大值（电能、液压、气压等）。试验前车辆应在安装动力蓄电池的条件下磨合一定的里程，也可根据车辆制造厂的技术要求进行磨合，该里程需大于 300km，同时，应使动力蓄电池经历一次从完全充电状态放电至荷电状态报警的过程，电量报警装置应工作正常。车上的照明、信号装置以及辅助设备应关闭，除非试验对这些装置有要求。车辆应清洁。车辆和驱动系统正常运行时，不是必需的车窗和通风口，应通过正常的操作关闭。试验驾驶人应按车辆制造厂推荐的规范程序进行操作。

（2）试验的环境条件 室外试验环境温度应在 0~32℃ 之间；室内试验环境温度应在（23±5）℃；大气压力应在 91~104kPa 之间。对于 M_1 类车辆和最大设计总质量小于 2t 的 N_1 类车辆，在高于路面 0.7m 处测量风速；对于其他车辆，在高于路面 1.6m 处测量风速；平均风速不超过 3m/s，最大风速不超过 5m/s。相对湿度小于 95%。试验前，分别用温度计、大气压力表、风速仪和湿度计测量环境温度、大气压力、风速和相对湿度。试验不能在雨天和雾天进行。

（3）试验的道路条件 试验应在干燥的直线道路、环形道路和试验坡道上进行，路面应坚硬、平整、干净且具有良好的附着性能，多在汽车试验场的道路上进行试验。

直线道路的测试区长度应至少 200m，直线道路的加速区长度应能保证车辆在进入测量区前可加速到车辆所能达到的最高车速并稳定行驶至少 200m。

环形道路的长度应不小于 2000m，其中，环形部分的曲率半径不小于 200m。

爬坡道路如图 6-5 所示，测试路段长度应不小于 20m，测试路段的前后设有渐变路段，坡前平直路段不小于 8m。

（4）试验的仪器 用时钟、温度计、风速仪、胎压表、称重仪分别测量时间、温度、风速、胎压和汽车质量。用汽车速度测量仪测量车速。如果使用纯电动汽车上安装的车速表、里程表测定车速和里程，试验前必须进行误差校正。表 6-1 规定了测量的参数、单位及准确度。

表 6-1 测量的参数、单位和准确度

测量的参数	单位	准确度	测量的参数	单位	准确度
时间	s	±0.1	大气压力	kPa	±1
长度	m	±0.1%	速度	km/h	±1%或±0.1,取大者
温度	℃	±1	质量	kg	±0.5%
风速	m/s	±0.5	轮胎气压	kPa	±1%

（5）试验车辆的质量 试验车辆的质量是指纯电动汽车整车整备质量与试验所需附加质量之和，包括测量人员和仪器的重量。对于 M_1 类车辆和最大设计总质量小于 2t 的 N_1 类车辆，附加质量分别为：

1）如果最大允许装载质量 ≤180kg，取最大允许装载质量。

2）如果最大允许装载质量 >180kg，但 ≤360kg，取 180kg。

3）如果最大允许装载质量 >360kg，取最大允许装载质量的一半。

试验前，用称重仪称重试验车辆的整备质量和附加质量。

（6）动力蓄电池的充电　常规充电宜采用交流充电方式，如果车辆有直流充电方式，根据车辆制造厂的要求，可选用直流充电方式。

当车载或外部仪器显示动力蓄电池已完全充电时，判定为充电完成。如果车载或外部仪器发出显示的信号提示动力蓄电池没有充满，则最长充电时间为 3×车辆制造厂规定的动力蓄电池能量（kW·h）/电网供电功率（kW），其单位为 h。

（7）试验前对动力蓄电池 SOC 的要求　30min 最高车速的试验开始前动力蓄电池 SOC>90%；最高车速、加速能力和爬坡车速试验开始前动力蓄电池 SOC≥50%，或处于车辆制造厂推荐的 SOC 以上；最大爬坡度和坡道起步能力试验开始前动力蓄电池 SOC≤40%。可通过电压表测量动力蓄电池的电压，估算动力蓄电池的 SOC 值。

（8）试验车辆的预热　即将进行试验前，按照车辆制造厂推荐或适当的方式对影响试验结果的车辆系统、部件进行预热，以达到车辆制造厂推荐的稳定温度条件。

3. 纯电动汽车动力性的各项试验

纯电动汽车动力性试验的取值特点是取试验的平均值，因为，试验过程中，动力蓄电池的 SOC 在下降，驱动电机的功率在下降，瞬时试验值在下降，这不同于燃油汽车，燃油汽车发动机的输出功率可视为不变，燃油的消耗对汽车质量的影响很小，可略去不计，对试验值的影响很小。

纯电动汽车动力性的试验有 6 项，包括：30min 最高车速、最高车速、加速能力、爬坡车速、最大爬坡度和坡道起步能力，具体试验如下。

（1）30min 最高车速的试验　30min 最高车速试验的目的是获得纯电动汽车能够持续行驶 30min 以上的最高平均车速，此值是评价纯电动汽车最高车速的指标之一。30min 最高车速试验是纯电动汽车能够持续行驶 30min 以上的最高平均车速的试验。

30min 最高车速试验的方法：可以在环形跑道上进行，也可以在底盘测功机上进行。在环形跑道上进行 30min 最高车速试验的方法如下：

1）将试验车辆加载到试验质量，增加的载荷应合理分布，然后进行车辆试验。

2）使试验车辆以该车 30min 最高车速估计值±5% 的车速行驶 30min。试验中车速如有变化，可以通过踩加速踏板来补偿，从而使车速符合 30min 最高车速估计值±5% 的要求。

3）如果试验中车速达不到 30min 最高车速估计值的 95%，试验应重做，车速可以是上述 30min 最高车速估计值或车辆制造厂重新估计的 30min 最高车速。

4）通过汽车速度测量仪，测得路程—时间曲线，再由路程—时间曲线找出与 30min 对应的路程 S_1（m），并计算平均 30min 最高车速 v_{30}（km/h）。

$$v_{30} = \frac{S_1 \times 60}{30 \times 1000} = \frac{S_1}{500} \tag{6-17}$$

在底盘测功机上进行 30min 最高车速试验的方法：在底盘测功机的恒速功率测量的界面下，设定速度为车辆制造厂提供的 30min 最高车速估计值，测牵引力，此牵引力应等于车辆的行驶阻力。30min 最高车速估计值的行驶阻力可根据汽车理论中行驶阻力的定义和计算公式计算得到。

（2）最高车速的试验　最高车速试验的目的是获得纯电动汽车持续行驶 200m 以上距离的最高车速的平均值，此值是评价纯电动汽车最高车速的指标之一。

最高车速试验是在 200m 以上的测试路程上测试纯电动汽车的最高车速，获得纯电动汽车能够行驶 200m 以上距离的最高车速的平均值，往返试验，不少于 1 次，且随即进行反向试验。最高车速试验的方法有双向、单一方向和环形跑道上最高车速试验，其试验方法与燃油汽车最高车速试验的方法基本相同。

（3）加速能力的试验　加速能力试验的目的是获得车速、加速时间和加速距离，主要获得加速时间。加速能力的试验包括原地起步加速能力的试验和超越加速能力的试验，其试验与燃油汽车加速能力试验的方法基本相同。每项试验往返进行，每个方向至少进行 3 次，试验结果取其加速时间的平均值。若一次试验发生问题，则该往返试验均应重做。

起步加速能力试验的方法是以最大的加速度，将汽车从静止状态加速到 100km/h（如果最高车速的 90% 达不到 100km/h，应取最高车速的 90% 向下圆整到 5 的整数倍的车速作为试验终了车速），记录试验过程中的车速、加速时间和加速距离，加速时间为原地起步加速时间。试验中，汽车的档位和加速踏板位置：对于手动档汽车，由 Ⅰ 档起步，选择最恰当的换档时机，逐步换至最高挡，挂档后加速踏板踩到底；对于自动档汽车，将档位置于前进挡 D，加速踏板踩到底；对于智能纯电动汽车，其控制系统使汽车在最大加速度的行驶状态。

超越加速能力试验的方法是以最大的加速度，将汽车从起始车速（最高车速大于 70km/h 的车辆，起始车速为 60km/h；最高车速不大于 70km/h 的车辆，起始车速为 30km/h）加速到 100km/h，同样，如果最高车速的 90% 达不到 100km/h，应取最高车速的 90% 向下圆整到 5 的整数倍的车速作为试验终了车速，记录试验过程中的车速、加速时间和加速距离，加速时间为超车加速时间。汽车的档位和加速踏板位置：对于自动档汽车，将档位置于前进挡 D，加速踏板踩到底；对于智能纯电动汽车，其控制系统使汽车在最大加速度的行驶状态。

（4）爬坡车速的试验　爬坡车速的试验的目的是获得纯电动汽车在 4% 和 12% 坡度的坡道上的爬坡最高车速，此值是评价纯电动汽车爬坡能力的指标。4% 和 12% 坡度的爬坡车速试验是纯电动汽车分别在 4% 和 12% 坡度的坡道上能够持续行驶 1km 以上的最高平均车速的试验。

底盘测功机上的 4% 和 12% 坡度的爬坡车速试验的方法：由于很难找到 1km 以上及可测试持续爬坡 1km 的最高平均车速的坡道，因此，4% 和 12% 坡度的爬坡车速试验在底盘测功机上进行，其试验过程如下：

1）将试验车辆加载到最大设计总质量，增加的载荷应合理分布。

2）将试验车辆的驱动轮置于底盘测功机上，并对底盘测功机进行必要的调整以使其适合试验车辆最大设计总质量。

3）在底盘测功机的爬坡车速试验的界面下，调整底盘测功机，使其增加一个相当于 4% 坡度的附加载荷，4% 和 12% 坡度的附加载荷分别为 4% 和 12% 坡度的坡度阻力，可根据汽车理论中坡度阻力的定义和计算公式计算得到。

4）将加速踏板踩到底使试验车辆加速，或使用适当变速档位使车辆加速。

5）通过底盘测功机显示屏上显示的 4% 坡度下的最高车速、时间、速度—时间曲线、路程—时间曲线及其计算机中的相应数据，直接确定、记录试验车辆能够达到并能持续行驶

1km 的最高稳定车速和时间 t，试验中车辆行驶速度最大值与最小值相差不超过最小值的 2%。也可由下式计算得到试验车辆持续行驶 1km 的最高稳定车速。

$$v = \frac{1 \times 3600}{t} = \frac{3600}{t}$$

(6-18)

式中，v 为爬坡最高稳定车速，单位为 km/h；t 为持续行驶 1km 所测的时间，单位为 s。

6）调整测功机使其增加一个相当于 12% 坡度的附加载荷。

7）重复上述 4）~5）的试验过程，底盘测功机显示屏上显示 12% 坡度下的试验数据。

8）试验完成后，停车检查各部位有无异常现象发生，并详细记录。

底盘测功机上的 4% 和 12% 坡度的爬坡车速试验的方法也可用 6.1.1 节中恒速功率测量的方法，试验中，汽车的驱动力分别为 4% 和 12% 坡度的坡度阻力。

（5）最大爬坡度的试验　最大爬坡度试验的目的是获得纯电动汽车的最大爬坡度，此值是评价纯电动汽车爬坡性能的指标之一。其试验方法与燃油汽车爬陡坡的试验方法基本相同，没有车速的要求，但车速低，最大爬坡度大。试验中注意：爬坡中动力蓄电池的电压是降低的，爬坡车速会降低。

（6）坡道起步能力的试验　坡道起步能力试验的目的是获得纯电动汽车在坡道上能够起动且 1min 内向上行驶至少 10m 的最大坡度，也即获得纯电动汽车起步的最大爬坡度，此值是评价纯电动汽车爬坡性能的指标之一。坡道起步能力是指纯电动汽车在坡道上能够起动且 1min 内向上行驶至少 10m 的最大坡度。坡道起步能力试验是测试纯电动汽车在坡道上能够起动且 1min 内向上行驶至少 10m 的最大坡度的试验，有车速的要求。

坡道起步能力测试的方法：可采用满载爬坡试验、增减重法爬坡试验和负荷拖车法爬坡试验的方法之一，这些爬坡试验的方法与 6.1.6 节介绍的燃油汽车爬陡坡试验的方法相同，只有爬坡速度的要求不同，在纯电动汽车的爬坡试验中，要求纯电动汽车 1min 内向上行驶以至少 10m/min 的速度通过测量区，或者说，纯电动汽车向上行驶在 1min 内匀速通过坡道的 10m 的测量区。下面分别介绍纯电动汽车满载、增减重和负荷拖车法爬坡的试验。

1）满载法爬坡的试验：将试验车辆加载到最大设计总质量，同时，选定的坡道应有 10m 的测量区并绘制测量区的起始和终止线，测量区前应提供起步区域，然后以至少 10m/min 的最高平均速度通过测量区；通过汽车速度测量仪，测量汽车通过测量区的车速；通过滑变电阻式坡度测量仪测量道路的坡度。如果车辆装有离合器和变速器，则在起动时使用最低挡。当坡度角等于车辆制造厂技术条件规定的最大爬坡度对应的坡度角 α 时，采用满载爬坡试验的方法。

2）增减重法爬坡的试验：增减重法爬坡试验包括增重法爬坡试验和减重法爬坡试验。增加汽车重量，进行爬坡试验，为增重法爬坡试验，反之，为减重法爬坡试验，因此，增重法爬坡试验和减重法爬坡试验的原理相同，不同点是增重和减重。当坡度角不等于制造厂技术条件规定的最大爬坡度对应的坡度角 α 时，采用增减重法爬坡试验和负荷拖车法爬坡试验的方法。下面介绍增减重法爬坡试验中的相关计算及试验方法。

坡道起步能力测试应在有一定坡度角 α_0 的道路上进行。该坡度角 α_0 应近似于制造厂技术条件规定的最大爬坡度对应的坡度角 α，实际坡度和厂定坡度之差，应通过增减质量 Δm 来调整。

考虑坡度角 α_0 近似于坡度角 α，取 $f\cos\alpha = f\cos\alpha_0$，由式（6-13）得增减质量：

$$\Delta m_0 = m \frac{\sin\alpha - \sin\alpha_0}{f\cos\alpha_0 + \sin\alpha_0} \tag{6-19}$$

增减质量后的汽车的质量 m_0 可根据式（6-12）计算。如果坡度角 α_0 近似于坡度角 α，则可用式（6-19）计算增减质量 Δm。如果坡度角 α_0 不能近似于坡度角 α，则不可用式（6-19）计算增减质量 Δm，需要用式（6-13）计算增减质量 Δm。增减质量的计算结果为正，则增加汽车的质量；增减质量的计算结果为负，则减少汽车的质量，用减重法进行爬坡试验。减重爬坡试验比增重爬坡试验好，因为增重使汽车超载，有产生安全事故的风险。

增减重法爬坡试验的方法：在试验车辆的最大设计总质量的基础上，按式（6-13）或式（6-19）计算所得的增减质量，改变试验车辆的总质量。在坡度角 α_0 的道路上，选定的坡道应有 10m 的测量区并绘制测量区的起始和终止线，如图 6-5 所示，测量区前应提供起步区域，然后以至少 10m/min 的最高平均速度通过测量区，通过汽车速度测量仪，测量汽车通过测量区的车速。如不能以 10m/min 的速度通过测量区时，可微调试验车辆的总质量，直到能以 10m/min 的速度通过测量区为止。

3）负荷拖车法爬坡的试验：满载的汽车拖动负荷拖车，以至少 10m/min 的最高平均速度通过测量区，获得纯电动汽车的最大爬坡度。纯电动汽车的最大爬坡角、拖钩牵引力的计算分别见式（6-15）和式（6-16）。当坡度角 α_0 小于车辆制造厂技术条件规定的最大爬坡度对应的坡度角 α 时，如果被试车辆克服了该坡道，没有大一级坡度的坡道上再次进行爬坡试验，可采用负荷拖车法爬坡试验。

（7）纯电动汽车动力性试验的误差　纯电动汽车动力性试验的误差来自纯电动汽车直线稳定行驶的误差和仪器测试误差。风和道路的纵向和横向的坡度影响汽车的直线稳定行驶，车轮半径不等会影响纯电动汽车的直线行驶。底盘测功机的测试误差影响底盘测功机上的 4% 和 12% 坡度的爬坡车速试验的结果。

6.1.8　混合动力电动汽车动力性的试验

1. 混合动力电动汽车动力性试验的目的及标准

混合动力电动汽车动力性试验的目的是要得混合动力模式下和纯电动模式下混合动力电动汽车的动力性能。

混合动力电动汽车动力性试验的标准是 GB/T 19752—2024《混合动力电动汽车　动力性能试验方法》。

2. 混合动力电动汽车动力性的各项试验

混合动力模式下混合动力电动汽车动力性试验的项目包括：30min 最高车速、最高车速、加速能力、最大爬坡度和坡道起步能力试验，没有 4% 和 12% 坡度的爬坡车速的试验。试验在混合动力模式下进行。

纯电动模式下混合动力电动汽车动力性试验的项目包括：最高车速、加速能力、最大爬坡度和坡道起步能力试验，没有 30min 最高车速的试验，没有 4% 和 12% 坡度的爬坡车速的试验。试验在纯电动模式下进行。如果试验车辆具有动力系统工作模式手动选择功能，能手动切换至纯电动模式，且按照 GB/T 18385—2024《纯电动汽车　动力性能　试验方法》的要求进行动力性能试验过程中，不会自动切换至其他动力系统工作模式（混合动力模式或热机模式），则进行该车辆的纯电动模式下的动力性能试验，否则，试验车辆可不做纯电动模式下的动力性能试验或者减去不能做的试验项目。纯电动模式下的各项试验的具体试验方法应与 GB/T 18385—2024 规定的试验方法保持一致。

混合动力电动汽车动力性的各项试验如下：

1）混合动力电动汽车 30min 最高车速试验的方法与纯电动汽车 30min 最高车速试验的方法相同，可以在环形跑道上进行，也可以在底盘测功机上进行。

2）混合动力电动汽车最高车速的试验有双向、单一方向和环形跑道上的最高车速试验，其试验方法与纯电动汽车最高车速试验的方法相同。

3）混合动力电动汽车加速能力的试验包括包括原地起步加速能力的试验和超越加速能力的试验，其试验方法与纯电动汽车加速能力试验的方法相同。

4）混合动力电动汽车最大爬坡度和坡道起步能力的试验分别与纯电动汽车的最大爬坡度和坡道起步能力试验的方法相同。

6.2　汽车经济性的试验

6.2.1　汽车经济性试验的分类

1. 按照汽车动力装置分类

按照汽车动力装置，汽车的经济性试验分为燃油汽车、纯电动汽车和混合动力电动汽车的经济性试验等。

汽车理论中的"燃油经济性"，在各种试验标准中一般称为"燃料经济性"，含义是相同的，基本上都是测定燃油汽车的汽/柴油消耗量。燃料经济性试验即燃油汽车的经济性试验。

2. 按照汽车工况分类

按照汽车的工况，汽车的经济性试验分为等速、等加速等单工况经济性试验和多工况经济性试验等。等速工况经济性试验是在汽车等速行驶条件下进行经济性试验，等加速工况经济性试验是在汽车等加速行驶条件下进行经济性试验，均为单工况经济性试验。多工况经济性试验是在汽车多工况行驶条件下进行经济性试验，多工况由汽车的起步、加速、等速、减速和怠速停车等工况组合而成。

3. 按照汽车试验时对各种因素的控制程度分类

按照汽车试验时对各种因素的控制程度，汽车经济性试验可以分为以下四类。

（1）不控制道路的试验　这种试验对行驶道路、交通状况、驾驶习惯和周围环境不做任何控制，属于一种将被试车辆投放到试验点（使用单位）进行的使用试验，可获得经济性的统计性数据。原则上要求试验车辆数量多，试验里程长。这种试验的工况与实际使用情况完全相同，数据结果真实可信，但是试验成本高、耗时长，也没有成形的标准可供参考，多用于交通运输企业的经济性试验。

（2）控制道路的试验 这种试验是在维持行驶道路和交通状况等使用因素基本不变的条件下，进行经济性试验。

（3）道路上的循环试验 这种试验是指完全按照编制好的车速-时间规范在道路上进行的试验。在循环试验中，包括等速、等加速、等减速和怠速工况的试验。

（4）底盘测功机上的循环试验 这种试验是将道路上的循环试验移植到底盘测功机上进行，即在底盘测功机上进行单工况或多工况循环的经济性试验。汽车在底盘测功机上的行驶工况与实际道路有所不同，所以底盘测功机上的循环试验结果不一定能代表被试汽车的真实经济性水平。但是，台架试验能严格控制试验条件，排除外界无关因素的干扰，完成复杂的工况循环，而且效率很高，常用于汽车性能研究性试验、汽车新技术和新产品的验证试验、汽车质量年检等检查试验、不同车型的横向对比试验、同一车辆调整或维修前后的对比试验等。

4. 按照消耗能量的获取方法分类

（1）测量耗油量的试验 测量耗油量的试验是用容积式、质量式油耗仪等测量燃油消耗量的试验，通过测量燃油的消耗量，及根据汽车理论中百公里油耗的计算方法，获得百公里油耗（L/100km），用于燃油汽车的经济性试验。

（2）碳平衡法计算耗油量的试验 碳平衡法计算耗油量的试验是用碳平衡法计算燃油量的经济性试验，用于燃油车辆多工况循环的汽车经济性试验。

（3）测量能量消耗率和续驶里程的试验 测量能量消耗率和续驶里程的试验是测量电动汽车能量消耗率和续驶里程的试验，用于电动汽车的经济性试验。

6.2.2 燃油汽车经济性的试验

燃油汽车的经济性试验分为等速工况燃料经济性试验和多工况燃料经济性试验。

1. 等速工况燃料经济性的试验

等速工况燃料经济性试验的目的是获得汽车等速百公里油耗。可在道路或底盘测功机上进行试验。

（1）道路上等速工况燃料经济性的试验 道路上等速工况燃料经济性试验的基本方法是测量汽车以等速通过一定距离（如2km）的平直路段所消耗的燃料量，计算得到该车速下的等速百公里油耗。通过改变车速，得到不同车速下的等速百公里油耗。通过汽车速度测量仪，测量汽车的车速和行驶路程，通过容积式油耗仪测量燃料消耗量。

变速器档位：变速器档位置于直接档；如果有超速档，则增加超速档下的等速工况燃料消耗量试验。对于自动变速器的车型，则选用前进档D位。

试验车速从略高于该档位最低稳定车速的10km/h的整倍数起（通常从20km/h取起，如果该档位最低稳定车速超过20km/h，则从30km/h起），至最高车速的90%，至少选定5个车速。

同一车速下往返各进行2次测试，将容积式油耗仪串联在供油管路中，测量每次行驶的燃料消耗量，经重复性检验后取平均值作为试验结果。每次行驶的时间间隔尽量短，以保证车辆热状态一致。在测量路段行驶时尽量保持匀速，加速踏板尽量保持在固定位置，以避免反复"泵油"效应带来的油耗量的随机波动。

等速百公里油耗的计算：用容积式油耗仪测得的燃料消耗量除以汽车测试路段的距离，分别得到不同车速、不同档位的等速百公里油耗。计算中要注意温度影响燃料的密度。

道路上等速工况燃料经济性试验的误差与容积式油耗仪测量精度、供油系统的回油、测试环境和道路等有关。

（2）底盘测功机上等速工况燃料经济性的试验　底盘测功机上等速工况燃料经济性试验的方法是在底盘测功机上测量汽车以等速行驶一定距离（如 2km）所消耗的燃料量，计算得到该车速下的等速百公里油耗。通过改变车速，得到不同车速下的等速百公里油耗。通过底盘测功机，在恒速测量界面下测量汽车的车速和行驶路程，通过容积式油耗仪测量燃料消耗量。

试验前，使车辆达到试验温度，一旦达到了试验温度，就以接近试验速度的速度在测功机上行驶足够长的距离，以便调节辅助冷却装置来保证车辆温度的稳定性。按适当的试验速度和规定的试验质量设定测功机，以达到总的道路行驶阻力。

在恒速测量界面上设定车速并进行试验，驱动轮带动滚筒转动，当汽车的车速稍大于设定速度时，保持加速踏板位置，测功机产生不同的阻力矩，自动调节转鼓的转速，使汽车恒速。

试验时，变速器的档位操作、车速的设置分别同道路上等速工况燃料经济性试验中变速器的档位操作、车速的设置。

同一车速下至少进行 4 次测试，将容积式油耗仪串联在供油管路中，测量每次行驶的燃料消耗量，经重复性检验后取平均值作为试验结果。每次行驶的时间间隔尽量短，以保证车辆热状态一致。该阶段持续时间不应低于 5min。在试验前，按适当的试验速度和规定的试验质量设定测功机，以达到总的道路行驶阻力。试验时，测量的行驶距离不少于相应的道路试验距离，速度变化幅度不应大于 0.5km/h。

等速百公里油耗的计算：用容积式油耗仪测得的燃料消耗量除以汽车行驶的距离，分别得到不同车速、不同档位的等速百公里油耗。从恒速测量界面上获取汽车行驶的速度和距离。

底盘测功机上等速工况燃料经济性试验的误差与容积式油耗仪测量精度、供油系统的回油、底盘测功机的精度等有关。

2. 多工况燃料经济性的试验

多工况燃料经济性试验的目的是获得汽车在多工况下循环行驶的燃料油耗量。汽车在实际使用中工作状态的变化非常复杂，单纯采用等速工况燃料经济性试验难以全面反映实际燃料经济性水平。多工况循环试验可模拟某种类型汽车的实际运行工况，力图使试验数据能够代表被试车辆的真实燃料经济性。

轻型汽车多工况燃油汽车经济性试验的标准包括 GB/T 19233—2020《轻型汽车燃料消耗量试验方法》和 GB 18352.6—2016《轻型汽车污染物排放限值及测量方法（中国第六阶段）》，重型汽车多工况燃油汽车经济性试验的标准包括 GB/T 27840—2021《重型商用车辆燃料消耗量测量方法》和 GB 17691—2018《重型柴油车污染物排放限值及测量方法（中国第六阶段）》等。下面主要介绍轻型汽车多工况燃料经济性试验方法。

在底盘测功机的续驶里程界面下，调用全球统一轻型车辆测试循环（WLTC），开展试验；试验时，WLTC 的车速曲线及车速范围曲线在车前的显示屏上显示，驾驶人观察显示屏上的车速曲线及车速范围曲线，通过加速踏板控制车速（测试精度低），或通过自动控制车速装置控制车速（测试精度高）；通过尾气测量 HC、CO 和 CO_2 的排放量，再根据汽车理论中的碳平衡法，计算得到燃料油耗量。在试验中，先用全流式排气稀释系统稀释尾气，再用定容取样器（CVS）取样尾气，最后检测 HC、CO 和 CO_2 等的排放量。因仪器测量精度问题，一般不用四气体分析仪和五气体分析仪检测。

WLTC 包括低速段、中速段、高速段和超高速段四部分，分别如图 6-6～图 6-9 所示。试验总持续时间为 1800s，其中低速段的持续时间为 589s，中速段的持续时间为 433s，高速段的持续时间为 455s，超高速段的持续时间为 323s。在 GB 18352.6—2016《轻型汽车污染物排放限值及测量方法（中国第六阶段）》中，给出了低速段、中速段、高速段和超高速段的逐秒车速表，每 1s 对应 1 个车速，WLTC 中的部分车速见表 6-2。从表 6-2 中可以看出，在 WLTC 中对车速-时间关系（或车速-里程关系）做出了明确、具体的定量约束，试验时必须按照既定的循环，最好实时、自动控制车辆的起步、加速、等速、减速和怠速停车等工况。

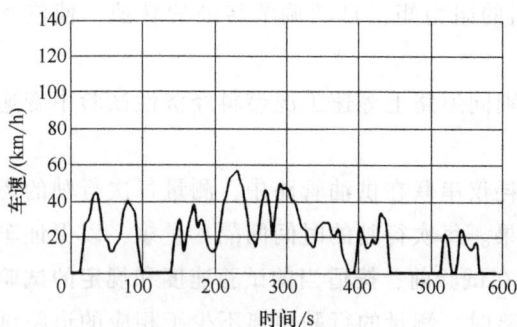

图 6-6 低速段示意图

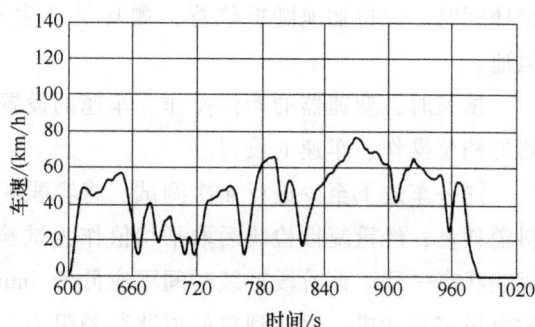

图 6-7 中速段示意图

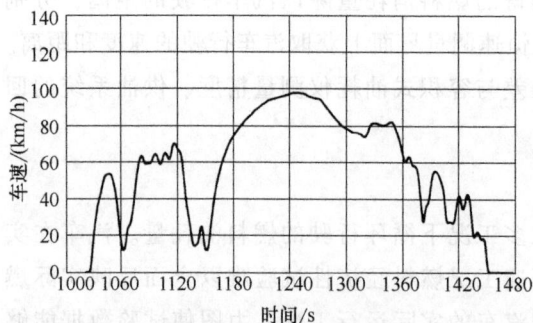

图 6-8 高速段示意图

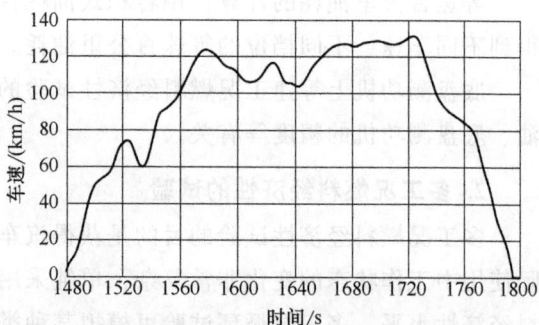

图 6-9 超高速段示意图

除了用于轻型汽车多工况燃料经济性试验 WLTC，还有用于重型等类型汽车多工况燃料经济性试验的循环，可参见相关类型的汽车燃料经济性试验的国家标准，应注意国家标准及其循环的更新。

表 6-2　WLTC 中的部分车速

时间/s	车速/(km/h)	时间/s	车速/(km/h)	时间/s	车速/(km/h)
1	0	8	0	15	5.4
2	0	9	0	16	9.9
3	0	10	0	17	13.1
4	0	11	0	18	16.9
5	0	12	0	19	21.7
6	0	13	0.2	20	26
7	0	14	1.7	21	27.5

用碳平衡法计算燃料油耗量的公式如下。

装备汽油机的车辆为

$$FC = \frac{0.1155}{D}[(0.866 \times HC) + (0.429 \times CO) + (0.273 \times CO_2)] \tag{6-20}$$

装备柴油机的车辆为

$$FC = \frac{0.1156}{D}[(0.865 \times HC) + (0.429 \times CO) + (0.273 \times CO_2)] \tag{6-21}$$

式中，FC 为燃料油耗量（L/100km）；D 为 288K（15℃）下试验燃料的密度（kg/L）；HC 为碳氢排放量（g/km）；CO 为一氧化碳排放量（g/km）；CO_2 为二氧化碳排放量（g/km）。轻型汽车和重型商用车的多工况燃料经济性试验均用式（6-20）和式（6-21）计算燃料油耗量。

多工况燃料经济性试验的误差来自底盘测功机、尾气检测仪和测试中操作。测试中，难以精确按照 WLTC 中的车速-时间关系，产生测量误差。

6.2.3　纯电动汽车经济性的试验

1. 纯电动汽车经济性试验的目的和标准

纯电动汽车经济性试验的目的是得到纯电动汽车的能量消耗率或续驶里程，用于评价纯电动汽车的经济性。

纯电动汽车经济性试验的标准是 GB/T 18386.1—2021《电动汽车能量消耗量和续驶里程试验方法　第 1 部分：轻型汽车》和 GB/T 18386.2—2022《电动汽车能量消耗量和续驶里程试验方法　第 2 部分：重型商用车辆》。轻型汽车按 GB/T 18386.1—2021 进行试验，本节中的轻型汽车是指 M_1、N_1、最大设计总质量不超过 3500kg 的 M_2 类纯电动车辆。重型商用车辆按 GB/T 18386.2—2022 进行试验，本节中的重型商用车辆是指最大设计总质量超过 3500kg 的纯电动汽车，包括货车、半挂牵引车、自卸汽车、客车和城市客车。

能量消耗率是指纯电动汽车经过规定的试验循环后对动力蓄电池重新充电至试验前的容量，从供电设备上得到的电能除以行驶里程所得的值，其单位为 W·h/km。通过接在充电线路中的电功率测量仪或充电桩显示的充电量，获得从供电设备上得到的电能。

续驶里程是指纯电动汽车在动力蓄电池完全充电状态下，以一定的行驶工况，能连续行驶的最大距离，其单位为 km。

2. 纯电动汽车经济性试验的测量参数、单位和准确度

纯电动汽车经济性试验的测量参数、单位、准确度和分辨率见表 6-3。

表 6-3   纯电动汽车经济性试验的测量参数、单位、准确度和分辨率

测量参数	单位	准确度	分辨率
时间	s	±0.1	0.1
距离	m	±0.1%	1
温度	℃	±1℃	1
速度	km/h	±1%	0.2
质量	kg	±0.5%	1
能量	W·h	±1%	1
电压	V	±0.3%最大显示或标尺的长度，或±1%读数	0.1
电流	A	±0.3%最大显示或标尺的长度，或±1%读数	0.1

3. 纯电动汽车经济性试验的条件

车辆条件：试验车辆按照每项试验的技术要求加载；轮胎应选用制造厂作为原配件所要求的类型，并按制造厂推荐的轮胎最大试验负荷和最高试验速度对应的轮胎充气气压进行充气；车辆的照明、信号装置以及辅助设备应关闭，除非试验和车辆的白天运行对这些装置有要求；除驱动用途外，所有的储能系统应充到制造厂规定的最大值（电能、液压、气压等）；试验驾驶人应按车辆制造厂推荐的操作程序使动力蓄电池在正常运行温度下工作；试验前，试验车辆应至少用安装在试验车辆上的动力蓄电池行驶 300km。

环境温度条件：对于轻型汽车，在（23±5）℃的室温下进行室内试验；对于重型商用车辆，推荐环境温度为（23±5）℃通过温度计测温。

4. 纯电动汽车经济性试验的步骤

纯电动汽车经济性试验包括以下 3 个步骤：

1）对动力蓄电池进行初次充电，使蓄电池充满电。

2）进行能量消耗量和续驶里程试验，获得续驶里程。

3）试验后再次为动力蓄电池充电，测量来自供电设备的能量，获得消耗的电量，再计算得到能量消耗率。

对于轻型汽车，在每两个步骤执行期间，如需移动车辆，不允许使用车上的动力将车辆移动到下一个试验地点，且再生制动系统不起作用，不消耗蓄电池的电能，也不增加电能。对于重型车辆，如需移动车辆，允许使用车上的动力将车辆以不大于 30km/h 的车速、尽量匀速移动到下一个试验地点，车辆每次在两者之间移动的距离不应超过 3m。

5. 循环工况下续驶里程的试验

（1）动力蓄电池的初次充电   动力蓄电池的初次充电是指接收车辆以后动力蓄电池的第一次充电。如果所规定的几个试验或测量连续进行，第一次充电可认为是初次充电。

动力蓄电池初次充电的程序：首先，给动力蓄电池放电，再对动力蓄电池充电，使动力蓄电池达到充电结束的标准。

动力蓄电池的放电：在对动力蓄电池充电前可进行放电，放电程序应根据汽车生产企业

的建议进行，汽车生产企业应保证放电结束后动力蓄电池的剩余电量不超过荷电状态的 20%或企业设定的荷电状态的故障报警值。

动力蓄电池的充电：在环境温度为（23±5）℃下，使用车载充电器（如果已安装充电桩）为蓄电池充电，或采用车辆制造厂推荐的外部充电器给蓄电池充电。

充电结束的标准：当车载或外部充电仪器显示动力蓄电池已完成充电，则判定为充电完成；如果车载或外部充电仪器显示的信号提示动力蓄电池没有充满，在这种情况下，最长充电时间为：3×制造厂规定的动力蓄电池能量（kW·h）/供电功率（kW）。

（2）循环工况续驶里程的试验　循环工况续驶里程试验的目的是获得循环工况下车辆的能量消耗量及续驶里程。循环工况续驶里程试验在测功机上进行，分为轻型汽车和重型商用车的循环工况续驶里程试验，所采用的方法为常规工况法。

1）轻型汽车循环工况续驶里程的试验。对于轻型汽车，GB 18386.1—2021 要求按照GB/T 38146.1—2019《中国汽车行驶工况　第 1 部分：轻型汽车》中附录规定的中国轻型汽车行驶工况（CLTC）测量车辆续驶里程，试验在底盘测功机上进行。对于 M_1 类车辆，按CLTC-P 循环进行试验；对于 N_1 类、最大设计总质量不超过 3500kg 的 M_2 类车辆，按 CLTC-C循环进行试验。在底盘测功机显示屏的续驶里程界面上读取循环工况下车辆驶过的距离。

CLTC-P 工况曲线如图 6-10所示，包括低速（1 部）、中速（2 部）和高速（3 部）3 个速度区间，试验时长共计 1800s，其中低速（1 部）的试验时长为 674s，中速（2 部）的试验时长为 693s，高速（3 部）的试验时长为 433s。在 GB/T 38146.1—2019《中国汽车行驶工况　第 1 部分：轻型汽车》中，给出了低速（1 部）、中速（2 部）和高速（3 部）的逐

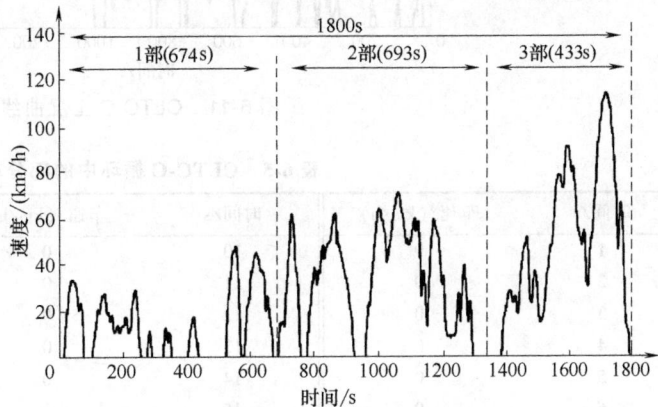

图 6-10　CLTC-P 工况曲线

秒车速数据，每 1s 对应 1 个车速，CLTC-P 循环中的部分车速见表 6-4。从表 6-4 中可以看出，在 CLTC-P 循环中对车速-时间关系（或车速-里程关系）做出了明确、具体的定量约束，试验时必须按照既定的循环，最好实时、自动控制车辆的起步、加速、等速、减速和怠速停车等工况。

表 6-4　CLTC-P 循环中的部分车速

时间/s	车速/(km/h)	时间/s	车速/(km/h)	时间/s	车速/(km/h)
1	0	8	0	15	3.2
2	0	9	0	16	5.4
3	0	10	0	17	8.5
4	0	11	0	18	11.5
5	0	12	0	19	14.1
6	0	13	0	20	16.2
7	0	14	0	21	18.7

CLTC-C 工况曲线如图 6-11 所示，包括低速（1 部）、中速（2 部）和高速（3 部）3 个速度区间，试验时长共计 1800s，其中低速（1 部）的试验时长为 735s，中速（2 部）的试验时长为 615s，高速（3 部）的试验时长为 450s。在 GB/T 38146.1—2019《中国汽车行驶工况　第 1 部分：轻型汽车》中，给出了低速（1 部）、中速（2 部）和高速（3 部）的逐秒车速数据，每 1s 对应 1 个车速，CLTC-C 循环中的部分车速见表 6-5。从表 6-5 中可以看出，在 CLTC-C 循环中对车速-时间关系（或车速-里程关系）做出了明确、具体的定量约束，试验时必须按照既定的循环，最好实时、自动控制车辆的起步、加速、等速、减速和怠速停车等工况。

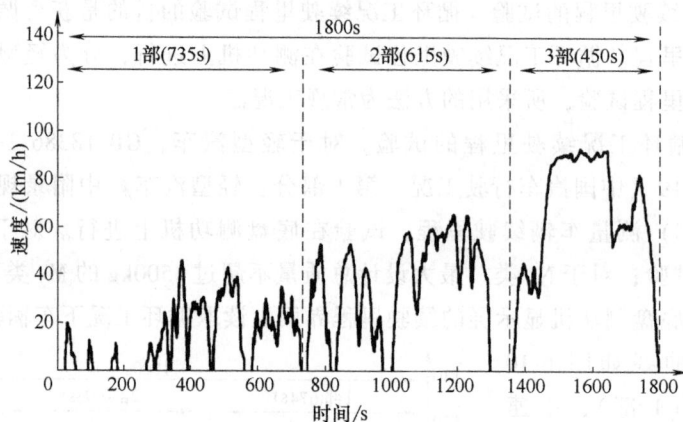

图 6-11　CLTC-C 工况曲线

表 6-5　CLTC-C 循环中的部分车速

时间/s	车速/(km/h)	时间/s	车速/(km/h)	时间/s	车速/(km/h)
1	0	10	0	19	7.0
2	0	11	0	20	10.0
3	0	12	0	21	13.1
4	0	13	0	22	16.2
5	0	14	0	23	18.3
6	0	15	0	24	19.0
7	0	16	0	25	18.8
8	0	17	0	26	18.4
9	0	18	4.1	27	17.9

2）重型商用车循环工况续驶里程的试验。对于重型商用车，GB 18386.2—2022 要求按照 GB/T 38146.2—2019《中国汽车行驶工况　第 2 部分：重型商用车辆》中附录规定的中国重型商用车辆行驶工况（CHTC）测量车辆的续驶里程，试验在底盘测功机上进行。其中，城市客车采用 CHTC-B 行驶工况；客车（不含城市客车）采用 CHTC-C 行驶工况；货车（不含自卸汽车）采用 CHTC-LT（车辆总重 GVW ≤ 5500kg）或 CHTC-HT（车辆总重 GVW > 5500kg）行驶工况；自卸汽车采用 CHTC-D 行驶工况；半挂牵引车采用 CHTC-TT 行驶工况。

（3）等速工况续驶里程的试验　等速工况续驶里程试验的目的是得到在 60km/h 或 40km/h 等速行驶工况下车辆驶过的距离 D。等速工况续驶里程试验分为轻型汽车和轻型汽车以外车辆的等速工况续驶里程试验，所采用的方法为等速法。通过加速踏板控制车速；通过汽车速度测量仪，测量试验车辆的车速和行驶路程，试验车辆的行驶路程为所要测的等速工况的续驶里程。

1）适用于轻型汽车的等速工况续驶里程的试验。对于轻型汽车，进行（60±2）km/h 的等速试验，试验过程中允许停车 2 次，每次停车时间不允许超过 2min，当车辆的行驶速度达不到 54km/h 时停止试验，可通过汽车速度测量仪的显示屏观察当前车速。试验结束后，记录试验车辆驶过的距离 D，单位采用 km，测量值按四舍五入圆整到整数，该距离即为等速法测得的续驶里程，同时记录所用时间（用 h 和 min 表示）。

2）适用于除轻型汽车以外车辆的等速工况续驶里程试验。对于轻型汽车以外的车辆，其等速工况续驶里程试验程序同上述适用于轻型汽车的等速工况续驶里程试验的程序，不同之处在于等速试验速度为（40±2）km/h，且当车辆的行驶速度达不到 36km/h 时停止试验。

（4）动力蓄电池充电和测量来自电网的能量　动力蓄电池充电的目的是获得能量的消耗量。

动力蓄电池充电：在完成循环工况或等速工况续驶里程试验后，在 2h 内将车辆与电网连接，给蓄电池充电。蓄电池充电的方法及充电结束的标准分别同动力蓄电池初次充电的方法及充电结束的标准。

测量来自电网的能量：在电网与车辆充电器之间连接电能测量装置，在充电期间测量来自电网的用 W·h 表示的能量，测量值按四舍五入圆整到整数；或利用充电桩中的电能测量装置，获取来自电网的能量，即获得消耗的电能。

（5）能量消耗率的计算　能量消耗率是指电动汽车经过规定的试验循环后对动力蓄电池重新充电至试验前的容量，从电网上得到的电能除以汽车行驶里程所得的值即为能量消耗率，单位为 W·h/km。能量消耗率用 C 表示，计算结果要圆整到整数。能量消耗率的计算公式为

$$C = \frac{E}{D} \tag{6-22}$$

式中，E 为充电期间来自电网的能量（W·h）；D 为试验期间汽车行驶的总距离，即续驶里程（km）。

（6）纯电动汽车经济性试验的误差　纯电动汽车经济性试验的误差来自底盘测功机、充电设备和能量测量装置的测量误差。充电设备的充电效率影响充电期间来自电网的能量 E，根据式（6-22），影响能量消耗率 C。

6.2.4　混合动力电动汽车经济性的试验

1. 混合动力电动汽车经济性试验的目的及标准

混合动力电动汽车经济性试验的目的是得到电量消耗和电量保持模式下混合动力电动汽车的经济性。

混合动力电动汽车经济性试验的标准是 GB/T 19753—2021《轻型混合动力电动汽车能量消耗量试验方法》、GB/T 19754—2021《重型混合动力电动汽车能量消耗量试验方法》。

2. 混合动力电动汽车经济性试验的选项及流程

混合动力电动汽车经济性试验分为轻型和重型混合动力电动汽车经济性试验，本节只介绍轻型混合动力电动汽车经济性试验。

轻型混合动力电动汽车经济性试验的选项及流程如图 6-12 所示，共有 4 个选项。

选项 1：单独进行电量消耗模式试验。

选项 2：单独进行电量保持模式试验。

选项 3：连续进行电量消耗模式试验和电量保持模式试验。

选项 4：连续进行电量保持模式试验和电量消耗模式试验。

电量消耗模式试验的目的是获得电量消耗模式下混合动力电动汽车的燃料消耗量、电量消耗量和续驶里程；电量保持模式试验的目的是获得电量保持模式下混合动力电动汽车的燃料消耗量和续驶里程。在电量消耗模式下，蓄电池从充满电到消耗电量至保持一定的低电量（蓄电池已难以提供动力电），蓄电池先提供动力，再由发动机和蓄电池共同提供动力。在电量保持模式下，主要是发动机提供动力。可根据试验车辆的测试需求，从混合动力电动汽车经济性试验的 4 个选项中选择试验项目。

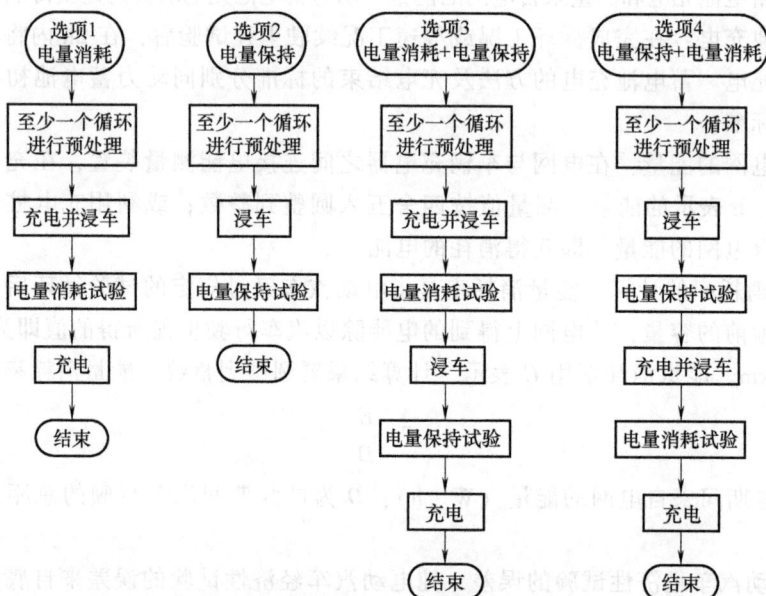

图 6-12 轻型混合动力电动汽车经济性试验的选项及流程

6.3 汽车制动性的试验

6.3.1 汽车制动性试验概述

1. 汽车制动性试验的目的

汽车制动性试验的目的是获得汽车制动性能的数据，用于评价汽车的制动性。根据汽车理论，汽车的行车制动性能包括制动效能、制动效能的恒定性和制动时汽车的方向稳定性，其中包括 ABS 的性能。汽车的驻车制动性能主要是纵向驻车性能，其次是横向驻车性能和纵横双向驻车性能。

2. 汽车制动性试验的分类

根据汽车的运动及制动器的用途，汽车制动性试验分为行车制动性试验和驻车制动性试验。行车制动性试验使用行车制动器在道路或制动试验台架上进行试验；驻车制动性试验使用驻车制动器在坡道或驻车试验台架上进行试验。

根据汽车制动性试验的场地和设备，汽车制动性试验分为道路试验和室内台架试验。汽车行车制动性道路试验在汽车试验场的制动试验路（图 5-78）或其他道路上进行，也可在交通道路上进行，道路试验的主要测试参数是汽车的制动距离和制动减速度等，可以采用汽车速度测量仪测量汽车制动距离和制动减速度。汽车行车制动性台架试验在滚筒式或平板式制动试验台上进行，台架试验的主要测试参数是各车轮的制动力及制动力增长过程、制动距离和侧滑量等。驻车制动性道路试验在汽车试验场的坡道或其他坡道上进行，驻车制动性台架试验在汽车驻车制动性台架上进行，驻车制动性试验的主要测试参数是驻车坡度角，可以采用滑电变阻式坡度测量仪测量驻车坡度角。

6.3.2 汽车制动性的道路试验

1. 制动性道路试验概述

汽车制动性道路试验主要包括制动磨合、冷态制动效能（0-型试验）、部分回路失效的制动效能、应急制动、制动热衰退、涉水制动、制动系统时间特性、防抱制动系统性能和驻车制动性能试验。其中，冷态制动效能试验是关于制动效能的试验，制动热衰退试验和涉水制动试验是关于制动效能恒定性的试验，制动系统时间特性的测定是关于制动系统响应制动性能的试验。

汽车行车制动性能试验的标准是 GB 21670—2008《乘用车制动系统技术要求及试验方法》和 GB 12676—2014《商用车辆和挂车制动系统技术要求及试验方法》。

汽车制动性试验道路：应坚硬、水平、干燥，附着良好（测试防抱制动系统性能的路面对附着系数的组成另有特殊要求），乘用车试验车道宽 3.5m，商用车试验车道宽 3.7m。可在汽车试验场的制动性试验道路（包括 ABS 制动试验道路）上进行制动试验，也可在普通公路或道路上进行制动试验。

汽车制动性道路试验中的测试仪器：在汽车制动性能的道路试验中，通过汽车速度测量仪测量汽车的速度、减速度、制动距离和制动时间等；用红外温度计测量制动盘或制动鼓的温度。

2. 制动磨合试验

制动磨合试验的目的是对制动系统磨合，且主要对制动器磨合，为后续汽车制动性能试验做准备。

在进行各项制动性能试验前，应按汽车制造商规定对车辆进行制动磨合行驶。若汽车制造商未对制动磨合行驶作具体规定，可按下列方法进行制动磨合行驶。

对于乘用车：车辆满载，以最高车速的 80%（≤120km/h）作为初速度，以 $3m/s^2$ 的减速度开始制动，当速度降至初速度的 50% 时，松开踏板，将车速加速至初速度，重复试验。制动磨合总次数为 200 次。若因条件限制不能连续完成 200 次，可根据具体情况调整试验次数。

对于商用车：制动磨合试验的制动初速度为 60km/h，制动末速度约为 20km/h。若为全盘式制动系统，首先以约 $2m/s^2$ 的制动减速度进行 30 次制动，然后以 $4m/s^2$ 的制动减速度进行 30 次制动；若为前盘后鼓式或全鼓式制动系统，首先以约 $2m/s^2$ 的制动减速度进行 100 次制动，然后以 $4m/s^2$ 的制动减速度进行 100 次制动。在制动磨合过程中，制动盘和制动鼓的温度不应超过 200℃。

制动磨合试验的方法：每次制动时，在测试仪器上设定汽车的初速度，先将车速提升到略高于规定的初速度，对于手动档汽车，踩下离合器踏板，变速器挂空档；对于自动档汽车、无变速器的电动汽车和智能汽车，将档位置于空档 N。当车速降低到规定初速度时，以一定的力度踩下制动踏板并尽量保持该力度不变。制动踏板上套有脚踏开关，踩踏板的同时该开关也启动，测量仪器开始测量速度、制动距离和制动减速度等信号。测试时，要注意测量仪器屏上减速度的大小及变化，按测试要求的减速度调节踏板力。

3. 冷态制动效能试验（0-型试验）

冷态制动效能试验的目的是获得冷态下制动距离、制动减速度和充分发出的平均减速度等。试验前制动器应处于冷态，即在制动盘或制动鼓摩擦表面测得的温度为 65～100℃。

冷态制动效能试验分为动力装置脱开和接合的冷态制动效能试验。在国家标准中，冷态制动效能试验称为 0-型试验；动力装置脱开的冷态制动效能试验称为发动机脱开的 0-型试验，包含无变速档位的电动汽车的试验；动力装置接合的冷态制动效能试验称为发动机接合的 0-型试验。

（1）动力装置脱开的冷态制动效能试验 试验时，在附着条件良好的水平路面上，将车辆加速至初始车速以上 5km/h；对于手动档汽车，踩下离合器踏板，变速器挂空档；对于自动档汽车，将档位置于空档 N；对于电动汽车和智能电动汽车，关闭点火开关；在车速下降至试验规定车速时，踩下制动踏板，全力进行行车制动，直至停车。在国家标准中，不同车型的试验初始车速不同，对于乘用车，最高车速大于 100km/h 时，取初始车速为 100km/h；最高车速小于 100km/h 时，取试验车辆能达到的最高车速为初始车速。制动踏板上套有脚踏开关，脚踏开关是测量仪器的一部分，踩踏板的同时该开关也启动，测量仪器开始测量速度、距离和制动减速度等信号。制动结束后，从汽车速度测量仪上读取制动速度、制动距离和制动减速度等。每次试验最多进行 6 次制动，最多重复 5 次，取最佳结果。

车辆制动时充分发出的平均减速度是评价车辆制动性的一个指标。车辆制动时充分发出的平均减速度为

$$MFDD = \frac{v_b^2 - v_e^2}{25.92(S_e - S_b)} \tag{6-23}$$

式中，MFDD 为充分发出的平均减速度（m/s^2）；v_b 为 $0.8v_0$ 的试验车速（km/h）；v_e 为 $0.1v_0$ 的试验车速（km/h），v_0 为试验车制动初速度（km/h）；S_b 为 v_0 到 v_b 车辆行驶的距离（m）；S_e 为 v_0 到 v_e 车辆行驶的距离（m）。

从汽车速度测量仪上或储存的数据中读取试验车辆的制动初速度 v_0，计算 v_b 和 v_e；再通过中间变量时间，或者取同一时间的汽车速度及相应的位移，从汽车的速度-时间、位移-时间曲线数据中，读取 S_b 和 S_e，由式（6-23），计算得到 MFDD。

（2）动力装置接合的冷态制动效能试验　动力装置接合与脱开的冷态制动效能试验的方法基本相同，试验中的主要不同点是动力装置与传动系统接合及制动的初始车速不同。制动时，变速器的档位不变，动力装置与传动系统仍在接合状态。在国家标准中，不同的车型，试验规定的车速不同，如对于 $v_{max}>125km/h$ 的乘用车，$80\%v_{max}≤160km/h$ 时，取初始车速为 $80\%v_{max}$；$v_{max}>200km/h$ 时，取初始车速为 $160km/h$。最多重复 5 次制动试验，取最佳结果。

4. 部分回路失效的制动效能试验

部分回路失效的制动效能试验的目的是获得部分回路失效后的制动距离和制动减速度等。在国家标准中，称为制动失效试验。

部分回路失效的制动效能试验的方法同动力装置脱开的冷态制动效能试验的方法，但要在部分回路失效后进行试验，并控制踏板力的值（500N）。为了模拟回路失效，可断开某条管路，使管路压力为零，模拟某条管路失效；通过消耗助力装置的能量，模拟助力装置失效；对装备 ABS 的车辆，可断开 ABS 的传感器、控制器的电路，模拟 ABS 的失效；可断开电源，模拟行车制动系统电动部件的失效。可主动进行部分回路失效的设计，模拟部分回路失效。可配置必要的附加装置和管路，模拟部分回路失效，但附加装置不得影响汽车原有的行车制动效能。对于气压制动来说，部分回路失效的模拟，是将失效回路的气压直接排入大气；对于液压制动来说，部分回路失效的模拟，是将失效回路的制动液通过另接的管路返回储液罐。在装有制动力调节装置的汽车上，应拆除其制动力调节控制装置。

5. 应急制动试验

应急制动试验的目的是获得应急制动的制动距离和制动减速度等。应急制动是指在常规的行车制动失效后，在适当的距离内将车停住。

应急制动试验的方法同动力装置脱开的冷态制动效能试验的方法，不同车型的试验初始车速等不同，对于乘用车，初始车速为 $100km/h$，操纵应急制动系统力的值为 $65\sim500N$，要求应急制动的充分发出的平均减速度不小于 $2.44m/s^2$。应急制动试验时，车辆的能量再生系统停止工作。

6. 制动热衰退试验（Ⅰ-型试验）

制动热衰退试验的目的是获得充分发出的平均减速度和制动效能衰退率，用于评价制动系统的抗热衰退性能，进一步，可用于评价制动效能的恒定性。试验时，用汽车速度测量仪测量试验车辆的速度等，用红外温度测量仪测量制动盘或制动鼓的温度，用秒表测量时间，用踏板力传感器测量制动踏板力，用压力传感器测量管路压力。

（1）制动器加热试验　采用最高档，以规定的初速度 v_1 进行 2 次动力装置脱开的 0-型试验，确定车辆满载时产生 $3m/s^2$ 减速度所需的制动踏板力或管路压力，同时确认车速能在规定的时间（$\Delta t=45s$）内从 v_1 下降至 $v_2=v_1/2$，不同的车型，试验规定的初速度 v_1 不同，如对于乘用车，$v_1=80\%v_{max}≤120km/h$；然后，以上述确定的力在车速为 v_1 时开始制动，使车辆产生 $3m/s^2$ 的平均减速度；在车速下降至 v_2 时解除制动，选择最有利的档位使车速快速恢复到 v_1，并在最高档维持该车速至少 10s，然后再次制动并确认两次制动开始之间的时间间隔

等于 Δt。时间测量装置应在第一次制动操作时启动或重新设置。

重复上述"制动-解除制动"过程一定的次数,乘用车为 15 次。

汽车制动中,制动器吸收汽车动能,制动鼓和制动盘的温度升高,产生制动热衰退,制动鼓和制动盘的温度升高后,逐渐稳定,可显示制动热衰退性能。

(2) 热态性能试验 热态性能试验是制动热衰退后的制动试验。在上述加热过程最后一次制动结束后,立即加速至 0-型试验车速,进行动力装置脱开的 0-型试验,所使用的平均制动踏板力不应超过满载 0-型试验中实际使用的制动踏板力,确认车辆在未发生车轮抱死的情况下至少能达到满载 0-型试验实际性能的 60% 和 0-型试验规定性能的 75%(商用车为 80%)。若车辆在 0-型试验制动踏板力下能达到车辆 0-型试验实际性能的 60% 但不能达到规定性能的 75%,可采用不超过 500N(商用车为 700N)的更高的制动踏板力进一步试验。

(3) 制动器恢复过程 热态性能试验结束后,立即在发动机接合的情况下,以 $3m/s^2$ 的平均减速度从 50km/h 的车速进行 4 次停车制动。各次制动的起点之间允许有 1.5km 的距离。每次制动结束后,立即在最短的时间内加速至 50km/h 并保持该车速直至进行下次制动。

(4) 恢复性能试验 在最后一次恢复过程制动结束后,立即加速至 0-型试验车速,进行发动机脱开的 0-型试验,确认车辆在未发生车轮抱死的情况下能达到满载 0-型试验实际性能的 70%,但不超过 150%。本试验不受制动器温度要求限制,制动踏板力不超过满载 0-型试验的制动踏板力。

(5) 冷态检查 使制动器冷却到环境温度,确认制动器未发生黏合。对装有自动磨损补偿装置的车辆应在最热的制动器冷却降温至 100℃ 时,检查车轮是否能自由转动。

对于商用车,I-型试验只需做衰退试验,即完成上述步骤中的 (1)、(2) 和 (5) 即可。

(6) 制动效能衰退率计算 制动效能衰退率为

$$\eta_i = \frac{\mathrm{MFDD}_0 - \mathrm{MFDD}_i}{\mathrm{MFDD}_0} \times 100\% \tag{6-24}$$

式中,MFDD_0 为动力装置脱开的 0-型试验的充分发出的平均减速度(m/s^2);MFDD_i 为热态性能试验的充分发出的平均减速度(m/s^2)。

制动效能衰退后,充分发出的平均减速度减小,制动效能衰退越严重,充分发出的平均减速度越小,根据式(6-24),制动效能衰退率越大,制动系统抗制动衰退性能就越差。

7. 涉水制动试验

涉水制动试验的目的是获得制动器涉水后充分发出的平均减速度和制动效能衰退率,用于评价制动系统的抗水衰退性能,进一步,可用于评价制动效能的恒定性。

涉水制动试验的基本思想和操作要点与制动系统热衰退试验类似。该试验也采用制动效能衰退率评价,同样的制动效能下衰退率越小,说明抗水衰退性能越强。涉水试验包括基准制动试验、制动器涉水试验和恢复制动试验。

(1) 基准制动试验 基准制动试验的制动初速度为 30km/h,制动末速度为 0,最大总质量 ≤3500kg 的汽车的制动减速度为 $4.5m/s^2$,最大总质量 >3500kg 的汽车的制动减速度为 $3.0m/s^2$,制动器初始温度为 90℃,共制动 3 次。在试验过程中,测量制动速度等。

(2) 制动器涉水试验 将汽车驶入水槽,车轮浸入水深大于车轮半径,并使制动器处于放松状态，确保水可以进入其内部，然后驾驶汽车以 10km/h 以下的速度往返行驶，行驶 2min 后驶出水槽，使摩擦衬片和制动块充分进水。

（3）恢复制动试验 涉水驶出水槽后进行恢复制动试验。恢复制动试验就是进行反复制动行驶，每次的制动初速度、末速度和减速度，与基准试验相同。制动间隔时间为 180s，行驶车速为 30km/h。在试验过程中，测量制动速度等。恢复制动试验结束后，计算制动效能衰退率，评价制动系统的抗水衰退性能。

8. 制动系统时间特性试验

制动系统时间特性试验的目的是测定制动器起作用时间和制动释放时间，用来评价制动系统响应制动的性能。

根据汽车理论，制动过程包括驾驶人反应时间、制动器起作用时间、持续制动时间和制动释放时间四个过程。制动器起作用时间一般用制动协调时间代表，制动协调时间是指从驾驶人踩制动踏板到制动管路压力达到规定值的 75% 所需的时间，也称为制动促动时间。制动释放时间则是指从制动踏板开始松开到制动管路压力下降到规定值的 10% 所需的时间，也称为解除制动时间。这两个时间分别影响制动效能和解除制动后汽车迅速加速或减轻侧滑的能力，都要求越短越好。

制动系统时间特性试验的方法：制动协调时间和制动释放时间是在汽车静止状态下测量的，而制动管路压力则是在液压管路或前后制动气室的进口处测量，装有制动力调节装置的应将其置于满载位置。试验时应快速踩下或松开制动踏板，通过制动系统中的压力传感器测出压力-时间曲线，再从压力-时间曲线获得制动协调时间和制动释放时间。

6.3.3 汽车制动性的台架试验

1. 制动性的台架试验概述

汽车制动性的台架试验的目的是在汽车制动台架上通过试验获得汽车的制动力、制动距离和制动减速度等。汽车制动性的台架试验用于汽车生产线、汽车检测站，检测汽车的制动力、制动距离和制动减速度等。

一般来说，整车的制动性能，采取道路试验是比较理想的，制动工况真实，数据精度和可信度都较高。但路试对于道路条件和气象条件要求较高，试验周期长，所需的人员和设备较多。因此，在很多汽车生产、检测、维修企业，采用台架试验法检测整车的制动性，以节约时间、提高效率。在台架测试时，车身不动，没有制动时的惯性力，影响测试结果，汽车制动性台架试验与道路试验所得的制动距离和制动减速度分别不等。如果对台架试验的结果有争议，规定采用道路试验法进行复检，并以满载路试的试验结果为准。

根据试验台测量原理不同，制动性能试验台架可分为反力式和惯性式；根据试验台支承车轮形式不同，可分为滚筒式和平板式；根据试验台同时能测车轴数不同，可分为单轴式、双轴式和多轴式。下面介绍几种常见的制动性的台架试验。

2. 基于单轴反力滚筒式制动试验台的制动试验

（1）单轴反力滚筒式制动试验台 单轴反力滚筒式制动试验台的基本结构如图 6-13 所

示，其外观和基本测试原理与底盘测功机有相似之处，都是利用滚筒充当活动路面支承车轮，在试验台上测量力矩和转速，反映车轮与滚筒之间的相互作用力和车轮的转速，但单轴反力滚筒式制动试验台的速度更低。电动机固定在减速器的外壳上，提供反力，测力传感器通过测力杠杆与减速器的外壳连接，被测车轮制动时测力杠杆与减速器壳体将一起绕主动滚筒轴线摆动，测力传感器将测力杠杆传来的、与制动力成比例的力转变成电信号，测得制动力。

（2）单轴反力滚筒式制动试验台的制动试验　单轴反力滚筒式制动试验台的制动试验的目的是获得制动器的制动力，用于评价汽车的制动效能。

单轴反力滚筒式制动试验台的测试方法：测试时，将被检汽车驶上制动试验台，车轮置于主、从动滚筒之间，变速杆置于空档位置或 N 位，放下举升器；通过延时电路起动电动机，经减速器、链传动和主、从动滚筒带动车轮低速旋转；待车轮转速稳定后驾驶

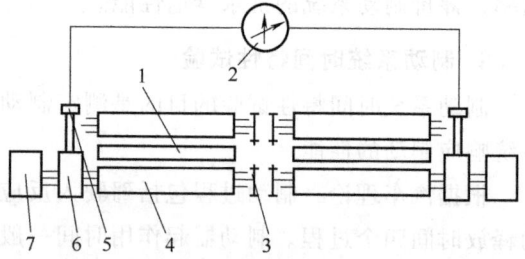

图 6-13　单轴反力滚筒式制动试验台的基本结构
1—举升器　2—测量表　3—链传动　4—滚筒
5—测力传感器　6—减速器　7—电动机

人踩下制动踏板，车轮在制动器摩擦力矩作用下开始减速旋转。此时电动机驱动的滚筒对车轮轮胎周缘的切线方向作用制动力，以克服制动器摩擦力矩，维持车轮继续旋转。与此同时，车轮轮胎对滚筒表面切线方向附加一个与制动力方向反向等值的反作用力，在其形成的反作用力矩作用下，减速器壳体与测力杠杆一起朝滚筒转动相反方向摆动，测力杠杆一端的力或位移经传感器转换成与制动力大小成比例的电信号。从测力传感器送来的电信号经放大滤波后，送往 A/D 转换器转换成相应数字量，经计算机采集、存储和处理后，在显示屏上显示制动力等结果。

单轴反力滚筒式制动试验台一次只能测一根车轴，测完前轴左右车轮的制动力后，再测后轴的制动力。另外，反力式试验台只能在很低的车速下测试，工况模拟不够真实，也无法体现汽车的 ABS 功能，因为车速较低时 ABS 装置不起作用。

3. 基于单轴惯性滚筒式制动试验台的制动试验

单轴惯性滚筒式制动试验台主要用于测量制动距离和制动减速度。单轴惯性滚筒式制动试验台的基本结构如图 6-14 所示，其外观和基本测试原理与单轴反力滚筒式制动试验台相似，多了飞轮机构，飞轮机构用于模拟汽车的惯性，测速传感器用于测量汽车的速度。

单轴惯性滚筒式制动试验台的测试方法：测试时，被测汽车驶上制动试验台，车轮置于两滚筒之间，变速杆置于空档或 N 档位置；起动电动机，滚筒带动车轮转动，略超过制动初速度后，切断驱动滚筒旋转的动力并踩下制动踏板；车轮制动后，滚筒及飞轮在惯性力矩作用下继续转动，其转动的圈数与滚筒周长的乘积即相当于车轮的制动距离；滚筒的制动初速度、制动减速度和转动的圈数，由测速传感器发出电信号，经计算机采集、存储和处理后，在显示屏上显示制动距离和制动减速度等结果。

4. 基于平板式制动试验台的制动试验

（1）平板式制动试验台　平板式制动试验台的结构如图 6-15 所示，主要由测试平板、显

示和控制台、拉力传感器、压力传感器和钢球等组成。测试平板为一长方形钢板，通过压力传感器和钢球支承在底板的 V 形槽上，可以相对底板移动；测试平板通过拉力传感器纵向固结在底板上，当汽车行驶到测试平板上进行制动时，测试平板相对底板移动或有移动趋势，拉力传感器和压力传感器能同时测

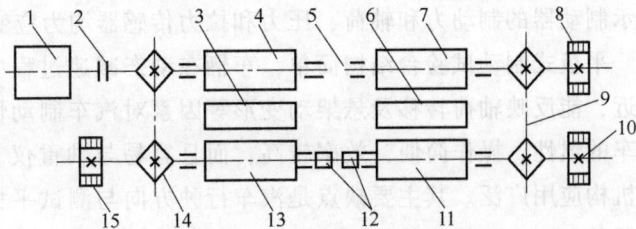

图 6-14 单轴惯性滚筒式制动试验台的基本结构

1—电动机 2、5—联轴器 3、6—举升器 4、7、11、13—滚筒
8、10、15—飞轮 9、14—链传动 12—测速传感器

出每个车轮作用于测试平板上的制动力与垂直力。为提高测试平板上面板的附着系数，面板上焊有网状钢板，其附着系数可达到 1.1 以上。

（2）平板式制动试验台的制动试验 平板式制动试验台制动试验的目的是在模拟汽车行驶制动中获得制动器的制动力和轴荷，用于评价汽车的制动效能。

平板式制动试验台制动试验的标准是 GB/T 36986—2018《汽车制动性能动态检测方法》。

平板式制动试验台制动试验的方法：汽车在平板式制动试验台上进行制动试验如图 6-16 所示。检测时，汽车以 5～10km/h 的速度驶上测试平板后滑行，变速杆置于空档或 N 档位置，紧急制动，使汽车在测试平板上制动，直至停车；车轮对测试平板作用了大小与制动器的制动力相等、方向与汽车行驶方向相同的作用力 F_{xb}，并通过测试平板传给拉力传感器，如图 6-15 所示；拉力传感器将此力转换成相应大小的信号输入放大器，与此同时，压力传感器将各轮轴荷的大小转换成电信号输入放大器，然后通过控制装置处理，并由显示和控制台

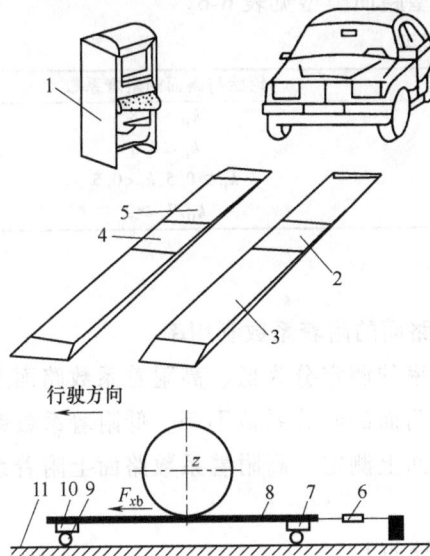

图 6-15 平板式制动试验台的结构

1—显示和控制台 2—侧滑测试平板 3、5—制动、轴荷测试平板 4—过渡板 6—拉力传感器
7、10—压力传感器 8—面板 9—钢球 11—底板

图 6-16 汽车在平板式制动试验台上进行制动试验

显示制动器的制动力和轴荷，压力和拉力传感器均为应变片式传感器。

平板式制动试验台结构简单，车辆在动态减速过程中测试，测试过程与实际道路行驶较接近，能反映轴荷转移及悬架动变形等因素对汽车制动性的影响，不需增加垂直质量或模拟汽车的惯性，操作简便，效率较高，而且容易与轴重仪、侧滑仪等组合在一起，在机动车检测机构应用广泛。其主要缺点是汽车行驶方向与测试平板不一定平行，车轮不一定在压力传感器的正上方，使测试的重复性差，另外，占地面积较大，需要助跑车道。

6.3.4 防抱制动系统性能的试验

1. 防抱制动系统性能试验的目的、标准及项目

防抱制动系统（ABS）性能试验的目的是检测汽车的防止车轮抱死、侧滑和保证汽车制动时的方向稳定性、操纵性及安全性、直线制动距离和减速度。

汽车 ABS 性能试验的标准是 GB/T 13594—2025《商用车辆和挂车防抱制动系统性能要求及试验方法》、GB/T 36987—2018《汽车防抱制动系统（ABS）性能检测方法》和 GB/T 34597—2017《乘用车　防抱制动系统（ABS）直线制动距离　开环试验方法》。GB/T 13594—2025 主要介绍 M_2、M_3 及 N 类等车辆的附着系数利用率测定和 ABS 性能附加检查的试验。GB/T 36987—2018 主要介绍路试和转鼓台检测法的 ABS 性能的试验。GB/T 34597—2017 主要介绍乘用车以 100km/h 的初速度紧急制动、ABS 工作时的直线制动距离和减速度。

本节介绍典型路面的附着系数利用率测定的试验和 ABS 性能附加检查的试验（包括单一路面、对接路面和对开路面的 ABS 性能试验）、路试检测法和转鼓台检测法的 ABS 性能的试验。

典型路面按轮胎与路面的附着系数定义，各种典型路面类型见表 6-6。

表 6-6 典型路面类型

序号	路面类型	路面类型代号	轮胎与路面的附着系数
1	高附着系数路面	G	$k_H \approx 0.8$
2	低附着系数路面	D	$k_L \leqslant 0.3$
3	高低附着系数对开路面	DK	$k_H \geqslant 0.5, k_L < 0.5$
4	高低附着系数对接路面	DJ	$k_H / k_L \geqslant 2$

2. 附着系数利用率测定的试验

附着系数利用率测定试验的目的是获得不同典型路面的附着系数利用率。

附着系数利用率测定试验的分类：附着系数利用率的测定分为低、高附着系数路面上附着系数利用率的测定，测试的基本方法相同，主要是路面的附着系数不等。低附着系数路面上附着系数利用率的测定在附着系数不大于 0.3 的路面上测定，高附着系数路面上附着系数利用率的测定在附着系数约为 0.8 的干路面上测定。

空载车辆的附着系数利用率测定试验的方法和步骤如下。

1）测试最大制动强度 z_{AL}：

首先，接通 ABS，变速杆置于空档或 N 档位置，踩下制动踏板，确认每个制动器都正常工作。以 55km/h 的初速度制动，测定速度从 45km/h 下降到 15km/h 的时间，制动过程中，保证 ABS 全循环，防止直接控制车轮抱死。速度从 45km/h 下降到 15km/h 的时间可从汽车速度测量仪的速度-时间曲线或速度-时间的二维表中获取。根据 3 次试验的时间平均值 t_m，计算 ABS 工作时的最大制动强度 z_{AL}，其计算方法为

$$z_{AL}=\frac{0.849}{t_m} \tag{6-25}$$

2）测试制动强度 z_m：

将 ABS 断电、脱开 ABS 或使其不工作，只对试验车辆的单根车轴进行制动，获得前、后轴的附着系数，再计算得到整车的附着系数，试验初速度为 50km/h。通过在制动管路中安装调压阀，控制单根车轴的制动。

以逐次增加制动管路压力的方法进行多次试验，每次试验时，应保持脚踩踏板的力不变，通过汽车速度测量仪测速，记录车速从 40km/h 降到 20km/h 所经历的时间 t，车速低于 20km/h 时车轮允许抱死，通过 USBCAN 分析仪和车轮角速度传感器，判别车轮抱死。

从时间 t 的最小测量值 t_{min} 开始，在 t_{min} 和 $1.05t_{min}$ 之间选择 3 个时间 t 的值，计算其算术平均值 t_m；若不能得到 3 个 t 值，则可采用最短时间 t_{min}；然后计算制动强度，即

$$z_m=\frac{0.566}{t_m} \tag{6-26}$$

3）计算附着系数和附着系数利用率：

前轴的附着系数为

$$k_f=\frac{z_mPg-0.015F_r}{F_f+\frac{h}{L}z_mPg} \tag{6-27}$$

后轴的附着系数为

$$k_r=\frac{z_mPg+0.010F_f}{F_r-\frac{h}{L}z_mPg} \tag{6-28}$$

整车的附着系数为

$$k_M=\frac{k_f\left(F_f+\frac{h}{L}z_{AL}Pg\right)+k_r\left(F_r-\frac{h}{L}z_{AL}Pg\right)}{Pg} \tag{6-29}$$

附着系数利用率为

$$\varepsilon=\frac{z_{AL}}{k_M} \tag{6-30}$$

式中，P 为整车质量；h 为质心高度；L 为轴距；F_f 和 F_r 分别为前、后轴的法向约束力。

装备 ABS 的制动系统若满足 $\varepsilon\geqslant0.75$，则可认为是符合要求的。

3. ABS 性能附加检查的试验

试验时，脱开发动机等动力装置，ABS 控制的车轮允许短暂抱死；当车速低于 15km/h 时，ABS 控制的车轮允许任意抱死。间接控制车轮在任何车速下都允许抱死，但不应影响车辆的行驶稳定性和转向性能。

（1）单一路面的 ABS 性能试验　试验的目的是验证 ABS 控制的车轮是否抱死，ABS 工

作时车辆是否稳定性，是否偏离原来的行驶路线，是否跑出行驶车道。试验的方法是在附着系数小于或等于 0.3 和约为 0.8（干路面）的两种路面上，以 40km/h 和最高试验车速（如 100km/h，不同车型，有不同的最高试验车速，可参见 GB/T 13594—2025 的表 1）分别作为初速度急促全力制动，不必制动到车辆停下，由 ABS 直接控制的车轮不应抱死，通过轮速的变化可分析出车轮是否抱死，通过车辆的行驶轨迹，可看出车辆是否跑出行驶车道。

（2）对接路面的 ABS 性能试验

1）高附着系数路面到低附着系数路面试验　当某一车轴从高附着系数路面 k_H 驶向低附着系数路面 k_L 时，$k_H \geq 0.5$ 且 $k_H/k_L \geq 2$，急促全力制动，直接控制的车轮不应抱死。

行驶速度和制动时刻应这样确定：ABS 能在高附着系数路面上全循环，并保证车辆以 40km/h 和最高试验车速（如 100km/h，不同车型，有不同的最高试验车速，可参见 GB/T 13594—2025 的表 1）分别作为初速度从高附着系数路面驶入低附着系数路面。

2）低附着系数路面到高附着系数路面试验。当车辆从低附着系数路面 k_L 驶向高附着系型路面 k_H 时，$k_H \geq 0.5$ 且 $k_H/k_L \geq 2$，急促全力制动，检查车辆的减速度在合适的时间内有明显的增加，同时车辆未偏离原来的行驶路线。

汽车行驶速度和制动时刻应这样确定：ABS 能在低附着系数路面上全循环，车辆以约为 50km/h 的速度从低附着系数路面驶入高附着系数路面。

（3）对开路面的 ABS 性能试验　试验开始时，车辆的左右车轮分别位于两种不同附着系数（k_H 和 k_L）的对开路面上，$k_H \geq 0.5$ 且 $k_H/k_L \geq 2$，车辆的纵向中心平面通过高低附着系数路面的交界线。

以 50km/h 的初速度急促全力制动，检查直接控制车轮未抱死，轮胎（外胎）的任何部分均未越过此交界线。

试验时，可利用转向来修正行驶方向，但转向盘的转角在最初的 2s 内不应超过 120°，总转角不应超过 240°。

4. 路试检测法的 ABS 性能的试验

路试检测法的 ABS 性能试验的目的是通过试验车辆在道路上制动试验，获得其充分发出的平均减速度、减速度、速度、滑移率和制动距离等。用 GPS 或 BDS 定位车速测量仪测量速度、距离和制动减速度等信号，脚踏开关套在制动踏板上。

路试检测法的 ABS 性能试验的方法：试验风速不大于 5m/s，试验道路为水平良好的水泥或沥青路面，路面附着系数不小于 0.7，道路长度不小于 100m，宽度不少于 6m，可选用试验场的道路进行试验。试验时，将车辆加速至试验初始车速 100km/h 以上 5km/h；对于手动档汽车，踩下离合器踏板，变速器挂空档；对于自动档汽车，将档位置于空档 N，对于纯电动汽车和智能电动汽车，关闭点火开关；在车速下降至试验规定车速时，踩下制动踏板，全力进行行车制动，直至停车。制动结束后，从 GPS 或 BDS 定位车速测量仪的显示屏上或储存的数据中读取并记录制动速度、制动初速度、制动减速度、制动距离和制动时间等，再计算得到充分发出的平均减速度、驻车滑移率、瞬时滑移率和平均滑移率。正反两个方向试验，取其试验结果的均值。充分发出的平均减速度由式（6-23）计算得到。

驻车滑移率为

$$\beta_{\mathrm{p}} = \frac{L - L_{\mathrm{q}}}{L} \times 100\% \tag{6-31}$$

式中，L 为汽车的制动距离（m）；L_{q} 为车轮的滚动距离（m）。

瞬时滑移率为

$$\beta_i = \frac{v_i - v_{iq}}{v_i} \times 100\% \tag{6-32}$$

式中，v_i 为同一时刻汽车的速度（m/s）；v_{iq} 为同一时刻车轮的速度（m/s）。

平均滑移率为

$$\beta_{\mathrm{a}} = \frac{v_{\mathrm{a}} - v_{\mathrm{aq}}}{v_{\mathrm{a}}} \times 100\% \tag{6-33}$$

式中，v_{a} 为一段时间内汽车的平均速度（m/s）；v_{aq} 为同一段时间内车轮的平均速度（m/s）。

式（6-31）～式（6-33）中，汽车的制动距离和汽车的速度已测得，由制动距离和对应的时间，可得制动距离-时间曲线，由制动距离-时间曲线及数据，可找出汽车的制动距离 L；由汽车的速度和对应的时间，可得汽车的速度-时间曲线，由汽车的速度-时间曲线及数据，通过时间，可找出同一时刻汽车的速度 v_i；通过曲线积分求平均值的方法，由一段时间内汽车的速度-时间曲线，求得一段时间内汽车的平均速度 v_{a}。通过 ABS 的车轮角速度传感器测得车轮的角速度，用车轮的角速度乘以车轮的半径，得车轮的速度；由车轮的速度和对应的时间，可得车轮的速度-时间曲线，再通过时间，可找出同一时刻车轮的速度 v_{iq}；通过曲线积分求平均值的方法，由车轮的速度-时间，求得一段时间内车轮的平均速度 v_{aq} 和整个制动过程中车轮的平均速度；用整个制动过程中车轮的平均速度乘以制动时间，得车轮的滚动距离 L_{q}。

5. 转鼓台检测法的 ABS 性能的试验

转鼓台检测法的 ABS 性能试验的目的是通过试验车辆在滚筒式制动试验台上试验，获得其充分发出的平均减速度、减速度、速度、滑移率和制动距离等。

转鼓台检测法的 ABS 性能试验的方法：试验车辆的前后轮停在滚筒式制动试验台的滚筒上，试验车辆的档位在空档，起动底盘测功机，滚筒拖动车轮转动，车速到 50km/h 后，停止拖动；车速表上显示的车速接近 40km/h 时，踩下制动踏板，快速制动，直到车速小于 30km/h，停止制动。从滚筒式制动试验台的显示屏和储存的数据中，读取并记录车速从 40km/h 到 30km/h 的制动速度、制动初速度、制动减速度、制动距离和制动时间等，再计算得到充分发出的平均减速度、驻车滑移率、瞬时滑移率和平均滑移率。充分发出的平均减速度由式（6-23）计算得到。

驻车滑移率为

$$\beta_{\mathrm{p}} = \frac{L_{\mathrm{g}} - L_{\mathrm{qg}}}{L_{\mathrm{g}}} \times 100\% \tag{6-34}$$

式中，L_{g} 为前后轴 4 个滚筒的平均滚动距离（m）；L_{qg} 为前后轴 4 个车轮的平均滚动距离（m）。

瞬时滑移率为

$$\beta_i = \frac{v_{\mathrm{g}} - v_{\mathrm{qg}}}{v_{\mathrm{g}}} \times 100\% \tag{6-35}$$

式中，v_g 为车速 30km/h 左右时前后轴 4 个滚筒的平均线速度（m/s）；v_{qg} 为车速 30km/h 左右时同一时刻前后轴 4 个车轮的平均线速度（m/s）。

平均滑移率为

$$\beta_a = \frac{v_{ag} - v_{aqg}}{v_{ag}} \times 100\% \tag{6-36}$$

式中，v_{ag} 为一段时间内前后轴 4 个滚筒的平均线速度（m/s）；v_{aqg} 为同一段时间内前后轴 4 个车轮的平均线速度（m/s）。

式（6-34）~式（6-36）中，汽车的制动距离和汽车的速度已测得，由制动距离和对应的时间，可得制动距离-时间曲线，由制动距离-时间曲线及数据，可得汽车的制动距离，即前后轴 4 个滚筒的平均滚动距离 L_g；由汽车的速度和对应的时间，可得汽车的速度-时间曲线，由汽车的速度-时间曲线及数据，可得车速 30km/h 左右时汽车的速度，即车速 30km/h 左右时前后轴 4 个滚筒的平均线速度 v_g；通过曲线积分求平均值的方法，由汽车的速度-时间，求得一段时间内汽车的平均速度，即一段时间内前后轴 4 个滚筒的平均线速度 v_{ag}。通过 ABS 的车轮角速度传感器测得车轮的角速度，用车轮的角速度乘以车轮的半径，得车轮的速度及车轮的速度-时间曲线；通过时间，从车轮的速度-时间曲线及数据，得车速 30km/h 左右时同一时刻前后轴 4 个车轮的平均线速度 v_{qg}；通过曲线积分求平均值的方法，由车轮的速度-时间曲线，求得一段时间内车轮的平均速度和整个制动过程中车轮的平均速度，一段时间内车轮的平均速度为同一段时间内前后轴 4 个车轮的平均线速度 v_{aqg}；用整个制动过程中的车轮的平均速度乘以制动时间，得车轮滚动的距离，即前后轴 4 个车轮的平均滚动距离 L_{qg}。

当对转鼓台检测法的测试结果有质疑时，采用路试检测法裁决。

6.3.5　汽车驻车制动性能的试验

1. 驻车制动性能试验的目的、标准及要求

驻车制动性能试验的目的是获得汽车的纵向驻车坡度或驻车制动器的制动力，用于评价汽车的纵向驻车性能。

汽车驻车制动性能试验的标准是 GB/T 35349—2017《汽车驻车制动性能检验方法》。

驻车制动性能试验的要求：变速器置于空档；乘用车手动装置的控制力不超过 400N，其他车辆手动装置的控制力不超过 600N；乘用车脚动装置的控制力不超过 500N，其他车辆脚动装置的控制力不超过 700N；被测车辆的载重量符合国家标准。

2. 驻车制动性能试验的方法

汽车驻车制动性能试验可在坡道、滚筒式制动试验台、平板式制动试验台、滑板式驻车测试仪上进行，也可在牵引索牵引下进行，分别有不同的试验方法。

坡道上驻车制动性能试验的方法（又称实车法，标准推荐此方法）：汽车在坡道上驻车如图 6-17 所示，对于质量大于 1.2 倍整备质量的车辆，在 20% 坡道的上、下坡方向上分别驻车 5min，被检车辆固定不动，用秒表测时。对于质量小于 1.2 倍整备质量的车辆，在 15% 坡道的上、下坡方向上分别驻车 5min。

滚筒式制动试验台上驻车制动性能试验的方法：汽车驻车制动的车轮停在滚筒式制动试验台上，起动滚筒电动机，稳定 3s 后，实施驻车制动，给电动机反力，由电动机外壳上的测力传感器，测得驻车制动器的制动力；对于质量小于 1.2 倍整备质量的车辆，驻车制动器的制动力大于 20% 坡道的坡道阻力；对于质量小于 1.2 倍整备质量的车辆，驻车制动器的制动力大于 15% 坡道的坡道阻力；用汽车理论中坡道阻力的计算公式计算

图 6-17　汽车在坡道上驻车

坡道阻力。此方法用于汽车生产线上汽车驻车制动性能的检测。

平板式制动试验台上驻车制动性能试验的方法：试验车辆以 5~10km/h 的速度在平板式制动试验台上空档匀速滑行，再实施驻车制动，由平板式制动试验台中的拉力传感器，测得驻车制动器的制动力。

滑板式驻车测试仪上驻车制动性能试验的方法：试验车辆驻车制动的车轮停在滑板式驻车测试仪的滑板上，滑板式驻车测试仪产生推力，直至滑板滑动，测得滑板移动的推力作为驻车制动器的制动力，驻车制动器的制动力应大于坡道阻力。此方法还可用于定损车辆制动器制动力的检测。

牵引索牵引下驻车制动性能试验的方法：在水平路面上，从正反两个方向上通过水平牵引索分别牵引静止的试验车辆，试验车辆移动时停止检测，通过水平牵引索中的拉力计测量拉力，所测最大拉力应不小于坡道阻力。

6.4　汽车操纵稳定性的试验

6.4.1　汽车操纵稳定性试验概述

1. 汽车操纵稳定性试验的目的和标准

汽车操纵稳定性试验的目的是获得汽车操纵稳定性能的数据，用于评价汽车的操纵稳定性。汽车的操纵稳定性是指在驾驶人不感到过分紧张、疲劳的条件下，汽车能遵循驾驶人通过转向系统及转向车轮给定的方向行驶（操纵性），且当遭遇外界干扰时，汽车能抵抗干扰而保持稳定行驶（稳定性）的能力。汽车的操纵稳定性试验是汽车转向特性和转向时稳定性的试验。

汽车操纵稳定性试验的标准是 GB/T 6323—2014《汽车操纵稳定性试验方法》，此标准介绍了 6.4.2 节 ~6.4.7 节中汽车操纵稳定性试验，包括汽车稳态回转试验、转向盘转角阶跃输入下汽车转向瞬态响应试验、转向盘转角脉冲输入下汽车转向瞬态响应试验、汽车转向回正性能试验、汽车转向轻便性试验、汽车蛇行试验等。

2. 汽车操纵稳定性试验的测量仪器

汽车操纵稳定性试验的测量仪器主要包括汽车速度测量仪、加速度传感器、陀螺仪和测

力转向盘。可用汽车速度测量仪采集速度、加速度等数据，用陀螺仪采集横摆角速度、侧向加速度、侧倾角等数据，用测力转向盘采集转向盘的转角、作用在转向盘上的力矩数据。

6.4.2　汽车稳态回转的试验

汽车稳态回转试验的目的是判定汽车的稳态转向特性，是中性转向、不足转向，还是过多转向，并且要确定不足和过多转向量。

汽车稳态回转试验的类型包括定转向盘转角法、定转向半径法和固定侧向加速度法的稳态回转试验，其理论基础来自汽车理论中的汽车稳态转向特性。

定转向盘转角法稳态回转试验是在固定转向盘转角的条件下进行回转试验，包括连续加速法和稳定车速法。下面只介绍连续加速定转向盘转角法稳态回转试验。

连续加速定转向盘转角法稳态回转试验的方法：在定转向盘转角的条件下，缓慢加速，通过汽车转向半径的变化，判别稳态转向特性。在试验场地上，先用颜色笔画出半径 $R_0 =$ 15m 的圆，为中性转向圆。试验时，驾驶人操纵汽车从起始点开始，以最低稳定速度沿所画圆行驶，待安装于汽车纵向对称面上的车速传感器在半圈内都能对准地面所画圆时，固定转向盘不动，停车并开始记录，记下各变量的零线，此时车速传感器测得的车速为所画圆的线速度；然后，汽车起步，保持转向盘不动，缓慢加速，纵向加速度不超过 0.25m/s^2，直至汽车的侧向加速度达到 6.5m/s^2 为止，或加速到受动力装置的功率限制，或汽车出现甩尾致使车速无法升高、轮胎发出尖叫声等不稳定状态的最大侧向加速度为止，记录整个过程，测量汽车轮胎的印迹。试验按向左转和向右转两个方向各进行 3 次，每次试验开始时车身纵向对称面均应处于所画圆周线正中位置。汽车稳态回转试验的行驶轨迹如图 6-18 所示。

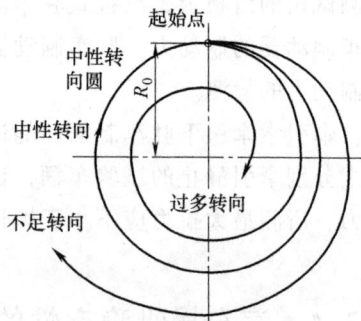

图 6-18　汽车稳态回转试验的行驶轨迹

稳态转向特性的判别：根据汽车轮胎印迹反映的转向半径，不足转向的汽车，随着车速和侧向加速度的提高，转向半径将变大，汽车向圆外跑出；过多转向的汽车则相反，汽车向圆内跑入；中性转向的汽车沿圆转动。

6.4.3　转向盘转角阶跃输入下汽车转向瞬态响应的试验

转向盘转角阶跃输入下汽车转向瞬态响应试验的目的是获得转向盘转角阶跃输入下汽车的速度、横摆角速度、侧向加速度、侧倾角等瞬态响应。

转向盘转角阶跃输入下的汽车转向瞬态响应试验的方法：汽车以试验车速匀速直线行驶，先转动转向盘，消除转向系统的间隙，并将各测试变量的记录曲线调零；再给转向盘一个突然的转角并保持转角不变，同时保持车速不变，记录该过程的各参数，直至达到新的稳态行驶，也就是等速圆周行驶。用测力转向盘测量转向盘的转角和角速度，用陀螺仪测量试验车辆的横摆角速度、侧向加速度，用角度传感器测量侧倾角。

试验中，转向盘转动的时间不超过 0.2s 或转动角速度大于 $200°/\text{s}$；转向盘预选角度按稳

态侧向加速度值 $1\sim3m/s^2$ 确定，试验从 $1m/s^2$ 的侧向加速度做起，每隔 $0.5m/s^2$ 进行一次行驶测试；左转与右转两个方向的试验都要做，可以交替进行，也可以连续做完一个方向后再做另一个方向的。

以转向盘转角达到终值 50% 的时刻作为时间原点，至所测变量过渡到新稳态值的 90% 所需的时间为整个时间域。转向盘转角输入、横摆角速度与侧向加速度时间历程曲线如图 6-19 所示。

6.4.4　转向盘转角脉冲输入下汽车转向瞬态响应的试验

转向盘转角脉冲输入下汽车转向瞬态响应试验的目的是获得转向盘转角脉冲输入下汽车的速度、横摆角速度、侧向加速度、侧倾角、频率特性等瞬态响应。

转向盘转角脉冲输入下汽车转向瞬态响应试验的方法：汽车以试验车速直线行驶，转向盘在中间位置；保持车速不变，向左或向右转动转向盘，给转向盘一个三角脉冲输入，并迅速转回中间位置保持不动，转角输入脉宽为 $0.3\sim0.5s$，最大转角应使本试验过渡过程中的最大侧向加速度为 $4m/s^2$，如图 6-20a 所示；记录全部过渡过程。试验至少按向左、向右转动转向盘做三角脉冲输入各 3 次，每次输入的时间间隔不少于 5s。

图 6-19　转向盘转角阶跃输入下的汽车瞬态响应的时间历程曲线

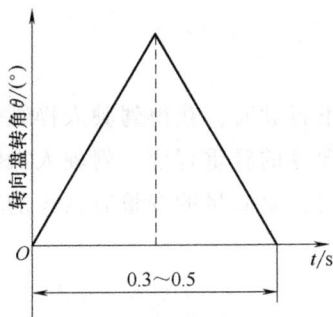

试验中，直线行驶时，转向盘自由行程不得超过 $\pm10°$；转向盘中间位置的横摆角速度为 $(0\pm0.5)°/s$；试验车速为试验车最高车速的 70%，圆整至 10km/h 的整倍数。

利用专门的数据处理机或电子计算机进行数据处理，分析汽车横摆响应的幅频特性和相频特性。图 6-20b 所示为某轿车的频率响应特性曲线。

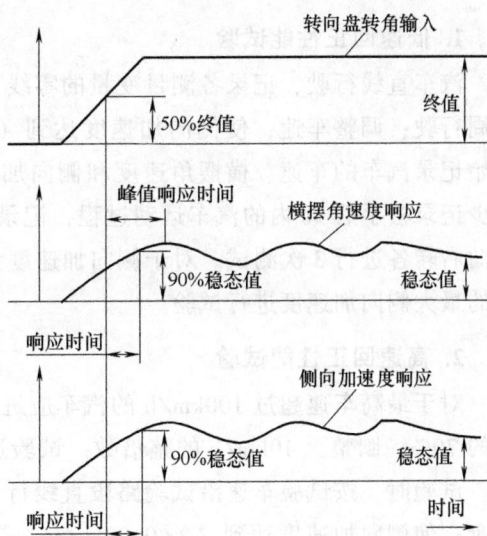

a) 三角脉冲输入

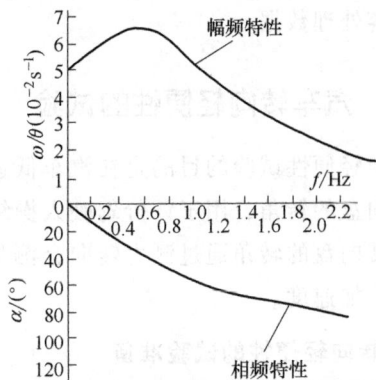

b) 某款轿车的频率响应特性曲线

图 6-20　转向盘脉冲输入及频率响应特性曲线

6.4.5 汽车转向回正性能的试验

汽车转向回正性能试验的目的是测试汽车转向的回正能力，可分为低速回正性能试验和高速回正性能试验。

试验前，在试验场地上用明显的颜色画出半径为15m的圆。试验时，要测量的变量有汽车的车速、横摆角速度和侧向加速度。

1. 低速回正性能试验

汽车直线行驶，记录各测量变量的零线，然后调整转向盘转角，使汽车沿半径为15m的圆周行驶；调整车速，使侧向加速度达到 $(4\pm0.2)\mathrm{m/s^2}$ 后固定转向盘转角，稳定车速，并开始记录汽车的车速、横摆角速度和侧向加速度；稳定车速3s后，驾驶人突然松开转向盘，至少记录松手后4s内的汽车运动过程，记录时间内保持加速踏板的位置不变。试验应向左转和向右转各进行3次测试。对于侧向加速度无法达到 $(4\pm0.2)\mathrm{m/s^2}$ 的汽车，按试验车所能达到的最大侧向加速度进行试验。

2. 高速回正性能试验

对于最高车速超过100km/h的汽车应进行高速回正性能试验，试验车速为试验车最高车速的70%，圆整至10km/h的整倍数。试验过程与低速回正性能试验类似。

试验时，按试验车速沿试验路段直线行驶，记录各测量变量的零线，然后驾驶人转动转向盘，使侧向加速度达到 $(2\pm0.2)\mathrm{m/s^2}$，待车速稳定并开始记录汽车的车速、横摆角速度和侧向加速度后，驾驶人突然松开转向盘，至少记录松手后4s内的汽车运动过程，记录时间内保持加速踏板的位置不变。试验应向左转和向右转各进行3次测试。

图6-21所示为记录的试验车的横摆角速度的时间历程曲线，由此可以计算汽车横摆系统的固有频率和阻尼比等，可参考汽车理论的有关内容处理数据。

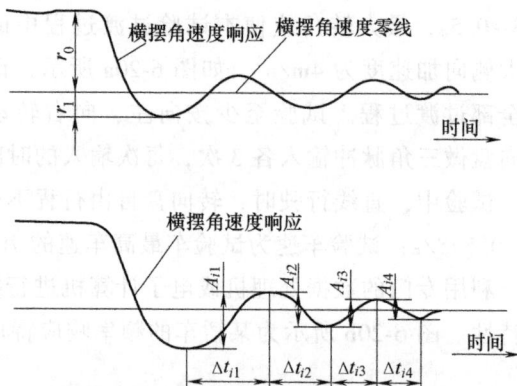

图 6-21 横摆角速度的时间历程曲线

6.4.6 汽车转向轻便性的试验

汽车转向轻便性试验的目的是在汽车低速大转角下行驶时，获得驾驶人操纵转向盘的力矩及相应转向盘的转角，用于评价驾驶人操纵汽车转向盘的轻重程度。驾驶人操纵转向盘的力矩及相应转向盘的转角通过测力转向盘测量。试验时，要测量的变量有汽车的车速、横摆角速度和侧向加速度。

1. 汽车转向轻便性的试验准备

试验前，在试验场地上用明显的颜色画出双扭线，如图6-22所示。双扭线的轨迹方程用极坐标表示为

$$e = d\sqrt{\cos 2\varphi} \qquad (6\text{-}37)$$

式中，e 为极半径（m）；$d = 3R$，R 为双扭线路径上的最小曲率半径（m）；φ 为极角。

在双扭线路线的最宽处、顶点和中点（即结点）的路径两侧各放置两个标桩（图中黑点），共计 16 个。标桩与试验路线中心线的距离为车宽的一半加 50cm，或为转弯通道圆宽度的一半加 50cm。

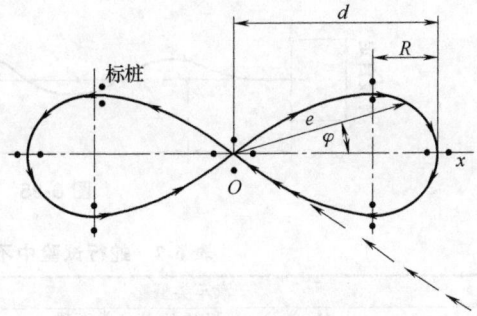

图 6-22　双扭线路线

2. 汽车转向轻便性试验的方法

首先，驾驶人驾驶汽车，使汽车沿双扭线中点（结点）O 的切线方向（图中箭头方向）直线滑行，停止于 O 点，松开转向盘，记录转向盘中间位置和操纵转向盘力矩的零线；然后，驾驶人操纵转向盘使汽车以 (10 ± 2)km/h 的车速沿双扭线路径的箭头方向行驶，待车速稳定后，开始记录转向盘转角和作用力矩，并记录行驶车速作为监督参数。汽车沿双扭线绕行一周至记录起始位置，即完成一次试验，全部试验应进行 3 次。在测量记录过程中，驾驶人应保持车速稳定和平稳地转动转向盘，不应同时松开双手或来回转动转向盘修正行驶方向，并且在行驶中不准撞倒标桩。

根据记录的转向盘转角 θ 和操纵转向盘的力矩 M，按双扭线路径每行驶一周整理成 $M\text{-}\theta$ 关系曲线，如图 6-23 所示。由图 6-23 可得操纵转向盘的力矩 $M_{\max}$ 及相应的转向盘转角等，用于评价驾驶人操纵汽车转向盘的轻重程度。

6.4.7　汽车蛇行的试验

汽车蛇行试验的目的是在汽车蛇行行驶下，获得汽车的速度、转向盘转角、横摆角速度、车身侧倾角、侧向加速度和汽车通过有效标桩区的时间等，用于综合考察汽车的随动性、收敛性、方向操纵轻便性以及事故的可避免性等。汽车的蛇行试验俗称"绕桩"试验。

汽车蛇行试验如图 6-24 所示。试验前，在试验场地上按图 6-25 及表 6-7，布置标桩 10 根，用于汽车绕桩行驶，标桩可用锥形筒。

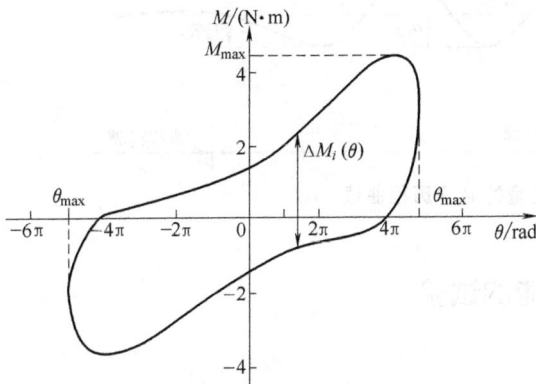

图 6-23　$M\text{-}\theta$ 关系曲线

图 6-24　汽车蛇行试验

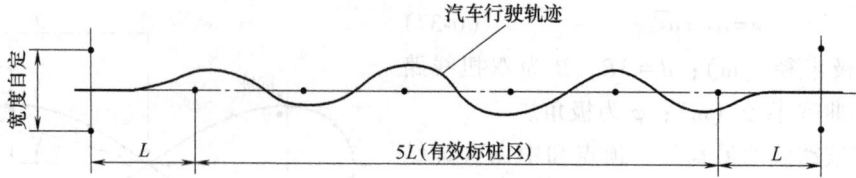

图 6-25　蛇行试验场地布置

表 6-7　蛇行试验中不同车型的标桩间距及基准车速

汽车类型	标桩间距 L/m	基准车速/(km/h)
M_1 类、N_1 类和 M_1G、N_1G 类车辆	30	65
M_2 类、N_2 类和 M_2G、N_2G 类车辆		50
M_3 类及最大总质量 ≤15t 的 N_3 类和 M_3G、N_3G 类车辆	50	60
M_3 类(铰接客车)及最大总质量>15t 的 N_3 类和 M_3G、N_3G 类车辆		50

　　汽车蛇行试验的方法：试验时，汽车以接近基准车速一半的速度匀速直线行驶，在进入试验区段之前，各测量数据的记录曲线调零，基准车速见表 6-7；然后蛇形通过试验路段，同时记录各参数的时间历程和汽车通过有效标桩区的时间。试验按自行规定的车速间隔，从低到高，每个车速各进行 1 次，共 10 次（撞到标桩的次数视为失败，重新进行试验，不计在内）。试验的最高车速以保证安全为原则，自行选取，但不得超过 80km/h。试验中，防止车前端的左、右角触地。

　　试验时测量的参数有转向盘转角 θ、横摆角速度 $-\omega_r$、车身侧倾角 Φ、侧向加速度 a_y 和汽车通过有效标桩区的时间等。蛇行试验各变量的时间历程曲线如图 6-26 所示。

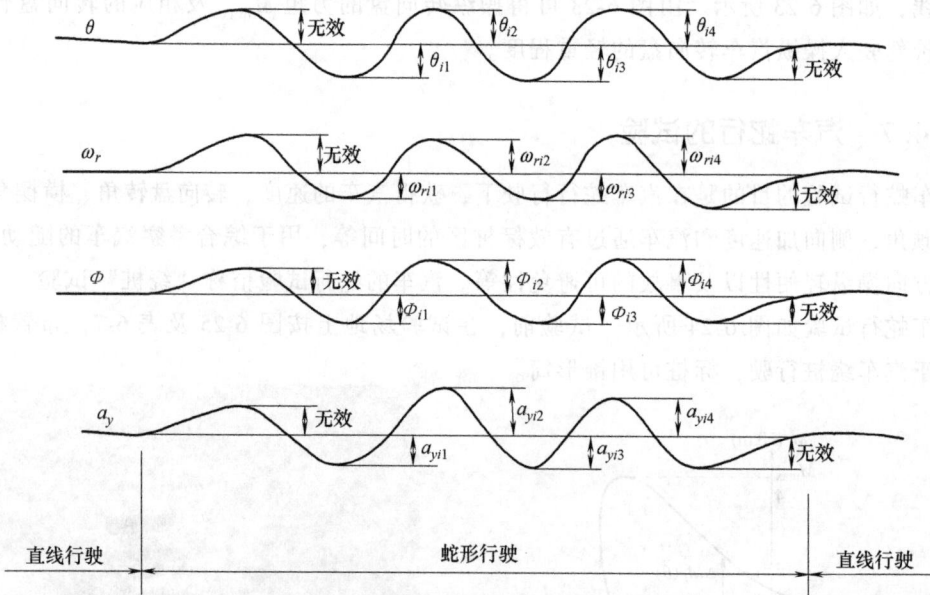

图 6-26　蛇行试验各变量的时间历程曲线

6.4.8　汽车电子稳定性控制系统性能的试验

1. 汽车电子稳定性控制系统性能试验概述

汽车电子稳定性控制系统（ESC）性能试验的目的是获得侧向加速度、横摆角速度等汽车操纵稳定性能的数据，用于评价汽车的电子稳定性控制系统性能。

ESC 是一种汽车主动安全技术，它通过驾驶人输入及传感器等信号实时监控车辆行驶状态，实时对车辆实际行驶行为和驾驶人期望的行驶行为进行比对，利用闭环控制抑制汽车过多转向或过度不足转向趋势，提高汽车的操纵稳定性。

汽车电子稳定性控制系统性能试验的标准是 GB/T 30677—2014《轻型汽车电子稳定性控制系统性能要求及试验方法》及 GB/T 38185—2019《商用车辆电子稳定性控制系统性能要求及试验方法》。

汽车电子稳定性控制系统性能试验的项目：对于轻型汽车，试验的项目包括非冰雪路面上的试验、冰雪道路上的双移线试验和冰雪道路上的稳态回转试验。对于商用汽车，试验的项目包括 J 转向试验、定圆加速试验和单变道试验。本节只介绍轻型汽车的电子稳定性控制系统性能试验。

2. 非冰雪路面上的试验

（1）试验的环境及道路条件　环境温度为 0~45℃。对于静态稳定系数大于 1.25 的车辆，风速不大于 10m/s；对于静态稳定系数不大于 1.25 的车辆，风速不大于 5m/s。

试验应在干燥、均匀、坚实的路面上进行，路面起伏、不平整（如有下沉现象或有较大裂纹）则不适合进行试验，路面为单一坡度且坡度不大于 1%。

ESC 等设备齐全且能正常工作。车辆处于整车整备状态，内部装载总质量为 168kg，包括试验驾驶人、测试设备和必要的配重沙袋。配重沙袋根据试验驾驶人和测试设备的质量总和与规定的内部装载总质量（168kg）之差确定，通常应放置在前排乘员座椅后部的地板上；必要时，也可放置在前排乘员的脚部区域。所有的配重沙袋都应可靠放置，避免在试验过程中发生移动。轮胎气压正常。

为保证试验安全，可安装防翻架。自动转向装置的转向盘转速不大于 1200°/s 时，自动转向装置应能提供 40~60N·m 的转向力矩。

（2）试验车辆的预处理

1）车辆制动器预处理。车辆制动器预处理的目的是检测制动器部件是否正常工作。

试验车辆在 56km/h 的初速度下，以 0.5g 的平均减速度将车辆制动至停车，共进行 10 次。

在完成初速度为 56km/h 的系列制动后，立即在 72km/h 的初速度下全力制动使车辆停车，共进行 3 次。这时要求施加足够的制动踏板力以激活 ABS。

以 72km/h 的速度匀速行驶 5min，用于冷却制动器。

2）轮胎磨合。轮胎磨合的目的是检测轮胎的状况，同时用于暖胎。

试验车以能够产生（0.5~0.6）g 侧向加速度的行驶速度，绕直径为 30m 的圆顺时针转 3 圈，再逆时针转 3 圈。

自动转向装置操纵转动盘，采用频率为 1Hz 的正弦转向输入，以 56km/h 的车速进行试验，转向盘转角峰值时应使车辆产生（0.5~0.6）g 的侧向加速度。共进行 4 次试验，每次试验由 10 个正弦循环组成。

自动转向装置操纵转动盘，在进行最后一次试验的最后一个正弦循环时，其转向盘转角幅值是其他循环的两倍。所有试验之间允许的最长时间间隔为 5min。

（3）慢增量转向试验 慢增量转向试验的目的是获得 $0.3g$ 的侧向加速度时所对应的转向盘转角幅值，记为"A"值，用于下面的正弦停滞转向试验。

自动转向装置操纵转动盘，进行慢增量转向试验。车辆以（80±2）km/h 的速度行驶，以 $13.5°/s$ 的角速度顺时针缓慢增加转向盘转角，直到汽车的侧向加速度达到 $0.5g$，将得到 $0.3g$ 的侧向加速度时所对应的转向盘转角幅值。该步骤重复 3 遍，再逆时针转动转向盘按上述步骤重复 3 遍。

采用线性回归法计算每次渐增转向试验的"A"值并圆整至 $0.1°$，然后计算 6 次转向试验"A"值绝对值的平均值并圆整至 $0.1°$，即得慢增量转向试验的结果。

（4）正弦停滞转向试验 正弦停滞转向试验的目的是获得正弦停滞转向试验过程中的转向盘转角、侧向加速度、横摆角速度等变量随时间变化的历程曲线，用于评价汽车电子稳定性控制系统性能。

试验车辆以（80±2）km/h 的车速沿直线方向高档位滑行，待车速稳定后试验驾驶人启动自动转向装置。

自动转向装置以 0.7Hz 的频率和正弦停滞转向模式（停滞转向时间为 500ms）进行转向输入，转向盘转角输入模式如图 6-27 所示。

初次正弦停滞转向试验的转向盘转角峰值为 $1.5A$，以 $0.5A$ 峰值梯度逐次增加试验次数直至转向盘转角峰值为 $6.5A$ 或 270°（取较大者），如果 $6.5A>300°$，转向盘转角最大峰值取 300°。

进行两次正弦停滞转向试验。在正弦停滞转向试验过程中，记录转向盘转角、侧向加速度、横摆角速度等变量随时间变化的历程曲线。

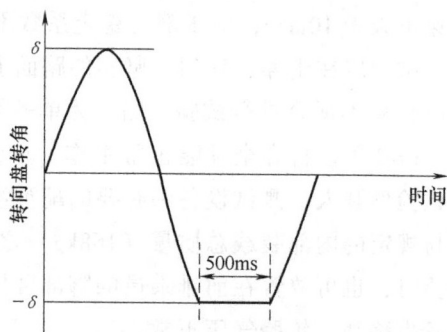

图 6-27　正弦停滞转向试验转向盘
转角输入模式

3. 冰雪道路上双移线的试验

（1）冰雪道路上双移线试验的场地和道路要求 双移线试验应在均匀、平坦的压实雪路或具有类似峰值制动力系数的路面上进行，试验前后的路面峰值制动系数不应有明显变化，试验场地应足够宽阔，能够保证试验安全。

双移线试验如图 6-28 所示，将图 6-28 中的水泥路面改为冰雪路面，即为冰雪道路上双移

图 6-28　双移线试验

线试验。双移线试验通道应采用颜色醒目的标志桩（如锥形筒）布置而成。其中，试验通道及各路段的尺寸应符合表 6-8 和图 6-29 的规定，图 6-29 中的数字为路段编号，W 为路段宽度，D 为车道偏移量。标志桩按图 6-30 所示设置，图 6-30 中的数字为路段编号，字母为标志桩编号，W 为路段宽度，D 为车道偏移量，标志桩的高度不小于 500mm，以不大于 5m 的间隔均匀布置，车道边与标志桩圆锥底圆相切。

表 6-8　双移线试验通道尺寸要求

路段编号	长度 L/m	车道偏移量 D/m	路段宽度 W/m
1	15	—	1.1×车辆宽度+1.25
2	30	—	—
3	25	1	1.2×车辆宽度+1.25
4	25	—	—
5	15	—	1.3×车辆宽度+1.25

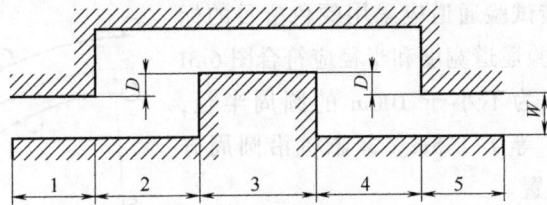

图 6-29　双移线试验通道示意图

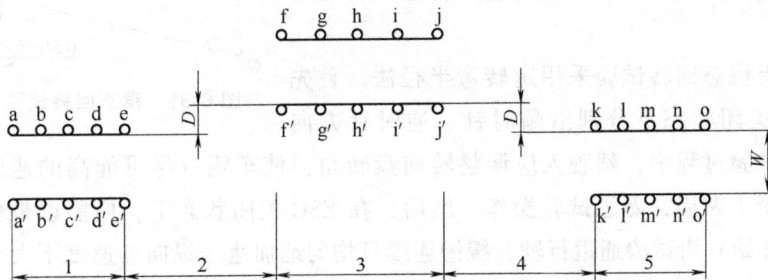

图 6-30　双移线试验通道标志桩的摆放位置

（2）冰雪道路上双移线试验的规程　冰雪道路上双移线试验的目的是获得 ESC 对车辆稳定行驶的有效性。

试验在 ESC 开启、关闭状态下分别进行。从 30km/h 的起始车速开始，以不大于 5km/h 的幅度逐渐增加试验车速。每次试验时，应将车辆加速至规定试验车速并保持车速稳定，使车辆沿试验通道入口中心线驶入试验通道的路段 1，在图 6-30 中的标志桩 aa′ 处开始记录车速，开启 ESC。车辆进入试验通道后，驾驶人应尽可能调整车辆转向装置，使车辆通过试验通道，但不应对车辆进行任何加速、减速操作。若车辆在通过试验通道的过程中，未接触任何标志桩，也未偏离试验通道，则认为试验有效；否则，认为试验失败，应重新进行一次试验。若车辆在某一车速下，连续 5 次试验失败，则终止试验，取上次有效试验入口速度作为试验结果。

在 ESC 开启、关闭状态下的试验完成后，对比分析两种状态下的测试结果，得出下述结论：

1）汽车在不撞标志桩条件下通过测试通道，ESC 开启时通过的最高车速应明显高于 ESC 未开启时的最高车速。

2）在试验过程中，横摆角速度以及转向盘转角的响应区间在开启 ESC 时比未开启 ESC 时要小。

3）开启 ESC 时的车辆比未开启 ESC 时能更好地跟踪理想的车道轨迹。

得到上述结论才能表明安装 ESC 对车辆稳定行驶是有效的。

4. 冰雪道路上稳态回转的试验

（1）冰雪道路上稳态回转试验的场地和道路要求　冰雪道路上稳态回转试验应在均匀、平坦的压实雪路或具有类似峰值制动力系数的路面上进行，试验前后的路面峰值制动力系数不应有明显变化，试验场地应足够宽阔，能够保证试验安全。

冰雪道路上稳态回转试验通道应采用颜色醒目的标志桩布置而成。其中，试验通道宽度和半径应符合图 6-31 的规定，图 6-31 中的 R 为不小于 100m 的圆周半径，W 为试验车辆的宽度，b 等于 1.5m。标志桩沿圆周方向，以 15° 的间隔均匀布置。

（2）冰雪道路上稳态回转试验的规程　冰雪道路上稳态回转试验的目的是获得冰雪道路上稳态回转的最高稳定车速。

冰雪道路上稳态回转试验采用定转弯半径法。首先在 ESC 开启、关闭状态下分别沿顺时针、逆时针方向

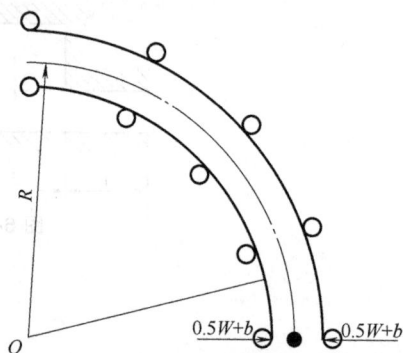

图 6-31　稳态回转试验通道示意图

各进行 3 次。试验过程中，驾驶人应调整转向盘转角，使车辆以尽可能高的速度沿圆周试验通道稳定行驶至少两周，熟悉试验操作。然后，在 ESC 关闭状态下，应能以最低稳定车速开始（也可从零开始）沿试验通道行驶，缓慢连续且均匀地加速（纵向加速度不大于 0.25m/s²），直至车辆由于出现不稳定状态而冲出试验通道。在 ESC 开启状态下，从最低稳定车速开始（也可从零开始）沿试验通道行驶，缓慢连续且均匀地加速（纵向加速度不大于 0.25m/s²），直至加速踏板到达极限位置，待车速稳定后，记录最高稳定车速。试验过程中，如果出现车辆不稳定而冲出试验通道的现象，则认为本次试验失败。在 6 次试验中，若有 2 次试验失败，则认为整个试验失败。在 ESC 开启、关闭状态下的试验完成后，对比两种试验状态下的最高稳定车速。

6.5　汽车平顺性的试验

6.5.1　汽车平顺性试验概述

汽车平顺性试验的目的是获得汽车垂直、纵向和横向振动的加速度时间历程的数据，用

于评价汽车的平顺性。汽车的平顺性主要指保持汽车在行驶过程中产生的振动和冲击环境对乘员舒适性的影响在一定界限之内，对于载货汽车还包括保持货物完好的性能。汽车的平顺性试验是汽车振动特性的试验。

汽车平顺性试验的标准是 GB/T 4970—2009《汽车平顺性试验方法》。

汽车平顺性试验在道路上进行，试验的项目包括随机输入行驶条件下和脉冲输入行驶条件下汽车的平顺性试验。汽车平顺性试验的主要仪器是汽车速度测量仪和加速度传感器。

6.5.2 随机输入行驶条件下汽车平顺性的试验

随机输入行驶条件下汽车平顺性试验的目的是获得随机输入行驶条件下汽车振动的加速度时间历程，用于评价汽车的平顺性。

随机输入行驶条件下汽车平顺性试验道路及车速的选择：试验前，选定试验路段和试验车速。试验路段可选择良好路面和一般路面的路段。良好路面的试验车速由 40km/h 至最高车速，每隔 10km/h 或 20km/h 选取一种试验车速。对于 M 类车辆，一般路面的试验车速由 40~70km/h，每隔 10km/h 选取一种试验车速。对于 N 类车辆，一般路面的试验车速由 30~60km/h，每隔 10km/h 选取一种试验车速。

随机输入行驶条件下汽车平顺性试验的加速度传感器位置：轿车安装在左侧前排和后排座椅上；客车安装在驾驶人座椅上、左侧后轴正上方座椅上和左侧最后排座椅上；其他类型汽车安装在驾驶人座椅上、车厢地板中心以及距车厢边板、车厢后板各 300mm 处的车厢地板上，加速度传感器应与人体紧密接触。

随机输入行驶条件下汽车平顺性测试仪测量驾驶人处的平顺性如图 6-32 所示。汽车平顺性测试仪由计算机、数据采集器、座椅垫盘和后背垫盘组成，数据采集器将座椅垫盘和后背垫盘中的加速度传感器的信息送至计算机，分析汽车的平顺性。座椅垫盘和后背垫盘在人体和座椅之间，分别用于测量座椅上和驾驶人后背处的加速度。座椅坐垫处的垫盘结构如图 6-33 所示，加速度传感器安装在垫盘中间，加速度传感器为三向加速度传感器，其轴线分别与汽车的垂直、横向和纵向轴线平行，能测量垂直、侧向（左右）和纵向（前后）三个方向的加速度。由于座椅存在弹性，测量误差较大。

图 6-32 汽车平顺性测试仪测量驾驶人处的平顺性

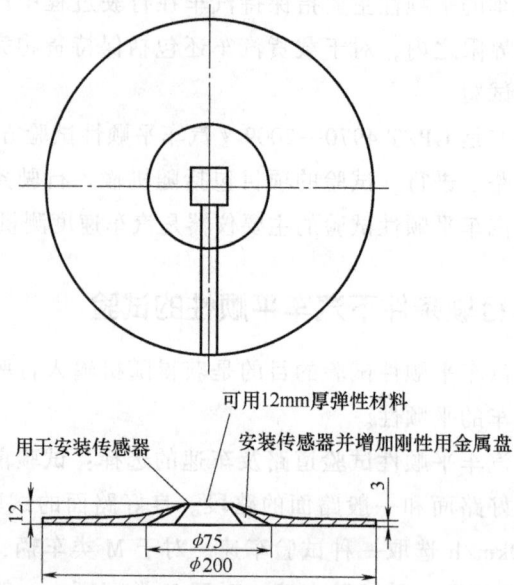

图 6-33 座椅坐垫处的垫盘结构

随机输入行驶条件下汽车平顺性试验的人员：试验时，测试车辆的座椅由真人乘员乘坐，其身高为（1.70±0.05）m、体重为（65±5）kg。乘员应全身放松，两手自然地放在大腿上，驾驶人允许双手自然地置于转向盘上，乘员应自然地靠在靠背上，试验过程中乘员姿势应保持不变。

随机输入行驶条件下汽车平顺性试验的方法：试验时，汽车在稳速路段以规定的车速稳定行驶，然后以该稳定车速通过试验路段。在进入试验路段时，起动汽车平顺性测试仪，开始测量并记录各测试部位的加速度时间历程，同时测量通过试验路段的时间以计算平均车速。驶出试验路段后关闭汽车平顺性测试仪。记录样本的时长不短于 3min。

6.5.3 脉冲输入行驶条件下汽车平顺性的试验

脉冲输入行驶条件下汽车平顺性试验的目的是获得脉冲输入行驶条件下汽车振动的加速度时间历程，用于评价汽车的平顺性。

脉冲输入行驶条件下汽车平顺性试验的凸块及放置：为了获得较典型的脉冲输入，需在试验路面上放置三角形凸块，如图 6-34 所示，凸块采用木质，外包铁皮，凸块的高度 h 分别为 60mm、90mm 和 120mm，试验中，根据车型选取，凸块的宽度 B 大于车轮宽度。试验前，将两个凸块放置在试验道路中间，并按汽车轮距调整好两个凸块之间的距离。为保证同一车轴的左、右侧车轮同时驶过凸块，应将两个凸块放在与汽车行驶方向垂直的一条线上。

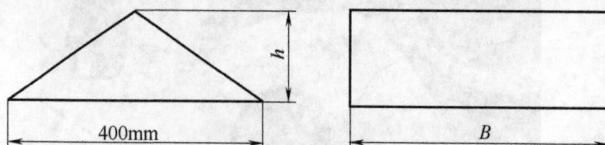

图 6-34 三角形凸块

脉冲输入行驶条件下汽车平顺性试验的方法：试验时，试验车以规定的车速匀速驶向凸块，在距凸块 50m 时稳定试验车速，并正对凸块行驶，开始记录汽车振动的加速度时间历程；然后以该稳定车速、左右车轮同时驶过凸块，待汽车驶过凸块且冲击响应消失后，停止记录汽车振动的加速度时间历程。每种车速的试验次数不得少于 5 次。

6.6 汽车通过性的试验

6.6.1 汽车通过性试验概述

汽车通过性试验的目的是获得汽车的通过能力数据，用于评价汽车的通过性。汽车的通过性是指汽车能以足够高的平均车速通过各种坏路、无路地带以及各种障碍的能力。

汽车通过性试验的分类：根据汽车的几何参数，可分为几何参数和非几何参数的通过性试验。汽车几何参数通过性主要与汽车的最小离地间隙、纵向通过角、接近角、离去角等相关。汽车非几何参数通过性主要与汽车的动力性、稳定性等相关。根据地面对汽车通过性的影响，汽车通过性分为特殊路面和特殊地形通过性试验。特殊路面包括沙地、泥泞地和冰雪路等。特殊地形包括水平壕沟、凸岭和弹坑等。在汽车的通过性试验中，可用汽车速度测量仪和加速度传感器等采集数据。

6.6.2 汽车通过性几何参数的测量

汽车通过性几何参数测量的标准是 GB/T 12540—2024《汽车及汽车列车最小转弯直径、转弯通道圆和外摆值测量方法》。汽车通过性几何参数包括最小离地间隙、纵向通过角、接近角、离去角、最小转弯直径、外摆值等。最小离地间隙可通过高度尺测量。纵向通过角、接近角、离去角可通过量角器测量。下面介绍最小转弯直径和外摆值的测量。

1. 最小转弯直径的测量

汽车最小转弯直径是指汽车转向盘转到极限位置时，车辆外侧转向轮胎面中心在平整地面上的轨迹圆直径中的较大者，即前外轮转弯最小直径 d_1，如图 6-35 所示。

测试前，在轮胎上方安装有颜色的溶液滴灌器，可将有颜色的溶液滴在车轮胎面中心上，车轮转动后，在地面上产生车轮轮胎印迹。

测试时，汽车以不大于 10km/h 的车速行驶，转向盘转到极限位置并保持不变，车速稳定后，起动溶液滴灌器，车辆行驶一周，在地面上产生车轮胎面中心印迹，关闭溶液滴灌器，然后将汽车开出测量区域。用钢卷尺测量

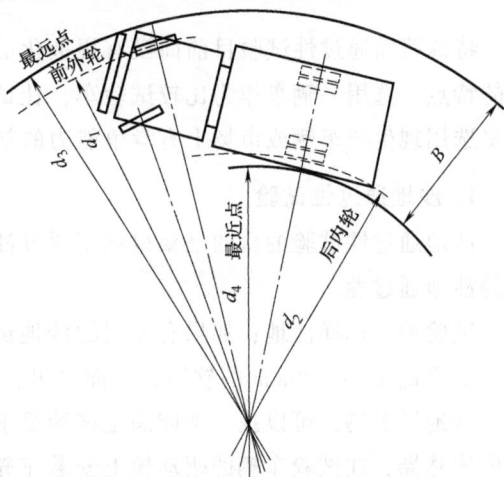

图 6-35 汽车最小转弯直径

外侧转向车轮胎面中心印迹圆直径。测量时应在相互垂直的两个方向测量，测量误差在±0.1%内，并向左向右移动，读取最大值；取两个方向的测量值的算术平均值作为试验结果。汽车向左转和向右转各测量一次，记录试验结果，取左、右转方向测得的试验结果的较大值作为最终结果。

2. 外摆值的测量

外摆值 T 如图 6-36 所示，汽车或汽车列车以直线行驶状态停在平整地面上，过车辆最外侧的点向地面作一与车辆纵向中心线平行的投影线。汽车或汽车列车起步，由直线行驶过渡到转弯通道圆外圆直径（按照车辆最外侧部位计算，后视镜、下视镜和天线除外，不计具有作业功能的专用装置的突出部分）为 25m 的圆内行驶，直到车尾完全进入该圆，在此过程中车辆最外侧任何部位在地面上的投影形成一组外摆轨迹，这组轨迹与车辆静止时车辆外侧部位在地面形成的投影线的最大距离即为外摆值 T。

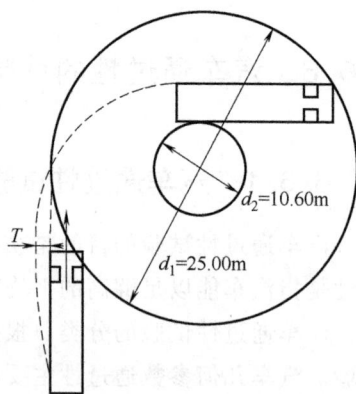

图 6-36　汽车的外摆值

测量前，在平整地面上画一直径为 25m 的圆，在车辆头、尾部最外点安装溶液滴灌器。沿车辆最外侧向地面作一与车辆纵向中心线平行的投影线，该投影线与圆相切。

测量时，汽车或汽车列车以不大于 10km/h 的车速进入该圆周内行驶，调整转向盘转角，起动车辆头部最外点的溶液滴灌器，使车辆头部最外点的轨迹落在该圆周上，记下这时的转向盘转角位置。起动车辆尾部最外点的溶液滴灌器，汽车或汽车列车起步前行，直至车辆尾部最外点轨迹与已作好的车辆最外侧投影线相交为止。用钢卷尺测量车辆尾部最外点在地面上形成的轨迹与车辆静止时车辆外侧部位在地面形成的投影线的最大距离，即为汽车或汽车列车的外摆值。汽车左、右转向各进行一次试验，记录外摆值，其中较大者为该车的外摆值。

6.6.3　特殊路面汽车通过性的试验

特殊路面通过性试验目前尚没有规范化的评价指标，主要采用比较试验法，即根据试验车的特点，选用一辆车作为比较试验车，让试验车与其进行比较。在一般情况下，比较试验车多选用现生产车辆或市场上有竞争能力的新车。比较试验车又称为基准车。

1. 沙地通过性试验

沙地通过性试验的目的是获得汽车通过沙地的平均行驶速度和车轮滑转率，用于评价汽车的沙地通过性。

试验前，选择沙地；如果有专门的沙地试验场，可根据预估的汽车通过能力，将底层压实，上面铺 100~300mm 的软沙，表面平坦，长度不小于 50m，宽度不小于 10m。如果没有专门的沙地试验场，可以找一个能满足试验要求的天然沙地作为试验沙地。在试验车辆上安装速度传感器，在试验车辆的驱动轮上安装车轮转数传感器，在驾驶室底板及车厢前、中、后的车辆纵向中线处安装加速度传感器。

沙地通过性试验的方法：试验时，试验车辆以直线前进方向停放在试验路段的起点，然后起步，并以最大能力行驶，直至动力装置停止转动或驱动轮严重滑转车轮不能前进为止。测定从汽车起步到停车为止的行驶时间 t、行驶距离 s、车轮转数 n 及车辆上下振动加速度随时间变化的曲线。

根据测得的试验数据，计算试验车辆的平均行驶速度为

$$v = \frac{3.6s}{t} \tag{6-38}$$

式中，v 为平均行驶速度（km/h）；s 为行驶距离（m）；t 为行驶时间（s）。

试验车辆的车轮滑转率为

$$\eta = \frac{s_0 - s}{s_0} \times 100\% \tag{6-39}$$

式中，s_0 为理论行驶距离（m），$s_0 = 2\pi r_k n$，r_k 为驱动轮滚动半径（m），n 为驱动轮转数。

2. 泥泞地通过性试验

泥泞地通过性试验的目的是获得汽车通过泥泞地的平均行驶速度和车轮滑转率，用于评价汽车的泥泞地通过性。

试验前，选择泥泞地；泥泞地通过性试验一般要求试验场地表面有 100mm 厚的泥泞层，长度不小于 100m，宽度不小于 7m。试验场地选择好后，要抓紧时间连续进行试验，避免场地因长时间受日光暴晒，使水分蒸发，表面状况改变，从而影响试验结果的准确性。

泥泞地通过性试验的方法：试验时，在试验路段的两端做好标记，试验车辆以最大能力驶过试验路段，从进入试验路段起点开始，驾驶人可根据经验以最理想的驾驶操作进行驾驶，直至驶出测量路段。用秒表记录从测量路段始点至终点（或中间因车辆无法行驶而停车时）的行驶时间 t、行驶距离 s、车轮转数 n，根据式（6-38）和式（6-39），分别计算出试验车辆的平均行驶速度和车轮滑转率。进行该项试验时，可同时测定最大拖钩牵引力和行驶阻力。

3. 冰雪路通过性试验

冰雪路通过性试验的目的是考核汽车在冰雪路面上的行驶能力，为综合性试验，主要考核起步加速稳定性、减速稳定性、转向操纵性、直线行驶稳定性、制动效能及制动方向稳定性等性能。

试验前，试验所选雪地应宽阔，长度不小于 200m，宽度不小于 20m，其中至少要有长 30m、宽度不少于 30m 的一段平场地。试验前应根据试验目的和要求，对雪地进行压实、冻结和融化处理。

冰雪路通过性试验的方法：试验时，试验车辆停放在试验场地一端，起步后，加速（加速度为 2m/s^2 左右）行驶至车速为 30~50km/h，并根据场地情况在 30~50km/h 的范围内确定其速度，然后在路面较宽处转向行驶，最后减速行驶（不踩下制动踏板）至车速为 10km/h 左右时停车。试验反复进行数次，评价起步及加速稳定性、直线行驶稳定性、减速行驶稳定性及转向盘操纵性（是否按转向盘转角转向行驶或甩尾）。

测量初速度为 20km/h 时的制动效能，记录制动距离、制动减速度以及甩尾、跑偏情况。对装配防滑装置的试验车辆，应在使用防滑装置和不使用防滑装置两种状态下分别进行试验。

4. 凸凹不平路通过性试验

凸凹不平路通过性试验的目的主要是检验汽车的操纵稳定性、平顺性、噪声、可靠性和强度等。

凸凹不平路通过性试验应在汽车试验场的强化坏路上进行，当条件不具备时，也可选择公路或自然道路，但路面必须包括鱼鳞坑路、搓板路及扭转路等。

凸凹不平路通过性试验的方法：试验时以驾驶人能忍受的程度和保证安全的条件下，尽量以高速行驶，测定一定行驶距离内与车辆的操纵稳定性、平顺性、噪声、可靠性等有关的参数，如行驶时间、平均车速、加速度时间历程、俯仰和侧倾角速度等。

6.6.4　特殊地形通过性的试验

特殊地形通过性试验的目的是考核汽车通过特殊地形的能力。地形通过性是指汽车通过某些地形（如垂直障碍物、凸岭、水平壕沟、路沟等）的能力。一般情况下，只有越野车做该项试验。

试验时，用录像机摄下试验全过程，观察并记录在该过程中车辆的运动状况，部件和地面有无碰撞、接触等干涉情况，同时记录通过和不能通过的原因。

试验后，检查地面破坏情况，检查汽车各部件和连接件有无损坏或松动，判断各总成有无工作异常，并进行相关的记录，通过图像记录损坏的地面、汽车的零部件，保留损坏的零部件。

汽车特殊地形通过性试验的标准是 GB/T 12541—2023《汽车通过性试验方法》。

1. 通过垂直障碍物试验

试验前，选择 3 种不同高度的垂直障碍物，垂直障碍物示意图如图 6-37 所示，垂直障碍物的高度 $h = (1/3 \sim 4/3)r_k$（r_k 为车轮滚动半径），宽度不小于车宽，长度 L 不小于被试车辆的轴距。试验也可按各试验场的固定设施进行。

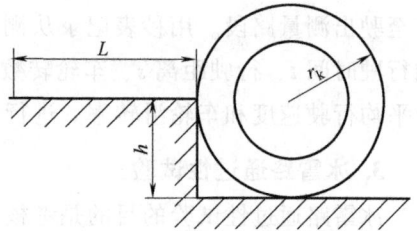

图 6-37　垂直障碍物示意图

试验时，试验车辆全轮驱动，将档位置于低速档或前进档 D 位，当前轮靠近障碍物时，将加速踏板踩到底，爬越障碍物时不得猛冲，以免损坏传动系部件。试验要从最低障碍物开始爬越，然后根据通过情况，改变障碍物高度，直至试验车辆不能爬越为止，并将不能爬越的前一次所测值定为爬越的最大高度。

2. 通过水平壕沟试验

试验前，选取 3 个不同宽度的水平壕沟，水平壕沟示意图如图 6-38 所示，水平壕沟的宽度 $B = (1 \sim 4/3)r_k$，长度不小于车宽，水平壕沟的深度 h 比 r_k 稍大，水平壕沟的前后均为平整地面。该试验也可按各试验场的固定设施进行。

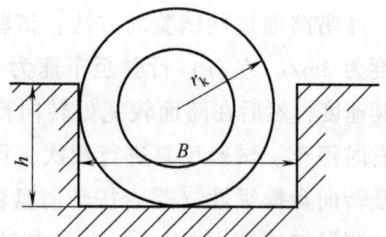

图 6-38　水平壕沟示意图

试验时，试验车辆全轮驱动，将档位置于低速档或前进档 D 位，先选择最窄的壕沟，低速通过壕沟，然后根据通过情况，逐次加宽壕沟，直至车辆不能通过为止，并将车辆不能通过的前一次所测值定为能通过的壕沟的最大宽度。

3. 通过凸岭能力试验

试验前，选取 3 个不同高度的凸岭，凸岭如图 6-39 所示，凸岭的高度 h 分别为 0.6m、1.3m、2.0m，长度 L 均为 6m，宽度不小于车宽。

试验时，试验车辆全轮驱动，将档位置于低速档或前进档 D 位，从坡度小的凸岭开始，低速驶过凸岭，然后根据通过情况，改变凸岭高度，直至试验车辆不能通过为止（产生触头、触尾或中间托起），将试验车辆不能通过的前一次所测值定为能通过的凸岭的最大高度。

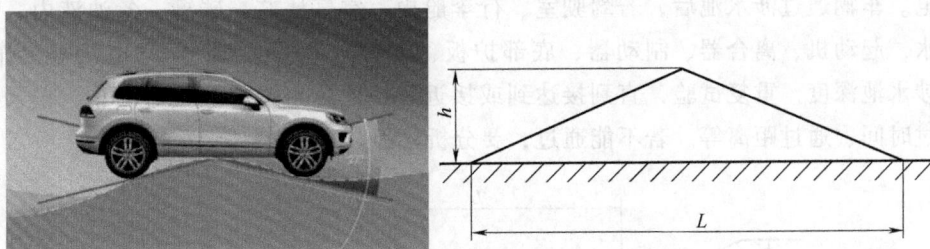

图 6-39　通过凸岭能力试验及凸岭示意图

4. 通过路沟试验

试验前，选取 3 个不同深度尺寸组的路沟，路沟如图 6-40 所示。路沟的深度尺寸组分别为 $h_1 = 1.0m$ 和 $h_2 = 0.3m$、$h_1 = 1.5m$ 和 $h_2 = 0.5m$、$h_1 = 2.0m$ 和 $h_2 = 0.75m$。

试验时，试验车辆全轮驱动，将档位置于低速档或前进档 D 位，低速通过路沟，由浅至深直至不能通过为止（产生触头或触尾），通过时从与路沟呈 45° 和 90° 角的两个方向进行，测定通过路沟的最大深度。

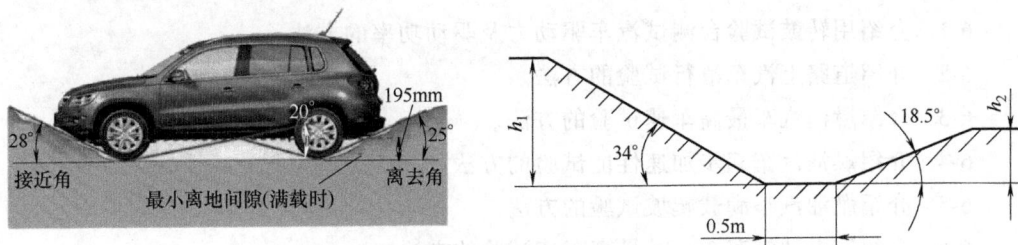

图 6-40　通过路沟试验及路沟示意图

5. 通过弹坑试验

试验前，选取 3 个不同尺寸组的弹坑，弹坑示意图如图 6-41 所示。弹坑的深度尺寸组分别为 $L = 4.0m$ 和 $h = 1.75m$、$L = 10.0m$ 和 $h = 2.0m$、$L = 14.0m$ 和 $h = 3.0m$。

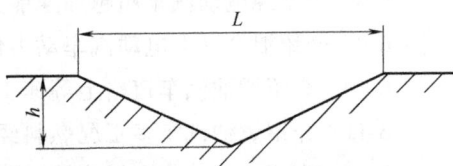

图 6-41　弹坑示意图

试验时，试验车辆全轮驱动，将档位置于低速档或前进档 D 位，低速通过弹坑，由浅至深直至不能通过为止（产生触头或触尾），测定通过弹坑的最大深度。

6. 涉水性能试验

涉水性能试验的目的主要是考核汽车的涉水能力。涉水池示意图如图 6-42 所示，涉水池长 L 不小于 50m，深 h 不小于 1.5m，宽不小于 5m，出、入池坡度小于 15%，水深大于 100mm。

涉水性能试验如图 5-82 所示，试验时，将手动档变速器置于最低档，自动档变速器置于前进档 D，以不大于 10km/h 的初始车速稳定驶入水中，行驶至少 500m。如果涉水距离小于 500m，应重复试验，使涉水距离累计不小于 500m，包括在池外的总试验时间不少于 20min。

行驶中应注意观察、判断发动机工作是否正常，有无异响，动力性是否下降，风扇传动带是否打滑及排气系统是否有故障等；观察和判断驱动电机工作是否正常，动力蓄电池是否正常供电。车辆通过涉水池后，若驾驶室、行李舱内、空气滤芯、碳罐、各油液内、动力电池未进水，起动机、离合器、制动器、底部护板、电器附件、仪表、驱动电机等工作正常，可调整涉水池深度，重复试验，直到接达到或接近所能通过水深的最大值为止，记录涉水深度、通过时间、通过距离等。若不能通过，要分析原因。

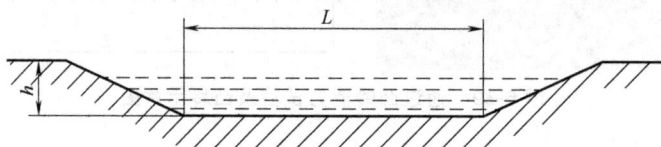

图 6-42　涉水池示意图

习 题

6-1　介绍用转鼓试验台测试汽车驱动力及驱动功率的方法。

6-2　介绍道路上汽车滑行试验的方法。

6-3　介绍燃油汽车最高车速试验的方法。

6-4　介绍燃油汽车起步加速性能试验的方法。

6-5　介绍燃油汽车满载爬坡试验的方法。

6-6　介绍纯电动汽车 30min 最高车速试验的方法。

6-7　介绍纯电动汽车起步加速能力试验的方法。

6-8　介绍纯电动汽车超越加速能力试验的方法。

6-9　介绍混合动力电动汽车动力性试验的项目及程序。

6-10　介绍燃油汽车道路上等速工况燃料经济性试验的方法。

6-11　介绍燃油汽车多工况燃料经济性试验的方法。

6-12　介绍纯电动汽车经济性试验的步骤。

6-13　介绍适用于轻型纯电动汽车循环工况续驶里程的试验。

6-14　介绍适用于轻型纯电动汽车等速工况续驶里程的试验。

6-15　介绍汽车动力装置脱开冷态制动效能试验的方法。

6-16　介绍汽车制动热衰退性能试验的方法。

6-17　介绍汽车制动系统时间特性测定的方法。

6-18　介绍单轴反力滚筒式制动试验台制动试验的方法。

6-19　介绍单一路面的 ABS 性能试验的方法。

6-20　介绍对开路面的 ABS 性能试验的方法。

6-21　介绍平板式制动试验台制动试验的方法。

6-22　介绍汽车连续加速定转向盘转角法稳态回转试验的方法。

6-23　介绍汽车转向盘转角阶跃输入下汽车转向瞬态响应试验的方法。

6-24　介绍汽车冰雪道路上双移线试验的方法。

6-25　介绍汽车低速回正性能试验的方法。

6-26　介绍脉冲输入行驶条件下汽车平顺性试验的方法。

6-27　介绍汽车最小转弯直径测量的方法。

6-28　介绍汽车沙地通过性试验的方法。

6-29　介绍汽车通过垂直障碍物试验的方法。

6-30　介绍汽车涉水性能试验的方法。

6-31　查找新的燃油汽车动力性试验的方法、视频，并与班级同学交流。

6-32　查找新的纯电动汽车动力性试验的方法、视频，并与班级同学交流。

6-33　查找新的燃油汽车经济性试验的方法、视频，并与班级同学交流。

6-34　查找新的纯电动汽车经济性试验的方法、视频，并与班级同学交流。

6-35　查找新的汽车制动性试验的方法、视频，并与班级同学交流。

6-36　查找新的汽车操纵稳定性试验的方法、视频，并与班级同学交流。

6-37　查找新的汽车平顺性试验的方法、视频，并与班级同学交流。

6-38　查找文献，阅读一两篇纯电动汽车动力性试验的文献，介绍其主要内容，并与班级同学交流。

6-39　查找文献，阅读一两篇纯电动汽车经济性试验的文献，介绍其主要内容，并与班级同学交流。

6-40　介绍自己参加的汽车整车性能试验，并与班级同学交流。

第7章 智能网联汽车自动驾驶功能场地试验

教学目标：通过本章学习，读者应掌握交通信号、道路交通基础设施与障碍物、行人与非机动车和周边车辆行驶状态识别及响应试验，了解自动紧急避险、停车、动态驾驶任务干预及接管、最小风险策略补充试验，重点掌握各项试验的方法，为开展智能网联汽车自动驾驶功能场地试验打下基础。

7.1 智能网联汽车自动驾驶功能场地试验概述

智能网联汽车自动驾驶功能场地试验的目的是获得智能网联汽车自动驾驶的功能和性能，用于评价智能网联自动驾驶汽车的性能。

智能网联汽车自动驾驶功能场地试验是在特定的试验场景下，进行智能网联汽车自动驾驶试验，车上智能驾驶系统（互联网、图像系统、激光雷达、毫米波雷达和卫星导航定位系统等）控制车辆行驶。特定的试验场景包括存在交通信号、道路交通基础设施与障碍物、机动车、行人与非机动车、收费站等试验场景。

智能网联汽车自动驾驶功能场地试验分为白天环境下、夜间环境下和特殊天气下智能网联汽车自动驾驶功能试验，其试验项目相同，试验车辆行驶区域不完全相同。白天环境为天气良好、光照正常的环境；夜间环境为路侧有或无照明装置、一定亮度要求的夜间环境；特殊天气包括雨、雪、雾的天气环境。试验车辆行驶区域分为高速公路及城市快速路、城市道路、其他区域和特殊应用场景；试验车辆根据运行情况，确定一个或多个行驶区域进行试验；若试验车辆涉及特殊应用场景，应作为行驶区域试验的补充。试验的路面为有良好附着能力的混凝土或沥青路面。

智能网联汽车自动驾驶功能场地试验的标准是 GB/T 41798—2022《智能网联汽车 自动驾驶功能场地试验方法及要求》。本章根据此标准，介绍智能网联汽车自动驾驶功能场地试验。

7.2 交通信号识别及响应试验

1. 限速标志识别及响应试验

试验目的：测试智能网联汽车识别限速标志及响应限速的能力。

试验场景：试验道路为一条或一条以上的长直道，路边设置限速和解除限速的标志牌，限速和解除限速标志值从表 7-1 中选取一组。同一车速限速和解除限速的标志牌之间至少相距 100m，不同车速的限速和解除限速的标志牌在同一平面内，限速标志试验场景示意图如图 7-1 所示。

试验方法：试验车辆以不低于初始道路限速值 0.75 倍的速度驶向限速标志，通过汽车速度测量仪测量车速，通过视觉或视觉传感器的图像观察限速标志识别及响应试验的情况。

通过要求：

1）试验车辆最前端越过限速标志所在平面时，速度不高于限速标志值。

2）试验车辆在限速标志牌之间行驶时，车速不低于当前限速标志值的 0.75 倍。

3）通过解除限速标志牌后 200m 处，车速不低于当前限速标志值的 0.75 倍。

表 7-1　限速和解除限速标志值选取对照表　　　　　　　　　　　单位：km/h

车速 v_{max}	初始道路限速值	限速标志值	解除限速标志值	恢复限速标志值
$v_{max} \geqslant 80$	80	60	60	80
	60	40	40	60
	40	30	—	—
$60 \leqslant v_{max} < 80$	60	40	40	60
	40	30	—	—
$40 \leqslant v_{max} < 60$	40	30	—	—
$v_{max} < 40$	40	$v_{max} - 10$	—	—

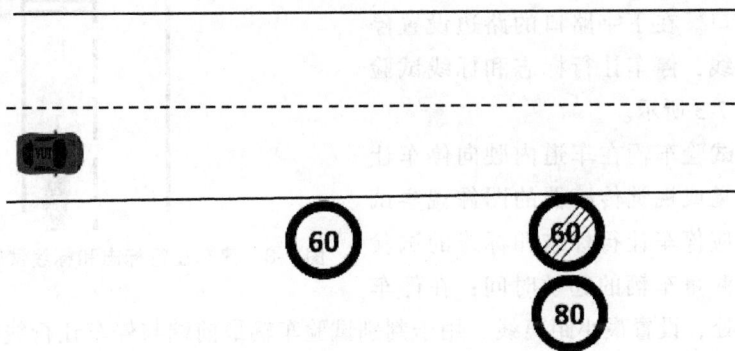

图 7-1　限速标志试验场景示意图

2. 弯道识别及响应试验

试验目的：测试智能网联汽车识别弯道、弯道限速标志及通过弯道的能力。

试验场景：试验道路为长直道和弯道组合的道路，弯道长度应保证试验车辆在弯道内至少行驶 5s。在弯道起始处的路边设置限速标志

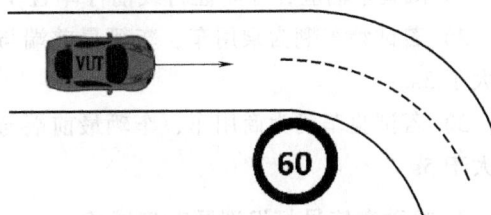

图 7-2　弯道试验场景示意图

牌，最小弯道半径值和限速标志值从表 7-2 中选取一组，弯道试验场景示意图如图 7-2 所示。

试验方法：试验车辆由长直道驶入，并驶出弯道。通过汽车速度测量仪测量车速，通过视觉或视觉传感器的图像观察试验车辆识别及响应弯道的试验情况，通过秒表测量通过弯道

的时间。

通过要求：

1）若试验车辆为乘用车，弯道内全程车速不低于 0.75 倍限速标志值。

2）若试验车辆为商用车，弯道内全程车速不低于 0.5 倍限速标志值。

表 7-2 最小弯道半径值和限速标志值对照表

车速 v_{max} /(km/h)	最小弯道半径值/m	限速标志值/(km/h)
$v_{max} \geqslant 100$	650	100
	400	80
	250	60
	125	40
$60 \leqslant v_{max} < 100$	400	80
	250	60
	125	40
$v_{max} < 60$	250	60
	125	40
	60	20

3. 停车让行标志和标线识别及响应试验

试验目的：测试智能网联汽车识别停车让行标志和标线及响应停车的能力。

试验场景：试验道路为至少包含两条双向两车道的丁字路口。在丁字路口的路边设置停车让行标志和标线，停车让行标志和标线试验场景示意图如图 7-3 所示。

试验方法：试验车辆在车道内驶向停车让行标线，通过视觉或视觉传感器的图像观察试验车辆识别及响应停车让行标志和标线的试验情况，通过秒表测量车辆的起动时间；在停车

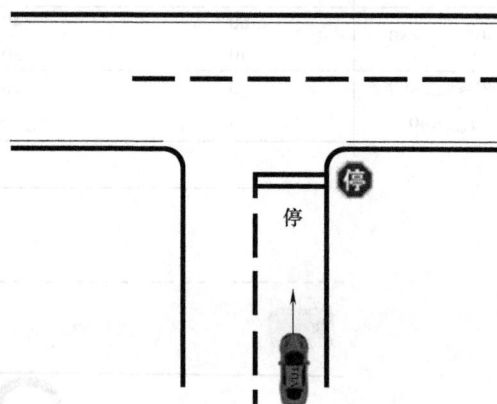

图 7-3 停车让行标志和标线试验场景示意图

让行线前 2~4m 处，设置最小距离线，用于判别试验车辆最前端与停车让行线的最小距离。

通过要求：

1）试验车辆应在停车让行线前停车且车身任何部位不越过停车让行线。

2）若试验车辆为乘用车，车辆最前端与停车让行线最小距离不大于 2m，车辆起动时间不大于 3s。

3）若试验车辆为商用车，车辆最前端与停车让行线最小距离不大于 4m，车辆起动时间不大于 5s。

4. 机动车信号灯识别及响应试验

试验目的：测试智能网联汽车识别及响应机动车信号灯的能力。

试验场景：试验道路为双向两车道的十字路口。在十字路口设置机动车信号灯，道路的转弯半径不小于 15m，路段限速 40km/h，机动车信号灯试验场景示意图如图 7-4 所示。

试验方法：试验车辆在车道内驶向机动车信号灯，机动车信号灯的初始状态为绿灯，然

后随机调整为下列两种信号灯状态之一。

1）信号灯保持绿灯。

2）信号灯在试验车辆最前端距离停止线最小距离为 40~60m 时，由绿灯变为黄灯并持续 3s；再变为红灯，并持续 30s；再变为绿灯。

试验车辆直行、左转和右转各 3 次，且试验车辆的同一轨迹试验中，上述两种信号灯状态应至少各出现 1 次。

通过视觉或视觉传感器的图像观察试验车辆识别及响应机动车信号灯的试验情况，通过秒表测量信号灯变化的时间和试验车辆的起动时间；在路面上绘制距离停止线最小距离为

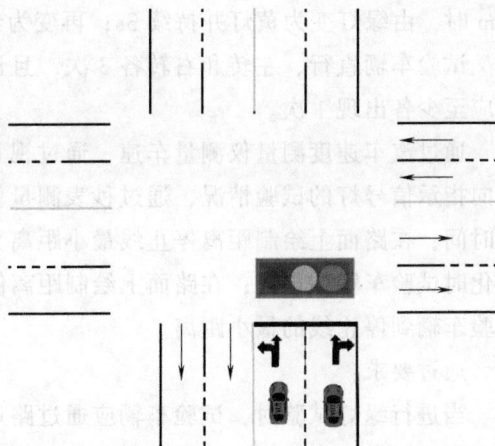

图 7-4　机动车信号灯试验场景示意图

40~60m 的位置线，用于判别信号灯状态开始变化时试验车辆的位置；在路面上绘制距离停止线最小距离为 2m 和 4m 的位置线，用于判别试验车辆到停止线的最小距离。

通过要求：

当进行绿灯和红灯状态下右转试验时，试验车辆应通过路口并进入对应车道，在此过程中不应停止行驶。

当进行直行、左转红灯试验时，试验车辆应满足以下要求：

1）试验车辆应在红灯时停止于停车线前，且车身任何部位不越过停车线。

2）若试验车辆为乘用车，车辆最前端与停车线最小距离不大于 2m；信号灯变为绿灯后，车辆起动时间不超过 3s。

3）若试验车辆为商用车，车辆最前端与停车线最小距离不大于 4m；信号灯变为绿灯后，车辆起动时间不超过 5s。

5. 方向指示信号灯识别及响应试验

试验目的：测试智能网联汽车识别及响应方向指示信号灯的能力。

试验场景：试验道路为双向两车道的十字路口。在十字路口设置直行、左转、右转的方向指示信号灯，道路的转弯半径不小于 15m，路段限速 40km/h。方向指示信号灯试验场景示意图如图 7-5 所示。

试验方法：试验车辆在车道内驶向方向指示信号灯，车辆行驶路径方向的方向指示

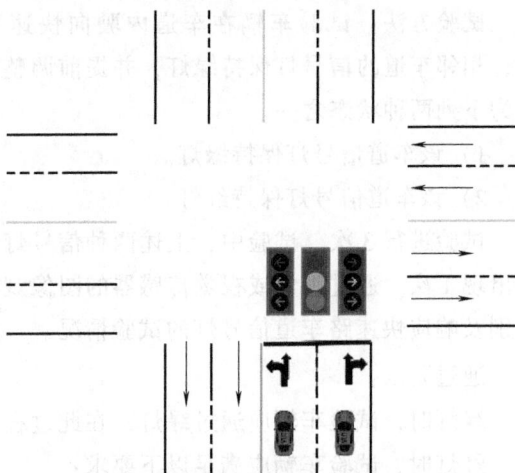

图 7-5　方向指示信号灯试验场景示意图

信号灯的初始状态为绿灯，然后随机调整为下列两种信号灯状态之一。

1）车辆行驶路径方向的方向指示信号灯保持绿灯。

2）车辆行驶路径方向的方向指示信号灯在试验车辆最前端距离停止线最小距离为 40~

60m 时，由绿灯变为黄灯并持续 3s；再变为红灯，并持续 30s；再变为绿灯。

试验车辆直行、左转和右转各 3 次，且试验车辆的同一轨迹试验中，上述两种信号灯状态应至少各出现 1 次。

通过汽车速度测量仪测量车速，通过视觉或视觉传感器的图像观察试验车辆识别及响应方向指示信号灯的试验情况，通过秒表测量信号灯变化的时间、持续的时间和试验车辆的起动时间；在路面上绘制距离停止线最小距离为 40~60m 的位置线，用于判别信号灯状态开始变化时试验车辆的位置；在路面上绘制距离停止线最小距离为 2m 和 4m 的位置线，用于判别试验车辆到停止线的最小距离。

通过要求：

当进行绿灯试验时，试验车辆应通过路口并进入对应车道，在此过程中不应停止行驶。

当进行红灯试验时，试验车辆应满足以下要求：

1）试验车辆应在红灯时停止于停车线前，且车身任何部位不越过停车线。

2）若试验车辆为乘用车，车辆最前端与停止线最小距离不大于 2m；当车辆行驶路径方向的方向指示信号灯变为绿灯后，车辆起动时间不超过 3s。

3）若试验车辆为商用车，车辆最前端与停止线最小距离不大于 4m；当车辆行驶路径方向的方向指示信号灯变为绿灯后，车辆起动时间不超过 5s。

6. 快速路车道信号灯识别及响应试验

试验目的：测试智能网联汽车识别及响应快速路车道信号灯的能力。

试验场景：试验道路为至少包含单向两车道的道路。在道路的上方均设置快速路车道信号灯，快速路车道信号灯试验场景示意图如图 7-6 所示。

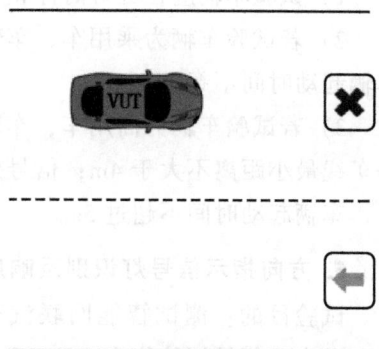

试验方法：试验车辆在车道内驶向快速路车道信号灯，相邻车道的信号灯保持绿灯，并提前调整该车道信号灯为下列两种状态之一。

1）该车道信号灯保持绿灯。

2）该车道信号灯保持红灯。

试验进行 3 次，试验中，上述两种信号灯状态应至少各出现 1 次。通过视觉或视觉传感器的图像观察试验车辆识别及响应快速路车道信号灯的试验情况。

图 7-6 快速路车道信号灯试验场景示意图

通过要求：

绿灯时，试验车辆应通过绿灯，在此过程中不应停止行驶。

红灯时，试验车辆应满足以下要求：

1）若具备换道行驶功能，试验车辆在红灯前方驶入相邻车道。

2）若不具备换道行驶功能，试验车辆应停止于红灯前方，可发出超出设计运行范围的提示信息。试验车辆不发生碰撞，驾驶人不对试验车辆行驶状态进行人为干预。

若试验车辆不具备快速路车道信号灯识别功能，试验车辆应在到达信号灯前发出超出设计运行范围的提示信息。试验车辆不发生碰撞，驾驶人不对试验车辆行驶状态进行人为干预。

7.3 道路交通基础设施与障碍物识别及响应试验

1. 隧道识别及响应试验

试验目的：测试智能网联汽车识别及通过隧道的能力。

试验场景：试验道路为至少包含长度不小于 100m 隧道的单向两车道。隧道试验场景示意图如图 7-7 所示。

试验方法：试验车辆在车道内驶向隧道，通过汽车速度测量仪测量车速，通过视觉或视觉传感器的图像观察试验车辆识别及响应隧道的试验情况。

通过要求：

1）若不具备隧道通行功能，试验车辆应在进入隧道前发出超出设计运行范围的提示信息且不进入隧道，试验车辆不发生碰撞，驾驶人不对试验车辆行驶状态进行人为干预。

2）若具备隧道通行功能，试验车辆应保持相同车速驶入并驶出隧道。

图 7-7　隧道试验场景示意图

2. 环形路口识别及响应试验

试验目的：测试智能网联汽车识别及通过环形路口的能力。

试验场景：试验道路内设置包含不低于 3 个出入口的环形路口，每个出入口至少为双向两车道。试验车辆入口上游存在 1 辆行驶目标车辆（VT₁），下游第 1 个入口存在静止目标车辆（VT₂），环形路口试验场景示意图如图 7-8 所示，目标车辆可用车模或实车。

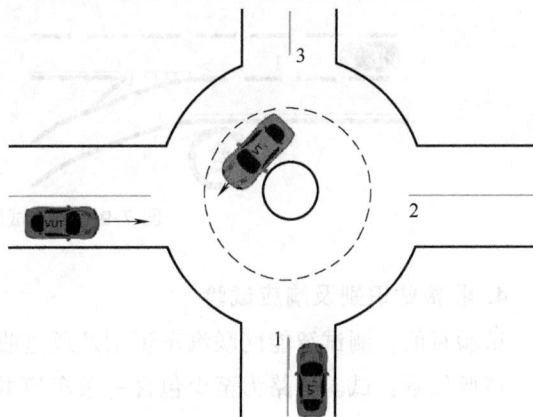

图 7-8　环形路口试验场景示意图

试验方法：试验车辆在车道内驶向环形路口，且车辆规则路径从出口 2 或出口 3 驶出环形路口；当试验车辆到达环形路口入口时，在入口上游存在以 15km/h 的速度匀速行驶并计划于出口 1 驶出的目标车辆（VT₁），通过汽车速度测量仪测量车速，通过视觉或视觉传感器的图像观察试验车辆识别及响应环形路口的试验情况。

通过要求：

若不具备环形路口内行驶通行功能，试验车辆应在进入环形路口前发出超出设计运行范围的提示信息且不进入环形路口，试验车辆不发生碰撞，驾驶人不对试验车辆行驶状态进行人为干预。

若具备环形路口内行驶通行功能，试验车辆应满足以下条件：

1）由正确出口驶出环形路口并进入对应车道。

2）不与目标车辆发生碰撞。

3）在进入环形路口后不出现紧急制动或停止的试验情况。

3. 匝道识别及响应试验

试验目的：测试智能网联汽车识别及通过匝道的能力。

试验场景：试验道路为由一条不少于100m的匝道连接的两条长直道，左边为长直道1，右边为长直道2，道路均应至少为单向双车道，匝道入口处设置40km/h的标志牌。匝道试验场景示意图如图7-9所示。

试验方法：试验车辆根据路径设定并入最右侧车道后由长直道1驶入匝道，通过并驶出匝道进入长直道2。通过汽车速度测量仪测量车速，通过视觉或视觉传感器的图像观察试验车辆识别及响应匝道的试验情况。

通过要求：

若试验车辆不具备匝道行驶功能，则无须进行匝道识别及通过试验。

若试验车辆具备匝道通行功能，试验车辆应满足以下条件：

1）在匝道车道内驶入、驶出匝道并进入长直道2对应车道。

2）若试验车辆为乘用车，匝道内行驶全程速度不低于15km/h。

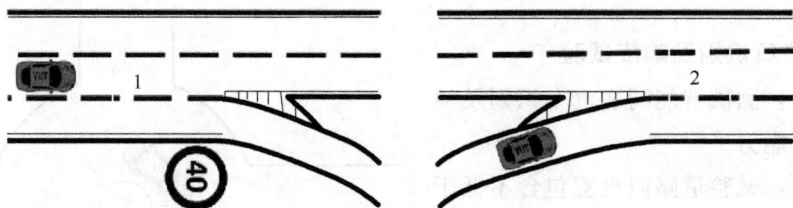

图7-9 匝道试验场景示意图

4. 收费站识别及响应试验

试验目的：测试智能网联汽车识别及通过收费站的能力。

试验场景：试验道路为至少包含一条车道并设置有收费站的长直道，收费站前设置收费站标志、减速带等。收费站试验场景示意图如图7-10所示。

试验方法：试验车辆沿试验道路驶向收费站，当试验车辆最前端与收费站升降栏最小距离为20~30m时，升降栏下降并于试验车辆速度降为0km/h后升起。通过视觉或视觉传感器的图像观察试验车辆识别及响应收费站的试验情况，通过秒表测量升降栏完全升起的时间；在升降栏前20~30m处设置标志距离线，用于判别试验车辆最前端与收费站升降栏最小距离。

通过要求：

若试验车辆不具备收费站通行功能，试验车辆应在到达收费站前发出超出设计运行范围的提示信息，试验车辆不发生碰撞，驾驶人不对试验车辆行驶状态进行人为干预。

若试验车辆具备收费站通行功能，试验车辆应在升降栏完全升起后 5s 内起动并通过收费站。

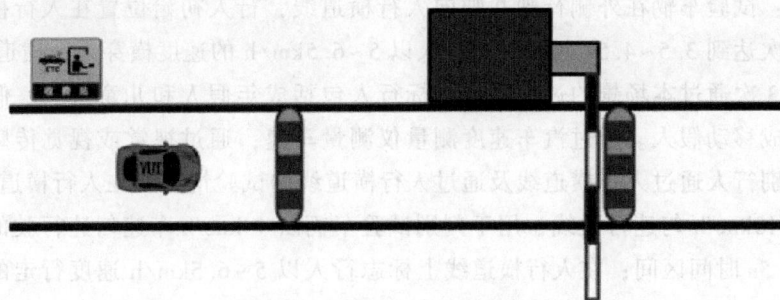

图 7-10　收费站试验场景示意图

5. 施工车道识别及响应试验

试验目的：测试智能网联汽车识别施工车道及通过施工车道的能力。

试验场景：试验道路至少为具备单向双车道的长直车道，中间车道线为白色虚线，外侧车道依据道路施工长期作业区的交通控制要求摆放交通锥及交通标志等。施工车道试验场景示意图如图 7-11 所示。

试验方法：试验车辆在施工车道内驶向障碍物。通过汽车速度测量仪测量车速，通过视觉或视觉传感器的图像观察试验车辆识别施工车道及通过施工车道的试验情况。

通过要求：

若不具备换道行驶功能，试验车辆应在行驶过程中或车辆静止后发出超出设计运行范围的提示信息，停止于本车道内且不与障碍物发生碰撞。

若具备换道行驶功能，试验车辆应变更车道绕行障碍物。

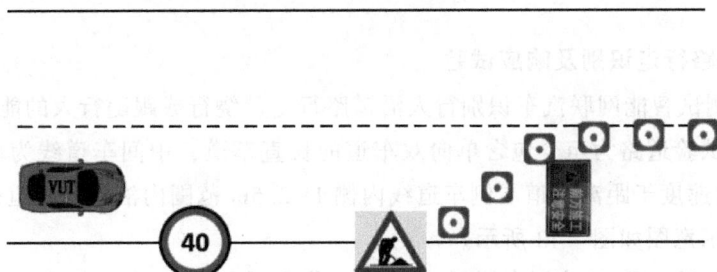

图 7-11　施工车道试验场景示意图

7.4　行人与非机动车识别及响应试验

1. 行人通过人行横道线识别及响应试验

试验目的：测试智能网联汽车识别行人通过人行横道线及通过人行横道线的能力。

试验场景：试验道路至少为具备单向双车道的长直车道，并在路段内设置人行横道线、人行横道预告标志线及人行横道标志等相关标志和标线，该路段限速 40km/h，左侧车道外侧存在行人，行人沿人行横道线横穿试验道路。行人通过人行横道线试验场景示意图如图 7-12 所示。

试验方法：试验车辆在外侧行驶并驶向人行横道线，行人初始位置在人行横道线外，当预碰撞时间首次达到 3.5~4.5s 区间时，行人以 5~6.5km/h 的速度横穿人行横道线。

试验车辆 3 次通过本场景的过程中，目标行人包括成年假人和儿童假人。假人可放在移动小车上，构成移动假人。通过汽车速度测量仪测量车速，通过视觉或视觉传感器的图像观察试验车辆识别行人通过人行横道线及通过人行横道线的试验情况；在人行横道线前 38.88~50m 处，设置 40km/h 匀速行驶线，用于判别试验车辆以 40km/h 车速匀速行驶的区间和设置预碰撞 3.5~4.5s 时间区间；在人行横道线上标志行人以 5~6.5km/h 速度行走的移动线，以控制行人的速度；用秒表测量试验车辆的起动时间。

通过要求：

试验车辆不应与行人发生碰撞。若试验车辆在驶过人行横道线过程中停止，待行人通过试验车辆所在的车道后，若试验车辆为乘用车，起动时间不应大于 3s；若试验车辆为商用车，起动时间不应大于 5s。

图 7-12　行人通过人行横道线试验场景示意图

2. 行人沿道路行走识别及响应试验

试验目的：测试智能网联汽车识别行人沿道路行走及绕行或跟随行人的能力。

试验场景：试验道路为至少包含单向双车道的长直车道，中间车道线为白色虚线，行人以 5~6.5km/h 的速度于距离车道右侧车道线内侧 1~2.5m 范围内沿外侧车道行走。行人沿道路行走试验场景示意图如图 7-13 所示。

试验方法：试验车辆于外侧车道驶向行人，若跟随行人行驶，当试验车辆速度不大于 6.5km/h 时，且持续时间超过 5s 后，行人从车道右侧离开当前车道。

试验车辆 3 次通过本场景的过程中，目标行人包括成年假人和儿童假人。通过视觉或视觉传感器的图像观察试验车辆识别行人沿道路行走及绕行、跟随行人行驶的试验情况；在行人行走的车道上，设置 5~6.5km/h 行人行走的速度线，用于判别行人以 5~6.5km/h 的速度行走；用秒表测量试验车辆跟随人行驶的时间。

通过要求：

试验车辆应采用绕行或跟随人的方式通过该场景且不与行人发生碰撞。若采用跟随人的方式通过该场景，试验车辆应在行人离开本车道后加速行驶。跟随过程中，试验车辆可发出超出设计运行范围的提示信息，发出超出设计运行范围的提示信息后，试验车辆在行人离开本车道后可不执行加速行驶，试验车辆不发生碰撞，驾驶人不对试验车辆行驶状态进行人为干预。

图 7-13　行人沿道路行走试验场景示意图

3. 自行车沿车道骑行识别及响应试验

试验目的：测试智能网联汽车识别自行车沿车道骑行及绕行或跟随自行车的能力。

试验场景：试验道路为至少包含单向双车道的长直车道，中间车道线为白色虚线，自行车以 10~20km/h 的速度于距离车道右侧车道线内侧 1~2.5m 范围内沿外侧车道骑行，自行车沿车道骑行试验场景示意图如图 7-14 所示。若试验车辆的车速小于 20km/h，无须进行该项目试验。自行车可放在移动小车上，构成移动自行车，或构造无人驾驶自行车，参与试验。

试验方法：试验车辆于外侧车道驶向自行车，若跟随自行车行驶，当试验车辆速度大于 20km/h 时，且持续时间超过 5s 后，自行车从车道右侧离开当前车道。通过汽车速度测量仪测量车速，通过视觉或视觉传感器的图像观察试验车辆识别自行车沿道路骑行及绕行、跟随自行车行驶的试验情况；在自行车骑行的车道上，设置 10~20km/h 自行车骑行的速度线，用于判别自行车以 10~20km/h 的速度行走；用秒表测量试验车辆跟随自行车行驶的时间。

通过要求：

试验车辆应采用绕行或跟随自行车的方式通过该场景且不与自行车发生碰撞。若采用跟随自行车的方式通过该场景，试验车辆应在自行车离开本车道后加速行驶。跟随过程中，试验车辆可发出超出设计运行范围的提示信息，发出超出设计运行范围的提示信息后，试验车辆在自行车离开本车道后可不执行加速行驶，试验车辆不发生碰撞，驾驶人不对试验车辆行驶状态进行人为干预。

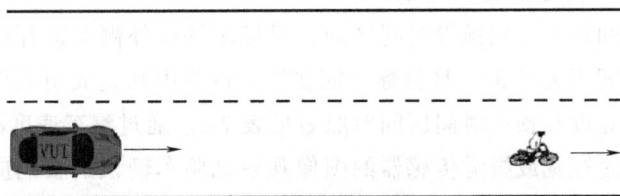

图 7-14　自行车沿车道骑行试验场景示意图

7.5 周边车辆行驶状态识别及响应试验

1. 摩托车沿车道行驶识别及响应试验

试验目的： 测试智能网联汽车识别摩托车沿车道行驶、绕行或跟随摩托车的能力。

试验场景： 试验道路为至少包含单向双车道的长直车道，中间车道线为白色虚线，摩托车以 20~30km/h 的速度于距离车道右侧车道线内侧 1~2.5m 范围内沿外侧车道行驶，摩托车沿车道行驶试验场景示意图如图 7-15 所示。摩托车可放在移动小车上，构成移动摩托车，或构造无人驾驶摩托车，参与试验。

试验方法： 试验车辆于外侧车道驶向摩托车，若跟随摩托车行驶，当试验车辆速度大于 30km/h 时，且持续时间超过 5s 后，摩托车从车道右侧离开当前车道。通过汽车速度测量仪测量车速，通过视觉或视觉传感器的图像观察试验车辆识别摩托车沿车道行驶、绕行或跟随摩托车行驶的试验情况；用秒表测量试验车辆跟随摩托车行驶的时间。

通过要求：

试验车辆应采用绕行或跟随摩托车的方式通过该场景且不与摩托车发生碰撞。若采用跟随摩托车的方式通过该场景，试验车辆应在摩托车离开本车道后加速行驶。

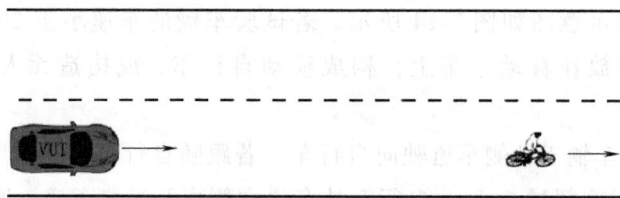

图 7-15 摩托车沿车道行驶试验场景示意图

2. 前方车辆切入识别及响应试验

试验目的： 测试智能网联汽车识别及响应前方车辆切入的能力。

试验场景： 试验道路为至少包含单向双车道的长直车道，中间车道线为白色虚线，目标车辆以预设速度匀速行驶。前方车辆切入试验场景示意图如图 7-16 所示。

试验方法： 试验车辆于内侧车道行驶。当试验车辆达到预设速度的 85% 以

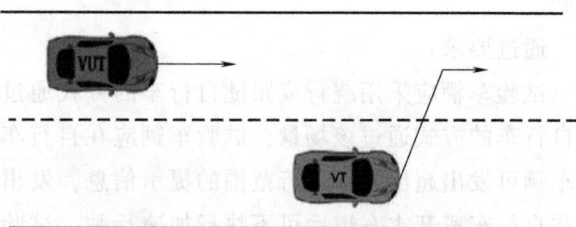

图 7-16 前方车辆切入试验场景示意图

上且两车预计碰撞时间首次达到预设时间区间，目标车辆由外侧车道开始切入内侧车道并完成换道，完成换道时间不大于 3s，且目标车辆在切入过程中和完成切入后其纵向速度均等于预设速度，切入预设速度和预设时间区间对照表见表 7-3。通过汽车速度测量仪测量车速和预计两车碰撞时间，通过视觉或视觉传感器的图像观察试验车辆识别及响应前方车辆切入的试验情况；用秒表测量试验车辆跟随目标车辆行驶的时间。

通过要求：

试验车辆不应与目标车辆发生碰撞。

表 7-3　切入预设速度和预设时间区间对照表

车速 v_{max}/(km/h)	切入预设速度/(km/h)	预设时间区间/s
$v_{max} > 100$	50	[5,6]
$80 < v_{max} \leqslant 100$	40	[4,5]
$60 < v_{max} \leqslant 80$	30	[3,4]
$v_{max} \leqslant 60$	$v_{max}/2$	[3,4]

3. 前方车辆切出识别及响应试验

试验目的：测试智能网联汽车识别及响应前方车辆切出的能力。

试验场景：试验道路为至少包含单向双车道的长直车道，中间车道线为白色虚线，试验车辆前方存在目标车辆（VT_1），相邻车道存在目标车辆（VT_2），

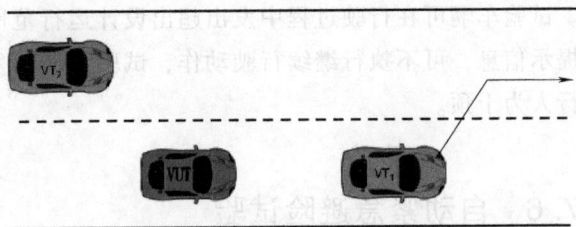

图 7-17　前方车辆切入试验场景示意图

目标车辆（VT_1）以 v_{max} 的 50%车速匀速行驶，试验路段限速大于目标车辆行驶速度。前方车辆切入试验场景示意图如图 7-17 所示。

试验方法：试验车辆在外侧车道驶向目标车辆（VT_1），当试验车辆稳定跟随目标车辆（VT_1）后，目标车辆（VT_1）开始换道并入相邻车道，完成换道时间不大于 3s。目标车辆（VT_2）最前端在目标车辆（VT_1）换道开始前保持在与试验车辆最后端 3m 以内行驶。通过汽车速度测量仪测量的车速，估计目标车辆（VT_2）车速，确保最前端在目标车辆（VT_1）换道开始前保持在与试验车辆最后端 3m 以内行驶。通过汽车速度测量仪测量车速，通过激光测距仪测量两车间的距离，通过视觉或视觉传感器的图像观察试验车辆识别及响应前方车辆切出的试验情况；用秒表测量目标车辆（VT_1）的换道时间。

通过要求：

试验车辆不应与目标车辆发生碰撞，当目标车辆切出后，试验车辆应执行加速动作。

4. 对向车辆借道行驶识别及响应试验

试验目的：测试智能网联汽车识别及响应对向车辆借道行驶的能力。

试验场景：试验道路为至少包含单向双车道的长直车道，中间车道线为黄色虚线，目标车辆（VT）越过中间车道线占用对向车道 25%~30%，并以 30km/h 的速度匀速行驶。对向车辆借道行驶试验场景示意图如图 7-18 所示。

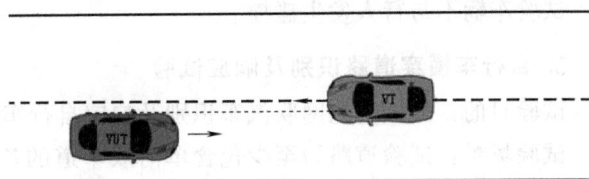

图 7-18　对向车辆借道行驶试验场景示意图

试验方法：试验车辆在车道内行驶且速度波动在 2km/h 以内保持 3s 以上，试验车辆与目标车辆初始纵向距离不小于 200m 并逐渐接近。记录两车相距 200m 时试验车辆的速度为初始速度，当两车距离小于 200m 且试验车辆的速度较初始速度降幅大于 5km/h

或试验车辆发出超出设计运行范围的提示信息时，目标车辆驶回原车道。通过汽车速度测量仪测量车速，通过激光测距仪测量两车间的距离，通过视觉或视觉传感器的图像观察试验车辆识别及响应对向车辆借道行驶的试验情况；用秒表测量试验车辆在车道内行驶的速度波动在 2km/h 以内保持 3s 以上。

通过要求：

若试验车辆的速度较初始速度降幅不大于 5km/h，试验车辆应完成会车且不与目标车辆发生碰撞。

若试验车辆的速度较初始速度降幅大于 5km/h，当目标车辆驶回后，试验车辆应继续行驶。试验车辆可在行驶过程中发出超出设计运行范围的提示信息，若发出超出设计运行范围的提示信息，可不执行继续行驶动作，试验车辆不发生碰撞，驾驶人不对试验车辆行驶状态进行行人为干预。

7.6　自动紧急避险试验

1. 行人横穿道路识别及响应试验

试验目的：测试智能网联汽车识别及响应行人横穿道路的能力。

试验场景：试验道路为至少包含单向双车道的长直车道，中间车道线为白色虚线。若车速 v_{max} 大于或等于 60km/h，该路段限速 60km/h；若车速 v_{max} 小于 60km/h，该路段限速 40km/h。存在行人横穿道路行为，行人横穿道路试验场景示意图如图 7-19 所示。

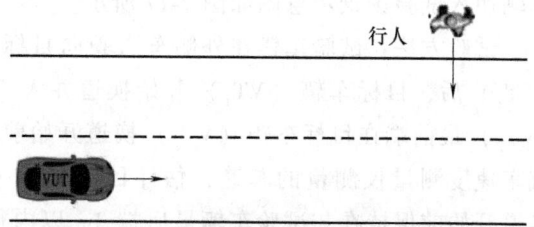

图 7-19　行人横穿道路试验场景示意图

试验方法：试验车辆在最右侧车道内行驶，当预碰撞时间首次达到 3.5~4.5s 区间时，行人于试验车辆左侧以 5~6.5km/h 的速度横穿道路，并通过试验车辆所在车道的最右侧车道线。通过汽车速度测量仪测量车速，通过视觉或视觉传感器的图像观察试验车辆识别及响应行人横穿道路的试验情况；在行人横穿道路上，设置 5~6.5km/h 行人横穿道路的速度线，用于判别行人以 5~6.5km/h 的速度行走；在最右侧车道内，设置预碰撞 3.5~4.5s 时间区间线，用于判别试验车辆的预碰撞时间。

通过要求：

试验车辆不与行人发生碰撞。

2. 自行车横穿道路识别及响应试验

试验目的：测试智能网联汽车识别及响应自行车横穿道路的能力。

试验场景：试验道路为至少包含单向双车道的长直车道，中间车道线为白色虚线。若车速 v_{max} 大于或等于 60km/h，该路段限速 60km/h；若车速 v_{max} 小于 60km/h，该路段限速 40km/h。存在自行车横穿道路行为，自行车横穿道路试验场景示意图如图 7-20 所示。

试验方法：试验车辆在最右侧车道内行驶，当预碰撞时间首次达到 3.5~4.5s 区间时，自行车于试验车辆左侧以 14~16km/h 的速度横穿道路，并停止于试验车辆当前行驶车道中间，停止 2s 后自行车继续加速至 $14 \sim 16 km/h$ 通过该路段。通过汽车速度测量仪测量车速，通过视觉或视觉传感器的图像观察试验车辆识别及响应自行车横穿道路的试验情况；在自行车横穿道路上，设置 $14 \sim 16 km/h$ 自行车横穿道路的速度线，用于判别自行车以 $14 \sim 16 km/h$ 的速度骑行；在最右侧车道内，设置预碰撞 $3.5 \sim 4.5 s$ 时间区间线，用于判别试验车辆的预碰撞时间。

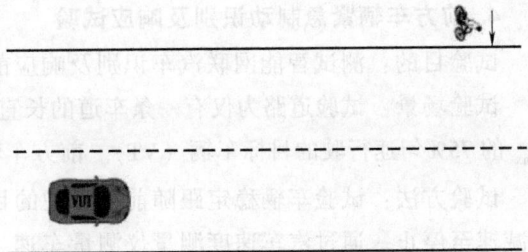

图 7-20　自行车横穿道路试验场景示意图

通过要求：

试验车辆不与自行车发生碰撞。

3. 目标车辆切出后存在静止车辆识别及响应试验

试验目的：测试智能网联汽车识别及响应目标车辆切出后存在静止车辆的能力。

试验场景：试验道路为至少包含单向双车道的长直车道，中间车道线为白色虚线。外侧车道内存在目标车辆（VT_1 和 VT_2），其中目标车辆 VT_1 以预设速度驶向静止的目标车辆 VT_2，两辆目标车辆的中心线偏差不超过 $0.5m$。目标车辆切出后存在静止车辆试验场景示意图如图 7-21 所示。

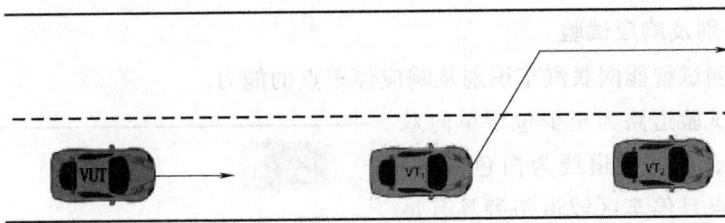

图 7-21　目标车辆切出后存在静止车辆试验场景示意图

试验方法：试验车辆稳定跟随目标车辆 VT_1 在相同车道内行驶，当目标车辆 VT_1 距离目标车辆 VT_2 预碰撞时间首次到达预设时间内时，执行换道动作驶入相邻车道，完成换道时间不大于 3s，切出预设速度和预设时间区间见表 7-4。通过汽车速度测量仪测量车速、预设时间，通过视觉或视觉传感器的图像观察试验车辆识别及响应目标车辆切出后存在静止车辆的试验情况，并判别两目标车辆的中心线偏差不超过 $0.5m$；用秒表测量目标车辆 VT_1 的换道时间。

通过要求：

试验车辆不与目标车辆发生碰撞。

表 7-4　切出预设速度和预设时间区间对照表

车速 $v_{max}/(km/h)$	切出预设速度/(km/h)	预设时间区间/s
$v_{max} > 100$	80	[4,5]
$80 < v_{max} \leqslant 100$	60	[3,4]
$60 < v_{max} \leqslant 80$	40	[3,4]
$v_{max} \leqslant 60$	$v_{max} - 20$	[3,4]

4. 前方车辆紧急制动识别及响应试验

试验目的：测试智能网联汽车识别及响应前方车辆紧急制动的能力。

试验场景：试验道路为仅有一条车道的长直车道且两侧车道线为实线，车道内存在以车速 v_{max} 的 75% 匀速行驶的目标车辆（VT）。前方车辆紧急制动试验场景示意图如图 7-22 所示。

试验方法：试验车辆稳定跟随前方行驶的目标车辆 VT。目标车辆 1s 内达到减速度 $6m/s^2$ 并减速至停止。通过汽车速度测量仪测量车速、减速度，通过视觉或视觉传感器的图像观察试验车辆识别及响应前方车辆紧急制动的试验情况。

通过要求：

试验车辆不与目标车辆发生碰撞。

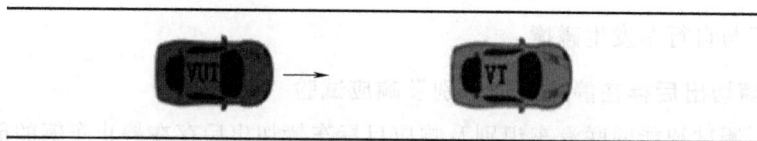

图 7-22　前方车辆紧急制动试验场景示意图

7.7 停车试验

1. 停车点识别及响应试验

试验目的：测试智能网联汽车识别及响应停车点的能力。

试验场景：试验道路为至少包含单向双车道的长直车道，中间车道线为白色虚线。道路边存在停车点且停车区域道路旁具有足够空间，不影响右侧车门的正常打开。停车点试验场景示意图如图 7-23 所示。试验车辆若不具备换道功能，则无须进行本场景试验。

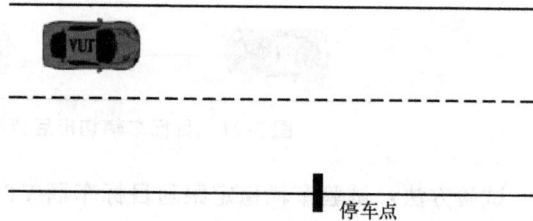

图 7-23　停车点试验场景示意图

试验方法：试验车辆在停车点所在车道的左侧车道内行驶，靠近指定位置停车点。通过视觉或视觉传感器的图像观察试验车辆识别及响应停车点的试验情况；在距离车道内侧 0.3m、距离停车点 10m 处的路面上绘制范围线，用于判别试验车辆是否满足停车要求。

通过要求：

试验车辆应满足以下要求：

1）不出现倒车动作。

2）距离车道内侧最大距离不大于 0.3m。

3）距离停车点最大纵向偏差不大于 10m。

2. 港湾式站台识别及响应试验

试验目的：测试智能网联汽车识别及响应港湾式站台的能力。

　　试验场景：试验道路为至少包含单向双车道的长直车道，中间车道线为白色虚线，路段内设置港湾式公交站，站台长度不小于 25m，设置上、下客区域。港湾式站台试验场景示意图如图 7-24 所示。

　　试验方法：试验车辆驶向港湾式站台。通过视觉或视觉传感器的图像观察试验车辆识别及响应港湾式站台的试验情况；在距离车道内侧 0.3m 处的路面上绘制范围线，用于判别试验车辆一级车门踏步中心外沿距离车道内侧最大距离不大于 0.3m；用秒表测量试验车辆在静止后开启站台同侧车门的时间。

　　通过要求：

　　试验车辆应满足以下要求：

　　1）试验车辆一次性进入港湾式站台并完成停靠，无倒车调整动作，并保证车门与站台上、下客区域的对应。

　　2）试验车辆一级车门踏步中心外沿距离车道内侧最大距离不大于 0.3m。

　　3）试验车辆在静止后 3s 内开始开启站台同侧车门。

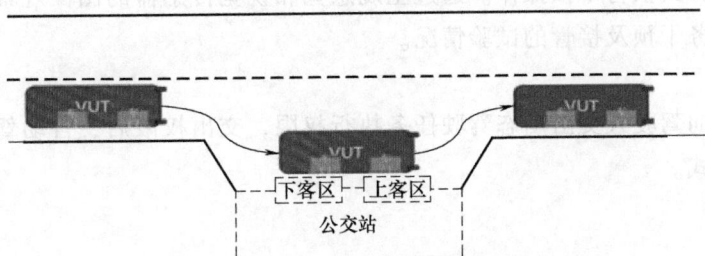

图 7-24　港湾式站台试验场景示意图

3. 普通站台识别及响应试验

　　试验目的：测试智能网联汽车识别及响应普通站台的能力。

　　试验场景：试验道路为至少包含单向双车道的长直车道，中间车道线为白色虚线，路段内设置普通站台，设置上、下客区域。普通站台试验场景示意图如图 7-25 所示。

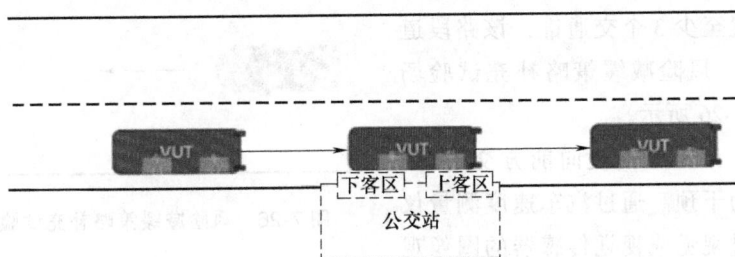

图 7-25　普通站台试验场景示意图

　　试验方法：试验车辆驶向普通站台。通过视觉或视觉传感器的图像观察试验车辆识别及响应普通站台的试验情况；在距离车道内侧 0.3m 处的路面上绘制范围线，用于判别试验车辆一级车门踏步中心外沿距离车道内侧最大距离不大于 0.3m；用秒表测量试验车辆在静止后开启站台同侧车门的时间。

通过要求：

试验车辆应满足以下要求：

1）试验车辆一次性进入普通站台并完成停靠，无倒车调整动作，并保证车门与站台上、下客区域的对应。

2）试验车辆一级车门踏步中心外沿距离车道内侧最大距离不大于 0.3m。

3）试验车辆在静止后 3s 内开始开启站台同侧车门。

7.8 动态驾驶任务干预及接管试验

试验目的：测试智能网联汽车响应动态驾驶任务干预及接管动态驾驶任务权限的能力。

试验方法：试验车辆以自动驾驶模式于长直道内行驶，驾驶人根据试验车辆可实现自动驾驶模式退出的方式执行干预操作。通过主观感觉和视觉传感器的图像观察试验车辆识别及响应动态驾驶任务干预及接管的试验情况。

通过要求：

试验车辆应向驾驶人交出动态驾驶任务执行权限，交出权限后，自动驾驶系统不应自主恢复自动驾驶模式。

7.9 最小风险策略补充试验

试验目的：测试智能网联汽车识别及避开交通锥的能力，进一步测试智能网联汽车避免碰撞的能力。

试验要求：试验车辆进行上述试验过程中，均未发出超出设计运行范围的提示信息，才进行最小风险策略补充试验。

试验场景：试验道路为至少包含一条车道的长直车道，在各车道内均垂直于道路行驶方向均匀放置至少 3 个交通锥，该路段道路限速 60km/h。风险减缓策略补充试验场景示意图如图 7-26 所示。

试验方法：试验车辆驶向前方交通锥，行驶过程无人为干预。通过汽车速度测量仪测量车速，通过视觉或视觉传感器的图像观察试验车辆识别及响应风险减缓策略的试验情况。

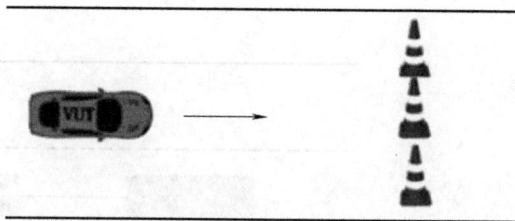

图 7-26　风险减缓策略补充试验场景示意图

通过要求：

试验车辆应满足以下要求：

1）试验车辆避免与交通锥发生碰撞。

2）在行驶过程中或障碍物前静止后，试验车辆发出超出设计运行范围的提示信息，驾驶人不对试验车辆行驶状态进行人为干预。

习　题

7-1　介绍限速标志识别及响应试验的目的、场景、方法和通过要求。

7-2　介绍机动车信号灯识别及响应试验的目的、场景、方法和通过要求。

7-3　介绍隧道识别及响应试验的目的、场景、方法和通过要求。

7-4　介绍环形路口识别及响应试验的目的、场景、方法和通过要求。

7-5　介绍行人通过人行横道线识别及响应试验的目的、场景、方法和通过要求。

7-6　介绍自行车沿车道骑行识别及响应试验的目的、场景、方法和通过要求。

7-7　介绍摩托车沿车道行驶识别及响应试验的目的、场景、方法和通过要求。

7-8　介绍行人横穿道路识别及响应试验的目的、场景、方法和通过要求。

7-9　介绍停车点识别及响应试验的目的、场景、方法和通过要求。

7-10　查找文献，阅读一两篇智能网联汽车自动驾驶试验的文献，介绍智能网联汽车自动驾驶试验的主要内容。

7-11　查找一两个智能网联汽车自动驾驶试验的视频，并与班级同学交流。

第8章 汽车可靠性与碰撞试验

教学目标：通过本章学习，读者应掌握汽车常规可靠性行驶试验、汽车加速可靠性行驶试验、实车碰撞试验的方法，了解汽车可靠性试验的目的及分类、汽车整车地区环境适应性行驶试验、汽车碰撞试验的目的及分类，了解汽车碰撞试验中的假人，为开展汽车可靠性与碰撞试验打下基础。

8.1 汽车可靠性试验

8.1.1 汽车可靠性试验的目的及分类

1. 汽车可靠性试验的目的

汽车可靠性试验的目的是在规定的条件和规定的时间内，测试整车完成规定功能的能力，对汽车进行可靠性预测和可靠性验证；另外也用于发现汽车产品质量中存在的可靠性问题，以便及时采取措施进行改进。

2. 汽车可靠性试验的分类

（1）按可靠性试验的场所分类 按试验场所，可靠性试验可分为室内可靠性台架试验和室外可靠性行驶试验。

1）室内可靠性台架试验。室内可靠性台架试验是在室内转鼓、道路模拟试验台上进行的汽车可靠性试验。先采集发动机或电机的主要工况及路面的不平度，获得载荷谱，再根据载荷谱或复现载荷谱，在转鼓、道路模拟试验台上进行汽车可靠性试验。室内可靠性台架试验主要是对动力装置（燃油汽车的发动机、纯电动汽车的驱动电机）、传动系统、悬架、轮胎、制动系统进行可靠性试验，可以严格控制加载情况，数据准确，重复性好，适合产品设计过程中及时发现设计缺陷。

2）室外可靠性行驶试验。室外可靠性行驶试验是在室外道路、试验场上进行的汽车可靠性试验。在室外道路上进行汽车可靠性行驶试验，其条件更接近产品的实际使用情况，一般用于整车设计完成后的车辆定型试验，但受试验条件所限，试验样车数量不能太多。

（2）按可靠性试验的方法分类 按试验方法，可靠性试验可分为常规可靠性行驶试验、加速可靠性行驶试验、特殊环境可靠性试验和极限条件可靠性试验四种。

夫

1）常规可靠性行驶试验。常规可靠性行驶试验是在非试验场道路上，如在公路或一般道路上，按 GB/T 12678—2021《汽车可靠性行驶试验方法》，使汽车以类似或接近汽车实际使用条件进行的试验。该试验是最基本的可靠性行驶试验，试验周期较长，但试验结果最接近实际状况。

2）加速可靠性行驶试验。加速可靠性行驶试验是在试验场道路上，根据目标用户的汽车工况和使用载荷，按 GB/T 12678—2021《汽车可靠性行驶试验方法》，进行的具有一定加速系数的可靠性行驶试验。加速系数是指在累计损伤一致的情况下，实际道路行驶里程与试验场试验里程的比值。

3）特殊环境可靠性试验。特殊环境可靠性试验是在特殊环境的地区或气候实验室内，为评定汽车在严寒、高温、低气压、盐雾等特殊环境下的性能及某些功能的稳定性而进行的可靠性试验。特殊环境的地区如寒冷的漠河，冬天可达 -50℃，非常适合进行严寒地区的可靠性试验；新疆吐鲁番的最高气温可达 49℃，非常适合进行高温地区的可靠性试验；海南岛适合进行高温湿热地区的可靠性试验。表 8-1 列出了特殊气候地区的主要环境因素及主要可靠性问题。

表 8-1　特殊气候地区的主要环境因素及主要可靠性问题

地区	主要环境因素	主要可靠性问题
严寒地区	低温 冰雪	冷起动性、制动性，冷却液、润滑液、燃油的冻结 电动汽车低温行驶性，动力蓄电池低温性能 非金属零件的硬化失效、采暖除霜装置的性能、特殊维修性问题
高原地区	低气压 低温 长坡 辐射	冷却液沸腾、供油系气阻 动力性下降 起动性能恶化 人的体力下降，增加维修困难
高温湿热地区	高温 高湿度 高辐射（阳光） 雨水 盐雾 霉菌	冷却液沸腾，空调高温的制冷性 供油系气阻 金属零件的腐蚀 非金属零件的老化、变质、发霉 电器元件的故障，电控系统的故障 动力蓄电池高温性能，电机高温性能

4）极限条件可靠性试验。极限条件可靠性试验是指对汽车在实际使用条件下施加可能遇到的少量极限载荷时所进行的试验，如发动机超速运行、冲击沙坑等试验。它主要针对车身及底盘四大系统的部件进行，是对汽车寿命试验的一种补充，不考核产品与时间因素有关的可靠性指标，而是观察汽车在较短时间内承受极限应力的能力。表 8-2 列举了一些极限条件可靠性试验的例子。

表 8-2　极限条件可靠性试验举例

试验项目	试验目的	说明
沙地脱出试验	判断传动系的强度	后轮置于沙槽，前进、后退使汽车冲出
泥泞路试验	判断驾驶室、车架的锈蚀及橡胶件的损坏	在深 300mm、长 50m 的泥水槽中行驶
急起步试验	判断传动系及悬架、车架的强度	在平路及坡路上，拖带挂车，使发动机、电机最大转矩转速急起步，反复操作

（续）

试验项目	试验目的	说明
急制动试验	判断制动器、前轴转向系的强度	在路面摩擦系数高的混凝土路面上直行及转弯时，以最大强度急制动
垂直冲击试验	判断悬架、车身的强度	汽车以较高速度反复驶过搓板路、比利时路、卵石路、扭曲路等强化坏路
急转向试验	考核转向机构的强度	以可能的速度、最大的转向角进行前进、倒退，反复行驶操作
高速空转试验	考验传动系的振动负荷	原地将驱动桥支起，以额定转速的 110% ~ 115% 连续运转，传动轴有一定的不平衡量

8.1.2　汽车常规可靠性行驶试验

在汽车常规可靠性行驶试验中，可根据 GB/T 12678—2021《汽车可靠性行驶试验方法》，开展汽车的常规可靠性行驶试验。

1. 试验准备

汽车可靠性行驶试验周期长（通常行驶 10000 ~ 30000km），试验项目多，试验中突发事件随时可能发生，并且具有一定危险性。因此，要求试验准备充分，保障及时有力。

（1）试验道路及行驶里程分配　可靠性行驶试验是使车辆在各种路面上行驶，以全面考查其性能。试验用的各种道路及在每种路面上行驶的里程数因车型不同，其要求有所不同。可根据用户调查或车载记录数据，确定试验车辆在城市道路、高速公路、一般公路、山区公路、非铺装路上的行驶里程分配比例。基于用户调研的行驶里程分配比例和配载见表 8-3。

表 8-3　基于用户调研的行驶里程分配比例和配载

车辆类型			路面类型比例					配载比例		
			城市道路	高速公路	一般公路	山区公路	非铺装路	空载	半载①	满载
乘用车			55%	20%	10%	10%	5%	20%	50%	30%
越野车			15%	30%	20%	25%	10%	—	—	100%
客车	城市客车		50%	10%	30%	5%	5%	10%	50%	40%
	长途客车		10%	50%	30%	5%	5%	10%	30%	80%
货车	载货车②	≤7.5t	40%	15%	40%	5%	—	30%	30%	40%
		>7.5 ~ 18t	10%	30%	50%	10%	—	20%	40%	40%
		>18t	5%	65%	20%	10%	—	10%	10%	80%
	牵引车		5%	70%	15%	10%	—	10%	10%	80%
	自卸车②	≤18t	30%	—	50%	10%	10%	50%	—	50%
		>18t	20%	—	50%	10%	20%	50%	—	50%

注：以上比例仅供参考，检测机构或制造商可自行调整。

① 乘用车 5 座车半载按 3 人执行，7 座车半载按 4 人执行；货车半载按载货量一半执行。

② 按照最大允许总质量进行划分。

（2）试验环境　可靠性行驶试验应在多种气象条件下（晴、雨、雾、大风等）进行：在特殊地区使用的汽车或有特殊用途的汽车，应在相应的气象条件下（如高寒地区、高原地区、高温干热及高温湿热地区等）进行可靠性行驶试验。

（3）试验车辆的准备　可根据 GB/T 12534—1990《汽车道路试验方法通则》及与汽车

整车试验有关的标准进行准备，车辆应完好，符合制造商规定的技术条件，符合该车技术条件及 GB 7258—2017《机动车运行安全技术条件》中的有关规定。

试验车辆的数量有一定的要求，乘用车宜不少于 3 辆，商用车由制造商自行确定；电动汽车由制造商自行确定。宜选择有代表性的车型配置。

（4）试验仪器设备的准备　在汽车可靠性行驶试验中，需要测试汽车的动力性、经济性、制动性等 6 大性能及噪声、灯光等，记录汽车的运动、图像等，相应的仪器包括汽车速度测量仪、加速度传感器、陀螺仪、容积式油耗仪、电压表、四气体分析仪或五气体分析仪、声级计、汽车故障分析仪、气象仪、秒表、照相机、录像机等，以及特殊试验要求所选定的专用仪器及设备。除进行以上准备外，还应准备好各种汽车备件、维修用的工具及人员的救护工作等。

2. 试验方法

试验前先按相关规定对汽车进行磨合行驶，完成汽车磨合行驶后，再按选定的试验道路及其分配比例行驶车辆，进行常规可靠性行驶试验，并评定整车性能的衰减度。试验中要满足如下要求。

（1）可靠性行驶试验中的驾驶操作要求　试验过程中按照设计工况选择档位，应在保证安全的前提下，按照设计工况车速行驶。试验中，每行驶 100km，至少有 2 次由静止状态到全节气加速行驶；累积倒档行驶不小于 200m；至少制动 2 次，制动前后的车速变化率应不小于 30%。山路行驶时，每行驶 100km 至少做 1 次上坡停车和起步，在不小于 6% 的坡道上用行车制动停车，变速器置于空档，再用驻车制动停稳，然后按正常操作进行坡道起步。夜间行驶里程比例应不少于试验总行驶里程的 10%，以检验灯光系统的可靠性。

对于汽车配置中的特殊功能，如驾驶模式（如运动模式、经济模式或雪地模式），需按照产品使用说明书要求，在行驶试验中进行相应操作。

（2）评定整车性能的要求　常规可靠性行驶试验前、后，进行整车动力性、经济性、制动性、排放、噪声、舒适性、操纵稳定性和密封性等项目评价，用于评定整车性能的衰减度。可靠性行驶试验前后性能试验的试验条件、试验方法应一致。

（3）可靠性行驶试验记录、统计的要求　试验过程中和试验结束后，应进行汽车可靠性行驶试验记录、统计；进行车辆维修时，应填写车辆信息以及维修记录表。

试验中，对故障发生的次数、种类、时间、维修情况等进行如实记录，包括总成名称、故障里程、故障现象描述、故障原因分析、故障后果、处理措施、故障停车时间、维修用时、费用等，故障的级别按最严重时计，里程按照发生最严重故障时的里程进行记录。车辆因修理、保养或其他原因需要更换零部件或更新软件的，应在行驶记录中明确并注明零部件号或软件的版本号。

汽车试验过程中和结束后，为检查各总成内部结构的磨损及其他异常现象，应按相应试验规程的规定对主要总成（如车身、车载能源、发动机/驱动电机、离合器、变速器、驱动桥、转向器等）进行部分或全部拆检、分析并进行记录。

（4）试验中的故障判断与处理的要求　汽车出现故障时一般凭感官判断，对于不能凭感官判断的故障需借助仪器测试判断。发现故障的途径主要有：接车检查；停车检查，即每行驶 100km 左右停车检查一次，主要检查各部位的松脱、渗漏、损坏等；行驶中检查，即汽车行驶过程中由试验员和驾驶人注意汽车工作状况发现故障；行驶中应注意汽车工作状况，若有异常，需停车排查；收车后检查，即每班试验结束后，除按停车检查内容检查外，还应检查动力蓄电池的电量、轮胎磨损及气压、刮水器、外部照明、制动系统、发动机机油、冷却液、驾驶辅助系统、车联网系统等，电池及时充电；定期保养检查，即在保养作业中，除按规定逐项保养外，还要注意检查有无异常现象，如零部件的异常磨损、裂纹、变形等；试验中，进行必要的性能测试与汽车拆检。

汽车发生故障应立即停车检查，原则上要及时排除故障。若发生的故障不影响行驶安全及基本功能，且不会引起其他故障，可以继续试验观察，直至需要修理时为止。

（5）汽车维修的要求　汽车维修包括对汽车进行的维护和修理。维护包括紧固、调整、润滑、清洗及更换易损件等。修理范围仅限于与故障有直接关系的部分。根据具体情况，采取最快、最经济的修理方法，包括更换零部件，但所更换的零部件应是同一规格型号。

8.1.3　汽车加速可靠性行驶试验

在汽车加速可靠性行驶试验中，可根据 GB/T 12678—2021《汽车可靠性行驶试验方法》，开展汽车的加速可靠性行驶试验。

1. 试验准备

（1）设计加速可靠性行驶试验规范　加速可靠性行驶试验是在试验场道路上进行的，试验前，要设计加速可靠性行驶试验规范，再根据加速可靠性行驶试验规范，确定试验车辆在试验场不同类型道路的行驶里程和工况分配。

设计加速可靠性行驶试验规范的方法是应用疲劳损伤、摩擦损耗等理论，通过进行典型用户关联研究，制定代表百分位值 90 以上目标车型典型用户使用工况的试验场可靠性试验方案，得到与典型用户相对一致的行驶工况，再根据用户关联进行加速可靠性行驶试验规范设计。用户关联是将目标用户的使用载荷在试验场或试验台架上进行复现，用户关联加速可靠性行驶试验规范设计流程如图 8-1 所示。试验规范一般包含以下内容：

1）根据汽车设计的开发目标，确定车型的目标里程。

2）识别整车可靠性影响因素，通过用户调查、用户车辆数据采集等形式，获取道路类型及其里程占比、配载情况和驾驶操作等用户特征信息。

3）根据用户关联特征，进行实车社会道路载荷谱数据采集，确定道路基准载荷用载荷谱。

4）进行试验场道路载荷谱数据采集，用于试验场特征道路、车速、配载及驾驶操作的编排、组合和优化。

5）根据试验场实际情况，进行试验场道路行驶试验规范设计。

（2）确定试验车辆在试验场不同类型道路的行驶里程和工况分配　根据加速可靠性行驶试验规范，确定试验车辆在试验场不同类型道路的行驶里程和工况分配。某车型在某试验场

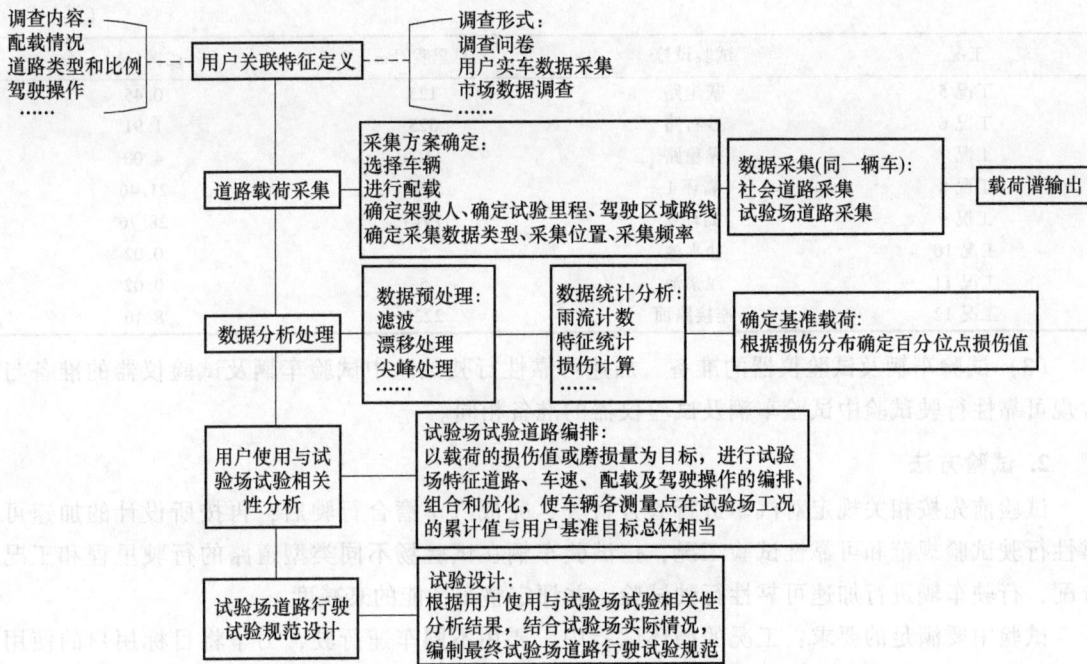

图 8-1　用户关联加速可靠性行驶试验规范设计流程

强化的加速可靠性行驶试验工况分配示例见表 8-4，试验场综合加速可靠性行驶试验里程和工况分配示例见表 8-5。表 8-4、表 8-5 是以某汽车试验场等效用户 24 万 km 为例，其他等效用户里程可以进行折算，表 8-4 强化了路面循环多次冲击载荷对汽车可靠性的影响，表 8-5 综合了不同路面、不同工况及占比对汽车可靠性的影响。特定总成/系统的可靠性行驶试验可抽取特定工况分配进行试验。

表 8-4　某车型在某试验场强化的加速可靠性行驶试验工况分配示例

工况	试验设施	循环次数	工况	试验设施	循环次数
工况 1	卵石路	1000	工况 11	比利时路	250
工况 2	振动路 1	625	工况 12	路缘石冲击	125
工况 3	振动路 2	625	工况 13	铁轨交叉	250
工况 4	振动路 3	625	工况 14	正弦波冲击	500
工况 5	扭曲路	1000	工况 15	住宅路入口	1000
工况 6	18"坑洼	1000	工况 16	城市广场 8 字区	500
工况 7	26"坑洼	1000	工况 17	砂石路	250
工况 8	颠簸路	500	工况 18	起动互锁检查区	500
工况 9	沟渠路	500	工况 19	转向检查区	1000
工况 10	破损混凝土	500			

表 8-5　试验场综合加速可靠性行驶试验里程和工况分配示例

工况	试验设施	总里程/km	比例（%）
工况 1	强化耐久路	8850	32.16
工况 2	倒车工况	310	0.11
工况 3	评价路	550	2.00
工况 4	山区路	295	1.07

（续）

工况	试验设施	总里程/km	比例（%）
工况 5	灰尘路	125	0.45
工况 6	砂石路	525	1.91
工况 7	操稳路	1100	4.00
工况 8	高环 1	5890	21.40
工况 9	高环 2	7913	28.76
工况 10	盐水池	5	0.02
工况 11	泥浆池	5	0.02
工况 12	连接路面	2228	8.10

（3）试验车辆及试验仪器的准备　加速可靠性行驶试验中试验车辆及试验仪器的准备与常规可靠性行驶试验中试验车辆及试验仪器的准备相同。

2. 试验方法

试验前先按相关规定对汽车进行磨合行驶，完成汽车磨合行驶后，再按所设计的加速可靠性行驶试验规范和可靠性试验工况，按试验车辆在试验场不同类型道路的行驶里程和工况分配，行驶车辆进行加速可靠性行驶试验，并评定整车性能的衰减度。

试验中要满足的要求：工况的循环试验中，要用不同车速行驶，力争将目标用户的使用载荷在试验中复现；试验中，加速与常规可靠性行驶试验的评定整车性能、行驶试验记录和统计、故障判断与处理及汽车维修的要求基本相同。

8.2 汽车整车地区环境适应性行驶试验

汽车整车地区环境适应性行驶试验是指汽车在高温、高寒、高原地区的行驶试验（称为"三高"试验），检验汽车在恶劣条件下的性能。"三高"试验主要执行企业标准。

8.2.1 汽车整车高温地区环境适应性行驶试验

燃油汽车的高温试验项目包括发动机过热、发动机熄火保护、发动机热起动、共轨油压系统的高温测试、ECU 及各传感器高温测试、高温环境下整车质量等试验项目。

电动汽车的高温试验项目包括驱动电机输出特性、控制器受高温后控制性能及是否会死机、动力蓄电池充放电性能、空调降温能力、制动器热稳定性、非金属件的老化等，以最极端的热工况为代表，检测车辆的环境适应性。

高温地区环境适应性行驶试验包括干热和湿热地区环境适应性行驶试验。高温干热地区以新疆吐鲁番的火焰山地区为代表，汽车在火焰山地区行驶如图 8-2 所示。高温湿热地区以海南省为代表，汽车在海南省行驶如图 8-3 所示。

8.2.2 汽车整车高寒地区环境适应性行驶试验

汽车在高寒地区环境适应性行驶试验项目包括高寒起动性能、制动性能、采暖和除霜性能、冷起动下的驾驶性能、电子元器件的低温性能、高寒环境下整车质量等试验项目，以检测车辆对高寒地区环境的适应性。

图 8-2 汽车在火焰山地区行驶

图 8-3 汽车在海南省行驶

高寒地区以黑龙江省黑河地区为代表，汽车在黑河地区雪地行驶如图 8-4 所示，汽车在黑河地区公路行驶如图 8-5 所示。

图 8-4 汽车在黑河地区雪地行驶

图 8-5 汽车在黑河地区公路行驶

8.2.3 汽车整车高原地区环境适应性行驶试验

汽车在高原地区环境适应性行驶试验项目包括发动机动力性、涡轮增压器性能、烟度限值标定、发动机起动性、制动系统的真空助力器性能、耐久性测试，以检测车辆对高原缺氧、低大气气压地区环境的适应性。高原地区有云贵高原和西藏高原，汽车在高原地区试验如图 8-6 所示。

图 8-6 汽车在高原地区试验

8.3 汽车碰撞试验

8.3.1 汽车碰撞试验概述

1. 汽车碰撞试验的目的

汽车碰撞试验的目的是测试汽车碰撞时的受力、汽车的强度及损坏，以及车上人员的安全性；为汽车碰撞仿真及强度计算提供载荷数据；为提高汽车强度、减少损坏提供试验依据；为提高车上人员的安全性，及在汽车碰撞事故中最大可能地避免或减轻对车内乘员造成的伤害，确保乘员的生存空间，提供试验依据；为防止碰撞产生火灾、油的泄漏等提供试验依据。

2. 汽车碰撞试验分类

根据汽车碰撞试验的方法，汽车碰撞试验可以分为实车碰撞试验、汽车模拟碰撞试验和台架碰撞试验。实车碰撞试验与真实的汽车碰撞事故情形最接近，其试验结果最具说服力，是综合评价汽车碰撞性能最基本的试验方法，但试验费用高，新研制的汽车必做此项试验。其他两类试验都是以实车碰撞的结果为基础，模拟碰撞环境的零部件试验。与实车碰撞试验相比，零部件试验费用低、试验条件稳定、试验过程易于控制，适用于汽车安全部件性能的考核及汽车开发过程中的阶段性验证试验。

根据汽车的能量来源，汽车碰撞试验可以分为燃油汽车碰撞试验和电动汽车碰撞试验等。燃油汽车碰撞试验是指燃油汽车的碰撞试验。电动汽车碰撞试验是指电动汽车的碰撞试验。

在汽车碰撞试验中，根据 GB 11551—2014《汽车正面碰撞的乘员保护》，开展燃油汽车正面碰撞试验；根据 GB 20071—2025《汽车侧面碰撞的乘员保护》，开展燃油汽车侧面碰撞试验；根据 GB/T 37337—2019《汽车侧面柱碰撞的乘员保护》，开展汽车侧面碰撞试验；根据 GB 20072—2024《乘用车后碰撞安全要求》，开展燃油汽车追尾碰撞试验；根据 GB/T 31498—2021《电动汽车碰撞后安全要求》，开展纯电动汽车、混合动力电动汽车的碰撞试验。

3. 汽车碰撞试验中的假人

汽车碰撞试验中的假人是用于评价碰撞的标准人体模型，如图 8-7 所示。假人身体的大部分材料是金属和塑料，胸腔是钢制，肩胛骨是铝制，盆骨是塑料，皮肤是硅胶。假人的手与小臂、小臂与大臂、大臂与正身、脚与小腿、小腿与大腿、大腿与正身分别通过铰链连接，头与正身通过弹簧连接。假人的尺寸、外形、质量、刚度和能量吸收性能与相应的人体十分相似。假人存放在室温环境中。

在假人身上装备有传感器，可用于测量人体各部位的加速度、负荷、挤压变形量等。通过对这些物理量的分析、处理可以定量地衡量汽车产品的碰撞性能。由于假人的尺寸、外形、质量、刚度和能量吸收性能与相应的人体十分相似，所以当假人处于模拟的碰撞事故条件下，它的动力学响应与相应的人体也十分相近。

按人体类型不同，假人可分为成年假人和儿童假人。成年假人按体型大小又分为中等身材男性假人、小身材女性假人和大身材男性假人，如图 8-8 所示。假人坐在车内参与汽车碰撞试验如图 8-9 所示。假人参与智能网联汽车试验如图 7-12 所示。在汽车碰撞试验中最常用到的是中等身材假人。

根据碰撞试验不同，假人又可分为正面碰撞假人、侧面碰撞假人、后面碰撞假人及行人保护等试验用假人，分别用于正面碰撞、侧面碰撞、后面碰撞及行人保护等试验，前三种为坐姿假人，后一种为站姿假人。

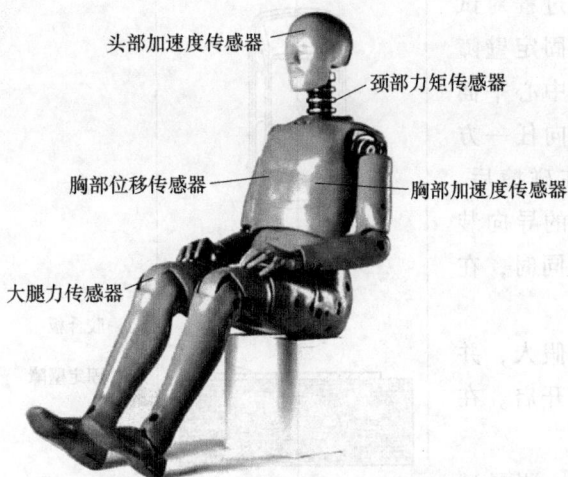

图 8-7　汽车碰撞试验中的假人

头部加速度传感器
颈部力矩传感器
胸部位移传感器
胸部加速度传感器
大腿力传感器

图 8-8　汽车碰撞试验中不同类型的假人

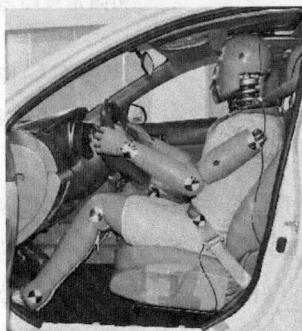

图 8-9　假人坐在车内参与汽车碰撞试验

8.3.2　实车碰撞试验

1. 汽车正面碰撞试验

汽车正面碰撞试验的方法是将试验车辆与滑车连接，滑车是可移动的小车，滑车在滑车轨道下方由牵引装置牵引移动，带动试验车辆加速到 50_{-2}^{0} km/h 的碰撞速度，然后与固定壁障进行碰撞，也可以更高的速度进行正面碰撞试验。汽车正面碰撞试验如图 8-10 所示，汽车正面碰撞的运动方向与固定壁障垂直，如图 8-11 所示。在碰撞瞬间，车辆应不再承受任何附加

固定壁障
滑车轨道

图 8-10　汽车正面碰撞试验

转向或驱动装置的作用。为防止加速或减速过程对试验车以及人体姿态的影响,试验车辆在撞击固定壁障之前应处于匀速行驶状态。试验车辆的纵向中心平面应垂直于固定壁障,其到达壁障的路线在横向任一方向偏离理论轨迹均不得超过 150mm。滑车在碰撞后,不发生永久变形;在碰撞过程中,通过滑车的导向装置,确保滑车在铅垂平面上偏移不超过 5°,同时,在水平面上偏移不超过 2°。

在试验车辆的每个前排外侧座椅上安放假人,并对假人进行测试。在试验过程中,车门不得开启。在碰撞过程中,燃油供给系统不发生泄漏。

在试验车辆的前端,可安装压力传感器,测量试验车辆在碰撞中的受力。测试设备加速度传感器应安装在车身地板、车架或者车身部件上,但不能安装在

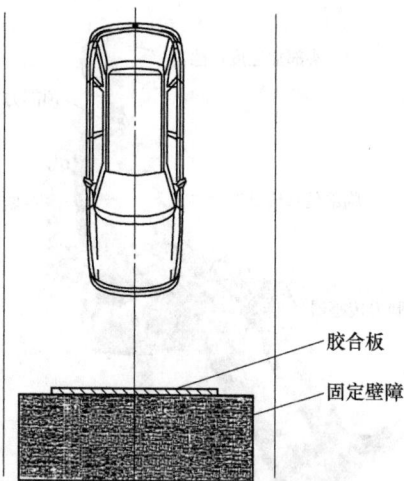

图 8-11 汽车正面碰撞的运动方向和固定壁障垂直

有变形或振动的位置;车速测量应在固定壁障之前进行;摄影测量应在车辆侧面、上面、底面进行,并配相应的灯光、照明。另外,在车厢内部还应安装一个耐冲击的摄像机,以记录乘员的运动。碰撞期间,应获得高速摄影的摄像,以便于碰撞分析。

固定壁障如图 8-11 所示,由钢筋混凝土制成,前部宽度不小于 3m,高度不小于 1.5m,壁障厚度应保证其质量不低于 7×10^4 kg。壁障前表面应铅垂,其法线应与车辆直线行驶方向呈 0°夹角,且壁障表面应覆以 (20±1)mm 厚、状态良好的胶合板。如果有必要,应使用辅助定位装置将壁障固定在地面上,以限制其位移,形成固定壁障。碰撞前,要检查胶合板,保证胶合板的良好状态,并更换损坏的胶合板。

2. 汽车侧面碰撞试验

汽车侧面碰撞试验的方法是将试验车辆静止在移动变形壁障的正前方,移动变形壁障驶向试验车辆,加速到 (50±1)km/h 并保持稳定的速度,然后与试验车辆进行碰撞,也可以更高的速度进行侧面碰撞试验,汽车侧面碰撞试验如图 8-12 所示。在移动变形壁障的移动中,其纵向中垂面轨迹应垂直于试验车辆的纵向中垂面。移动变形壁障的纵向中垂面与试验车辆上通过碰撞侧面前排座椅 "R" 点的横断垂直面之间的距离应在±25mm 内,碰撞侧面前排座椅 "R" 点是试验车辆规定的碰撞侧面前排座椅在汽车坐标系中的设计点。在碰撞瞬间,移动变形壁障前表面的上边缘与下边缘限定的水平中间平面与试验前位置的上下偏差在±25mm 内,可通过控制移动变形壁障的移动速度的稳定性,来减小移动变形壁障的移动加速度,减小其俯仰角的偏差,使偏差控制在±25mm 内。

在试验车辆前排碰撞侧的座椅上安放假人,并对假人进行测试。在试验过程中,车门不得开启。在碰撞过程中,燃油供给系统不发生泄漏;在碰撞后,如果燃油供给系统发生泄漏,泄漏速度不超过 30g/min。在碰撞试验过程中和碰撞试验后 30min 内,车辆不应起火。

在试验车辆的侧面碰撞处,可安装压力传感器,测量试验车辆在碰撞中的受力。移动变形壁障安装加速度传感器,测量移动变形壁障的速度、加速度和位移。在试验车辆碰撞侧

面的四周、试验车辆的内部、移动变形壁障上安装摄像机或高速摄像机，并配相应的灯光、照明，摄影侧面碰撞试验过程，通过摄影图像，分析侧面碰撞中试验车辆的损坏、人员的安全性。

图 8-12　汽车侧面碰撞试验

移动变形壁障或称移动壁障如图 8-13 所示，由碰撞块（或称蜂窝铝壁障）和移动车组成。碰撞块安装在车前端，总质量为（1400±20）kg，重心在纵向中垂面 10mm 内，距前轴（1000±30）mm，距地面（500±30）mm，距移动变形壁障重心的距离为（2000±30）mm。移动车的前、后轮距为（1500±10）mm，轴距为（3000±10）mm。碰撞块由 6 个独立的蜂窝状铝块、多块前铝板（内含保险杠）和一块后铝面板组成，

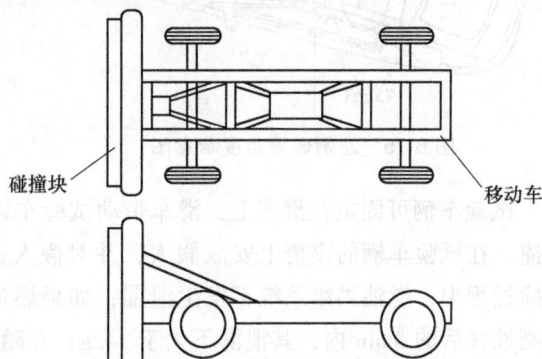

图 8-13　移动变形壁障

蜂窝状铝块在前铝板和后铝板之间。碰撞前，要检查碰撞块，保证其具有良好状态，并更换损坏的蜂窝状铝块等。

3. 汽车侧面柱碰撞试验

汽车侧面柱碰撞试验的方法是将试验车辆沿碰撞速度矢量方向，以 32_0^1km/h 的速度撞向碰撞刚性柱并在碰撞的 0.5s 内保持稳定，第一次接触前的加速度不超过 1.5m/s^2。左侧面柱碰撞试验如图 8-14 所示，左侧碰撞角度示意图如图 8-15 所示。当试验车辆与碰撞刚性柱发生碰撞时，碰撞刚性柱表面中心

图 8-14　左侧面柱碰撞试验

线应控制在与碰撞基准线平行，且分别距离碰撞基准线 25mm 的两垂直平面形成的接触区域内。对于试验车辆宽度不大于 1.5m 的车辆，其碰撞速度为 26_0^1km/h。

碰撞刚性柱是一个垂直的、不能变形的刚性结构，如图 8-14 所示，其最下端不能高于基准姿态下车辆碰撞侧轮胎最低点之上 102mm，上端延伸距离至少在测试车辆预期最高点之

上，柱体直径为（254±6）mm，并与支撑架表面分开。测试车辆与刚性柱开始接触的100ms内，不与支撑架表面接触。

碰撞基准线位于试验车辆的碰撞侧，是车辆外表面与通过假人头部重心垂直平面的交叉线。左侧碰撞基准线示意图如图8-16所示。

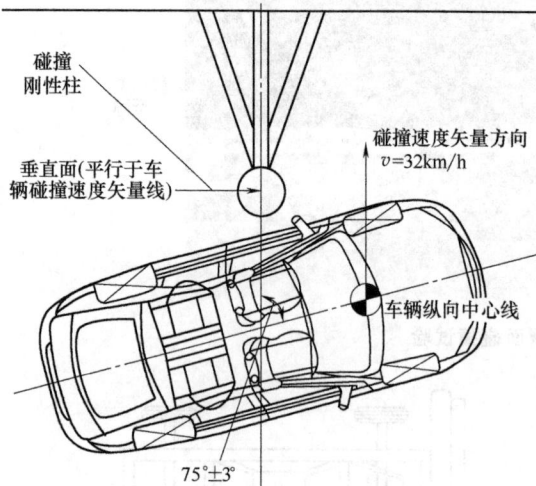

图8-15　左侧碰撞角度示意图

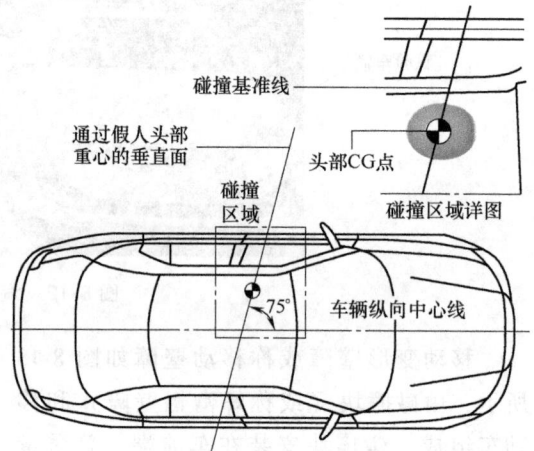

图8-16　左侧碰撞基准线示意图

试验车辆可固定在滑车上，滑车带动试验车辆加速到32_0^1km/h的碰撞速度，然后与侧面柱碰撞。在试验车辆的座椅上安放假人，并对假人进行测试。在试验过程中，车门不得开启。在碰撞过程中，燃油供给系统不发生泄漏；如果燃油供给系统发生泄漏，在试验车辆开始接触碰撞刚性柱后的5min内，其泄漏不大于142g；在随后的25min内，泄漏速度不大于28g/min。

在碰撞刚性柱前方试验车辆的侧面，可安装压力传感器、力传感器，测量试验车辆在碰撞中的受力。测试设备加速度传感器应安装在车身地板、车架或者车身部件上，但不能安装在有变形或振动的位置；车速测量应在侧面柱碰撞之前进行；摄影测量应在车辆侧面、上面、底面进行。另外，在车厢内部还应安装一个耐冲击的摄像机，以记录乘员的运动。

4. 追尾碰撞试验

汽车追尾碰撞试验的方法是采用移动壁障等碰撞装置与试验车辆后部碰撞的方式，模拟与另一行驶车辆发生后碰撞的情况。

汽车追尾碰撞试验如图8-17所示，碰撞装置是移动壁障。试验时，移动壁障以（50±1）km/h的速度与试验车辆后部碰撞。

图8-17　汽车追尾碰撞试验

移动壁障为刚性结构，固定在移动车的前部，与图8-13所示移动变形壁障的碰撞块类似。移动车与碰撞装置的总质量为（1400±20）kg。碰撞装置的表面为平面，宽度不小于2500mm，高度不小于800mm，其棱边圆角半径为40～50mm，碰撞表面下边缘距离地面高度为（175±25）mm，表面装有厚度为 20mm±1mm 的胶合板。

在试验过程中，车门不得开启。在碰撞过程中，燃油供给系统不发生泄漏；在碰撞试验以后，如果燃油供给系统发生连续泄漏，在试验车辆开始接触碰撞移动壁障后的前 5min 内，其泄漏不大于 30g/min；在碰撞过程中和碰撞试验 30min 内，车辆不应起火。

在试验车辆的尾部，可安装压力传感器、力传感器，测量试验车辆在碰撞中的受力。测试设备加速度传感器应安装在车身地板、车架或者车身部件上，但不能安装在有变形或振动的位置；车速测量应在尾部碰撞之前进行；摄影测量应在车辆侧面、上面、底面进行。另外，在车厢内部还应安装一个耐冲击的摄像机，以记录乘员的运动。

5. 纯电动汽车、混合动力电动汽车的碰撞试验

对于 M_1 类、最大总设计质量不大于 2500kg 的 N_1 类汽车以及多用途货车中带有 B 级电压电路的纯电动汽车、混合动力电动汽车的正面碰撞，按本节介绍的正面碰撞试验的方法进行。

对于 M_1 类及 N_1 类汽车中带有 B 级电压电路的纯电动汽车、混合动力电动汽车的侧面碰撞和追尾碰撞，分别按本节介绍的侧面碰撞和追尾碰撞试验的方法进行。

从碰撞结束起至 30min 时间内，不应有电解液从充电式电能储存系统（REESS）中溢出到乘员舱，不应有超过 5.0L 的电解液从 REESS 中溢出，若无法区分电解液与其他液体，则所有液体都应计入；REESS 不应爆炸、起火。试验车辆充满电后进行碰撞试验。

习　题

8-1　简述可靠性试验的分类。

8-2　简述常规可靠性行驶试验中试验道路的选择方法。

8-3　简述常规可靠性行驶试验的方法。

8-4　简述设计加速可靠性行驶试验规范的方法。

8-5　简述加速可靠性行驶试验的方法。

8-6　简述电动汽车的高温试验项目。

8-7　简述汽车在高寒地区环境适应性行驶试验项目。

8-8　简述汽车碰撞试验的目的。

8-9　简述汽车正面碰撞试验的方法。

8-10　简述汽车侧面碰撞试验的方法。

8-11　简述纯电动汽车、混合动力电动汽车碰撞试验的方法。

8-12　查找文献，阅读一两篇汽车可靠性试验的文献，介绍其主要内容。

8-13　查找文献，阅读一两篇汽车碰撞试验的文献，介绍其主要内容。

8-14　查找一两个汽车可靠性试验的视频，与班级同学交流。

8-15　查找一两个汽车在高温、高寒或高原地区行驶试验的视频，与班级同学交流。

8-16　查找一两个汽车碰撞试验的视频，与班级同学交流。

第9章 汽车环境保护性试验

教学目标：通过本章学习，读者应掌握汽油车排气污染物测量的仪器和方法，了解柴油车排气污染物测量、汽车噪声测量的仪器和方法，为开展汽车环境保护性试验打下基础。

9.1 汽车排气污染物测量

9.1.1 汽油车排气污染物测量

1. 汽油车排气污染物测量的目的及标准

汽油车排气污染物测量的目的是测量汽油车排气中 CO、HC、NO_x、CO_2 和 O_2 5 种气体成分的浓度，主要测量 CO、HC、NO 和 CO_2 的浓度。其中，CO、HC、NO_x、CO_2 是排气污染物，其浓度用于评价汽油车排气污染物是否超标。

汽油车排气污染物测量的标准是 GB 18285—2018《汽油车污染物排放限值及测量方法（双怠速法及简易工况法）》，此标准适用于新生产汽车下线检验、注册登记检验和在用汽车检验。

2. 汽油车排气污染物测量的仪器

（1）不分光红外分析仪　不分光红外分析仪用于检测汽车排气中的 CO、HC、NO_x 和 CO_2 的含量，是测量 CO 和 CO_2 最好的仪器，但其测定 NO_x 的精度不高。

不分光红外分析仪的工作原理是利用气体吸收红外线的性质。汽车排气中的 CO、HC、NO_x 和 CO_2 等气体都具有吸收一定波长范围红外线的性质，而且红外线被吸收的程度与排气浓度之间有一定的关系。不分光红外线分析仪就是利用这一原理，检测排气中各种污染物的含量。测试时，从汽车的排气管中采集气样，进行气体分析。

（2）氢火焰离子检测器　氢火焰离子检测器是检测汽车排气中 HC 成分最有效的仪器。

氢火焰离子检测器的工作原理是利用碳氢化合物在氢火焰的高温（2000℃左右）中热致电离形成自由离子，且离子数与碳原子数基本成正比。碳离子在 100～300V 外加电压作用下形成离子流，微弱的离子电流经放大后输出，根据离子电流，测出排气中 HC 的含量。为防止高沸点的 HC 在采样过程中发生凝结，需要对采样管路加热。测量汽油机排气时应加热到 130℃左右，柴油机则须在 190℃。

（3）化学发光分析仪　化学发光分析仪被认为是目前测定汽车排气中 NO_x 最好的仪器，它具有灵敏度高、反应速度快的优点。

化学发光分析仪的原理：化学发光法只能直接测定 NO，不能直接测量 NO_2。检测时，令待测气体中的 NO 与臭氧（O_3）反应，生成 NO_2^*（NO_2 的激发态）分子，在 NO_2^* 由激发态向基态衰减的过程中，会发出波长为 $0.6 \sim 3\mu m$ 的光量子，这一现象即为化学发光。其发光强度与 NO 的体积分数成正比。化学发光反应所产生的光子，由光电倍增管转换后，经放大器送往记录器检测。对于被测气体中的 NO_2，先通过适当的转换将其还原成 NO，即可间接测出 NO_2 含量以及 NO_x 总量。

（4）四气体分析仪和五气体分析仪　四气体分析仪和五气体分析仪是用于汽车尾气分析的使用最广泛的仪器，又称汽车尾气分析仪，如图 9-1 所示。从上述分析仪介绍可以看出，不同的气体有各自最适用的检测仪器。对于 CO、HC、NO_x、CO_2 和 O_2 5 种气体成分的浓度，通常采用两类不同方法来测定。其中，CO、CO_2 和 HC 通过吸收不同波长红外线的原理来测定。而 NO_x 与 O_2 的浓

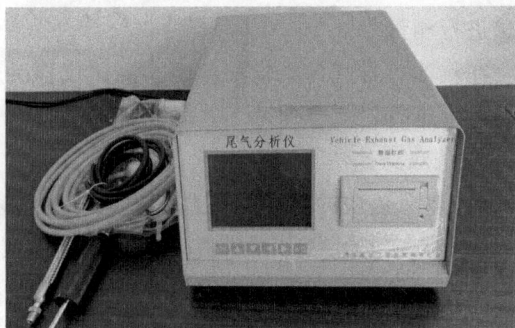

图 9-1　汽车尾气分析仪

度通常采用电化学的原理来测定。根据这个原理，开发出了四气体与五气体分析仪。排气中含氧量通过在测试通道中设置氧传感器测定，排气中氮氧化合物的浓度通过化学发光分析仪检测。

能同时检测 CO、HC、CO_2 和 O_2 4 种气体成分浓度的仪器为四气体分析仪，其中，CO、CO_2 和 HC 的浓度通过不分光红外分析的原理测定，O_2 的浓度通过氧传感器测定。氧传感器主要包括氧化钛和氧化锆传感器，是一个与 O_2 浓度有关的原电池，具体原理可见汽车发动机燃油供给系统。

如果在上述四气体分析仪的基础上，再增加 NO_x 的检测功能，就成为五气体分析仪。测定 NO_x 最好的方法是化学发光分析法，但是该方法的仪器复杂，成本高。所以，高端的五气体分析仪要同时具有不分光红外分析仪、氧传感器和化学发光分析仪，其成本是非常高的。一些供在线检测用的五气体分析仪，没有采用化学发光分析仪，而是将 CO、HC、NO_x 和 CO_2 都交由不分光红外分析仪来检测，O_2 仍然由氧传感器测定，这降低了成本，但 NO_x 的检测精度低。

（5）气相色谱仪　气相色谱法是一种利用不同气体的沸点、极性及吸附性质的差异，将混合气体中各种成分相互分离，以便于对混合气的组成和各成分的浓度进行详细分析的方法。气相色谱仪主要用于确定排放气体中 HC 的具体组分以及各种成分的体积分数，而一般的汽车排放分析仪只能给出 HC 的总体积分数。

（6）顺磁分析仪　根据磁学理论，顺磁性物质的特性是在无外磁场作用时，由于热运动，使原子磁矩取向无规则；在有外磁场作用时，原子的磁矩有沿磁场方向取向的趋势，显示出磁性。汽车排气中的顺磁性气体有 O_2 和 NO 等，并且 NO 的顺磁性较弱，仅为 O_2 的

44%。在汽车排气中，一般情况下 O_2 的浓度要比 NO 高，故可以根据顺磁性物质特性制作的顺磁分析仪来测量排气中的 O_2，或者说，顺磁分析仪主要用于测量排气中的 O_2。

3. 汽油车排气污染物测量的方法

汽油车排气污染物测量的方法有双怠速法、稳态工况法、瞬态工况法和简易瞬态工况法，其中，稳态工况法、瞬态工况法和简易瞬态工况法统称为简易工况法。下面只介绍双怠速法和稳态工况法。

新车、注册登记和在用车辆，要进行排气污染物的测量。汽油车排气污染物的测量采用简易工况法中的一种方法进行测量，对无法使用简易工况法的车辆及四驱的新车，采用双怠速法进行测量。

在汽油车排气污染物测量中，测试仪器为四气体分析仪或五气体分析仪。简易工况法在测功机上进行，双怠速法不在测功机上进行。

（1）双怠速法

1）双怠速法的概念。双怠速法是指在怠速工况下测定 CO 和 HC 的排放量，以及在高怠速工况下测定 CO、HC 的排放量和过量空气系数的方法。双怠速法的测量数据应符合标准限值。进行双怠速法需要使用尾气分析仪，不需要使用底盘测功机。

怠速工况指汽车发动机最低稳定转速工况，即离合器处于接合位置、变速器处于空档位置、自动变速器处于 P 档位，加速踏板处于完全松开位置。

高怠速工况指满足上述条件（除加速踏板处于完全松开位置的条件），用加速踏板将发动机转速稳定控制在规定的高怠速转速下。轻型汽车的高怠速转速为 (2500 ± 200) r/min，重型汽车的高怠速转速为 (1800 ± 200) r/min；若这些高怠速转速不适用，则执行汽车制造厂技术文件中规定的高怠速转速。

2）双怠速法测量程序。双怠速法测量程序如图 9-2 所示。

① 测试前的发动机准备：保证被检测车辆处于制造厂规定的正常状态，发动机进气系统应装有空气滤清器，排气系统应装有排气消声器和排气后处理装置，并不得有泄漏。汽车尾气分析仪的取样探头插入排气管中，如图 9-3 所示，深度不少于 400mm，并固定在排气管上。汽车尾气分析仪与计算机相连，自动采集数据。

② 发动机预热：发动机从怠速状态加速至 70% 额定转速，运转 30s 后降至高怠速状态。

③ 高怠速污染物测量：发动机在高怠速状态维持 15s 后，由具有平均值计算功能的双怠速法测试仪器读取 30s 内的平均值，该值即为高怠速污染物

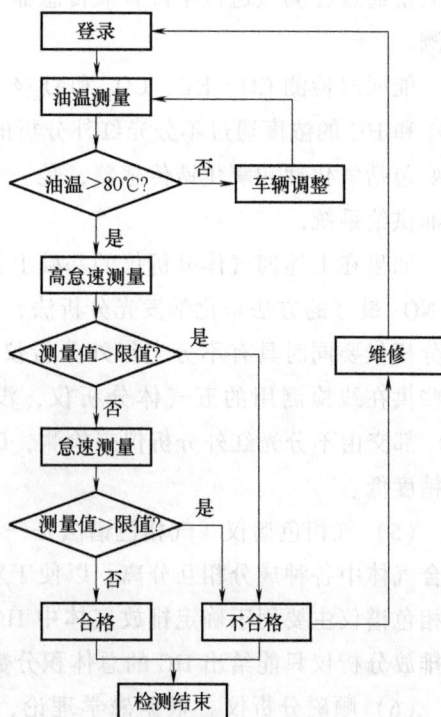

图 9-2 双怠速法测量程序

测量结果。对于使用闭环控制电子燃油喷射系统和三元催化转化器技术的汽车，还应同时读取过量空气系数的数值。过量空气系数指燃烧 1kg 燃料实际供给的空气量与理论上完全燃烧所需空气量的质量比。

④ 怠速污染物测量：发动机从高怠速降至怠速状态 15s 后，由具有平均值计算功能的仪器读取 30s 内的平均值，该值即为怠速污染物测量结果。

⑤ 测量结果的判定与测量标准：在用汽车双怠速法进行测量时，排气污染物排放限

图 9-3　汽车尾气分析仪的取样探头插入排气管中

值见表 9-1，检测结果应小于表 9-1 中规定的限值。发动机在高怠速工况时，过量空气系数要求在 1.00±0.05 或制造厂规定的范围内。

表 9-1　双怠速法检验排气污染物排放限值

类别	怠速		高怠速	
	CO(%)	HC($\times 10^{-6}$)	CO(%)	HC($\times 10^{-6}$)
限值 a	0.6	80	0.3	50
限值 b	0.4	40	0.3	30

注：对以天然气为燃料的点燃式发动机汽车，HC 值为推荐要求。

测量中的注意事项：

① 在测量时，发动机冷却液和润滑油温度应不低于 80℃，或者达到汽车使用说明书规定的热车状态。

② 若为多排气管车辆，应取各排气管测量结果的算术平均值作为测量结果；若车辆排气管长度小于测量深度，应使用排气加长管。

（2）稳态工况法

1）稳态工况法的概念。稳态工况又称加速模拟工况（ASM）。稳态工况法是指汽车预热到规定的热状态后，加速至规定车速，根据汽车规定车速时的加速负荷，通过底盘测功机对汽车加载，使汽车保持等速运转的运行状态，在这样的工况下测试汽车排放的方法。进行 ASM 试验需要使用底盘测功机和尾气分析仪。

稳态工况试验方法由 ASM5025 和 ASM2540 两个试验工况组成，如图 9-4 所示，表 9-2 给出了具体试验运转循环说明。

2）稳态工况法测量程序。

① 测试前的准备：检测车辆的驱动轮位于底盘测功机的滚筒上，将分析仪取样探头插入排气管中，深度为 400mm，并固定于排气管上，如图 9-3 所示，对独立工作的多排气管应同时取样。

② ASM5025 工况测试：车辆预热后按图 9-4 和表 9-2 加速至 25km/h，自动变速器的车辆用 D 档测试；手动变速器的车辆用二档测试，若二档所能达到的最高车速低于 45km/h，则用

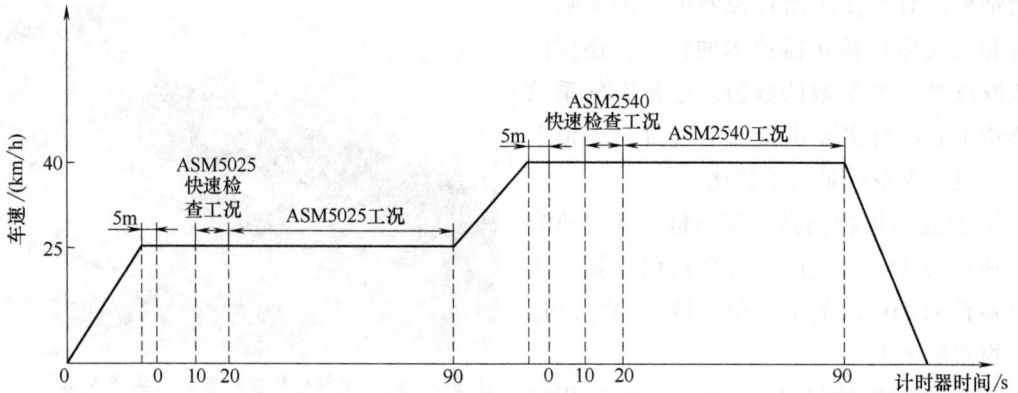

图 9-4　稳态工况法（ASM）试验运转循环

表 9-2　稳态工况法（ASM）试验运转循环表

工况	运转次序	速度/(km/h)	操作持续时间/s	测试时间/s
ASM5025	1	0~25	—	—
	2	25	5	—
	3	25	10	
	4	25	10	90
	5	25	70	
ASM2540	6	25~40	—	—
	7	40	5	
	8	40	10	
	9	40	10	90
	10	40	70	

三档测试。驾驶人控制车速，保持在（25±2.0）km/h 等速运转 5s 后，工况计时器开始计时 $t=0s$。ASM5025 工况时间长度不应超过 90s，ASM5025 整个测试工况最大时间长度不应超过 145s。

ASM5025 工况计时开始 10s 后，开始检测，每秒测量 1 次，计算 10s 内排放的平均值，并结束检测，进行排放限值判定；如果没有通过检测，则车辆继续运行至计时器 $t=90s$，ASM5025 工况结束，期间车速应控制在（25±2.0）km/h 内。

③ ASM2540 工况测试：ASM5025 工况排放检验不合格的车辆，需要继续进行 ASM2540 工况排放检验。ASM5025 工况检测结束后，按图 9-4 和表 9-2，车辆立即加速至 40km/h，并以（40±2）km/h 的速度持续运转 5s 后，工况计时器开始计时 $t=0s$。ASM2540 工况时间长度不应超过 90s，ASM2540 整个测试工况最大时间长度不应超过 145s。

ASM2540 工况计时开始 10s 后，开始检测，每秒测量 1 次，计算 10s 内排放的平均值，并结束检测，进行排放限值判定；如果没有通过检测，则车辆继续运行至计时器 $t=90s$，ASM2540 工况结束，期间车速应控制在（40±2.0）km/h 内。

④ 测量结果的判定与测量标准：在用汽车稳态工况法进行测量时，排气污染物排放限值

见表 9-3，检测结果应小于表 9-3 中规定的限值。

表 9-3　稳态工况法检验排气污染物排放限值

类别	ASM5025			ASM2540		
	CO(%)	HC($\times 10^{-6}$)	NO($\times 10^{-6}$)	CO(%)	HC($\times 10^{-6}$)	NO($\times 10^{-6}$)
限值 a	0.50	90	700	0.40	80	650
限值 b	0.35	47	420	0.30	44	390

注：对以天然气为燃料的点燃式发动机汽车，HC 值为推荐要求。

9.1.2　柴油车排气污染物测量

1. 柴油车排气污染物测量的目的及标准

柴油车排气污染物测量的目的是测量柴油车排气污染物中的 PM（颗粒状物质，即炭黑），用于评价柴油车排气污染物是否超标。柴油车排气中的有害成分主要有 CO、HC、NO_x 以及 PM（颗粒状物质）等。与同功率的汽油车相比，柴油车的 CO 和 HC 排放较少，NO_x 的排放量因柴油机的类型差别很大，但排出的 PM 是汽油机的 20~100 倍，这些 PM 包含在柴油机排出的黑烟中，因此，在柴油车排气污染物测量中，主要测量 PM。

柴油车排气污染物测量的标准是 GB 3847—2018《柴油车污染物排放限值及测量方法（自由加速度法及加载减速法）》，此标准用于新生产下线车、入境进口车、注册登记车和在用车检验。

2. 柴油车排气污染物测量的仪器

柴油车排气污染物的测量仪器主要有不透光烟度计和化学发光分析仪。不透光烟度计用于柴油车的可见污染物测量。化学发光分析仪用于检测氮氧化物。前面已介绍过化学发光分析仪，下面介绍不透光烟度计。

不透光烟度计可分为全流式和分流式两类。全流式不透光烟度计测量全部排气的透光衰减率；分流式不透光烟度计是将排气中的一部分废气引入取样管，然后送入不透光烟度计进行连续分析。我国排放标准中规定应使用分流式不透光烟度计，如图 9-5 所示。

不透光烟度计的工作原理如图 9-6 所示，它利用透光衰减率来测定排气中的可见污染物的含量。测量前，向空气校正器中吹入干净空气，转动转换手柄，使光源和光电池移至空气校正器两侧，进行零点校正。然后再转动手柄，将光源和光电池移至排气测试管两侧，并将需要测定的一部分汽车排气连续不断地导入排气测试管。光源发出的光被排气中的可见污染物所吸收，烟度越大，光吸收率就越高，即不透光度越高，光电池接收到的光通量也就越小，并通过光电转换显示出测量结果。

不透光烟度计充分考虑了排气中的黑烟、蓝烟和白烟等可见污染物对环境的综合污染，强调了排气中所有可见成分对人视觉感知的影响。不透光烟度计可对柴油车排气可见污染物进行连续的动态测量，便于分析发动机工况变化对炭烟排放的影响。

3. 柴油车排气污染物测量的方法

柴油车排气污染物测量的方法有自由加速法和加载减速法，测试仪器为不透光烟度计。注

图 9-5　分流式不透光烟度计

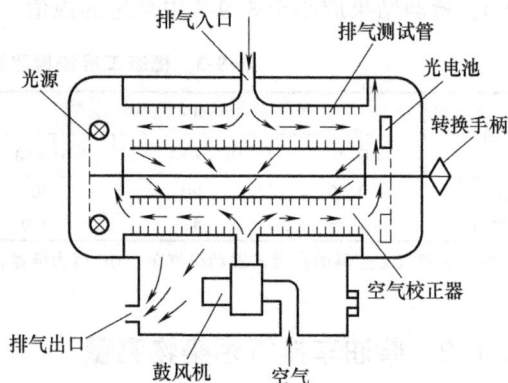

图 9-6　不透光烟度计工作原理

册登记和在用车辆，用加载减速法进行检测，对无法采用加载减速法进行检测的车辆，用自由加速法进行检测；新车用加载减速法进行检测；四驱车用自由加速法进行检测。混合动力汽车在最大燃料模式下进行检测。

（1）自由加速法　自由加速法是指发动机怠速下，在 1s 的时间内，迅速将加速踏板踩到底，使喷油器供给最大油量，发动机突然加速到高速空载运转，此时，发动机不完全燃烧，污染物增多，在此过程中，检测排气污染物。检测过程如下：

1）测试准备。发动机应充分预热，在正式进行排放测量前，应采用 3 次自由加速过程或其他等效方法吹拂排气系统，以清扫排气系统中的残留污染物。将分流式不透光烟度计的采样探头插入受检车辆的排气管内，插入深度不得低于 400mm。烟度计与计算机相连，自动采集数据。

2）排气污染物检测。

① 怠速：发动机在每个自由加速循环的开始点均处于怠速状态，对于重型车用发动机，加速踏板放开后至少等待 10s。

② 自由加速及烟度检测：在 1s 的时间内，将加速踏板连续完全踩到底，使供油系统在最短时间内达到最大供油量，同时进行烟度检测，保持加速踏板踩到底的位置到符合松开加速踏板的条件后松开加速踏板，恢复怠速，为下次自由加速及烟度检测做准备。松开加速踏板的条件为：在松开加速踏板前，发动机必须达到断油转速；对于使用自动变速器的车辆，应达到发动机的额定转速，若无法达到额定转速，不应小于额定转速的 2/3。

在自由加速法检测中，要进行多次自由加速烟度检测，取最后 3 次自由加速烟度测量结果的算术平均值作为所测烟度值。由计算机控制及获得检测结果。

3）测量结果的判定与测量标准。注册登记和在用汽车排放检验排放限值见表 9-4，检测结果应小于表 9-4 中自由加速法规定的限值 a；汽车所在地区对排放要求高时，检测结果应小于表 9-4 中自由加速法规定的限值 b。

（2）加载减速法　加载减速法是在车辆空档加速、前进档加速、发动机转速稳定后加速的工况下，在底盘测功机上测量汽车排气可见污染物的方法，其测试设备主要包括底盘测功机、分流式不透光烟度计、化学发光分析仪和发动机转速计等，由计算机控制。氮氧化物的测定用化学发光分析仪，测得结果为 NO 和 NO_2 的总和。检测过程如下：

表 9-4 注册登记和在用汽车排放检验排放限值

类别	自由加速法	加载减速法		
	光吸收系数(m⁻¹)或不透光度(%)	光吸收系数(m⁻¹)或不透光度(%)	氮氧化物(×10⁻⁶)	

类别	光吸收系数(m^{-1})或不透光度(%)	光吸收系数(m^{-1})或不透光度(%)	氮氧化物$(\times10^{-6})$
限值 a	1.2(40)	1.2(40)	1500
限值 b	0.7(26)	0.7(26)	900

注：海拔高于 1500m 的地区加载减速法可以按照每增加 1000m 增加 $0.25m^{-1}$ 幅度调整，总调整不得超过 $0.75m^{-1}$。

1）测试准备。试验前先对车辆的技术状况进行预检，以确定待检车辆是否能够进行后续的排放检测。将待检车辆放在底盘测功机上，驱动轮在滚筒上，预热发动机，直到冷却液温度达到正常温度范围；选择合适档位，使加速踏板在最大位置时，待检车辆的最高车速最接近 70km/h。发动机熄火，变速器置空档，将分流式不透光烟度计的采样探头插入待检车辆的排气管内，插入深度不得低于 400mm。

2）排气污染物检测。

① 空档检测：起动发动机，变速器置空档，逐渐加大加速踏板直到开度达到最大，并保持在最大开度状态，记录这时发动机的最大转速，然后松开加速踏板，使发动机回到怠速状态。

② 前进档检测：使用前进档驱动待检车辆，选择合适的档位，使加速踏板处于全开位置时，测功机指示的车速接近 70km/h，但不能超过 100km/h。对装有自动变速器的车辆，应注意不要在超速档下进行测量。

③ 自动检测：当发动机转速稳定后，检测员按下自动检测开始键，系统自动进行加载减速试验，加速踏板保持在全开位置。假设最大功率下的转鼓线速度用 VelMaxHP 表示，则依次完成 VelMaxHP 和 80% VelMaxHP 两个速度点的排放检测。

④ 结束检测：关闭测功机测功控制装置（PAU）和车辆。

3）测量结果的判定与测量标准。注册登记和在用汽车排放检验排放限值见表 9-4，检测结果应小于表 9-4 中加载减速法规定的限值 a；汽车所在地区对排放要求高时，检测结果应小于表 9-4 中加载减速法规定的限值 b。

9.2 汽车噪声测量

9.2.1 汽车噪声测量仪

汽车噪声测量仪有声级计、声强测量仪和频率分析仪等，其中应用最多的是声级计。声级计是一种能将汽车噪声，如机动车的行驶噪声、排气噪声和喇叭声音响度等按人耳听觉特性，近似地用数值测定其噪声的仪器。噪声级是指用声级计测得的并经过听觉修正的声压级或响度级。在有关汽车噪声试验方法和噪声允许限值等国家标准中，均规定使用声级计作为汽车噪声试验的测量仪器。

根据测量精度的不同，声级计可以分为普通声级计和精密声级计。与普通声级计相比，精密声级计除了频率响应更宽、灵敏度更高、指向性和稳定性更好外，还能与各种带通滤波器配合使用。

声级计通常由传声器（俗称话筒、麦克风）、放大器、衰减器、计权网络、检波电路和指示表头等部分组成，如图 9-7 所示。声级计的外形如图 9-8 所示。

声压 → 传声器 → 放大器 → 衰减器 → 计权网络 → 放大器 → 衰减器 → 检波电路 → 指示表头

图 9-7　声级计的组成及基本原理

传声器是声级计的声-电转换器件，也就是传感器。普通声级计一般采用动圈式或压电式传声器，而精密声级计则采用电容式传声器，也就是电容式微音器。

声级计中的放大器用来放大传声器的输出信号。衰减器用来衰减输入信号，通常每一档的衰减量为 10dB。通过放大器和衰减器使声音信号在合适的范围内。

计权网络是对不同声音加权，也就是各声音要按频率加权，实际上是对次要的、不重视的频段加以衰减，突出显示重要的声音。声级计设有 A、B、C 三种计权网络，当旋钮指向某计权位置时，该计权网络便被接入输入放大器和输出放大器之间。

图 9-8　声级计的外形

滤音防尘套
声压传感器
防摔保护套
高清显示屏(可背光)
反应速率选择
数据保持
屏幕背光
量程选择
电源开关
最大值
A/C计权切换
量程选择
单位选择

检波电路将迅速变化的电压信号转变成变化较慢的直流电压信号，再输入指示仪表，这个直流电压的大小正比于输入信号的大小。

指示仪表或指示表头是一只电表，只要对其刻度进行一定的标定，即可从表头上直接读出噪声级的 dB 值。声级计表头阻尼一般都有"快"和"慢"两档。"快"档的平均时间为 0.27s，很接近于人耳听觉器官的生理平均时间；"慢"档的平均时间为 1.05s。当对稳态噪声进行测量或需要记录声级变化过程时，使用"快"档比较合适；在被测噪声的波动比较大时，使用"慢"档比较合适。

声级计面板上一般还备有一些插孔。这些插孔如果与便携式倍频带滤波器相连，可组成小型现场使用的简易频谱分析系统；如果与录音机组合，则可把现场噪声录制在磁带上储存下来，待以后进行更详细的分析；如果与示波器组合，则可观察声压变化的波形，并可用照相机将波形拍摄下来。此外，还可根据测试条件和测试要求，将分析仪、记录仪等仪器与声级计组合、配套使用。

声级计的基本工作原理：将被测声波的声压信号通过传声器转换成电压信号，经放大器放大，交由衰减器调整量程后，再经过计权网络修正、检波，最后由表头显示相应的声压级数值。

9.2.2　汽车行驶车外噪声的测量

汽车行驶车外噪声的测量分为汽车行驶车外噪声的场地测量和室内测量。下面介绍轻型汽车多工况行驶车外噪声场地测量和加速行驶车外噪声室内测量。

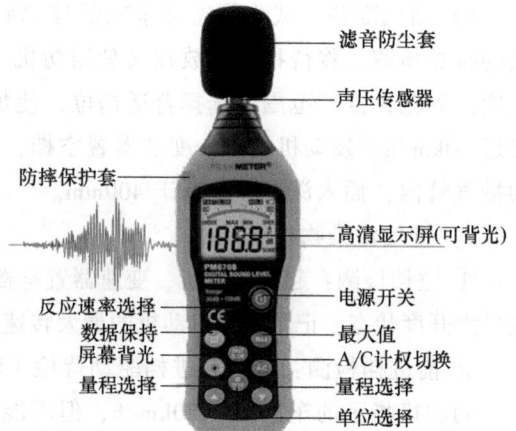

1. 轻型汽车多工况行驶车外噪声场地测量

轻型汽车多工况行驶车外噪声场地测量是在场地上测量轻型汽车加速和等速工况行驶的车外噪声,包括轻型汽车加速和匀速行驶车外噪声场地测量。

轻型汽车是指最大总质量不超过 3.5t 的 M_1 类、M_2 类和 N_1 类车辆。M_1 类车指至少有 4 个车轮,或有 3 个车轮且厂定最大总质量超过 1t,除驾驶人座位外,乘客座位超过 8 个的载客车辆。M_2 类车辆指至少有 4 个车轮,或有 3 个车轮且厂定最大总质量超过 1t,除驾驶人座位外,乘客座位超过 8 个,且厂定最大总质量不超过 5t 的载客车辆。N_1 类车辆指至少有 4 个车轮,或有 3 个车轮且厂定最大总质量超过 1t 不超过 3.5t 的载货车辆。

轻型汽车多工况行驶车外噪声场地测量的标准是 GB/T 40578—2021《轻型汽车多工况行驶车外噪声测量方法》。

(1) 测量条件 汽车噪声测量场地及测量区的布置如图 9-9 所示,图中单位是 m。测量场地中的行驶车道应为平直、干燥的沥青或混凝土路面,坡度应不大于 0.5%。行驶车道穿过方形的声传播区域,声级计传声器布置在声传播区域内、20m 跑道中心点两侧,各距中心线 7.5m,距地面高度 1.2m,传声器轴线平行于路面并垂直于车辆行驶方向。

测试场地应空旷,在测试中心以 50m 为半径的范围内不应有大的反射物,如建筑物、围墙等。被试车辆不发动时,在测试场地测得的周围环境的噪声应比所测车辆噪声至少低 10dB(A),并保证测量不被偶然的其他声源所干扰。

天气晴朗,环境温度 5~40℃,风速不超过 5m/s,为避免风噪声的干扰,可采用防风罩,但应注意防风罩对声级计灵敏度的影响。

测量时,使用声级计的"F"时间计权特性和"A"频率计权特性,"快"档测量,读数时间间隔不超过 30ms。通过汽车速度测量仪测量车速。测试质量为整车整备质量加上 75kg 后的质量。

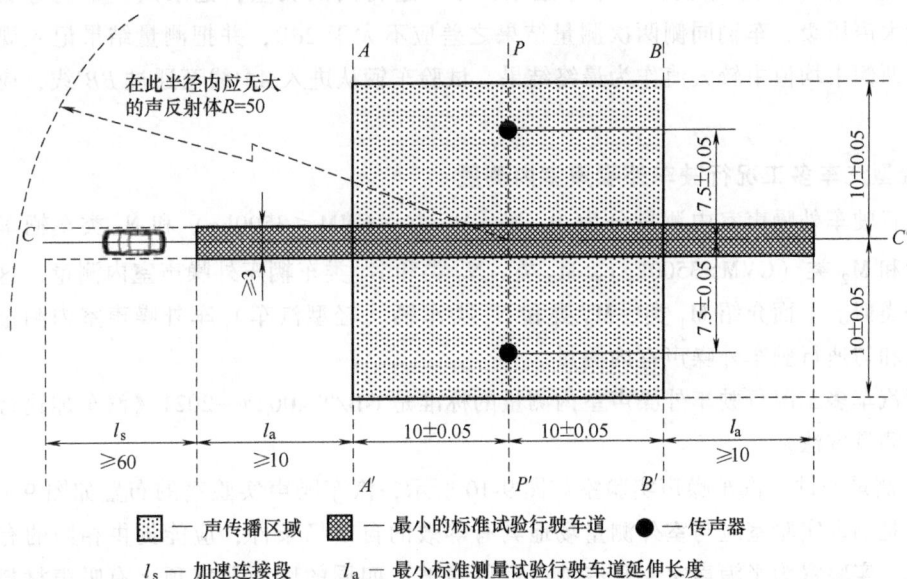

图 9-9 汽车噪声测量场地及测量区的布置

（2）加速行驶车外噪声场地测量

1）车速条件及加速度范围。测量过程中，试验车辆接近纵向中心线 CC'线行驶，动力装置的转速应不大于 80%额定转速，传动系统采用道路正常行驶常用的档位及传动方式。

试验车辆的参考点到达 PP'线的车速（$v_{PP'}$）应为（30±1）km/h、（50±1）km/h、（70±2）km/h。参考点是试验车辆进行噪声测量时用于代表车辆位置的定位点。发动机和驱动电机前置的试验车辆，参考点为试验车辆最前端点；发动机和驱动电机中置的试验车辆，参考点为试验车辆前后方向中心点；发动机和驱动电机后置的试验车辆，参考点为试验车辆最后端点；有多个驱动电机且功率相等的试验车辆，则以最前端驱动电机的位置为准。

试验车辆的加速度 a 应满足以下要求：

$v_{PP'}$ =（30±1）km/s 时，0.5m/s² ≤ a ≤ 3.5m/s²。

$v_{PP'}$ =（50±1）km/s 时，0.5m/s² ≤ a ≤ 3.0m/s²。

$v_{PP'}$ =（70±2）km/s 时，0.3m/s² ≤ a ≤ 2.5m/s²。

2）试验方法。在（30±1）km/h、（50±1）km/h、（70±2）km/h 和对应的加速度范围内，进行两次测量，记录试验车辆每次通过测量区的最大声压级，车辆同侧两次测量结果之差应不大于 2dB，并把测量结果记入规定的表格中。取两侧平均值中较大值作为最终结果。

试验车辆在进入 AA'线或之前的预加速点时，迅速将加速踏板踏到合适位置并保持稳定，以恒加速运动，直到试验车辆通过 BB'线时松开加速踏板。

（3）匀速行驶车外噪声场地测量

1）车速条件。测量过程中，试验车辆接近纵向中心线 CC'线行驶，动力装置的转速应不大于 80%额定转速，传动系统采用道路正常行驶常用的档位及传动方式。

M_1 类车辆的车速为（80±2）km/h 和（110±2）km/h，N_1 类车辆的车速为（80±2）km/h 和（90±2）km/h。

2）试验方法。试验车辆在每个车速条件下，进行两次测量，记录试验车辆每次通过测量区的最大声压级，车辆同侧两次测量结果之差应不大于 2dB，并把测量结果记入规定的表格中。取两侧平均值中较大值作为最终结果。试验车辆从进入 AA'线至通过 BB'线，应保持匀速行驶。

2. 轻型汽车多工况行驶车外噪声室内测量

汽车行驶车外噪声室内测量分为 M_1 类、M_2 类（GVM≤3500kg）和 N_1 类车辆车外噪声室内测量和 M_2 类（GVM>3500kg）、M_3 类、N_2 类和 N_3 类车辆车外噪声室内测量，这两类测量的方法类似。下面介绍 M_1 类、M_2 类和 N_1 类车辆（轻型汽车）车外噪声室内测量，包括汽车加速和匀速行驶车外噪声室内测量。

轻型汽车多工况行驶车外噪声室内测量的标准是 GB/T 40625—2021《汽车加速行驶车外噪声室内测量方法》。

（1）测量条件　汽车噪声实验室如图 9-10 所示，汽车噪声实验室的布置如图 9-11 所示，图中单位是 m。实验室应与室外测量场地具有等效的自由场条件，应能提供相同的有效的声传播特性。实验室为半消声室，只有地面反射声波，四周的墙面及室顶上有吸声材料，靠墙面阵列传声器（声级计传声器），传声器到吸声材料的距离超过 1/4 波长，地面反射噪声，室内试验设施的背景噪声至少比被测噪声低 10dB（A）。AA'线与 BB'线之间的距离为 20m。

图 9-10　汽车噪声实验室

　　底盘测功机对称 CC'线安装在实验室的中部靠近 PP'线的位置，箭头 9 的方向为试验车辆的行驶方向，试验车辆的前后设置通风装置。底盘测功机滚筒的纹理应足够粗糙，滚筒直径宜尽可能大，以减小和室外道路试验的声学差异。底盘测功机的辐射噪声应尽可能低。可在试验车辆的前后使用固定系统对车辆固定，固定系统应足够小，以避免干扰声场。底盘测功机的辐射噪声应尽可能低。在距中心线 CC' 7.5m、离地高度 1.2m 处的所有传声器位置进行测量时，相同情况下，没有车辆的底盘测功机上的辐射噪声测量结果应比实车测量试验结果至少低 15dB（A）。

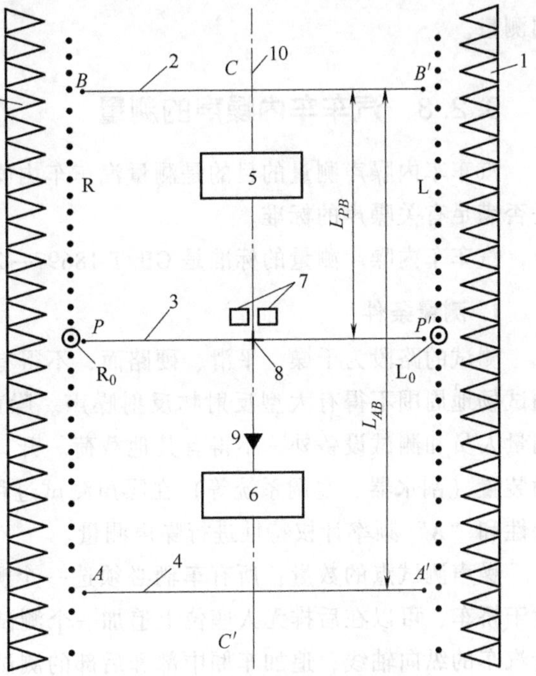

　　传声器布置在中心点两侧，各距中心线 7.5m，距地面高度 1.2m，传声器轴线平行于路面并垂直于车辆行驶方向，由中心点向两侧测试轨道每隔 0.5m 放置一个传声器，形成阵列，并可最低每隔 30s 输出一个 A 记权声压级的声级计的读数，或通过插值得到在声级计的阵列位置最低每隔 30s 输出一个 A 记权声压级的声级计的读数。测量时，使用声级计的"F"时间

图 9-11　汽车噪声实验室的布置
L—左侧传声器阵列　L₀—左侧传声器阵列中心点
R—右侧传声器阵列　R₀—右侧传声器阵列中心点
1—吸声材料　2—虚拟线 BB'　3—虚拟线 PP'
4—虚拟线 AA'　5—后部通风　6—前部通风
7—底盘测功机　8—实验室中心
9—行驶方向　10—中心线 CC'

计权特性和"A"频率计权特性，"快"档测量，读数时间间隔不超过 30ms。

　　室温 5~40℃，宜安装通风系统和空调，通过空调调节温度。发动机在室内排气，电动汽车无排气问题。轻型汽车的测试质量为整车整备质量加上 75kg 后的质量。

（2）加速行驶车外噪声室内测量　测量过程中，试验车辆接近纵向中心线 CC' 线行驶，试验车辆的参考点到达 PP' 线的车速（$v_{PP'}$）应为（50±1）km/h。试验车辆的参考点到达 AA' 线之前踩下加速踏板进行加速，这也称为预加速。当试验车辆的参考点到达 AA' 线时，将加速踏板踩到底并保持不变，直到后部到达 BB' 线时，再尽快松开加速踏板。在 AA' 线与 BB' 线之间用汽车速度测量仪测量速度和加速度，速度取瞬时值，加速度取平均值，测量的车速保留到小数点后两位有效数字。在一定档位下，进行 4 次试验，两次试验之间间隔 1min，取 4 次试验的加速度的平均值。通过声级计，获得汽车加速行驶时车外噪声。根据所测得的加速度的平均值和试验车辆的参考点到达 PP' 线的（50±1）km/h 车速，可在底盘测功机进行试验车辆的加速行驶车外噪声室内测量。测量仪器由计算机控制。

（3）匀速行驶车外噪声室内测量　测量过程中，试验车辆匀速行驶与加速行驶使用相同的传动比，加速踏板位置不变，车速稳定，匀速行驶，试验车辆的参考点到达 PP' 线的车速（$v_{PP'}$）应为（50±1）km/h。通过声级计，获得汽车匀速行驶时车外噪声。根据试验车辆的参考点到达 PP' 线的（50±1）km/h 车速，可在底盘测功机进行试验车辆的匀速行驶车外噪声室内测量。

9.2.3　汽车车内噪声的测量

汽车车内噪声测量的目的是测量汽车车内噪声的大小及验证汽车制造企业所生产的汽车是否满足有关噪声的标准。

汽车车内噪声测量的标准是 GB/T 18697—2002《声学　汽车车内噪声测量方法》。

1. 测量条件

测试的路段为干燥、平滑、硬路面，不得有接缝，不得有雪、污物、石块、树叶等杂物。测试场地周围不得有大型反射物反射噪声。噪声测量时，车辆载荷状态为空载，除驾驶人、测量人员和测量设备外，不得有其他载荷。开口（天窗、进风口、出风口等）必须关闭；辅助装置（刮水器、空调系统等）在噪声测试过程中不得工作。使用声级计的"F"时间计权特性和"A"频率计权特性进行噪声测量。

噪声测试点的数量：所有车辆必须选一个测试点在驾驶人座位处，如图 9-12 中的 B 点；对于轿车，可以在后排无人座位上追加一个测试点，如图 9-12 中的 A 点；对于公共汽车还应沿汽车的纵向轴线，追加车厢中部和后部的测试点。除驾驶人外，所选的测量位置不得有人。

噪声测试点的位置分为座位、站立和卧姿处的噪声测试点。座位处的噪声测试点如图 9-12 所示，此噪声测试点是传声器的位置，测试点 A 在座椅表面上方（0.7±0.05）m 的对称平面上，测试点 B 由测试点 A 的位置再向右（0.2±0.02）m。站立处的噪声测试点在地板上方（1.6±0.1）m、站立位置处。卧姿处的噪声测试点在枕头中部上方（0.15±0.02）m处。测试点 A 在驾驶人后脑的两耳中间，其他测试点在乘客的耳旁。测试点在人的耳旁是确定噪声测试点位置的关键。噪声测试点离车厢壁或座椅垫的距离必须大于 0.15m，以减少噪声反射的影响。传声器指向汽车行驶方向。

2. 车内噪声的测量

汽车车内噪声测量包括匀速行驶、节气门全开加速行驶和车辆定置三种不同工况。

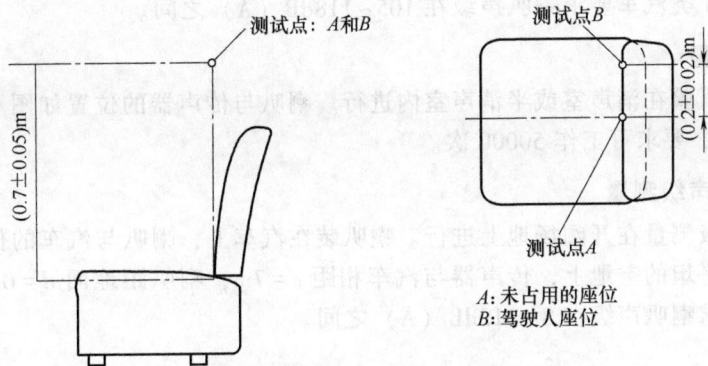

图 9-12　噪声测试点的位置

（1）匀速行驶的车内噪声测量　在 60km/h 或 40% 的最高车速（取小者）至 120km/h 或 80% 的最高车速（取小者）的范围内至少以等间隔的 5 种车速进行 A 计权声级的测量，每一车速，至少测试 5s。

（2）节气门全开加速行驶的车内噪声测量　汽车用最高档（若变速器置最高档，发动机额定转速的 90% 所对应的车速超过 120km/h 时，选用次高档）以 45% 的发动机额定转速所对应的车速，节气门全开，加速至 90% 的发动机额定转速所对应的车速或 120km/h 的车速（取小者），测量车内各测点噪声 A 计权声级的最大值。

（3）车辆定置噪声测量　将变速器置于空档，起动发动机使之以怠速稳定运转，再尽可能快地将节气门全开，发动机达到高转速后至少保持 5s，测量发动机怠速运转的噪声和发动机加速运转过程的最大噪声。

（4）多点噪声测量　噪声与汽车车况及测试点位置有关。可在不同工况下、选择多个噪声测试点，进行噪声测量，获得车厢内噪声的分布，用 MATLAB 绘制噪声分布的三维图。

振动产生噪声。可通过汽车的振动分析，找出噪声源；通过对驱动电机、发动机、减速器、变速器、万向节、传动轴、轮胎等噪声源的频率测试，获得噪声源的频率及范围；通过对不同频率的噪声加权，获得不同噪声源的声级及主要噪声源。

9.2.4　汽车喇叭声级的测量

汽车喇叭声级测量的目的是测量汽车喇叭的声级、声音的连续性和响应时间是否满足有关噪声的标准。

汽车喇叭声级测量的标准是 GB 15742—2019《机动车用喇叭的性能要求及试验方法》。

喇叭声级的测量分为一般测量、耐久性测量和车上喇叭声级测量。一般测量、耐久性测量的喇叭，不装在汽车上；车上喇叭声级测量时，喇叭装在汽车上。

1. 一般测量

喇叭的一般测量在消声室、半消声室或开阔场地上进行。在开阔场地上试验时，背景噪声和风噪声比喇叭低 10dB（A）。测试的环境温度为（23±5）℃。喇叭与传声器的位置如图 9-13 所示，喇叭与传声器在同一高度，相距 $a = (2±0.01)$ m，距地面 $b = 1.15 \sim 1.25$m。喇叭发声不超过 30s，使用声级计的"F"时间计权特性和"A"频率计权特性进行喇叭声级的测量。对于 M、N 类汽车要求喇叭声级在 105~118dB（A）之间。

2. 耐久性测量

喇叭耐久性试验在消声室或半消声室内进行。喇叭与传声器的位置如图 9-13 所示，喇叭鸣叫 1s，休息 4s，要求可工作 50000 次。

3. 车上喇叭声级测量

车上喇叭声级测量在开阔场地上进行。喇叭装在汽车上，喇叭与汽车的位置如图 9-14 所示，汽车停放在平坦的空地上，传声器与汽车相距 $c=7m$，喇叭距地面 $d=0.5~1.5m$，测量最大声压级。要求喇叭声级在 8~112dB（A）之间。

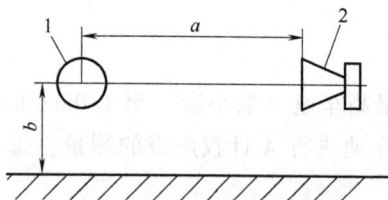

图 9-13 喇叭与传声器的位置
1—传声器 2—喇叭

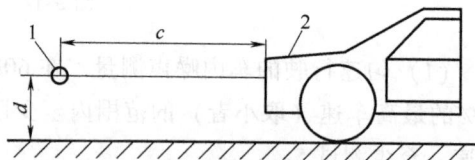

图 9-14 喇叭与汽车的位置
1—传声器 2—汽车

习 题

9-1 简述汽油车排气污染物测量的仪器及主要用途。

9-2 简述双怠速法及测量程序。

9-3 简述稳态工况法及测量程序。

9-4 简述不透光烟度计的工作原理。

9-5 简述柴油车排气污染物测量的自由加速法。

9-6 简述轻型汽车加速行驶车外噪声场地测量。

9-7 简述汽车车内噪声的测量。

9-8 简述汽车喇叭声级的测量。

9-9 查找文献，阅读一两篇汽车排气污染物测量的文献，介绍其主要内容。

9-10 查找一两个汽车排气污染物测量的视频，与班级同学交流。

9-11 查找文献，阅读一两篇汽车行驶车外噪声测量的文献，介绍其主要内容。

9-12 查找一两个汽车行驶车外噪声测量的视频，与班级同学交流。

第 10 章　汽车总成与部件试验

教学目标：通过本章学习，读者应掌握发动机主要性能、驱动电机系统性能的试验方法，掌握动力蓄电池包和系统能量的测试方法，了解动力蓄电池电性能、动力蓄电池包或系统安全性试验的方法，了解底盘四大系统中主要部件整体性能试验的目的、标准、试验台架和试验方法，为设计和评价汽车总成与部件提供试验数据。

汽车总成与部件试验主要介绍动力系统、底盘四大系统（传动系统、行驶系统、转向系统、制动系统）中主要部件整体性能的试验。对于燃油汽车来说，动力系统的试验主要是发动机的试验；对于电动汽车来说，动力系统的试验主要是驱动电机和动力蓄电池的试验。

10.1　发动机的试验

10.1.1　发动机试验的目的及标准

1. 发动机试验的目的

发动机试验的目的是测试发动机的十项性能，包括起动性能、怠速性能、功率特性、负荷特性、万有特性、压燃机调速特性、机械损失功率特性、各缸工作均匀性、机油消耗量和活塞漏气量，并进行相应的试验，为选择发动机及评价发动机的性能服务。本节只介绍发动机的功率试验、负荷特性试验和万有特性试验，发动机的功率试验包含在发动机的速度特性试验、负荷特性试验中，由速度特性试验、负荷特性试验的数据可得万有特性试验的结果。试验中用到发动机原理的知识。

2. 发动机试验的标准

发动机试验的标准是 GB/T 18297—2024《汽车发动机性能试验方法》。

10.1.2　发动机的试验台架

发动机试验台架的结构示意图如图 10-1 所示，发动机试验台架如图 10-2 所示，主要由发动机、传动轴、联轴器、功率测量仪、电涡流测功器、燃油消耗量测量仪等组成。发动机通过传动轴、联轴器与功率测量仪连接，功率测量仪再通过联轴器与电涡流测功器连接，发动机输出的动力和运动通过传动轴、联轴器传递给功率测量仪，再通过联轴器传递给电涡流测功器。功率测量仪用于测量发动机输出的功率、转矩和转速，电涡流测功器用于消耗发动机输出的功率。燃油消耗量测量仪为容积式油耗仪或其他形式的油耗仪，串联在发动机供油系统的管道上，用于测量燃油消耗量。

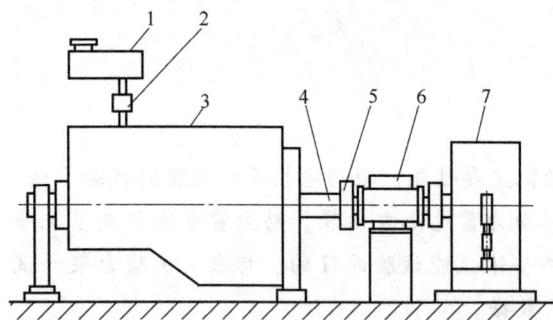

图 10-1 发动机试验台架的结构示意图

1—油箱 2—燃油消耗量测量仪 3—发动机 4—传动轴
5—联轴器 6—功率测量仪 7—电涡流测功器

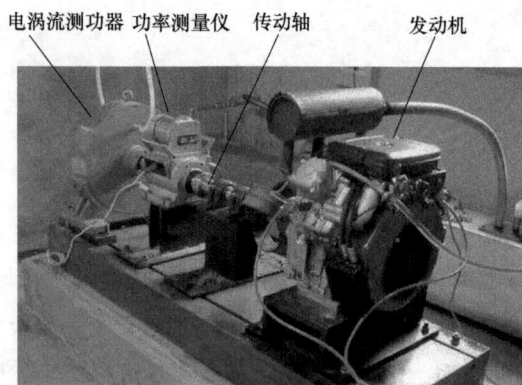

图 10-2 发动机试验台架

10.1.3 发动机主要性能的试验

1. 发动机速度特性的试验

节气门全开，在发动机工作转速范围内，通过调节电涡流测功器的功率，依次地改变转速进行测量，适当地分布 8 个以上的测量点，测量点尽量多，以提高测试精度；在发动机的最大转矩、最大功率和最小燃油消耗率点附近，要多测几个点，以获取发动机的最大转矩、最大功率和最小燃油消耗率；在每个转速点，通过功率测量仪测量发动机输出的转速 n、转矩 T_{tq} 和功率 P_e，通过燃油消耗量测量仪，测量燃油消耗量，用单位时间的燃油消耗量除以发动机的输出功率，得燃油消耗率 b_e。根据试验数据，可绘得发动机的速度特性曲线，如图 10-3 所示。

2. 发动机负荷特性的试验

在若干个转速（其中应含 2000r/min 等常用转速）下进行试验。发动机转速不变，通过调节电涡流测功器的功率，从小负荷开始，逐步加大节气门进行测量，直至节气门全开，适当地分布 8 个以上的测量点，应包括转速为

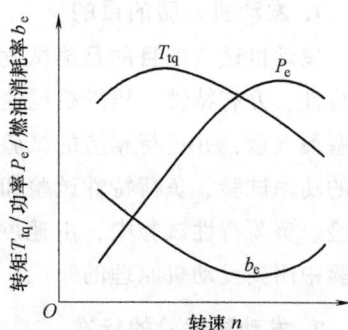

图 10-3 发动机的速度特性曲线

2000r/min、平均有效压力为 200kPa 的工况点，测量点尽量多，以提高测试精度。在每个功率点，通过功率测量仪测量发动机输出的转速 n、功率 P_e 并测量燃油消耗量，再计算发动机输出的转矩 T_{tq} 和燃油消耗率 b_e。根据试验数据，可绘得发动机的负荷特性曲线，如图 10-4 所示。

3. 发动机万有特性的试验

在发动机工作转速范围内选定 8 个以上的转速进行速度特性试验，再进行负荷特性试验；在每个功率点，通过功率测量仪测量发动机输出的转速 n、功率 P_e 并测量燃油消耗量，再计算发动机输出的转矩 T_{tq} 和燃油消耗率 b_e。根据试验数据，可绘得发动机的万有特性曲线，如图 10-5 所示。

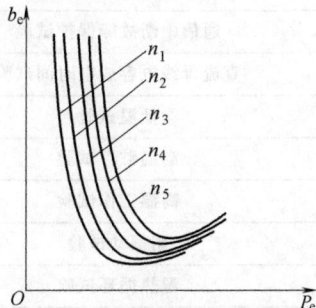

图 10-4 发动机的负荷特性曲线　　　图 10-5 发动机的万有特性曲线

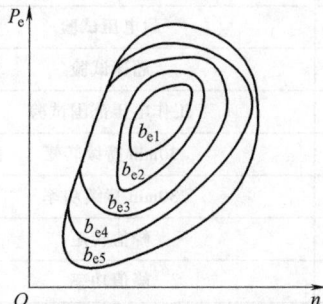

10.2 驱动电机系统的试验

10.2.1 驱动电机系统试验的目的、标准及项目

1. 驱动电机系统试验的目的及标准

驱动电机系统试验的目的是要得到驱动电机系统的输入输出特性、安全性、环境适应性和电磁兼容性等，用于评价驱动电机系统的性能。

驱动电机系统试验的标准是 GB/T 18488—2024《电动汽车用驱动电机系统》。

2. 驱动电机系统试验的项目

驱动电机系统试验的项目包括：一般性、输入输出特性、安全性、环境适应性和电磁兼容性试验项目，具体试验项目名称见表 10-1，序号 1~6 为一般性项目的试验，序号 7~17 为输入输出特性的试验，序号 18~24 为安全性的试验，序号 25~33 为环境适应性的试验，序号 34~36 为电磁兼容性的试验。本节介绍输入输出特性、安全性、环境适应性试验中的部分试验。

试验样品通常是单个驱动电机和控制器组成的驱动电机系统，也可能是多个驱动电机和控制器组成的驱动电机系统，但由于驱动电机用在不同类型的车辆上，可能采取的封装或集成方式不同，例如部分混合动力电动汽车（HEV）或插电式混合动力电动汽车（PHEV），驱动电机系统的集成度高，需要结合标准提出更有针对性的测试方案。

10.2.2 驱动电机系统输入输出特性的试验

驱动电机系统输入输出特性的试验包括：工作电压范围、30min 持续转矩、30min 持续功率、峰值转矩、峰值功率、最高工作转速、驱动电机系统效率、转速控制精度、转矩控制精

表 10-1　驱动电机系统的试验项目

序号	试验项目	序号	试验项目
1	一般性检查	19	过压保护试验
2	外观检查	20	欠压保护试验
3	液冷系统冷却回路密封性能试验	21	过温保护试验
4	绝缘电阻试验	22	超速故障保护试验
5	耐电压试验	23	通信中断故障保护试验
6	超速试验	24	直流母线电容放电时间试验
7	工作电压范围试验	25	低温试验
8	30min 持续转矩	26	高温贮存试验
9	30min 持续功率	27	高温工作试验
10	峰值转矩	28	耐振动试验
11	峰值功率	29	湿热循环试验
12	最高工作转速	30	耐机械冲击试验
13	驱动电机系统效率	31	防水、防尘试验
14	转速控制精度	32	盐雾试验
15	转矩控制精度	33	冰水冲击试验
16	堵转转矩试验	34	电磁辐射发射试验
17	馈电特性试验	35	电磁辐射抗扰度试验
18	电位均衡检查	36	电源线瞬态传导抗扰度试验

度、堵转转矩和馈电特性试验，主要测试驱动电机系统的输入输出特性。下面先介绍驱动电机的测试系统和测试计算，再介绍其中的部分试验。

1. 测试系统

测试系统分为电动工作状态下驱动电机转矩—转速特性测试系统和馈电工作状态下驱动电机特性的测试系统。

电动工作状态下驱动电机系统工作特性的测试系统　如图 10-6 所示，用于电动工作状态下驱动电机系统的转矩—转速特性、功率、效率等测试。驱动电机通过联轴器与功率测量仪连接，功率测量仪通过联轴器与测功机连接。驱动电机与驱动电机控制器连接，驱动电机控制器与蓄电池连接；测试时，驱动电机控制器控制驱动电机转动，驱动电机通过联轴器、功率测量仪带动测功机转动，测功机消耗驱动电机输出的能量，蓄电池向驱动电机控制器、驱动电机供给能量，测量驱动电机控制器的输入或输出电压和电流后，计算得到驱动电机控制器的输入、输出功率，功率测量仪测量驱动电机输出轴输出的转矩、转速和功率等，便可计算得到驱动电机控制器、驱动电机和驱动电机系统的效率，其计算公式见下面的测试计算。

馈电工作状态下驱动电机系统特性的测试系统　如图 10-7 所示，用于馈电工作状态下驱动电机系统的输入转矩、输入转速、输入和输出功率、效率等测试。馈电工作状态下驱动电机系统特性的测试系统是将电动工作状态下驱动电机系统转矩—转速特性测试系统中的测功机换成调速电机。试验时，给驱动电机控制器一个汽车制动信号，调速电机输出轴的转速模拟汽车制动、下长坡等驱动电机馈电工作状态下的转速，并向系统输入转矩、转速、功率，驱动电机变为发电机，通过驱动电机控制器向蓄电池充电。将调速电机改为测功的电机，则馈电工作状态下驱动电机系统特性的测试系统变为电动工作状态下驱动电机系统转矩—转速特性的测试系统，测功的电机既可作为负载，又可作为动力装置。

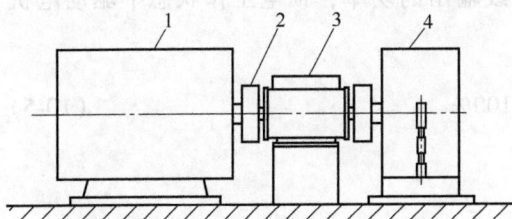

图 10-6　电动工作状态下驱动电机系统
工作特性的测试系统
1—驱动电机　2—联轴器　3—功率测量仪　4—测功机

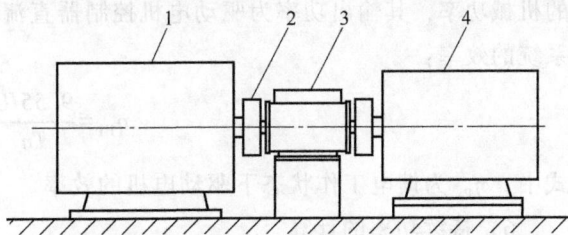

图 10-7　馈电工作状态下驱动电机系统
特性的测试系统
1—驱动电机　2—联轴器　3—功率测量仪　4—调速电机

2. 测试计算

1）驱动电机控制器的输入和输出功率计算

驱动电机控制器的输入功率：

$$P_{ci} = IU \tag{10-1}$$

式中，I 为驱动电机直流母线电流平均值（A）；U 为驱动电机直流母线电压平均值（V）。

将 I 和 U 改为驱动电机控制器的输出电流和电压，即可由式（10-2）计算得到驱动电机控制器的输出功率 P_{co}。

2）驱动电机控制器的效率计算

驱动电机控制器的效率：

$$\eta_c = \frac{P_{co}}{P_{ci}} \times 100\% \tag{10-2}$$

式中，η_c 为驱动电机控制器的效率；P_{co} 为驱动电机控制器的输出功率（kW）；P_{ci} 为驱动电机控制器的输入功率（kW）。

3）驱动电机的效率计算

驱动电机的效率：

$$\eta_m = \frac{P_{mo}}{P_{mi}} \times 100\% \tag{10-3}$$

式中，η_m 为驱动电机的效率；P_{mo} 为驱动电机的输出功率（kW）；P_{mi} 为驱动电机的输入功率（kW）。计算时，可取驱动电机的输入功率等于驱动电机控制器的输出功率。

4）电动工作状态下驱动电机系统的效率计算

驱动电机系统处于电动工作状态时，输入功率为驱动电机控制器直流母线输入的功率，输出功率为驱动电机轴端的机械功率，电动工作状态下驱动电机系统的效率：

$$\eta_{Po} = \frac{Tn}{9.55IU} \times 100\% \tag{10-4}$$

式中，η_{P_o} 为电动工作状态下驱动电机的效率；n 为驱动电机的转速（r/min）；T 为驱动电机轴端的转矩（N·m）。

5）馈电工作状态下驱动电机系统的效率计算

驱动电机系统处于馈电工作状态时，驱动电机变为发电机，其输入功率为驱动电机轴端的机械功率，其输出功率为驱动电机控制器直流母线输出的功率，馈电工作状态下驱动电机系统的效率：

$$\eta_{Pi} = \frac{9.55IU}{Tn} \times 100\% \tag{10-5}$$

式中，η_{Pi} 为馈电工作状态下驱动电机的效率。

6）持续功率的计算

持续功率是由持续转矩和相应的转速得到的功率。根据测得驱动电机的持续转矩和相应的转速，可计算得驱动电机在相应工作点的持续功率：

$$P_m = \frac{Tn}{9550} \tag{10-6}$$

式中，P_m 为驱动电机的持续功率（kW）。

3. 工作电压范围的试验

试验前，将图 10-6 中的驱动电机系统的直流母线电压分别设定在最高和最低工作电压处，在最高工和最低工作电压范围内，驱动电机系统输出持续转矩、持续功率、最高工作转速。再将驱动电机系统处于馈电状态，如图 10-7 所示，进行试验。

在不同工作电压下，且在驱动电机系统转速范围内取不少于 10 个测量点，在各测试转速下控制驱动电机系统，使其输出产品技术文件规定的最大工作转矩，每个测试点保持时间不少于 5s。试验过程中，若出现可恢复的报警信息，应在复位报警信息后重新完成该工作点测试并记录。试验后，计算各测试点功率，并绘制不同电压下转速-转矩特性曲线和转速-功率特性曲线等。

4. 30min 持续转矩和 300min 持续功率的试验

试验时，将图 10-6 中的驱动电机系统的直流母线电压设定在额定工作电压处，驱动电机系统在冷态下，控制驱动电机系统工作于额定转速，通过功率测量仪，测量驱动电机持续运行 30min 的最大输出转矩和最大输出功率。

5. 峰值转矩和转速的试验

在驱动电机系统为冷态和驱动电机控制器直流母线为额定电压下，通过功率测量仪测量峰值转矩和转速，如图 10-6 所示。在输出峰值功率的最高转速下测量该转速下最大转矩，即为峰值转矩；在输出峰值功率的最低转速下测量该转速下最大转矩及相应的功率，该功率即为峰值功率。

6. 最高工作转速的试验

试验时，将图 10-7 中的驱动电机系统的直流母线电压设定为额定工作电压并在电动状态下工作，通过调速电动机调速，使驱动电机在最高工作转速下工作，通过功率测量仪测量最高工作转速。记录试验转速不少于 5 个，取多次测量结果的平均值作为该驱动电机系统的最高工作转速。

7. 驱动电机系统效率的试验

1）转速测试点的选取

试验时，在驱动电机系统工作范围内一般取不少于 10 个转速点，最低转速点宜不大于最高工作转速的 10%，相邻转速点之间的间隔不大于最高工作转速的 10%，测试点选择时应包含必要的特征点，如额定工作转速点、最高工作转速点、持续功率对应的最低工作转速点、其他特殊定义的工作点等，测试点多，有利于提高测试精度。

2）转矩测试点的选取

试验时，在驱动电机系统电动或馈电状态下，在每个转速点上一般取不少于 10 个转矩点，对于高速工作状态，在每个转速点上选取的转矩点数可适当减少，但不宜低于 5 个，测试选择时应包含必要的特征点，如持续转矩数值处的点、峰值转矩（或最大转矩）数值处的点、持续功率曲线上的点、峰值功率（或最大功率）曲线上的点、其他特殊定义的工作点等，测试点多，有利于提高测试精度。

2）驱动电机系统效率的测量和计算

通过测量驱动电机控制器输入或输出电压和电流，由式（10-1）和式（10-2）计算得到驱动电机控制器的输入、输出功率及效率。测量时，电压和电流的测量点在驱动电机控制器靠近接线端子处，可在接线端子处安装专用的三通测量接头，测量接头分别与驱动电机控制器接头、导线接头、测量导线接头联接，测量导线用于电压和电流的测量，用具有计算机通信接口的数字式万用表和霍尔电流钳分别直接测量电压和电流，并通过计算机记录电压和电流；驱动电机控制器的输入、输出功率也可以通过电功率分析仪测量获得。驱动电机的工作转矩、工作转速和输出功率由功率测量仪直接测量得到，测试中，忽略刚性联轴器的功率损失。再由式（10-3）和式（10-4）计算得到驱动电机和驱动电机系统的效率。

8. 堵转转矩的试验

堵转转矩是指驱动电机的转子在所有角位堵住时所产生的最小转矩。

堵转转矩试验的方法：在驱动电机系统为冷态和驱动电机控制器直流母线为额定电压下，将驱动电机的转子堵住，通过驱动电机控制器为驱动电机施加所需要的堵转转矩，再通过功率测量仪测量堵转转矩，通过计时器计时堵转时间。M_1 类、N_1 类车辆的驱动电机系统的最大堵转转矩持续时间不少于 5s。转矩沿圆周方向等分取 5 个堵转点，分别测量堵转转矩和堵转时间，取最小堵转转矩作为堵转转矩。

10.2.3 驱动电机系统安全性的试验

驱动电机系统安全性的试验包括：电位均衡检查、过压保护、欠压保护、过温保护、超速保护、通信中断故障保护和直流母线电容放电时间试验，主要检验驱动电机系统的工作安全性。下面介绍其中的部分试验。

1. 过压、欠压保护试验

电池电压过高或过低时，驱动电机及其控制器应能保护不进行工作，避免引起故障或电池过放等危险。

过压、欠压保护试验的方法：驱动电机系统安装在测试台架上，如图 10-7 所示（工作于电动工作状态），将直流母线电压设定在额定电压处，分别控制驱动电机系统过压和欠压，触发系统过压、欠压保护；再使系统恢复输出能力，观测并记录驱动电机系统故障信息、故障保护措施、故障恢复机制。

2. 过温保护试验

过温保护试验的目的是测试驱动电机系统过温保护能力。驱动电机及其控制器在运行过程中，如果温度过高，会烧毁电子器件或电机绕组。驱动电机控制器和驱动电机中有温度传感器，用于温度监控。

过温保试验的方法：驱动电机系统安装在测试台架上，将直流母线电压设定在额定电压处，控制驱动电机系统工作并升温，分别触发驱动电机和电机控制器过温保护；再将驱动电机系统工作温度降低，使系统恢复输出能力，观测并记录驱动电机系统故障信息、故障保护措施、故障恢复机制。

3. 超速保护试验

超速保护试验的方法：驱动电机系统安装在测试台架上，如图 10-7 所示（工作于电动工作状态），将直流母线电压设定在额定电压处，通过测功机拖动驱动电机系统至过速保护限值，触发系统过速保护，再使系统恢复输出能力，观测并记录驱动电机系统故障信息、故障保护措施、故障恢复机制。

4. 通信中断故障保护试验

通信中断故障保护试验的方法：驱动电机系统安装在测试台架上，如图 10-7 所示（工作于电动工作状态），将直流母线电压设定在额定电压处，通过断开驱动电机系统通信连接，触发驱动电机系统通信中断故障；再使系统恢复输出能力，观测并记录驱动电机系统故障信息、故障保护措施、故障恢复机制。

10.2.4　驱动电机系统环境适应性的试验

驱动电机系统环境适应性的试验包括：低温、高温贮存、高温工作、耐振动、湿热循环、机械冲击、防水防尘、盐雾和冰水冲击试验，主要检验驱动电机系统的环境适应性，是否出现的故障。下面介绍其中的部分试验。

1. 低温试验

低温试验的目的是在低温下复测绝缘电阻，防止低温时材料冷缩及低温引起的绝缘损环，检查能否空载起动，低温后驱动电机能否正常工作。

低温试验的方法：将驱动电机和驱动电机控制器正确连接后放入低温箱内，使箱内温度降至-40℃，并保持 12h。试验过程中，驱动电机系统处于非通电状态。低温贮存 12h 后，在低温箱内用绝缘电阻测试仪（又称兆欧表）复测绝缘电阻，复测绝缘电阻期间，低温箱内的温度保持-40℃；在低温箱内为驱动电机系统通电，检查能否空载起动，空载起动时，低温箱内的温度仍保持在-40℃；之后，恢复常态，再将驱动电机控制器直流母线的电压设为额定电压，控制驱动电机工作于峰值转矩、峰值功率下，检查驱动电机系统能否正常工作。

2. 高温贮存和高温工作试验

高温贮存和高温工作试验的目的是在高温下复测绝缘电阻，防止高温时材料热胀引起的绝缘损坏，检查高温下驱动电机系统能否正常工作。

高温贮存试验的方法：将驱动电机和驱动电机控制器正确连接后入高温箱内，使箱内温度升至 85℃，并保持 12h。试验过程中，驱动电机系统处于非通电状态。高温贮存 12h 后，检查驱动电机轴承内的油脂是否外溢；在高温箱内用绝缘电阻测试仪复测绝缘电阻，复测绝缘电阻期间，高温箱内的温度保持 85℃。高温贮存 12h 后，恢复常态，将驱动电机控制器直流母线的电压设为额定电压，控制驱动电机工作于峰值转矩、峰值功率下，检查驱动电机系统能否正常工作。

高温工作试验的方法：试验时，将驱动电机系统正确连接，驱动电机系统应能在额定电压、持续转矩、持续功率、55℃的工作试验温度下，持续工作 2h，不应出现动力中断、限功率或过温报警故障。高温工作后，恢复常态，将驱动电机控制器直流母线的电压设为额定电压，控制驱动电机工作于峰值转矩、峰值功率下，检查驱动电机系统能否正常工作。

3. 耐振动试验

耐振动试验的目的是检测驱动电机系统抗振动的能力。

耐振动试验的方法：将驱动电机和驱动电机控制器固定在振动试验台上，按 GB/T 42284.3—2022《道路车辆 电动汽车驱动系统用电气及电子设备的环境条件和试验 第 3 部分：机械负荷》中 4.1.2 的规定，在 x、y 和 z 方向进行扫频振动试验和随机振动试验。

振动试验后，检查驱动电机系统，驱动电机系统应空转灵活，无异常响声（如定转子相互摩擦、周期性的异响、轴承受损后的异响、微小异物卡滞在转动部位引起的异响等）或卡滞等现象，同时翻转或晃动驱动电机系统检查紧固件是否松脱。复测绝缘电阻和液冷回路密封性。

检查驱动电机系统后，驱动电机系统再恢复常态，将驱动电机控制器直流母线的电压设为额定电压，控制驱动电机工作于峰值转矩、峰值功率下，检查驱动电机系统能否正常工作。

4. 湿热循环试验

湿热循环试验的目的是在湿热下复测绝缘电阻，确认驱动电机及其控制器的绝缘是否能在湿热条件下的使用。

湿热循环试验的方法：将振动试验后的驱动电机和驱动电机控制器正确连接后，在不通电、不通冷却液的状态下，放入温度为 (40 ± 5)℃、相对湿度为 90%~95% 的湿热箱内，保持 48h。湿热贮存 48h 后，在湿热箱内用绝缘电阻测试仪复测绝缘电阻，确认电机及控制器的绝缘是否能在湿热条件下的使用，然后观察外壳是否有腐蚀情况，复测绝缘电阻期间，湿热箱内的温度仍保持在 (40 ± 5)℃，相对湿度为 90%~95%。单次循环试验 300min，共进行 5 次的湿热循环。湿热循环后，驱动电机系统恢复常态，将驱动电机控制器直流母线的电压设为额定电压，控制驱动电机工作于峰值转矩、峰值功率下，检查驱动电机系统能否正常工作。

5. 防水、防尘试验

将振动试验后的驱动电机和驱动电机控制器正确连接后，在不通电、不通冷却液的状态下，按照 GB/T 4208—2017《外壳防护等级（IP 代码）》中的规定，在淋雨试验箱中进行淋雨试验，在粉尘箱中进行粉尘试验等。试验后，复测绝缘电阻和液冷回路密封性。再恢复常态，将驱动电机控制器直流母线的电压设为额定电压，控制驱动电机工作于峰值转矩、峰值功率下，检查驱动电机系统能否正常工作。

6. 盐雾试验

将振动试验后的驱动电机和驱动电机控制器正确连接后，在不通电、不通冷却液的状态下，放在浓度为 5% 的 NaCl 盐雾箱中放置 48h，观察表面腐蚀情况，复测绝缘电阻，评价绝缘电阻性能，由于 NaCl 导电，有可能损坏驱动电机。复测绝缘电阻 1~2h 后，驱动电机系统恢复常态，将驱动电机控制器直流母线的电压设为额定电压，控制驱动电机工作于峰值转矩、峰值功率下，检查驱动电机系统能否正常工作。

10.3 动力蓄电池系统的试验

10.3.1 动力蓄电池电性能的试验

1. 动力蓄电池电性能试验的目的和标准

动力蓄电池电性能试验的目的是获得动力蓄电池单体（简称电池单体）的电性能，包括动力蓄电池单体的室温放电容量、低温放电容量、高温放电容量、室温荷电保持与容量恢复能力、高温荷电保持与容量恢复能力等，用于评价动力蓄电池单体的电性能。

动力蓄电池电性能试验的标准是 GB/T 31486—2024《电动汽车用动力蓄电池电性能要求及试验方法》。

2. 动力蓄电池电性能试验的条件

试验在温度为室温 (25 ± 2)℃，相对湿度为 10%~90%，大气压力为 86~106kPa 的环境中进行。测试目标环境温度改变时，在进行测试前电池单体应在目标环境温度下静置 12h 完成环境适应；电池单体温度与目标环境温度差值不超过 2℃，及电池单体温度至少 30min 内变化率不大于 1℃/h 时，可提前结束静置。高低温试验箱的风速不应大于 1.7m/s。

3. 动力蓄电池电性能试验的标准充电

室温下，高能量电池以 $1I_3$、高功率电池以 $1I_1$ 的电流放电至制造商技术条件中规定的放电终止电压，静置 1h，然后按制造商提供的充电方法进行充电，或依据以下方法充电：

1）对于锂离子电池，以制造商规定且不小于 $1I_3$ 的电流恒流充电至制造商技术条件中规定的充电终止电压时转恒压充电，至充电电流降至 $0.15I_3$ 时停止充电，充电后静置 1h；

2）对于金属氢化物镍电池，以制造商规定且不小于 $1I_1$ 的电流恒流充电 1h，然后再以 $0.2I_1$ 充电 0.5h，充电后静置 1h。

I_3 是指 3h 率放电电流（A），其数值等于额定容量值的 1/3。I_1 是指 1h 率放电电流（A），其数值等于额定容量值。

4. 动力蓄电池电性能的各项试验

动力蓄电池电性能试验的项目包括：外观、极性标识、质量和外形尺寸、室温放电容量、室温倍率放电容量、室温倍率充电性能、低温放电容量、高温放电容量、室温荷电保持与容量恢复能力、高温荷电保持与容量恢复能力和储存试验，本节只介绍其中的部分试验。

（1）室温放电容量试验

室温放电容量试验的步骤如下：

1）对电池单体按标准充电方法充电；

2）室温下，高能量电池以 $1I_3$、高功率电池以 $1I_1$ 的电流放电，直到放电至制造商技术条件中规定的放电终止电压；

3）计量放电容量（以 A·h 计），计算放电能量（以 W·h 计）和放电比能量（以 W·h/kg 计）；

4）重复步骤 a）~c）5 次，当连续 3 次试验结果的极差小于额定容量的 3% 时，可提前结束试验，取最后 3 次试验结果平均值作为初始容量，其初始容量不应低于额定容量，并且不超过额定容量的 110%，同时所有测试对象初始容量极差不应大于初始容量平均值的 5%。

初始容量是指新出厂的动力电池，在室温下，完全充电后，高能量电池以 $1I_3$、高功率电池以 $1I_1$ 的电流放电至制造商规定的放电终止条件时所放出的容量（A·h）。

（2）高能量电池室温倍率放电容量试验

高能量电池是指室温下，最大允许输出电功率（W）和 $3I_3$ 倍率放电能量（W·h）的比值低于 10 的电池。高能量电池一般应用于纯电动汽车和插电式混合动力电动汽车。高能量电池室温倍率放电容量试验的步骤如下：

1）对电池单体按标准充电方法充电。

2）室温下，电池单体以 $3I_3$ 电流放电，直到放电至制造商技术条件中规定的放电终止电压。

3）计量放电容量（以 A·h 计），其放电容量不应低于初始容量的 95%。

（3）高功率电池室温倍率放电容量试验

高功率电池是指室温下，最大允许输出电功率（W）和 $1I_1$ 倍率放电能量（W·h）的比值不低于 10 的电池。高功率电池一般应用于混合动力电动汽车。高功率电池室温倍率放电容量试验的步骤如下：

1）对电池单体按标准充电方法充电。

2）室温下，电池单体以 $10I_1$（最大电流不超过 800A）电流放电，直到放电至制造商技术条件中规定的放电终止电压。

3）计量放电容量（以 A·h 计），其放电容量不应低于初始容量的 80%。

（4）低温放电容量试验

低温放电容量试验的步骤如下：

1）对电池单体按标准充电方法充电。

2）电池单体在 -20℃ 下进行环境适应。

3）电池单体在 -20℃ 下，高能量电池以 $1I_3$、高功率电池以 $1I_1$ 的电流放电，直到放电至制造商技术条件中规定的放电终止电压（该电压值不低于室温放电终止电压的 80%）。

4）计量放电容量（以 A·h 计），锂离子电池单体的放电容量不应低于初始容量的 70%；金属氢化物镍电池单体的放电容量不应低于初始容量的 80%。

（5）高温放电容量试验

高温放电容量试验步骤如下：

1）对电池单体按标准充电方法充电。

2）电池单体在 45℃ 下进行环境适应。

3）电池单体在 45℃ 下，高能量电池以 $1I_3$、高功率电池以 $1I_1$ 的电流放电，直到放电至制造商技术条件中规定的放电终止电压。

4）计量放电容量（以 A·h 计），其放电容量不应低于初始容量的 95%。

（6）室温荷电保持与容量恢复能力试验

室温荷电保持与容量恢复能力试验的步骤如下：

1）对电池单体按标准充电方法充电。

2）电池单体在室温下储存 30d。

3）室温下，高能量电池以 $1I_3$、高功率电池以 $1I_1$ 的电流放电，直到放电至制造商技术条件中规定的放电终止电压。

4）计量荷电保持容量（以 A·h 计），锂离子电池单体的室温荷电保持容量不应低于初始容量的 90%，金属氢化物镍电池单体的室温荷电保持容量不应低于初始容量的 83%。

5）对电池单体再按标准充电方法充电。

6）室温下，高能量电池以 $1I_3$、高功率电池以 $1I_1$ 的电流放电，直到放电至制造商技术条件中规定的放电终止电压；

7）计量恢复容量（以 A·h 计），锂离子电池单体的室温荷电恢复容量不应低于初始容量的 95%，金属氢化物镍电池单体的室温荷电恢复容量不应低于初始容量的 95%。

（7）储存试验

储存试验的步骤如下：

1）对电池单体按标准充电方法充电。

2）室温下，高能量电池以 $1I_3$ 电流放电 90min，高功率电池以 $1I_1$ 的电流放电 30min。

3）电池单体在 45℃ 下储存 30d。

4）电池单体在室温下进行环境适应。

5）室温下，高能量电池以 $1I_3$、高功率电池以 $1I_1$ 的电流放电，直到放电至制造商技术条件中规定的放电终止电压。

6）对电池单体按标准充电方法充电，计算充电能量 E_c（以 W·h 计）。

7）室温下，高能量电池以 $1I_3$、高功率电池以 $1I_1$ 的电流放电，直到放电至制造商技术条件中规定的放电终止电压。

8）计量恢复容量（以 A·h 计），计算放电能量 E_d（以 W·h 计），电池单体的恢复容量不应低于初始容量的 95%。

9）计算能量效率，能量效率等于放电能量 E_d 除以充电能量 E_c，放电能量为输出电池单体的能量，充电能量为输入电池单体的能量。

10.3.2　动力蓄电池包和系统能量的测试

1. 动力蓄电池包和系统能量测试的目的和标准

动力蓄电池包和系统能量测试的目的是获得动力蓄电池包和系统的能量和容量、功率和内阻、能量效率等，用于评价动力蓄电池包和系统的性能。动力蓄电池包和系统能量的测试分为高功率和高能量的动力蓄电池包和系统的测试，测试的原理和方法有较多相同之处。本节介绍高能量的动力蓄电池包和系统的测试。

动力蓄电池包和系统能量测试的标准是 GB/T 31467—2023《电动汽车用锂离子动力电池包和系统电性能试验方法》。

2. 动力蓄电池包和系统能量测试

（1）蓄电池包和系统能量和容量测试　蓄电池包和系统能量和容量测试的项目包括室温、40℃高温、0℃低温和-20℃低温下的能量和容量测试，其测试方法类似，具体测试步骤不完全相同。高温、低温下蓄电池包和系统能量和容量的测试在环境箱内进行。蓄电池包和系统能量和容量涉及汽车的动力性和经济性。下面介绍室温下蓄电池包和系统能量和容量测试。

室温下蓄电池包和系统能量和容量测试方法：测试前，蓄电池包和系统按 $1C$ 或按蓄电池技术条件中的放电机制放电至蓄电池技术条件中的放电截止条件，静置 30min 或者达到室温；再按 $1C$ 或按蓄电池技术条件中的充电机制充电至蓄电池技术条件中的充电截止条件，然后再静置 30min 或者达到室温。使用恒流放电至蓄电池技术条件中的放电截止条件，停止放电，记录放电电流、放电电压和放电时间。放电电流对放电时间的积分为蓄电池包或系统的容量，放电电流和放电电压的乘积对放电时间的积分为蓄电池包或系统的能量。通过放电电流对放电时间的积分及放电电流和放电电压的乘积对放电时间的积分，求 $1C$、$I_{max}(T)$ 倍率下的放电容量和能量。

$1C$ 为 1h 的放电容量，$I_{max}(T)$ 为试验温度 T 下最大允许持续放电电流。

（2）蓄电池包和系统功率和内阻测试　蓄电池包和系统需要测试功率和内阻的项目包括室温、40℃高温、0℃低温和-20℃低温及不同荷电状态（SOC）下的功率和内阻测试，其测试方法类似，具体测试步骤不完全相同。高温、低温下蓄电池包和系统功率和内阻的测试在环境箱内进行。功率和内阻特性直接关系到电池包和系统在特定状态下的最大可用功率，对电动汽车整车动力性能起决定性作用。下面介绍室温下蓄电池包和系统功率和内阻测试。

室温下蓄电池包或系统功率和内阻测试方法：测试前，蓄电池包或系统按 $1C$ 或按蓄电池技术条件中的放电机制放电至电池技术条件中的放电截止条件，静置 30min 或者达到室温；再按 $1C$ 或按蓄电池技术条件中的充电机制充电至蓄电池技术条件中的充电截止条件，然后再静置 30min 或者达到室温。按表 10-2 测试电压和电流，其中，序号 i 中 0 号为蓄电池包或系统的初始状态；1~11 号为蓄电池包或系统放电，12 号为蓄电池包或系统放电后静置；13~16 号为蓄电池包或系统充电，17 号为蓄电池包或系统放电后静置；$I'_{max}(SOC, T, t)$ 表示荷电状态（SOC）、温度 T、脉冲时间 t、恒流放电下最大允许放电电流，测试温度 T 为室温，时

间 t 在表 10-2 中；$0.75I'_{max}(SOC, T, t)$ 表示荷电状态（SOC）、温度 T、脉冲时间 t、恒流放电下 0.75 倍的最大允许放电电流；$-0.75I'_{max}(SOC, T, t)$ 表示荷电状态（SOC）、温度 T、脉冲时间 t、恒流充电下 0.75 倍的最大允许充电电流。在蓄电池包或系统放、充电中，蓄电池包或系统的电压曲线如图 10-8 所示，蓄电池包或系统的电流曲线如图 10-9 所示。

第 1~11 号放电时间内蓄电池包或系统的放电内阻为

$$R_{0,i} = \frac{U_0 - U_i}{I_i} \qquad (10\text{-}7)$$

式中，U_0 为蓄电池包或系统开始放电电压，U_i 为第 i 号放电时间的蓄电池包或系统的放电电压，I_i 为第 i 号放电时间的蓄电池包或系统的放电电流。

全过程放电内阻为

$$R_{12,11} = \frac{U_{12} - U_{11}}{I_{11}} \qquad (10\text{-}8)$$

第 13~15 号充电时间的蓄电池包或系统的充电内阻为

$$R_{13,i} = \frac{U_{12} - U_i}{I_i} \qquad (10\text{-}9)$$

式中，U_{12} 为第 12 号的电压；U_i 为第 i 号充电时间内的蓄电池包或系统的充电电压；I_i 为第 i 号充电时间内的蓄电池包或系统的充电电流。

全过程充电内阻为

$$R_{16,17} = \frac{U_{16} - U_{17}}{I_{17}} \qquad (10\text{-}10)$$

式中，U_{17} 为蓄电池包或系统的开路电压。

第 1~11 号和第 13~16 号时间内的蓄电池包或系统的放电或充电功率为

$$P_i = I_i U_i \qquad (10\text{-}11)$$

式中，放电时，P_i 为放电功率；充电时，P_i 为充电功率。

表 10-2　需要测试的电压和电流

序号 i	时间/s	电压/V	电流/A	对应电流/A
0	0	U_0	I_0	0
1	0.1	U_1	I_1	$I'_{max}(SOC, T, t)$
2	2	U_2	I_2	$I'_{max}(SOC, T, t)$
3	5	U_3	I_3	$I'_{max}(SOC, T, t)$
4	10	U_4	I_4	$I'_{max}(SOC, T, t)$
5	18	U_5	I_5	$I'_{max}(SOC, T, t)$
6	18.1	U_6	I_6	$0.75\,I'_{max}(SOC, T, t)$
7	20	U_7	I_7	$0.75\,I'_{max}(SOC, T, t)$
8	30	U_8	I_8	$0.75\,I'_{max}(SOC, T, t)$
9	60	U_9	I_9	$0.75\,I'_{max}(SOC, T, t)$
10	90	U_{10}	I_{10}	$0.75\,I'_{max}(SOC, T, t)$
11	120	U_{11}	I_{11}	$0.75\,I'_{max}(SOC, T, t)$

（续）

序号 i	时间/s	电压/V	电流/A	对应电流/A
12	160	U_{12}	I_{12}	0
13	160.1	U_{13}	I_{13}	$-075\,I'_{max}(SOC,T,t)$
14	162	U_{14}	I_{14}	$-075\,I'_{max}(SOC,T,t)$
15	170	U_{15}	I_{15}	$-075\,I'_{max}(SOC,T,t)$
16	180	U_{16}	I_{16}	$-075\,I'_{max}(SOC,T,t)$
17	220	U_{17}	I_{17}	0

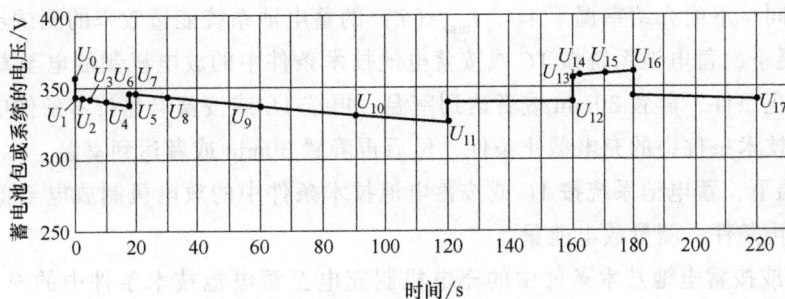

图 10-8 蓄电池包或系统的电压曲线

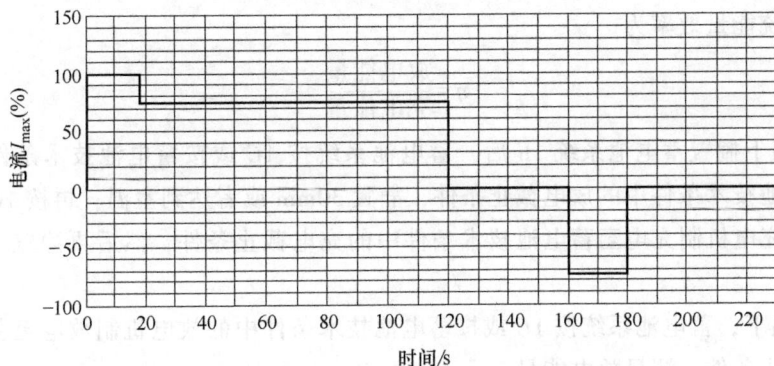

图 10-9 蓄电池包或系统的电流曲线

（3）蓄电池系统无负载容量损失测试 无负载容量损失是指蓄电池系统在车载状态下，长期搁置时的容量损失，包括可恢复容量损失和不可恢复容量损失两部分，分别在室温和 45℃下测试搁置 168h 和 720h 的蓄电池系统无负载容量损失，其测试方法相同。下面介绍室温下蓄电池系统无负载容量损失测试。

搁置 168h（7 天）的蓄电池系统无负载容量损失测试：在室温下，蓄电池系统按 1C 或按蓄电池技术条件中的放电机制放电至蓄电池技术条件中的放电截止条件，静置 30min 或者达到室温；再按 1C 或按蓄电池技术条件中的充电机制充电至蓄电池技术条件中的充电截止条件，然后再静置 30min 或者达到室温。在室温下搁置蓄电池系统 168h，测试蓄电池系统无负载容量和能量，用蓄电池系统充电后的容量减去搁置 168h 的蓄电池系统无负载容量，得到在室温下搁置 168h 的蓄电池系统无负载容量损失。

搁置 720h（30 天）的蓄电池系统无负载容量损失测试：在室温下，对蓄电池系统 2 次放电和充电后，在室温下搁置蓄电池系统 720h，测试蓄电池系统无负载容量和能量，用蓄电池系统充电后的容量减去搁置 720h 的蓄电池系统无负载容量，得到在室温下搁置 720h 的蓄电池系统无负载容量损失。

（4）蓄电池系统能量效率测试　蓄电池系统能量效率测试的目的是测试蓄电池系统在不同温度、不同倍率下充电的性能以及能量循环效率。

蓄电池系统能量效率的测试在室温、0℃两种温度下进行，在室温下按两种倍率进行，分别为 $1C$、$I_{max}(T)$；在 0℃下按一种倍率进行，为 $I_{max}(T)$。不同温度下蓄电池系统能量效率测试的方法相同。下面介绍室温下 $1C$、$I_{max}(T)$ 的蓄电池系统能量效率的测试步骤。

1）在室温下，蓄电池系统按 $1C$ 或按蓄电池技术条件中的放电机制放电至蓄电池技术条件中的放电截止条件，静置 30min 或者达到室温；再按 $1C$ 或按蓄电池技术条件中的充电机制充电至蓄电池技术条件中的充电截止条件，然后再静置 30min 或者达到室温。

2）在室温下，蓄电池系统按 $1C$ 或按蓄电池技术条件中的放电机制放电至蓄电池技术条件中的放电截止条件，测量放电能量。

3）按 $1C$ 或按蓄电池技术条件中的充电机制充电至蓄电池技术条件中的充电截止条件，测量充电能量。

4）按式（10-12），计算室温下 $1C$ 充电的蓄电池系统能量效率。

蓄电池系统能量效率为

$$\eta = \frac{放电能量}{充电能量} \tag{10-12}$$

5）在室温下搁置蓄电池系统 1h 后，蓄电池系统按 $1C$ 或按蓄电池技术条件中的放电机制放电至蓄电池技术条件中的放电截止条件，静置 30min 或者达到室温；再按 $1C$ 或按蓄电池技术条件中的充电机制充电至蓄电池技术条件中的充电截止条件，然后再静置 30min 或者达到室温。

6）在室温下，蓄电池系统按 $1C$ 或按蓄电池技术条件中的放电机制放电至蓄电池技术条件中的放电截止条件，测量放电能量。

7）按 $I_{max}(T)$ 充电至蓄电池技术条件中的充电截止条件，测量充电能量。

8）按式（10-12），计算室温下 $I_{max}(T)$ 充电的蓄电池系统能量效率 η。

10.3.3　动力蓄电池包或系统安全性的试验

1. 动力蓄电池包或系统安全性试验的目的及标准

动力蓄电池包或系统安全性试验的目的是获得动力蓄电池包或系统的振动、机械冲击、碰撞、外部火烧等安全性，为评价动力蓄电池包或系统安全性服务。

动力蓄电池安全性试验分为单体蓄电池、动力蓄电池包或系统安全性试验。动力蓄电池包或系统安全性试验是动力蓄电池安全性试验的一部分。下面只介绍部分动力蓄电池包或系统安全性试验。

动力蓄电池包或系统安全性试验的标准是 GB 38031—2025《电动汽车用动力蓄电池安全

要求》。

2. 动力蓄电池包或系统安全性试验准备及要求

（1）动力蓄电池包或系统安全性试验准备

1）充电：以不小于 $1I_3$ 的电流或按照制造商推荐的充电方法充电至制造商规定的充电截止条件。

2）静置：30min 静置或按制造商规定时间静置。

3）放电：以制造商规定的且不小于 $1I_3$ 的电流放电至制造商规定的放电截止条件。

4）静置：30min 静置或按制造商规定时间静置。

5）重复：将 1）~4）步骤重复，不超过 5 次。

（2）动力蓄电池包或系统安全性试验要求　动力蓄电池包或系统无泄漏、外壳破裂、起火或爆炸现象，试验后的绝缘电阻小于 $100\Omega/V$。若有交流电路，绝缘电阻应不小于 $500\Omega/V$。

3. 动力蓄电池包或系统振动安全性试验

M_1、N_1 类的车辆动力蓄电池包或系统振动安全性试验方法：试验开始前，将试验对象的 SOC 状态调至不低于制造商规定的正常 SOC 工作范围的 50%。按照试验对象在车辆上安装位置的要求，将试验对象安装在振动台上。每个方向分别施加随机和定频振动载荷，加载顺序宜为 z 轴随机、z 轴定频、y 轴随机、y 轴定频、x 轴随机、x 轴定频（汽车行驶方向为 x 轴方向，另一垂直于行驶方向的水平方向为 y 轴方向）。也可自行选择顺序，以缩短转换时间。测试过程按照 GB/T 2423.56—2023《环境试验　第 2 部分：试验方法　试验 Fh：宽带随机振动和导则》中的规定进行。试验过程中，监控试验对象内部最小监控单元的状态，如电压和温度等。完成以上试验步骤后，在试验环境温度下观察 2h。

4. 动力蓄电池包或系统机械冲击安全性试验

对动力蓄电池包或系统在 $\pm z$ 方向施加 $7g$ 加速度、6ms 时间的半正弦冲击波 6 次，共 12 次，相邻两次冲击的间隔时间以两次冲击在试验样品上造成的响应不发生相互影响为准，一般应不小于 5 倍冲击脉冲持续时间。完成以上试验步骤后，在试验环境温度下观察 2h。用加速度传感器测量冲击波的加速度。

5. 动力蓄电池包或系统模拟碰撞安全性试验

按照动力蓄电池包或系统在车辆上安装位置的要求，将动力蓄电池包或系统水平安装在带有支架的碰撞试验车上，车上安装加速度传感器。根据蓄电池包或系统的使用环境，给碰撞试验车施加 GB 38031—2025《电动汽车用动力蓄电池安全要求》表 6 中规定的脉冲。完成以上试验步骤后，在试验环境温度下观察 2h。

6. 动力蓄电池包浸水安全性试验

将振动试验后的动力蓄电池包按照整车连接方式连接好线束、接插件等零部件，选择以下两种方式中的一种进行浸水安全性试验。

方式一：将动力蓄电池包以实车装配方向置于 3.5%（质量分数）氯化钠溶液中 2h，水深要足以淹没动力蓄电池包。氯化钠溶液进入动力蓄电池包后，由于氯化钠溶液导电，可使动力蓄电池包产生短路，用此方法可检验动力蓄电池包密封安全性。

方式二：将动力蓄电池包按照制造商规定的安装状态全部浸入水中。对于高度小于850mm 的动力蓄电池包，其最低点应低于水面 1000mm；对于高度等于或大于 850mm 的动力蓄电池包，其最高点应低于水面 150mm。试验持续时间 30min。将动力蓄电池包取出水面，在试验环境温度下静置观察 2h。水温与动力蓄电池包的温差不大于 5℃。

7. 动力蓄电池包或系统外部火烧安全性试验

试验环境温度为 0℃ 以上，风速不大于 2.5km/h。测试中，盛放汽油的平盘尺寸超过动力蓄电池包或系统（试验对象）水平投影尺寸 20cm，不超过 50cm。平盘高度不高于汽油表面 8cm。试验对象应居中放置。汽油液面与试验对象底部的距离设定为 50cm，或者为车辆空载状态下试验对象底面的离地高度。平盘底层注入水。外部火烧示意图如图 10-10 所示。

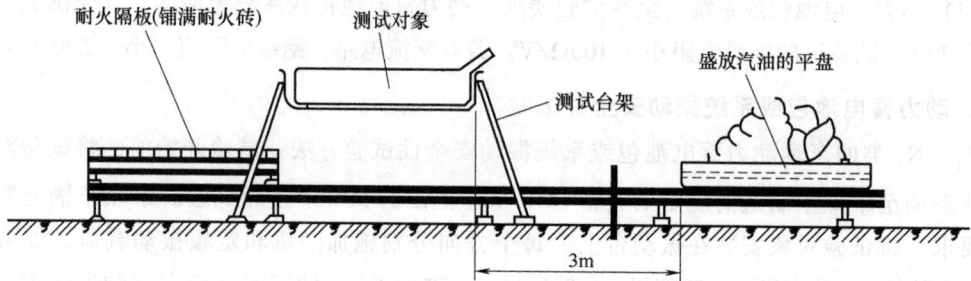

图 10-10 外部火烧示意图

外部火烧试验分为以下 4 个阶段：

1）预热 在离试验对象至少 3m 远的地方点燃汽油，经过 60s 的预热后，将油盘置于试验对象下方。如果油盘尺寸太大无法移动，可以采用移动试验对象和支架的方式。

2）直接燃烧 试验对象直接暴露在火焰下 70s。

3）间接燃烧 将耐火隔板盖在油盘上。试验对象在该状态下测试 60s。或经双方协商同意，继续直接暴露在火焰中 60s。耐火隔板由标准耐火砖拼成，耐火隔板的尺寸和技术数据如图 10-11 所示，也可以用耐火材料参考此尺寸制作。耐火隔板的耐火性：SK30；成分：30% ~ 33%Al_2O_3；密度：1900~2000kg/m³；有效孔面积：44.18%；开孔率：20%~22%（体积比）。

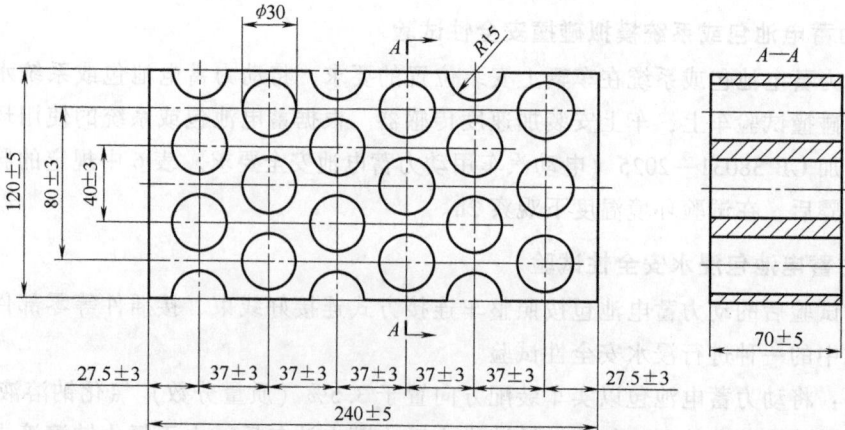

图 10-11 耐火隔板的尺寸和技术数据

4）离开火源　将油盘或者试验对象移开，在试验环境温度下观察 2h 或试验对象外表温度降至 45℃ 以下。

10.4 传动系统总成与部件的试验

10.4.1 离合器的试验

1. 离合器试验的目的及标准

离合器试验的目的是测试离合器的性能，包括盖总成分离特性和负荷特性、从动盘总成减振器扭转性能等，为评价离合器的性能提供试验数据。

离合器试验的标准是 GB/T 23924—2009《三轮汽车和低速货车　干摩擦式离合器》和 QC/T 27—2014《汽车干摩擦式离合器总成台架试验方法》，两个标准的主要试验方法相同，可以用于螺旋弹簧离合器性能的试验，也可以用于膜片弹簧离合器性能的试验。

2. 盖总成分离特性和负荷特性的试验

（1）盖总成分离特性试验　盖总成分离特性试验的目的是测定离合器盖总成的分离特性曲线，或者说，测定离合器的分离力特性曲线，为确定弹簧分离和接合工作点的位置提供试验数据。

盖总成分离特性试验的方法：盖总成分离特性的测量装置如图 10-12 所示。试验时，将膜片弹簧离合器的盖总成固定于测量台代用飞轮的上方，压盘压在垫块上，垫块模拟从动盘，使压盘处于工作点位置，压盘的轴向变形，影响盖总成的分离特性，若用实际使用的从动盘替换垫块，其试验接近盖总成的实际分离特性，效果更好。对分离指（杆）端预加载荷 100N，或按相应图样技术要求规定，定义此状态为位移零位。操纵加载装置，使代用分离轴承向下的行程达到规定的分离行程，如此动作 10 次，使离合器能正常灵活分离。然后，操纵加载装置，使离合器分离，直到达到最大分离行程为止；再使离合器接合，恢复到位移零位；在此过程中，通过载荷测量装置，测量并记录分离指端的分离力 P，同时，通过百分表，沿

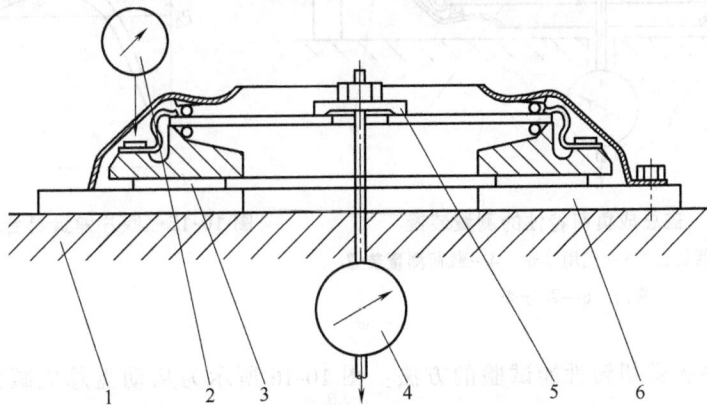

图 10-12　盖总成分离特性的测量装置

1—测量台　2—百分表　3—垫块　4—载荷测量装置　5—代用分离轴承　6—代用飞轮

压盘圆周方向均布的 3 点处测量压盘位移 λ，并取其平均值，绘出如图 10-13 所示的膜片弹簧离合器的分离特性曲线。测试中，应多测几个点，尤其在曲线的拐点处，以提高测试精度。

将图 10-12 中的膜片弹簧离合器换成螺旋弹簧离合器，用同样的试验方法，可得螺旋弹簧离合器的分离特性曲线。

（2）盖总成负荷特性试验　盖总成负荷特性试验的目的是测定离合器盖总成的负荷特性曲线，或者说，测定压盘的压紧力特性曲线，为确定压盘的压紧力提供试验数据。

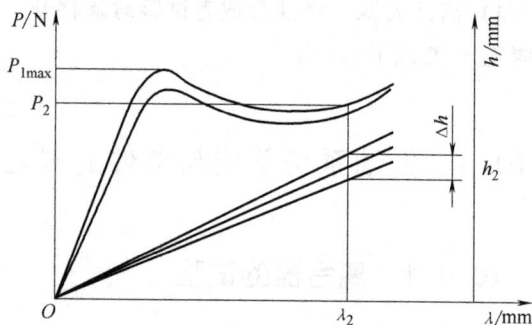

图 10-13　膜片弹簧离合器的分离特性曲线

盖总成负荷特性试验的方法：盖总成负荷特性的测量装置如图 10-14 所示。试验时，将膜片弹簧离合器的盖总成固定于代用飞轮的下方，使压盘处于自由状态；对压盘轴向加载，使压盘超过工作点变形位置 2.5mm 左右，然后减载，直至卸掉全部载荷，记录压盘上载荷随压盘位移变化的数值，通过载荷测量装置，测量并记录压盘上载荷 P，同时，通过百分表，沿压盘圆周方向均布的 3 点处测量压盘位移 λ，并取其平均值，绘出如图 10-15 所示的膜片弹簧离合器的负荷特性曲线，即压盘的压紧力特性曲线。

将图 10-14 中的膜片弹簧离合器换成螺旋弹簧离合器，用同样的试验方法，可得螺旋弹簧离合器的负荷特性曲线。

3. 从动盘总成减振器扭转性能试验

从动盘总成减振器扭转性能试验的目的是确定扭转减振器的扭转刚度及阻尼转矩，为传动系统的减振提供试验数据。

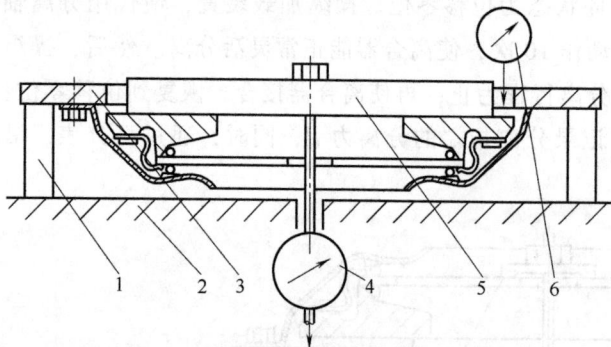

图 10-14　盖总成负荷特性的测量装置

1—支承柱　2—测量台　3—代用飞轮　4—载荷测量装置
5—加载器　6—百分表

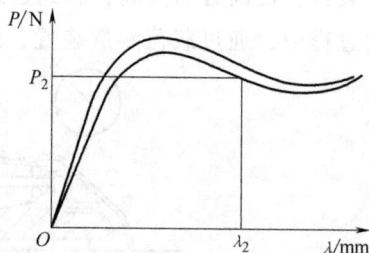

图 10-15　膜片弹簧离合器的负荷特性曲线

从动盘总成减振器扭转性能试验的方法：图 10-16 所示为从动盘总成减振器扭转性能试验装置。试验时，将从动盘总成安装到试验台的花键轴上，并将摩擦片部分通过夹紧盘夹紧在支承板上。驱动装置通过花键轴对从动盘总成施加转矩，转动从动盘总成的花键毂，直到转角极限，再卸载至零。重复上述加载卸载操作两次后，进行测试，通过转矩测量装置测量转矩 M，通过角位移传感器测量扭转角 θ，记录扭转角与转矩的对应数值，再绘出如图 10-17 所示的从动盘总成减振器扭转特性曲线。在图 10-17 中，最大转矩 M_{max} 对应最大扭转角 θ_{max}，工作转矩 M_2 对应工作扭转角 θ_2。

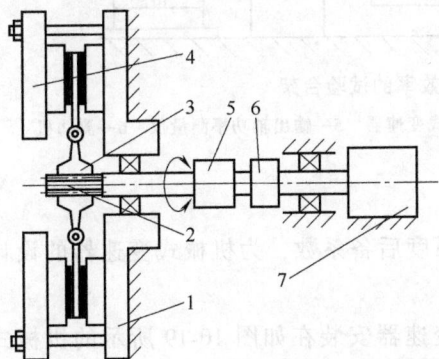

图 10-16 从动盘总成减振器扭转性能试验装置
1—支承板 2—花键轴 3—从动盘总成 4—夹紧盘
5—转矩测量装置 6—角位移传感器 7—驱动装置

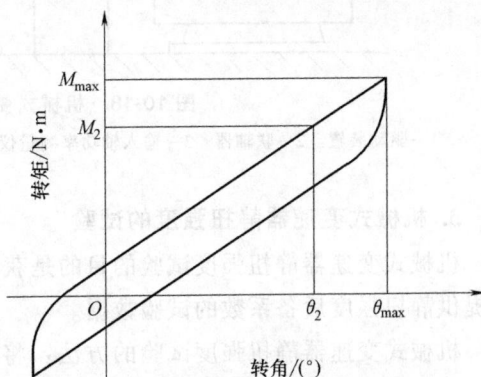

图 10-17 从动盘总成减振器扭转特性曲线

10.4.2 机械式变速器的试验

1. 机械式变速器试验的目的及标准

机械式变速器试验的目的是测试机械式变速器的性能，包括传动效率、静扭强度等试验，为评价机械式变速器的性能提供试验数据。

机械式变速器试验的标准是 GB/T 23927—2009《三轮汽车和低速货车 机械式变速器》和 QC/T 568—2019《汽车机械式变速器总成技术条件及台架试验方法》，两个标准有部分试验方法不同。

2. 机械式变速器传动效率的试验

机械式变速器传动效率试验的目的主要是获得在驱动装置最大转矩下各档的传动效率，为传动系统的动力性计算及提高机械式变速器的传动效率提供试验数据。

机械式变速器传动效率的试验台架如图 10-18 所示，驱动装置、联轴器、输入轴功率测量仪、联轴器、机械式变速器、联轴器、输出轴功率测量仪、联轴器和测功机形成依次相连的串联测试系统。驱动装置是汽车上的发动机或驱动电机，测功机用于消耗功率。

机械式变速器传动效率试验的方法：在驱动装置最大转矩下测试各档的传动效率，传动效率为输出轴功率除以输入轴功率，输入、输出轴功率分别由输入轴功率测量仪和输出轴功率测量仪得到。测试时，可在驱动装置最大转矩附近多测几个传动效率，取其平均值作为测试结果，以减小测试误差；机械式变速器的油温为（80±5）℃，可用红外测温仪测量变速器壳体的温度，近似作为油温。测试前，要进行机械式变速器的跑合。GB/T 23927—2009 只要求测最大转矩下的传动效率，若要测驱动装置不同转速下的传动效率，其方法相同，只是驱动装置转速不同，测试后，可绘制各档的传动效率曲线。

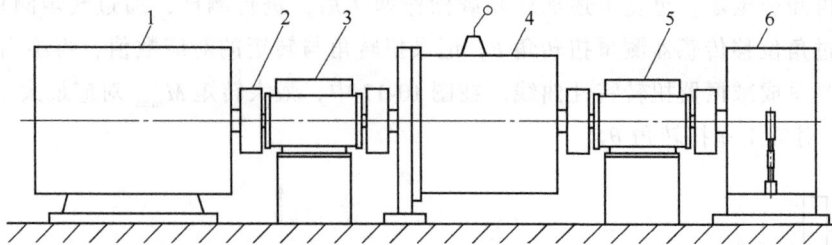

图 10-18　机械式变速器传动效率的试验台架

1—驱动装置　2—联轴器　3—输入轴功率测量仪　4—机械式变速器　5—输出轴功率测量仪　6—测功机

3. 机械式变速器静扭强度的试验

机械式变速器静扭强度试验的目的是获得静扭强度后备系数，为机械式变速器的设计计算提供静扭强度后备系数的试验数据。

机械式变速器静扭强度试验的方法：将机械式变速器安装在如图 10-19 所示的机械式变速器静扭强度的试验台架上，扭力机通过联轴器与机械式变速器的第一轴连接，机械式变速器的第二轴与固定支架连接，第二轴固定；将变速器依次挂入除直接档以外的档位，扭力机连续缓慢加载，直至损坏为止，通过扭力机上的转矩和转角传感器，记录出现损坏时第一轴的转矩及转角；若试验过程中出现轮齿折断，转过 120° 后再试验，一个齿轮测三个点，取其平均值作为变速器静扭断裂的转矩；变速器静扭断裂的转矩与配套驱动装置的最大输入转矩之比为静扭强度后备系数。

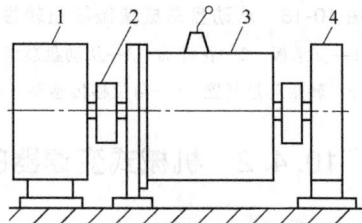

图 10-19　机械式变速器静扭强度的试验台架

1—扭力机　2—联轴器
3—机械式变速器　4—固定支架

10.4.3　自动变速器的试验

1. 自动变速器试验的目的及标准

自动变速器试验的目的是测试自动变速器的性能，包括换档性能、可靠性等，为评价自动变速器的性能提供试验数据。

自动变速器试验的标准是 GB/T 39899—2021《汽车零部件再制造产品技术规范　自动变速器》。

2. 自动变速器换档性能的试验

自动变速器换档性能试验的目的是测试自动变速器在不同转速下不同档位的换档性能。

自动变速器换档性能的试验台架如图 10-20 所示，此台架与图 10-18 所示的机械式变速器传动效率的试验台架类似，主要不同点是自动变速器替代了机械式变速器，另外自动变速器油要接入散热器。

自动变速器换档性能的试验分别在输入转速为 $600 \sim 900 \mathrm{r/min}$ 和 $1800 \sim 2200 \mathrm{r/min}$ 下进行。

转速为 $600 \sim 900 \mathrm{r/min}$ 的自动变速器换档性能试验的方法：设定输入转速为 $600 \sim 900 \mathrm{r/min}$，分别顺序挂档至驻车档（P）、倒档（R）、空档（N）、前进档（D）及其他前进档位进行试验，试验过程中，通过观察和分析，要求换档过程中各档位稳定存在，无异响、冲击、异常振动。

转速为 1800 ~ 2200r/min 的自动变速器换档性能试验的方法：调节输入转速至 1800 ~ 2200r/min，油温不低于 50℃ 时，挂入前进档（D）及其他前进档位，通过控制器逐级输入升降档信号和锁止信号，观察运行状况并记录以下参数：①通过功率测量仪中的转速传感器，测量并记录各档的输入、输出转速，计算传动比；②通过压力传感器，获得可测的各项油压；③在进入冷却自动变速器油的散热器管路中串联流量计，通过流量计，测量冷却油的流量；④用红外温度计，通过自动变速器下方的油底壳的外表面测量并记录工作油温。测试运行结果应满足以下要求：①各参数值符合按规定程序批准的产品图样和技术文件的要求；②升降档过程中，无异响、打滑、异常振动和冲击；③各连接件及紧固件无松动、脱落，紧固力矩应在要求的范围内，可通过测力矩扳手测量紧固力矩。

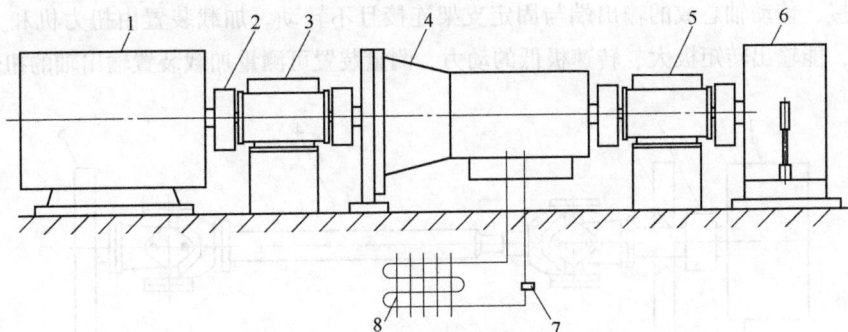

图 10-20　自动变速器换档性能的试验台架

1—驱动装置　2—联轴器　3—输入轴功率测量仪　4—自动变速器
5—输出轴功率测量仪　6—测功机　7—流量计　8—散热器

3. 自动变速器可靠性能的试验

自动变速器可靠性能试验的目的是测试自动变速器的可靠性，保证自动变速器在预期的寿命内可靠地工作。

自动变速器可靠性的试验分为顺序挂档可靠性试验和前进档自动换档可靠性试验，可用图 10-20 所示的自动变速器换档性能的试验台架进行可靠性试验。

自动变速器顺序挂档可靠性试验的方法：以 600 ~ 900r/min 的输入转速驱动自动变速器，挂档至各个档位，档位顺序为驻车档（P）、倒档（R）、空档（N）、前进档（D）及其他前进档位，每个档位运行时间为 10s，重复以上操作 2800 次，手动挂档的各档位均稳定运行。

自动变速器前进档自动换档可靠性试验的方法：分别以 1600r/min、1800r/min、2000r/min、2200r/min 和 2400r/min 5 个输入转速驱动自动变速器，进行不少于 5000 次前进档自动换档测试，实时监控档位功能、转矩峰值时间、主油压、油温、冷却流量，要求如下：①前进档内所有档位完整存在；②转矩峰值时间 200 ~ 1500ms；③换档时间不超过 1s；④无级变速器主油压范围为 3 ~ 6MPa，存在油压测试孔的自动变速器主油压范围为 0.35 ~ 2.5MPa；⑤自动变速器的油温不超过产品技术要求。

10.4.4 传动轴总成的试验

1. 传动轴总成试验的目的及标准

传动轴总成试验的目的是测试传动轴总成的性能，包括静扭转强度、剩余不平衡量、临界转速等测试，为评价传动轴总成的性能提供试验数据。

传动轴总成试验的标准是 QC/T 29082—2019《汽车传动轴总成技术条件及台架试验方法》。

2. 传动轴总成静扭转强度的试验

传动轴总成静扭转强度试验的目的是测试传动轴中的最大扭转剪应力，防止传动轴总成扭转破坏。

传动轴总成静扭转强度的试验台架如图 10-21 所示。传动轴总成的输入端通过联轴器与加载及测量装置连接，传动轴总成的输出端与固定支架连接且不转动。加载装置由扭力机和大传动比的减速器构成，能输出转矩极大、转速极低的动力。测量装置可测量加载装置输出轴的扭转角。

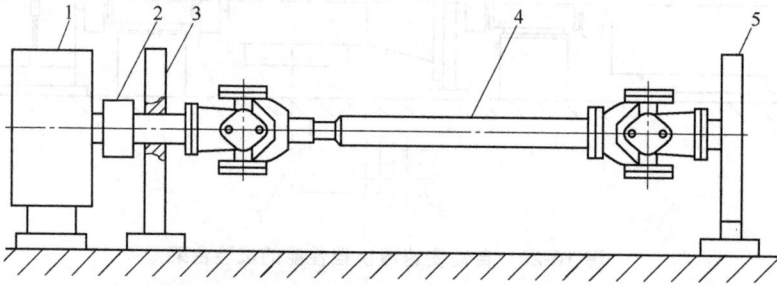

图 10-21 传动轴总成静扭转强度的试验台架

1—加载及测量装置 2—联轴器 3—前支架 4—传动轴总成 5—固定支架

传动轴总成静扭转强度试验的方法：加载装置按传动轴总成在汽车转动的方向施加转矩并缓慢增大，同时记录转矩及其对应的扭转角，直至传动轴损坏时为止。传动轴的静扭转强度等于传动轴损坏时的转矩除以传动轴截面的抗扭截面系数。试验中，传动轴总成中非传动轴的零件损坏时，在提高其强度后，再进行试验。

3. 传动轴总成剩余不平衡量的试验

传动轴总成剩余不平衡量试验的目的是测试传动轴总成的不平衡量，以防止传动轴出现振幅较大的弯曲振动。传动轴总成的不平衡量来自其横截面质量的偏心。传动轴总成有多根传动轴和多个万向联轴器，可分别进行剩余不平衡量试验。

传动轴总成剩余不平衡量试验的方法：传动轴总成的剩余不平衡量试验在传动轴动平衡试验机上进行，传动轴总成的剩余不平衡量的试验台架如图 10-22 所示。驱动装置通过联轴器带动传动轴高速旋转，在接近传动轴的临界转速时，通过前、后支架在支承处的传感器，测得传动轴在支承处的力，从而确定传动轴剩余不平衡量及其相位。

4. 传动轴总成临界转速的试验

传动轴总成临界转速试验的目的是获得传动轴总成的临界转速，以防止传动轴总成出现弯曲共振。传动轴的临界转速是指传动轴总成一阶弯曲共振时的转速。

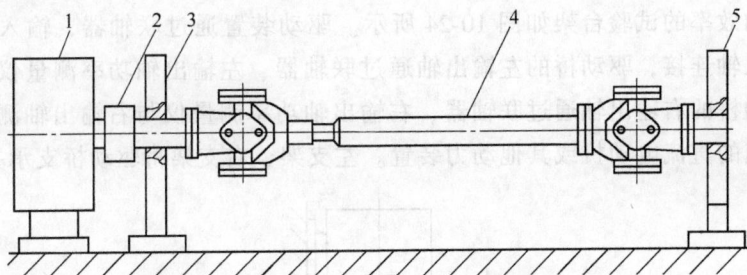

图 10-22 传动轴总成的剩余不平衡量的试验台架

1—驱动装置 2—联轴器 3—前支架 4—传动轴总成 5—后支架

传动轴总成临界转速的试验台架如图 10-23 所示。驱动装置通过联轴器与传动轴总成连接，传动轴总成支承在前、后支架上；电涡流式传感器在传动轴总成的中间截面处，靠近传动轴总成，但不与传动轴总成接触。沿传动轴总成的轴线，传动轴总成在中间截面处的一阶弯曲振动的振幅最大。

传动轴总成临界转速试验的方法：驱动装置通过联轴器带动传动轴总成从低速逐渐向高速旋转，在电涡流式传感器处传动轴总成的振幅随传动轴总成的转速增大而增大；在传动轴的转速达到临界转速时，传动轴总成的一阶振幅最大；传动轴总成的转速超过临界转速后，在电涡流式传感器处的传动轴总成的振幅减小。因此，可根据传动轴总成的一阶最大振幅，确定传动轴总成的临界转速。

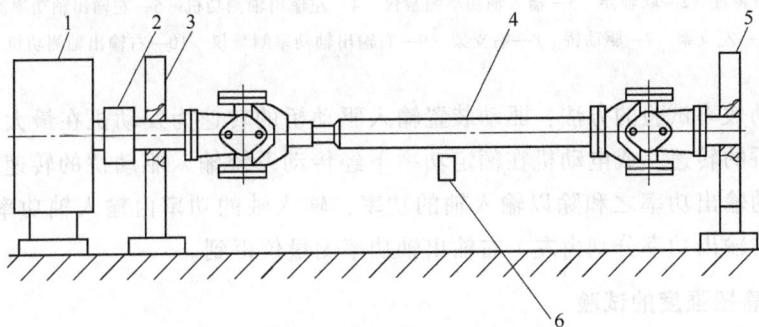

图 10-23 传动轴总成临界转速的试验台架

1—驱动装置 2—联轴器 3—前支架 4—传动轴总成 5—后支架 6—电涡流式传感器

10.4.5 驱动桥的试验

1. 驱动桥试验的目的及标准

驱动桥试验的目的是测试驱动桥的性能，包括传动效率和静扭强度等测试，为评价驱动桥的性能提供试验数据。

驱动桥试验的标准是 GB/T 23929—2022《低速汽车 驱动桥》。

2. 驱动桥传动效率的试验

驱动桥传动效率试验的目的主要是获得在驱动装置最大转矩下的传动效率，为传动系统的动力性计算及提高驱动桥的传动效率提供试验数据。

驱动桥传动效率的试验台架如图 10-24 所示。驱动装置通过联轴器、输入轴功率测量仪与驱动桥的输入轴连接，驱动桥的左输出轴通过联轴器、左输出轴功率测量仪与左输出轴测功机连接，驱动桥的右输出轴通过联轴器、右输出轴功率测量仪与右输出轴测功机连接。驱动装置是可调速的直流电动机或其他动力装置。左支架、右支架将驱动桥支承并固定。

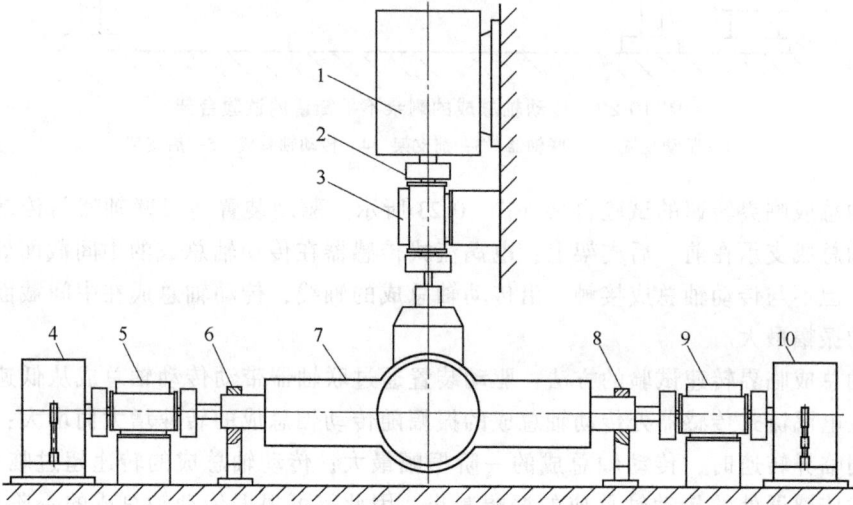

图 10-24　驱动桥传动效率的试验台架

1—驱动装置　2—联轴器　3—输入轴功率测量仪　4—左输出轴测功机　5—左输出轴功率测量仪
6—左支架　7—驱动桥　8—右支架　9—右输出轴功率测量仪　10—右输出轴测功机

驱动桥传动效率试验的方法：驱动装置输入驱动桥的转速为发动机在最大转矩下经传动系统输入驱动桥的转速，或电动机在额定功率下经传动系统输入驱动桥的转速，传动效率为左、右输出轴的输出功率之和除以输入轴的功率，输入轴的功率由输入轴功率测量仪得到，左、右输出轴的输出功率分别由左、右输出轴功率测量仪得到。

3. 驱动桥静扭强度的试验

驱动桥静扭强度试验的目的是检查驱动桥总成中抗扭的最薄弱零件，获得驱动桥总成静扭强度后备系数。

驱动桥静扭强度试验的方法：将驱动桥安装在如图 10-25 所示的驱动桥静扭强度的试验台架上，扭力机通过联轴器与驱动桥的输入轴连接，驱动桥的左、右输出轴分别与左、右固定支架连接，输出轴不转动，驱动桥由左、右支架支承；将扭力机连续缓慢加载，直至驱动桥损坏为止，通过扭力机上的转矩和转角传感器，记录出现损坏时输入轴的转矩及转角；驱动桥的静扭断裂转矩与配套的驱动装置的最大输入转矩之比为静扭强度后备系数。驱动桥的静扭强度后备系数不小于 1.8。

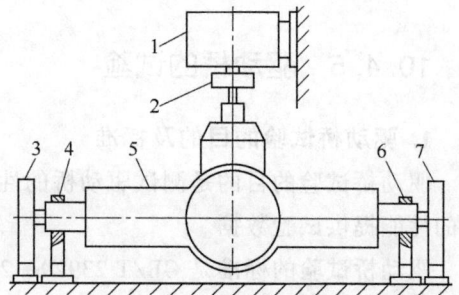

图 10-25　驱动桥静扭强度的试验台架

1—扭力机　2—联轴器　3—左固定支架　4—左支架
5—驱动桥　6—右支架　7—右固定支架

10.5　行驶系统总成与部件的试验

10.5.1　前桥总成的试验

1. 前桥总成试验的目的及标准

前桥总成试验的目的是测试前桥总成的刚度、疲劳寿命等，为前桥总成的设计和产品检验提供试验数据。

前桥总成刚度试验的标准是 QC/T 494—1999《汽车前轴　刚度试验方法》。前桥总成疲劳寿命试验的标准是 QC/T 513—2023《商用车辆前轴总成》。

2. 前桥总成刚度的试验

前桥总成刚度试验的目的是测试前桥总成的整体刚度，为评价前桥总成的刚度提供试验数据。前桥总成的变形影响主销内倾角和后倾角的精度，其变形量不能过大。

根据施加载荷方向的不同，前桥总成刚度的试验分为垂直、纵向和横向刚度的试验。下面介绍垂直刚度的试验。纵向和横向刚度的试验与垂直刚度试验的方法相同。垂直、纵向和横向刚度试验时，载荷分别在垂直、纵向和横向的方向上。

前桥总成垂直刚度的试验台架如图 10-26 所示。图中，A 为轮胎的夹具；B 和 B′为钢板弹簧的夹具，其中 B 是固定铰链，只允许相对转动，B′可以横向滑动，两者各承担试验载荷 F_p 的一半；C 是允许横向滚动的支承机构，补偿前桥弯曲变形时的横向移动；L_1 是钢板弹簧座的间距，L_2 是左右轮距，r 是轮胎的静力半径；位移计采用电涡流位移传感器或百分表，数量多些为好，优先使用电涡流位移传感器。

前桥总成垂直刚度试验的方法：以 0.2~0.5 倍的满载载荷间隔施加垂直试验载荷，直到载荷上限，载荷上限为 2.5~5.5 倍的满载载荷。然后以同样的间隔减载，恢复到 0.1 倍的满载载荷，测量前轴各测量点的变形量，同时测量车轮外倾角的变化。在弹性区内测量时，可以不做减载试验的测量。

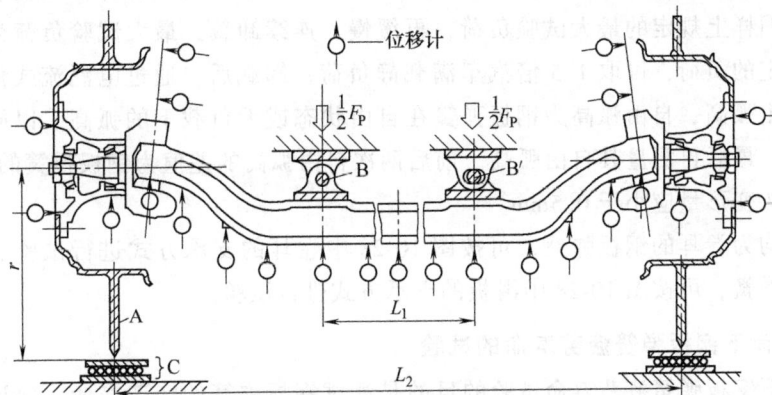

图 10-26　前桥总成垂直刚度的试验台架

3. 前桥总成疲劳寿命的试验

前桥总成疲劳寿命试验的目的是测试前桥总成的疲劳寿命，保证前桥总成预期的工作寿命。

前桥总成疲劳寿命试验的方法：前桥总成疲劳寿命的试验台架如图 10-27 所示。液压疲劳试验机通过加载梁在钢板弹簧座处向前桥总成施加等幅的正弦交变垂直载荷，载荷的下限值为 0.5 倍的静满载前轴荷，载荷的上限值为 3.5 倍的静满载前轴荷，载荷精度为 ±1%，液压疲劳试验机的工作频率不高于 500 次/min，试验至前桥总成出现断裂时停机，记录停机时

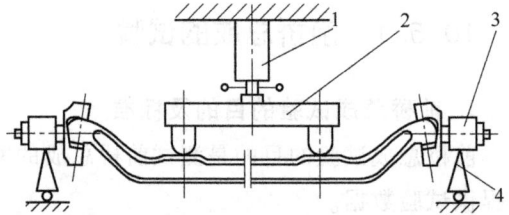

图 10-27　前桥总成疲劳寿命的试验台架
1—液压疲劳试验机　2—加载梁　3—转向节轴套　4—支承

间、损坏部位和断裂情况，进行化学成分、金相分析，并测定脱炭层深度。试件数量不少于 5 件。

10.5.2　钢板弹簧的试验

1. 钢板弹簧试验的目的及标准

钢板弹簧试验的目的是测试钢板弹簧的性能，主要包括垂直负荷下钢板弹簧的永久变形和疲劳寿命等，为钢板弹簧的设计和产品检验提供试验数据。

钢板弹簧试验的标准是 GB/T 19844—2018《钢板弹簧　技术条件》。在执行汽车试验标准的钢板弹簧性能的试验中，可根据此标准，开展钢板弹簧性能的试验。

2. 垂直负荷下钢板弹簧永久变形的试验

垂直负荷下钢板弹簧的永久变形试验的目的是测试钢板弹簧的永久变形量，获得钢板弹簧的弹性性能。

垂直负荷下钢板弹簧永久变形试验的方法：一端卷耳一端滑板的等截面钢板弹簧试验的支承方式如图 10-28 所示，卷耳和滑板分别通过销轴支承在滑车上，滑车可以通过下方的滚轮滑动，以适应钢板弹簧的变形。液压加载机通过 V 形加载块对钢板弹簧缓慢、连续垂直加载，直到产品图样上规定的最大试验负荷，再缓慢、连续卸载，最大试验负荷为钢板弹簧在性能试验时给定的负荷，可取 1.5 倍汽车满载静负荷；卸载后，通过电涡流式传感器，测量钢板弹簧的自由弧高，自由弧高为钢板弹簧在自由状态或无负载下的弧高。以同样的方法加载、卸载 3 次，最后再测量其自由弧高。前后两次自由弧高的差值为钢板弹簧的永久变形量，标准要求其永久变形量应小于 0.5mm。

对于两端均为卷耳的钢板弹簧，可按图 10-28 中卷耳的支承方式进行试验。对于两端均为滑板的钢板弹簧，可按图 10-28 中滑板的支承方式进行试验。

3. 垂直负荷下钢板弹簧疲劳寿命的试验

垂直负荷下钢板弹簧疲劳寿命试验的目的是测试钢板弹簧的疲劳寿命，保证钢板弹簧在预期寿命内可靠地工作。

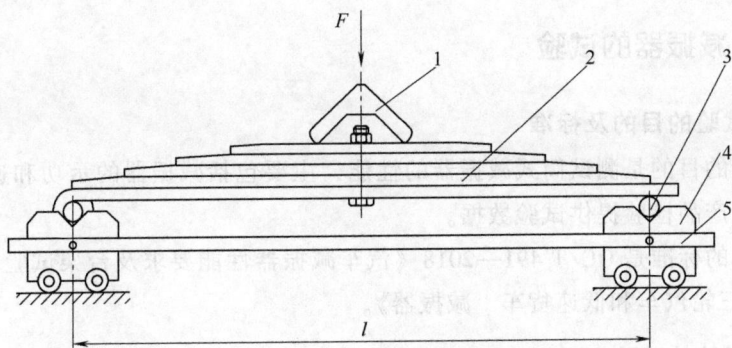

图 10-28　一端卷耳一端滑板的等截面钢板弹簧试验的支承方式

1—V 形加载块　2—钢板弹簧　3—销轴　4—滑车　5—固定板

垂直负荷下钢板弹簧疲劳寿命试验的方法：钢板弹簧疲劳寿命试验的夹紧与支承方式如图 10-29 所示，其支承方式与垂直负荷下钢板弹簧刚度试验的支承方式相同，钢板弹簧的中间部分按实车上夹紧状态夹紧。通过偏心轮——加载机构，按曲柄连杆机构的原理，向钢板弹簧施加往复载荷，在钢板弹簧上形成交变垂直载荷，试验在应力幅 323.6MPa、最大应力 833.5MPa 的试验条件下进行，试验频率不大于 3Hz，试验应连续进行；试验中钢板弹簧表面不应显著发热，可以进行风冷。钢板弹簧如果出现下列情况之一，即为失效，此时的循环次数作为该钢板弹簧的寿命：任一片钢板弹簧出现宏观裂纹或断裂；弹簧的弧高或刚度发生明显变化。钢板弹簧的寿命要求不低于 10 万次。通过式（10-13）和式（10-14）可计算出试验振幅和平均变形

$$s_a = 323.6\sqrt{\sigma} \tag{10-13}$$

$$\bar{s} = (833.5 - 323.6)\sqrt{\sigma} \tag{10-14}$$

式中，s_a 为试验振幅（mm）；$\bar{s}$ 为平均变形（mm）；σ 为比应力（MPa/mm），$\sigma = \sigma_d / s_d$，σ_d 为设计应力（MPa），即在设计负荷下，多片弹簧根部的平均应力，少片弹簧最大应力点处的应力，s_d 为设计变形（mm），即弹簧在设计负荷下的变形。

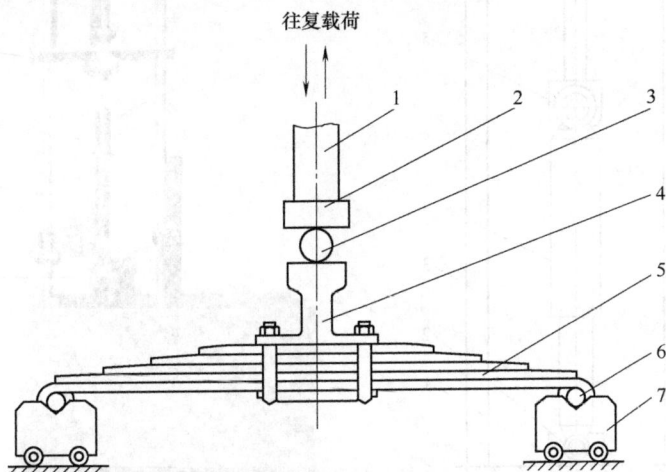

图 10-29　钢板弹簧疲劳寿命试验的夹紧与支承方式

1—作动器　2—负荷传感器　3—球铰或轴销　4—夹具　5—钢板弹簧　6—销轴　7—滑车

10.5.3　减振器的试验

1. 减振器试验的目的及标准

减振器试验的目的是测试筒式减振器的性能，主要包括减振器的示功和速度特性等，为减振器的设计和产品检验提供试验数据。

减振器试验的标准是 QC/T 491—2018《汽车减振器性能要求及台架试验方法》和 GB/T 23919—2009《三轮汽车和低速货车　减振器》。

2. 减振器示功的试验

减振器示功试验的目的是获得减振器的示功特性和示功图，为悬架的设计和评价减振器的示功性能提供依据。减振器的示功特性是指在一定测试行程和频率下，减振器的两端做相对简谐运动，其阻力 F 随行程 S 的变化关系，相应的曲线 $F\text{-}S$ 为示功图。

减振器示功试验的方法：减振器的试验台架如图 10-30 所示，减振器垂直安装，上端通过上连接轴与液压驱动器连接，下端通过下连接轴与底座连接。液压驱动器带动减振器的上端上下往复运动，运动速度的幅值可取 0.13m/s、0.26m/s、0.52m/s、1.04m/s 之一，运动的行程为 100mm，运动的频率为 100 次/min。液压驱动器是一个可往复运动的活塞式液压缸，通过液压泵和限压阀控制液压缸中油的压力，通过液压管路中的油压传感器测量作用在减振器上的力 F；通过电磁阀控制活塞上下运动的行程，并通过位移传感器获得减振器的行程 S，绘得减振器的示功图如图 10-31 所示。在图 10-31 中，减振器在伸张行程，阻力为正值，其阻力为复原阻力 F_r；在压缩行程，阻力为负值，其阻力为压缩阻力 F_c。

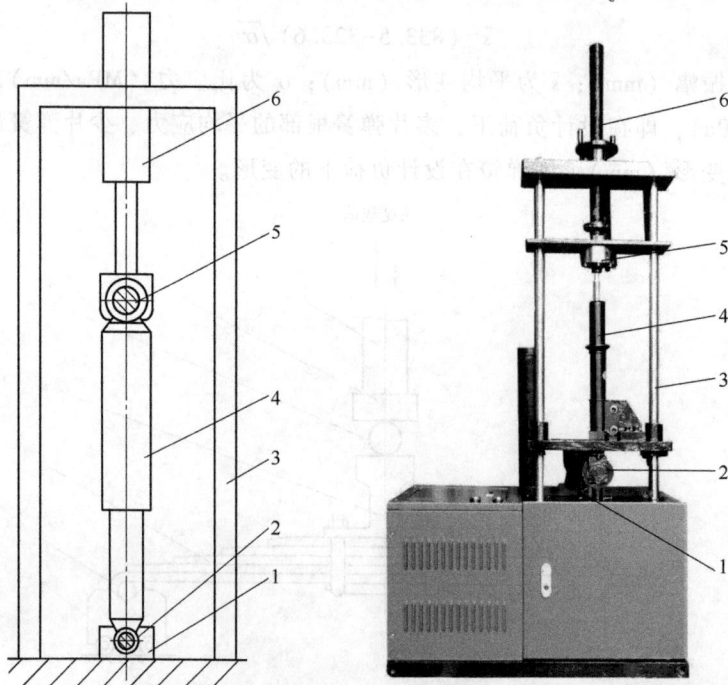

图 10-30　减振器的试验台架

1—底座　2—下连接轴　3—支架　4—减振器　5—上连接轴　6—液压驱动器

减振器的试验要求：示功图应丰满、圆滑，不得有空行程（即该段行程没有阻力）和畸形等；在试验的过程中，不应有漏油、损坏和明显的噪声等。

3. 减振器速度特性的试验

减振器速度特性试验的目的是检测减振器在不同速度下的阻力，为减振器的设计和产品检验提供试验数据。减振器速度特性试验的方法有多工况合成法和直接记录法。

减振器速度特性试验的多工况合成法：按示功试验的方法，通过调整液压驱动器活塞运动的频率，得到不同速度的多组示功图，再根据多组示功图，绘得减振器的速度特性曲线，如图 10-32 所示。

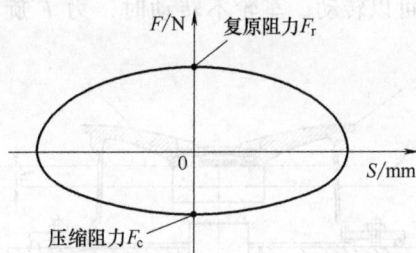
图 10-31 减振器的示功图

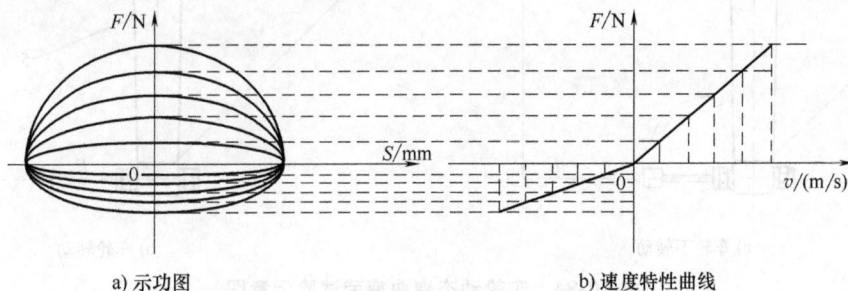
a) 示功图　　　　　　b) 速度特性曲线
图 10-32 多工况合成法绘制的减振器的速度特性曲线

减振器速度特性试验的直接记录法：通过液压驱动器的油压测量作用在减振器上的力 F，再通过安装在活塞杆上的传感器直接测量减振器的速度 v，绘得减振器的速度特性曲线如图 10-33 所示。测量减振器速度的传感器可用磁电式传感器、霍尔式传感器或激光传感器。

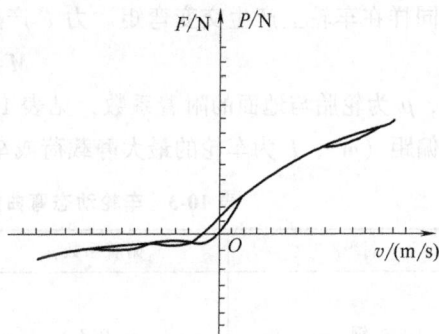
图 10-33 直接记录法绘制的减振器的速度特性曲线

10.5.4 车轮的试验

1. 车轮试验的目的及标准

车轮试验的目的是测试车轮的性能，主要包括车轮动态弯曲疲劳和动平衡试验等，为车轮的设计、产品检验和使用提供试验数据。

车轮弯曲疲劳试验的标准是 GB/T 5334—2021《乘用车 车轮 弯曲和径向疲劳性能要求及试验方法》、GB/T 5909—2021《商用车 车轮 弯曲和径向疲劳性能要求及试验方法》。车轮动平衡试验的标准是 GB/T 18505—2013《汽车轮胎动平衡试验方法》。

2. 车轮动态弯曲疲劳的试验

车轮动态弯曲疲劳试验的目的是测试车轮的弯曲疲劳强度，保证车轮在预期寿命内可靠行驶。

车轮动态弯曲疲劳试验的方法：车轮动态弯曲疲劳试验示意图如图 10-34 所示。按图 10-34 中的加载点加载力 F，并按表 10-3 的循环次数完成循环。试验时，车轮可以不转动，也可以转动。车轮不转动时，力 F 旋转，在车轮上产生交变弯矩；车轮旋转时，力 F 不转

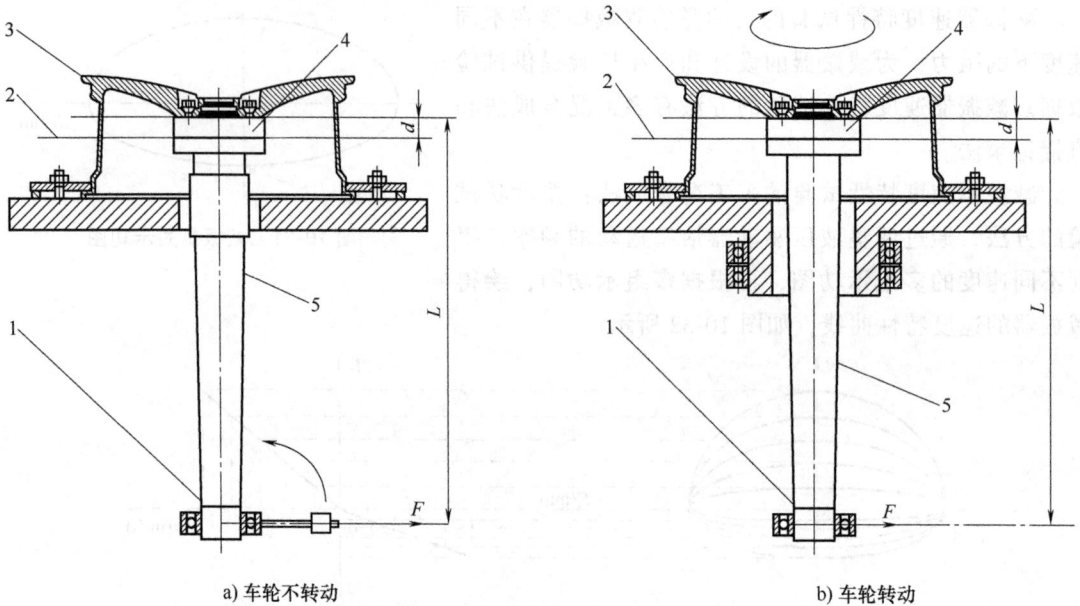

a) 车轮不转动   b) 车轮转动

图 10-34　车轮动态弯曲疲劳试验示意图

1—加载点　2—轮辋中心面　3—车轮　4—车轮连接件　5—加载臂

动，同样在车轮上产生交变弯矩。力 F 产生的最大弯矩为

$$M = (\mu R + d) FS \tag{10-15}$$

式中，μ 为轮胎与地面的附着系数，见表 10-3；R 为车轮的静力半径（m）；d 为车轮的内偏距或外偏距（m）；F 为车轮的最大静载荷或车轮的额定载荷（N）；S 为强化系数，见表 10-3。

表 10-3　车轮动态弯曲疲劳试验强化系数及最低循环次数

材料	附着系数 μ	强化系数 S	最低循环次数
钢	0.7	1.60	30000
		1.33	150000
		1.33	30000[b]
		1.10	150000[b]
铝	0.7	1.60[a]	120000
			25000[b]
		1.33	300000
			60000[b]

注：1. 钢车轮应同时选用两种强化系数试验，铝车轮可只选用一种强化系数试验。

　　2. [a] 为铝车轮优先选用的强化系数；

　　　 [b] 最低循环次数只适用于备用车轮。

在车轮动态弯曲疲劳试验中，出现下列情形之一，试验终止，并判定该试验车轮失效：

1）车轮不能继续承受试验载荷。

2）原始裂纹产生扩展或出现应力导致侵入车轮断面的可见裂纹。可用电涡流式传感器

探伤车轮断面的裂纹。

3）在达到规定的循环次数之前，对于乘用车车轮，加载点的偏移量已超过初始加载偏移量的 10%；对于商用车车轮，加载点的偏移量已超过初始加载偏移量的 15%。

3. 车轮动平衡的试验

车轮动平衡试验的目的是动平衡车轮和测试车轮的动平衡量，减小车轮不平衡引起的汽车上下振动和前轮摆动。

车轮动平衡试验的方法：车轮动平衡机如图 10-35 所示。车轮通过垫片和手柄螺母固定在驱动装置的驱动轴上，驱动装置通过驱动轴带动车轮转动，驱动装置固定在箱体内，显示屏固定在箱体上方。试验时，轮胎充满气，环境温度为 5~40℃，驱动装置通过驱动轴带动车轮以 200~800r/min 的转速旋转，车轮的质心不在其轴线上时，车轮产生不平衡力，并作用在驱动轴上，使驱动轴产生弯曲；在驱动轴附近的水平和垂直方向上，安装了磁电式传感器；车轮产生不平衡力越大，驱动轴的弯曲越大，驱动轴到磁电式传感器的距离越小，通过磁电式传感器测出车轮的不平衡量及相位，并在显示屏上显示；停机后，根据显示屏上显示的车轮的不平衡量及相位，在车轮的轮辋边缘安装配重，配重通过弹簧夹固定在轮辋外侧边缘（图 10-36）、内侧边缘或通过黏接固定在轮辋中间的边缘（图 10-37），通过配重减小或消除车轮的不平衡。车轮宽度较大时，在两个面上加配重，以减小和消除不平衡力和力矩；车轮

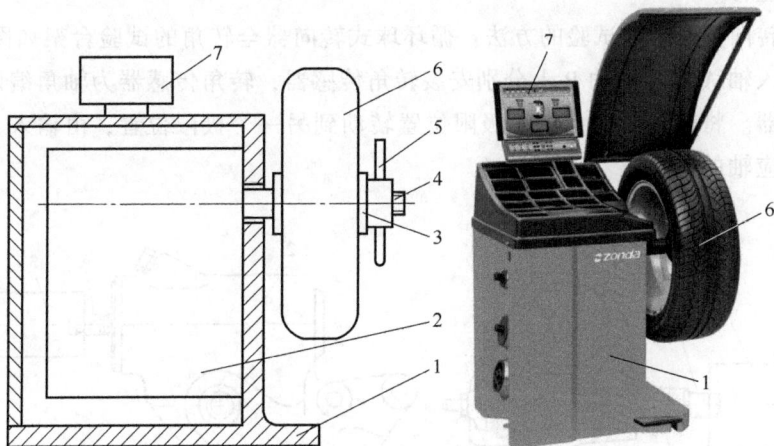

图 10-35　车轮动平衡机

1—箱体　2—驱动装置　3—垫片　4—驱动轴　5—手柄螺母　6—车轮　7—显示屏

图 10-36　车轮及轮辋外侧边缘的配重

图 10-37　车轮及轮辋中间边缘的配重

宽度较小时，在一个面上加配重，以减小和消除不平衡力。安装配重后，需再次进行动平衡试验，评价车轮是否达到动平衡的要求及检验配重是否固定，要求动不平衡量（力偶矩不平衡量）不大于 $1g \cdot cm$。

10.6 转向系统总成与部件的试验

10.6.1 机械式转向器的试验

1. 机械式转向器试验的目的及标准

机械式转向器试验的目的是测试转向器的全转角、传动比和传动效率等，为机械式转向器的设计和产品检验提供试验数据。

机械式转向器试验的标准是 QC/T 29096—2014《汽车转向器总成台架试验方法》和 GB/T 23930—2023《三轮汽车 转向器》。

2. 转向器全转角的试验

转向器全转角试验的目的是获得输入轴从一个极限位置转动到另一个极限位置时转向器的输出转角或位移。

循环球式转向器全转角试验的方法：循环球式转向器全转角的试验台架如图 10-38 所示。在转向器的输入轴 A 和输出轴 B 上分别安装转角传感器，转角传感器为轴角编码器或环形滑变电阻式传感器。将输入轴 A 从一个极限位置转动到另一个极限位置，由输入、输出轴转角传感器测得对应轴的转角。

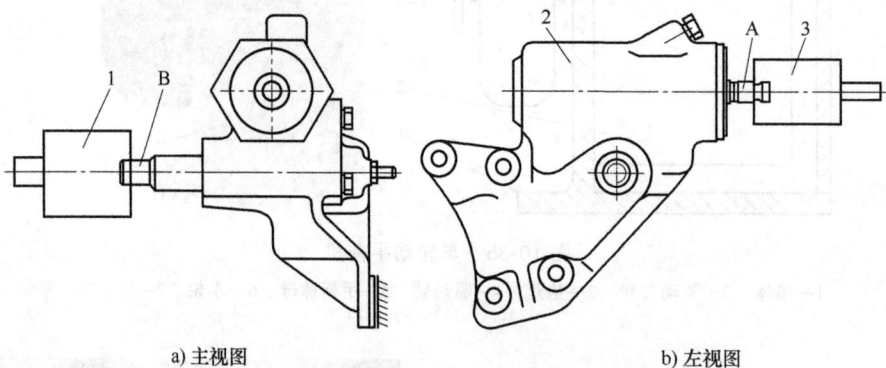

a) 主视图   b) 左视图

图 10-38　循环球式转向器全转角的试验台架

1—输出轴转角传感器　2—循环球式转向器　3—输入轴转角传感器

齿轮齿条式转向器全转角试验的方法：齿轮齿条式转向器全转角的试验台架如图 10-39 所示。在转向器的输入轴上安装转角传感器，在齿条的 B 或 C 输出端安装位移传感器，位移传感器为直线形滑变电阻式传感器。将输入轴从一个极限位置转动到另一个极限位置，由输入轴上的转角传感器测得输入轴的转角，由齿条上的位移传感器测得齿条的位移。

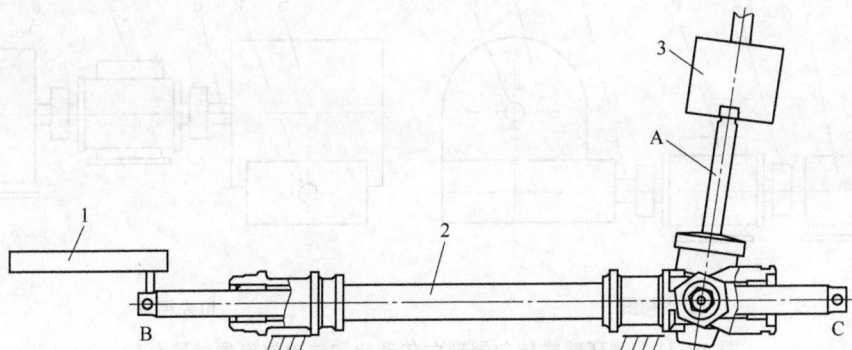

图 10-39　齿轮齿条式转向器全转角的试验台架
1—位移传感器　2—齿轮齿条式转向器　3—转角传感器

3. 循环球式转向器传动比和传动效率的试验

循环球式转向器传动比和传动效率试验的目的是获得循环球式转向器的正、逆向传动比和传动效率。

循环球式转向器正向传动比和传动效率试验的方法：循环球式转向器正向传动比和传动效率的试验台架如图 10-40 所示，调速电动机、输入轴功率测量仪、循环球式转向器、输出轴功率测量仪和磁粉测功器通过联轴器依次连接。试验时，输入轴从一个极限位置转动到另一个极限位置，调速电动机驱动循环球式转向器的输入轴以 15r/min 的转速转动，循环球式转向器的输出功率由磁粉测功器消耗，由输入轴功率测量仪测得输入轴的功率和角速度，由输出轴功率测量仪测得输出轴的功率和角速度。循环球式转向器正向传动比等于输入轴的角速度除以输出轴的角速度；循环球式转向器正向传动效率等于输出轴的功率除以输入轴的功率。

循环球式转向器逆向传动比和传动效率试验的方法：循环球式转向器逆向传动比和传动效率的试验台架如图 10-41 所示，与图 10-40 不同之处是磁粉测功器与调速电动机对调。试验时，调速电动机驱动循环球式转向器的输出轴，并使输入轴以 15r/min 的转速从一个极限位置转动到另一个极限位置，由输入轴功率测量仪测得输入轴的功率和角速度，由输出轴功率测量仪测得输出轴的功率和角速度。循环球式转向器逆向传动比等于输出轴的角速度除以输

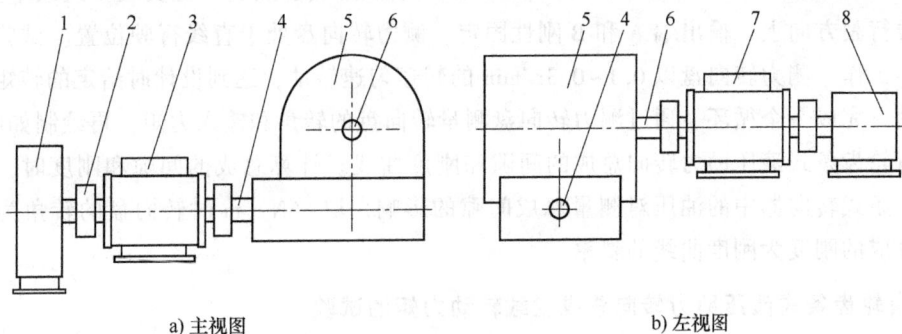

a) 主视图　　　　　　　　　b) 左视图

图 10-40　循环球式转向器正向传动比和传动效率的试验台架
1—磁粉测功器　2—联轴器　3—输出轴功率测量仪　4—输出轴　5—循环球式转向器
6—输入轴　7—输入轴功率测量仪　8—调速电动机

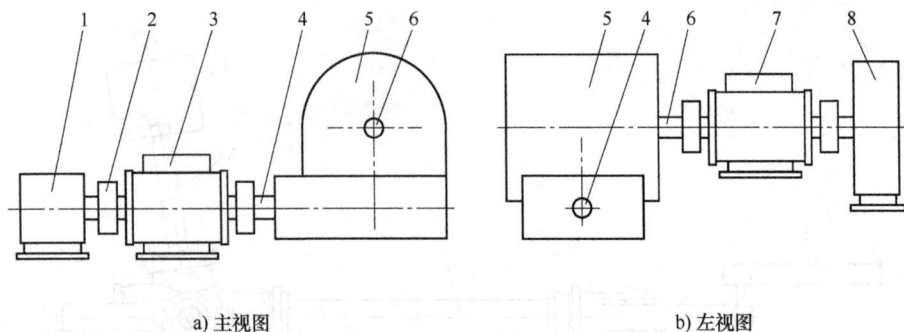

a) 主视图   b) 左视图

图 10-41   循环球式转向器逆向传动比和传动效率的试验台架

1—调速电动机   2—联轴器   3—输出轴功率测量仪   4—输出轴   5—循环球式转向器

6—输入轴   7—输入轴功率测量仪   8—磁粉测功器

入轴的角速度；循环球式转向器逆向传动效率等于输入轴的功率除以输出轴的功率。

循环球式转向器正、逆向传动比和传动效率试验的方法可用于蜗杆滚轮式和蜗杆曲柄销式等输出为转动的转向器的正、逆向传动比和传动效率的试验。

10.6.2 齿轮齿条式液压助力转向总成的试验

1. 齿轮齿条式液压助力转向总成试验的目的及标准

齿轮齿条式液压助力转向总成试验的目的是测试电动助力转向总成的间隙和刚度、空载转动力矩等，为齿轮齿条式液压助力转向总成的设计和产品检验提供试验数据。

齿轮齿条式液压助力转向试验的标准是 QC/T 1049—2016《汽车齿轮齿条式液压助力转向系统匹配技术要求和试验方法》。

2. 齿轮齿条式液压助力转向总成间隙和刚度的试验

齿轮齿条式液压助力转向总成间隙和刚度试验的目的是获得汽车在直线行驶时齿轮齿条式液压助力转向总成的间隙和刚度，用于评价齿轮齿条式液压助力转向总成的刚度和消除间隙的转角。

齿轮齿条式液压助力转向总成间隙和刚度试验的方法：齿轮齿条式液压助力转向总成间隙和刚度的试验台架如图 10-42 所示。齿轮齿条式液压总成参照实车上安装方式或平置安装，并在直线行驶方向上，输出端 A 和 B 刚性固定，测力转向盘处于直线行驶位置。试验时，转向油泵不工作，测力转向盘以 0.1~0.3r/min 的转速匀速转动，达到设计时给定的转矩限值后反向转动，完成一个循环，通过测力转向盘测量转向盘的转角和输入力矩，再绘制如图 10-43 所示的齿轮齿条式液压助力转向总成的间隙和刚度曲线。计算总成的间隙和刚度时，考虑排除齿轮齿条式转向器中的油压对测量总成间隙的影响，取 ±6N·m 时转向盘的转角为总成的间隙，总成的刚度为刚度曲线的斜率。

3. 齿轮齿条式液压助力转向总成空载转动力矩的试验

齿轮齿条式液压助力转向总成空载转动力矩试验的目的是获得齿轮齿条式液压助力转向总成处于直线行驶位置且输出端空载时的转动力矩，用于评价齿轮齿条式液压助力转向总成空载时正向阻力的大小。

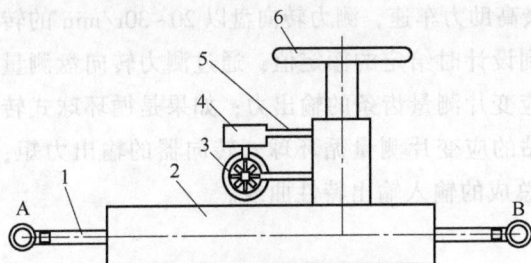

图 10-42　齿轮齿条式液压助力
转向总成间隙和刚度的试验台架

1—齿条　2—齿轮齿条式转向器　3—转向油泵
4—转向油罐　5—油管　6—测力转向盘

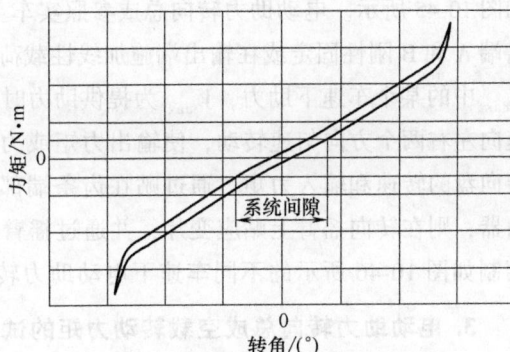

图 10-43　齿轮齿条式液压助力转向
总成的间隙和刚度曲线

齿轮齿条式液压助力转向总成空载转动力矩试验的方法：齿轮齿条式液压助力转向总成处于直线行驶位置且输出端 A 和 B 空载，如图 10-42 所示。在转向油泵的转速为急速、1000r/min 和 3000r/min 3 种状态下，以 10~15r/min 的转速向左右两个方向匀速转动到 90% 转向器最大转角，通过测力转向盘分别测得转向力矩和转角，再绘制齿轮齿条式液压助力转向总成的空载转动力矩曲线，如图 10-44 所示，分析最大力矩、最小力矩、平均力矩和力矩波动量。

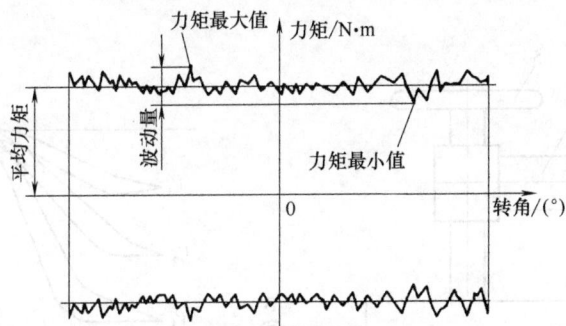

图 10-44　齿轮齿条式液压助力转向总成的空载转动力矩曲线

10.6.3　电动助力转向总成的试验

1. 电动助力转向总成试验的目的及标准

电动助力转向总成试验的目的是测试电动助力转向总成的输入输出特性、空载转动力矩等，为电动助力转向总成的设计和产品检验提供试验数据。

电动助力转向总成试验的标准是 QC/T 1081—2017《汽车电动助力转向装置》。

2. 电动助力转向总成输入输出特性的试验

电动助力转向总成输入输出特性试验的目的是获得汽车在直线行驶时电动助力转向总成输入力矩和输出力矩或力关系的特性。

电动助力转向总成输入输出特性试验的方法：电动助力转向总成输入输出特性的试验台架

如图 10-45 所示。电动助力转向总成参照实车上安装方式或平置安装，并在直线行驶方向上，输出端 A 和 B 刚性固定或在输出端施加线性载荷，测力转向盘处于直线行驶位置。试验时，在 $0\sim V_{\max}$ 中的某个车速下助力，$V_{\max}$ 为提供助力时的最高助力车速，测力转向盘以 $20\sim30\mathrm{r/min}$ 的转速向左右两个方向匀速转动，使输出力矩或力达到设计时给定的额定值；通过测力转向盘测量转向盘的转速和输入力矩，通过贴在齿条端部的应变片测量齿条的输出力；如果是循环球式转向器，则在转向摇臂上贴应变片，并通过摇臂上贴的应变片测量循环球式转向器的输出力矩；绘制如图 10-46 所示的不同车速下电动助力转向总成的输入输出特性曲线。

3. 电动助力转向总成空载转动力矩的试验

电动助力转向总成空载转动力矩试验的目的是获得电动助力转向总成处于直线行驶位置且输出端空载时的转动力矩，用于评价电动助力转向总成空载时正向阻力的大小。

电动助力转向总成空载转动力矩试验的方法：电动助力转向总成处于直线行驶位置且输出端 A 和 B 空载，如图 10-45 所示。在点火开关关闭和开启两种状态下，以 $20\sim30\mathrm{r/min}$ 的转速向左右两个方向匀速转动到 90% 转向器最大转角，通过测力转向盘分别测得转向力矩和转角，再绘制电动助力转向总成的空载转动力矩曲线，如图 10-47 所示，分析最大力矩、最小力矩、平均力矩和力矩波动量。

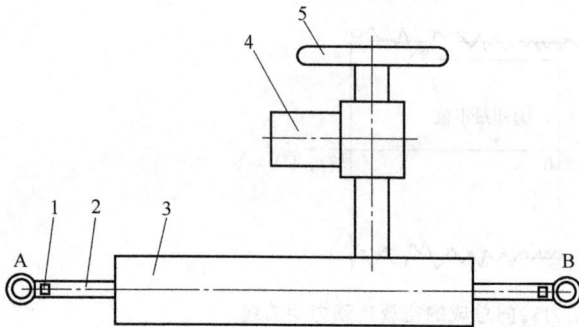

图 10-45　电动助力转向总成输入输出特性的试验台架

1—应变片　2—齿条　3—齿轮齿条式转向器

4—转向助力电动机　5—测力转向盘

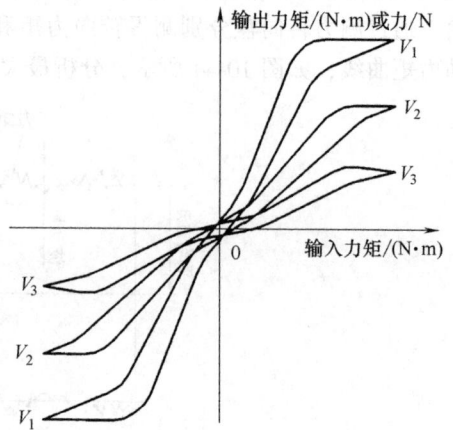

$0=V_1<V_2<V_3=V_{\max}$

图 10-46　不同车速下电动助力转向
总成的输入输出特性曲线

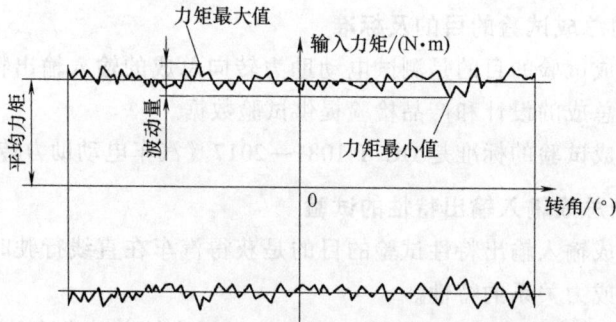

图 10-47　电动助力转向总成的空载转动力矩曲线

10.7　制动系统总成与部件的试验

10.7.1　行车制动器的试验

1. 行车制动器试验的目的及标准

行车制动器试验的目的是测试制动器的制动效能、热制动效能和磨损等，为行车制动器的设计和产品检验提供试验数据。

行车制动器试验的标准是 QC/T 564—2018《乘用车行车制动器性能要求及台架试验方法》、QC/T 239—2015《商用车辆行车制动器技术要求及台架试验方法》和 GB 40164—2021《汽车和挂车　制动器用零部件技术要求及试验方法》。

2. 惯性式行车制动器的试验台架

惯性式行车制动器的试验台架如图 10-48 所示，行车制动器的试验在此试验台架上进行，驻车制动器的试验也可在此试验台架上进行。调速电动机、变速箱、飞轮、功率测量仪和制动器通过联轴器依次连接，制动钳固定在测试架上；盘式制动器的液压系统与制动钳连接，在液压管路中安装压力传感器，通过压力传感器测量制动管路压力；风机向制动盘吹风，冷却制动盘；热电偶固定在测试架上，通过热电偶测量制动盘的温度；功率测量仪用于测量制动盘的转速和制动力矩；声级计在制动器的正上方、距制动盘的轴线 500mm，通过声级计测量制动器的制动噪声。进行鼓式制动器试验时，制动鼓替代制动盘，制动底板固定在测试架上。

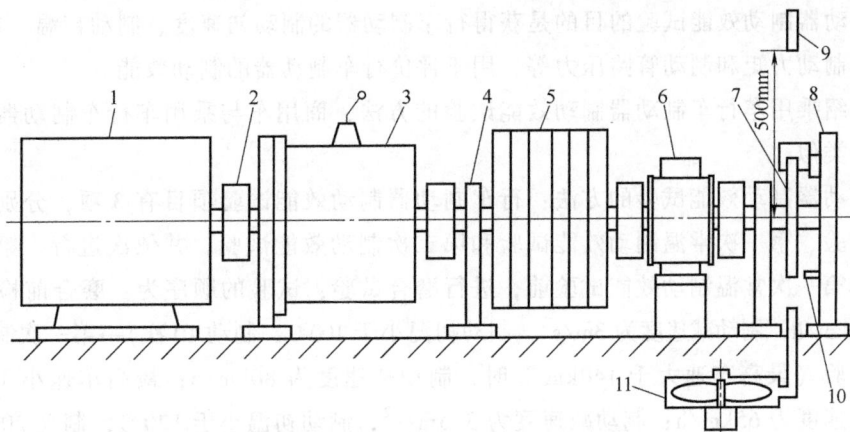

图 10-48　惯性式行车制动器的试验台架

1—调速电动机　2—联轴器　3—变速箱　4—支座　5—飞轮　6—功率测量仪
7—盘式制动器　8—测试架　9—声级计　10—热电偶　11—风机

试验台架主轴的转速（r/min）为

$$n = 2.56 \frac{V}{r}$$

(10-16)

式中，V 为试验车速（km/h）；r 为车轮滚动半径（m）。

飞轮的动能等于试验车辆的动能，试验前要计算飞轮的动能。可通过增减飞轮的惯量，调节飞轮的动能，使飞轮的动能等于试验车辆的动能。当试验台架的主轴转速由式（10-16）确定时，飞轮的动能由飞轮的惯量确定，这时，飞轮的惯量应与汽车的整车惯性相对应，包括整车平移质量和主要旋转元件的转动惯量。

根据汽车理论中汽车的制动性，一个前制动器试验时的飞轮惯量（kg·m²）为

$$I_q = \frac{G_a(b+0.45h_g)r^2}{2L} \tag{10-17}$$

一个后制动器试验时的飞轮惯量（kg·m²）为

$$I_h = \frac{G_a(a-0.45h_g)r^2}{2L} \tag{10-18}$$

式中，G_a 为试验车辆的满载总质量（kg）；L 为试验车辆的轴距（m）；h_g 为试验车辆满载时的重心高度（m）；b 为试验车辆的重心至后轴的距离（m）；a 为试验车辆的重心至前轴的距离（m）。

试验时，制动力矩稳定系数为

$$K = \frac{M_{min}}{M_{max}} \tag{10-19}$$

式中，M_{max} 为同一次制动过程中的最大制动力矩值（N·m）；M_{min} 为同一次制动过程中的最小制动力矩值（N·m）。

3. 行车制动器制动效能的试验

行车制动器制动效能试验的目的是获得行车制动器的制动初速度、制动初温、制动终温、制动时间、制动力矩和制动管路压力等，用于评价行车制动器的制动效能。

下面介绍乘用车行车制动器制动效能试验的方法，商用车与乘用车行车制动器制动效能试验的方法类似。

行车制动器制动效能试验的方法：行车制动器制动效能试验项目有 3 项，分别为第一次制动效能试验、第一次常温制动效能试验和第二次制动效能试验，并依次进行。第一次制动效能试验和第一次常温制动效能试验前，进行磨合试验，试验的顺序为：磨合前检查（制动初速度为 50km/h，制动减速度为 3m/s²，制动初温小于 100℃，制动 10 次）→第一次制动效能试验→磨合试验（最高车速大于 140km/h 时，制动初速度为 80km/h；最高车速小于 140km/h 时，制动初速度为 65km/h；制动减速度为 3.5m/s²，制动初温小于 120℃，制动 200 次）→第一次常温制动效能试验→第二次制动效能试验。

第一次制动效能试验的制动初温为（80±2）℃，制动初速度为 30%V_{max}（圆整到 5 的整数倍）但不高于 80km/h 和 100km/h（对于 V_{max} 低于 100km/h 的车辆为 V_{max}）。第一次常温制动效能试验的制动初温不高于 45℃，制动初速度为 30%V_{max}（圆整到 5 的整数倍）但不高于 80km/h。第二次制动效能试验的制动初温为（80±2）℃，制动初速度为 30%V_{max}（圆整到 5 的整数倍）但不高于 80km/h 和 100km/h（对于 V_{max} 不高于 125km/h 的车辆）；对于 V_{max}

高于 125km/h 的车辆，增加制动初速度为 $80\% V_{max}$ 但不高于 160km/h。

进行每项行车制动器制动效能试验时，在设计的制动管路压力范围内取不少于 5 点做试验，各试验点间的间隔应尽量相等，制动管路压力最大增量不宜高于 2MPa；在各制动初速度所对应的制动管路压力下分别进行一次试验。

每次制动效能试验时，调速电动机带动飞轮及制动盘按式（10-16）计算得到的试验台架主轴的转速转动，略大于试验台架主轴的转速时，通过变速箱的手柄使变速箱置空档，同时，盘式制动器的液压系统使制动器制动。在制动器的制动力下，飞轮及制动盘逐渐减速，直至车速小于 5km/h，终止制动试验，记录每次试验的制动初速度、制动终速度、制动初温、制动终温、制动时间，连续记录每次试验的制动盘转速、制动力矩、制动管路压力、制动盘温度和制动噪声。用制动初速度减去制动终速度，再除以制动时间，得制动减速度。用制动力矩除以车轮半径，得制动器的制动力。每次制动效能试验中，风速 11m/s，冷却空气的温度为室温；制动器的噪声小于 76dB（A）。

4. 行车制动器热制动效能的试验

行车制动器热制动效能的试验分 3 步完成，分别为制动衰退试验、热制动效能试验和恢复制动试验。试验中，记录每次试验的制动初速度、制动终速度、制动初温、制动终温、制动时间、制动管路压力和制动力矩，用于评价行车制动器的热制动效能。

（1）制动衰退试验　制动衰退试验的目的是加热制动器，为进行热制动效能试验做准备。制动衰退试验中，不进行制动效能评价。

制动衰退试验的方法：当最高车速 $V_{max} \geq 140km/h$ 时，制动初速度 $V_0 = 100km/h$；当 $110km/h < V_{max} < 140km/h$ 时，$V_0 = 80km/h$；当 $V_{max} \leq 110km/h$ 时，$V_0 = 65km/h$。第一次制动衰退时，制动器的初温为（80±2）℃，制动减速度为 $4.41m/s^2$。以后制动衰退的制动管路压力与第一次制动衰退相同，总制动次数为 10 次，制动试验周期为 10s；为排除烟尘，可吹风，最大风速为 3m/s。由于制动试验周期仅 10s，散热时间短，制动衰退试验后，制动器被加热，再制动将产生制动热衰退。

（2）热制动效能试验　热制动效能试验的目的是测试每次试验的制动初速度、制动终速度、制动初温、制动终温、制动时间、制动管路压力和制动力矩，用充分发出的平均制动减速度、制动距离等，评价制动器的热衰退，可与行车制动器制动效能比较。充分发出的平均制动减速度、制动距离可由测试数据计算得到。

热制动效能试验的方法：在制动衰退试验结束后 60s，开始热制动效能试验，即制动热衰退试验。制动初速度为 100km/h（对于 $V_{max} < 100km/h$ 的车辆为 V_{max}）。热制动效能试验共进行 2 次，连续进行。第一次热制动效能试验以最大减速度进行，第二次热制动效能试验以第一次制动衰退的制动管路压力进行制动，或以 $5.88m/s^2$ 的减速度进行制动。热制动试验结束后，使制动鼓（盘）以相当于 50km/h 的车速转动 90s，再进行恢复制动试验。

（3）恢复制动试验　恢复制动试验的目的是测试每次试验的制动初速度、制动终速度、制动初温、制动终温、制动时间、制动管路压力和制动力矩，用充分发出的平均制动减速度、制动距离等，评价制动器热制动后恢复制动性。

恢复制动试验的方法：制动初速度为 50km/h，制动管路压力为 $3m/s^2$ 减速度制动时的压力，制动 12 次，制动试验周期为 120s；如果最后一次恢复制动试验的制动初温高于 100℃，可增加试验次数，总制动次数不大于 15 次。由于制动试验周期为 120s，散热时间长，恢复制动试验中，制动器被逐渐降温，最后至冷态。

10.7.2 制动能量回收系统再生能量的试验

1. 制动能量回收系统再生能量试验的目的及标准

制动能量回收系统再生能量试验的目的是获得再生能量，为评价制动能量回收系统的设计和产品检验提供试验数据。

制动能量回收系统再生能量试验的标准是 GB/T 40711.4—2021《乘用车循环外技术/装置节能效果评价方法 第4部分：制动能量回收系统》和 QC/T 1089—2017《电动汽车再生制动系统要求及试验方法》。

2. 制动能量回收系统再生能量试验的方法和步骤

（1）预热车辆 首先，将试验车辆的驱动轮停在底盘测功机的滚筒上，燃油汽车按全球统一轻型车测试循环（WLTC），电动汽车按中国乘用车行驶工况（CLTC-P）循环，在底盘测功机上至少运行一个循环，预热车辆及制动能量回收系统。预热后，进行制动能量回收系统再生能量试验。

（2）3 次制动能量回收系统再生能量试验 燃油汽车按 WLTC 进行试验，操作方法见6.2.2 节中多工况燃料经济性的试验；电动汽车按 CTLC-P 进行试验，操作方法见 6.2.3 节中循环工况下续驶里程的试验；试验过程中，实时测量并记录参与制动能量回收的电机端母线电流 I（A）和电压 U（V），试验共进行 3 次。每次试验开始前将电池的荷电状态（SOC）调整至汽车生产企业的推荐值，如果荷电状态（SOC）太高，则无法保证正常的再生能量的回收。

（3）再生能量计算 试验结束后，计算 3 次试验的再生能量的算术平均值，并作为试验结果。若没有通过重复性检验，则应计算再生能量较低的 2 次试验结果的算术平均值作为最终结果。再生能量的计算公式为

$$E_N = \frac{1}{3600} \sum_{k=1}^{n} \int_{t_0}^{t_{end}} (I_k U_k) \, dt \qquad (10\text{-}20)$$

式中，E_N 为试验车辆按照 WLTC 或 CLTC-P 进行试验时测得的再生能量（W·h）；k 为参与制动能量回收的电机编号；n 为参与制动能量回收的电机数量；t_0 为试验的开始时刻（s）；t_{end} 为试验的结束时刻（s）；I_k 为减速过程中参与制动能量回收编号为 k 的电机端母线回馈电流（A）；U_k 为参与制动能量回收编号为 k 的电机端电压（V）。

（4）重复性检验判别 按式（10-21）计算 3 次 E_N 的第 95 百分位分布的标准差 σ，并将3 次试验结果中的最大再生能量与最小再生能量之差 $\Delta E_{N,\max}$ 与 σ 值进行比较：

1）若 $\Delta E_{N,\max}$ 不大于 σ，则视为通过重复性检验。

2）若 $\Delta E_{N,\max}$ 大于 σ，则视为没有通过重复性检验。

$$\sigma = 0.063 \overline{E}_N \qquad (10\text{-}21)$$

式中，σ 为第 95 百分位分布的标准差（W·h）；$\overline{E}_N$ 为 3 次试验再生能量的算术平均值（W·h）。

习　题

10-1　简述汽车发动机试验的目的。

10-2　简述发动机试验台架的结构。

10-3　简述发动机速度特性的试验。

10-4　简述发动机负荷特性的试验。

10-5　简述驱动电机系统试验的项目。

10-6　简述驱动电机系统转矩—转速特性试验的方法。

10-7　简述驱动电机系统工作电压范围试验的方法。

10-8　简述驱动电机系统堵转转矩试验的方法。

10-9　简述驱动电机系统的过压、欠压保护试验的方法。

10-10　简述动力蓄电池电性能试验的目的和标准。

10-11　简述动力蓄电池电性能试验的标准充电。

10-12　动力蓄电池电性能试验有哪些试验项目？

10-13　简述动力蓄电池电性能的室温放电容量试验。

10-14　简述动力蓄电池电性能的高温放电容量试验。

10-15　简述动力蓄电池包和系统能量测试的目的和标准。

10-16　简述室温下动力蓄电池包和系统能量和容量测试的方法。

10-17　简述室温下动力蓄电池包和系统功率和内阻测试的方法。

10-18　简述动力蓄电池包或系统安全性试验的目的及标准。

10-19　简述动力蓄电池包或系统机械冲击安全性试验的方法。

10-20　简述动力蓄电池包或系统外部火烧安全性试验的方法。

10-21　简述盖总成分离特性试验的方法。

10-22　简述从动盘总成减振器扭转性能试验的方法。

10-23　简述机械式变速器传动效率试验的方法。

10-24　简述自动变速器换档性能试验的方法。

10-25　简述传动轴总成静扭强度试验的方法。

10-26　简述传动轴总成剩余不平衡量试验的方法。

10-27　简述驱动桥传动效率试验的方法。

10-28　简述垂直负荷下钢板弹簧永久变形试验的方法。

10-29　简述减振器示功试验的方法。

10-30　简述减振器速度特性试验的多工况合成法。

10-31　简述车轮试验的目的及标准。

10-32　简述车轮动平衡试验的方法。

10-33 简述循环球式转向器全转角试验的方法。

10-34 简述循环球式转向器正向传动比和传动效率试验的方法。

10-35 简述齿轮齿条式液压助力转向总成间隙和刚度试验的方法。

10-36 简述电动助力转向总成输入输出特性试验的方法。

10-37 简述行车制动器制动效能试验的方法。

10-38 简述行车制动器热制动效能试验的方法。

10-39 简述制动能量回收系统再生能量试验的目的及标准。

10-40 查找一两个汽车发动机试验的视频，与班级同学交流。

10-41 查找一两个汽车驱动电机试验的视频，与班级同学交流。

10-42 查找一两个汽车动力蓄电池试验的视频，与班级同学交流。

10-43 查找一两个汽车传动系统部件试验的视频，与班级同学交流。

10-44 查找一两个汽车行驶系统部件试验的视频，与班级同学交流。

10-45 查找一两个汽车转向系统部件试验的视频，与班级同学交流。

10-46 查找一两个汽车制动系统部件试验的视频，与班级同学交流。

第 11 章　汽车虚拟试验

教学目标： 通过本章学习，读者应掌握汽车虚拟试验的概念和汽车虚拟试验系统，了解汽车虚拟试验的特点、软件和应用，为应用汽车虚拟试验技术打下基础。

11.1　汽车虚拟试验概述

1. 汽车虚拟试验的概念

汽车虚拟试验是利用计算机、仿真软件及相关仪器，借助计算机交互式技术和汽车试验理论及分析技术，用软件模拟来部分替代或全部替代汽车试验设备、试验场上的真实试验，取得接近或等价于真实试验的数据结果。汽车虚拟试验是非真实试验，是在虚拟试验环境下的计算机仿真试验。

2. 汽车虚拟试验系统

汽车虚拟试验系统由计算机和软件两大部分构成。计算机可以是各种类型的计算机，如台式计算机、便携式计算机、工作站、嵌入式计算机等，用于结果显示、存储数据、数据运算、网络通信等。汽车虚拟试验常用的软件有 ADAMS 软件、MATLAB 软件、ADVISOR 软件、CRUISE 软件、CarSim 软件、MSC. Fatigue 软件、nSoft 软件、VPG 软件等，各个软件有不同的功能，这些软件将试验环境、对象全部抽象为数学模型，通过在计算机上的数学运算得到试验结果，即仿真试验结果。

3. 汽车虚拟试验的特点

汽车虚拟试验在为真实试验做前期准备工作的同时，还可以在一定程度上替代真实试验。与真实试验相比，汽车虚拟试验具有以下特点：

（1）试验成本低　汽车虚拟试验在计算机上进行，仅用计算机和软件，不使用车辆、试验设备和场地，大大降低了实际试验的成本。

（2）试验可重复　汽车虚拟试验可灵活地改变试验参数和试验条件，反复进行试验；试验不受场地、时间和次数的限制，可对试验过程进行回放、再现和重复。

（3）试验安全　汽车虚拟试验可以避免真实试验的危险性和危害性，尤其是汽车碰撞、侧翻、侧滑、移线、蛇行等试验。

（4）试验可控性好　汽车真实试验中，一些高难度试验，因涉及的参数多、环境复杂，使得试验条件不易控制，如汽车移线、蛇行、ABS 等试验，采用汽车虚拟试验，可人为设计和灵活改变复杂的环境和众多的参数，进行重复试验。

（5）信息量大且丰富　完成一次汽车虚拟试验，可将系统各个部位及环节的各种信息采集下来，如驱动电机、电池、悬架等机和电的参数信息，并以多种形式（文字、数据、曲线、图形、动画等）展现出来，而完成一次汽车真实试验，由于数据采集记录和测试条件的限制，所获得的信息量十分有限。

11.2　汽车虚拟试验的常用软件

1. ADAMS 软件

ADAMS 即机械系统动力学自动分析（automatic dynamic analysis of mechanical systems），是由美国 MDI 公司（现已被 MSC 并购）开发的虚拟试验软件。ADAMS 用于机构、机械系统的静力学、运动学和动力学分析。ADAMS 软件中有车辆模块，可用于汽车虚拟试验。

2. MATLAB 软件

MATLAB 是由美国 MathWorks 公司于 1982 年开发的一款集成数值分析、矩阵计算、算法开发、数据分析、非线性动态系统的建模与仿真等诸多功能的软件。MATLAB 中的 Simulink 模块是一个能实现系统可视化建模、动态仿真和分析的软件包，用户只需用鼠标将相应的模块拖放到建模窗口中，并采用合适的连接方式将各模块连接起来，就可建立起直观的系统模型，单击可启动仿真。MATLAB 中的 Simulink 模块可用于汽车虚拟试验，包括智能汽车的虚拟试验。

3. ADVISOR 软件

ADVISOR 即高级车辆仿真器（advanced vehicle simulator），是由美国能源部为管理混合动力驱动系统子合同项目所开发的，是一种基于 MATLAB/Simulink 环境的可用于分析传统汽车、纯电动汽车和混合动力电动汽车的动力性、燃油经济性以及排放性等性能的虚拟试验软件。该软件采用模块化的设计思想，提供了整车、离合器、发动机、变速器、主减速器、车轴、车轮、道路循环和机械负载等模块，各模块间都有相应的数据输入和输出接口，以便在模块间进行数据传递。

4. CRUISE 软件

CRUISE 软件是由奥地利 AVL 公司（又名李斯特内燃机及测试设备公司）开发的一款研究汽车动力性、燃油经济性、排放性能及制动性能的仿真软件，该软件采用模块化的建模方法，可以搭建和仿真任何一种配置的汽车系统。CRUISE 软件可用于汽车开发过程中的动力系统、控制系统、传动系统、排放系统开发，汽车性能预测，整车仿真计算以及控制参数和驾驶性能的优化；可实现发动机、轮胎、电动机、变速器等部件的选型及其与车辆的匹配优化。

汽车上的所有零部件（如整车、发动机、变速器、离合器、分动器、制动器、轮胎、主减速器、电动机和差速器等）在 CRUISE 软件中都有相应的元件与之对应，建模时用户无须建立各部件的模型，只需从模型库中将相应的元件拖动到建模窗口。每个部件都有动力输入和动力输出两个接口，要按序连接各部件间的动力传输路线。此外，CRUISE 软件还留有与 MATLAB/Simulink 模块的接口，可以实现 CRUISE 与 MATLAB/Simulink 的联合仿真。

5. CarSim 软件

CarSim 是专门针对车辆动力学的仿真软件，可以仿真车辆对驾驶人、路面及空气动力学输入的响应，主要用来预测和仿真汽车整车的操纵稳定性、制动性、平顺性、动力性和经济性。CarSim 可以方便灵活地定义试验环境和试验过程，详细地定义整车各系统的特性参数和特性。

6. MSC. Fatigue 软件

MSC. Fatigue 是由 nCode 和 MSC 公司合作开发的疲劳寿命有限元分析软件。MSC. Fatigue 可用于结构的初始裂纹分析、裂纹扩展分析、振动疲劳分析、焊接疲劳分析、疲劳优化设计、多轴疲劳分析和应力寿命分析等。MSC. Fatigue 具有约 200 种材料的材料数据库，带有图形显示、输入和编辑以及检索功能；拥有多轴载荷鉴别及显示工具；与 nSoft 软件兼容，支持多种计算机平台；还可对材料进行表面加工和修正表面处理等。

7. nSoft 软件

nSoft 是由 nCode 公司开发的一套专门用于解决工程系统疲劳问题的软件，主要由数据分析、数据显示、疲劳分析等模块组成，其功能涵盖了数据采集、疲劳分析以及实验室疲劳模拟三个工程疲劳设计的主要领域。nSoft 主要由核心模块 nSoft-E、nSoft-E 扩充模块、疲劳分析模块 Fatimas 和疲劳实验室数据分析系统 TestLab 组成。

8. VPG 软件

VPG 软件是 2001 年由美国 ETA 公司开发出的整车仿真软件。该软件可模拟汽车在搓板路、石块路、卵石路、扭曲路等试验场路面上的试验；可模拟汽车碰撞安全试验，软件中集成了汽车各总成（悬架、轮胎等）、试验场路面的模型数据库，还集成了各种假人、壁障和冲击锤的标准模型。

11.3 汽车虚拟试验的应用

在汽车试验中，大部分试验可进行虚拟试验。汽车虚拟试验的过程是先建模，再进行虚拟试验，最后分析和验证试验结果。

1. 汽车动力性与经济性虚拟试验

基于 CRUISE 软件的汽车动力性与燃油经济性虚拟试验的基本步骤如下。

（1）整车仿真模型的建立

1）结构模型的建立。将整车模块（Vehicle）、发动机模块（Engine）、传动轴模块（Shaft）、主减速器模块（Single Ratio）、离合器模块（Clutch）、制动器模块（Brake）、变速器模块（Gear Box）、驾驶室模块（Cockpit）、差速器模块（Differential）及车轮模块

(Wheel) 等从 CRUISE 模型库中拖到建模窗口，并建立各模块间的连接关系，就可建立整车仿真所需模型。

2）各模块参数的输入。在输入模板中输入各模块参数。需要输入的各模块参数主要有整车的迎风面积、空载质量和阻力系数；主减速器的传动比及传动效率；发动机的外特性曲线；变速器各档的传动比及传动效率；旋转部件的转动惯量；燃油消耗量 MAP 图；轮胎的滚动阻力系数以及离合器接合过程规律等。各模块参数来自试验的车辆。发动机的外特性曲线可由试验车辆的发动机在发动机试验台上测得。要使仿真结果准确可靠，需要在相应的模块中输入大量的试验数据，并通过仿真计算及相关性分析对输入数据进行修正。各模块参数正确与否，直接影响虚拟试验的结果及与真实试验的接近程度或精度。

3）仿真计算模式的选择。在 CRUISE 软件中，有多种计算模式可供用户选择。就算法来说有稳态计算、准稳态计算和瞬态计算三类；就计算种类而言有简单计算、组合计算、矩阵复合计算和批处理计算四类。每种计算模式都有各自的运算范围和计算特点，使用者可在汽车理论、汽车构造、汽车设计和汽车试验学等的基础上，根据计算需要，选择相应的计算模式。

（2）动力性与经济性虚拟试验实现　在整车仿真模型建立后，要按照自己的仿真需要对该车型的动力性和经济性计算任务进行定义。CRUISE 软件提供的计算任务主要有最高车速、加速性能、爬坡性能、最大牵引力、经济性、制动和滑行性能等。

在 CRUISE 软件中，对所建立的仿真模型进行动力性虚拟试验，就可完成车辆的最高车速、加速性能和爬坡性能的虚拟试验，获得最高车速、加速时间和最大爬坡度等虚拟试验结果。通过燃油经济性虚拟试验，就可获取一定工况下汽车行驶百公里的燃油消耗量或一定燃油消耗量能使汽车行驶的里程等参数。为了避免单一工况下燃油消耗量的仿真结果不全面的弊端，还可获得由等速、加速、减速和怠速工况组成的多工况循环行驶百公里的燃油消耗量。

（3）试验结果的分析与验证　获得虚拟试验结果后，可在汽车构造、汽车理论、汽车设计、汽车动力学和汽车试验学等的基础上，根据计算需要，对虚拟试验结果可信度进行分析。如有必要，做汽车的动力性和经济性的实测试验，对比真实试验结果与虚拟试验结果，以验证所建仿真模型的合理性和虚拟试验结果的正确性。在试验验证中，要注意真实试验与虚拟试验的试验条件的差异，如侧向风、路面不平度的影响等。

2. 汽车制动性虚拟试验

汽车制动性虚拟试验主要由 ADAMS 软件和 MATLAB 软件联合仿真来实现。通常在 AD-AMS/View 模块或在 ADAMS/Car 模块中建立多自由度的整车仿真模型，而在 MATLAB/Simu-link 模块中建立 ABS 的控制模型，然后将 ABS 控制模型的仿真数据文件导入 ADAMS 软件中，进行整车多体系统动力学仿真。汽车制动性虚拟试验的基本步骤如下。

（1）整车仿真模型的建立　在多体动力学软件 ADAMS/View 模块中建立多自由度的多体动力学整车仿真模型，该模型主要由车身、轮胎、前后悬架、转向机构、横向拉杆和传动系等子系统组成。在对各子系统建立几何模型时，还要依据各零部件的实际约束状况建立各子系统间的约束。进行整车模型制动性虚拟试验时，需要输入的参数主要有质量参数、几何参数、路谱文件、轮胎特性参数以及驱动力矩和制动力矩等力学特性参数。

整车仿真模型和参数的准确与否直接影响整车仿真模拟的精度，整车仿真模型来自汽车构造，质量参数、几何参数、轮胎特性参数等仿真参数来自汽车的参数，路谱文件来自路谱测试或调用系统中的路谱。

（2）制动性虚拟试验实现

1）直线制动和转弯制动虚拟试验。汽车的制动性可按直线制动和转弯制动两类进行研究，其中，直线制动可分为起步加速、匀速行驶和制动三个试验研究阶段；转弯制动可分为起步加速、转弯、匀速行驶和制动四个试验研究阶段。

直线制动虚拟试验的实现过程如下：起步加速阶段虚拟试验通过在变速器输入轴或主减速器上施加驱动力矩，或者在传动轴输入端的旋转副上施加驱动力矩来实现；匀速行驶阶段可利用驱动力矩、驱动函数和 IMPACT 函数来控制汽车匀速行驶，进而进行虚拟试验；制动阶段虚拟试验的实现通过两种途径来进行：一种是通过在主减速器上施加反力矩来抑制主减速齿轮转动的方式，另一种是分别对前后轮施加制动力矩来达到停车的目的。转弯制动虚拟试验几个阶段的试验方法都可以按照直线制动虚拟试验相应阶段的方法进行。

2）防抱制动系统（ABS）虚拟试验。通过 ADAMS 软件的 Controls 模块，可对 ADAMS 模型施加复杂的控制，实现 ADAMS 软件中的系统动力学模型和 MATLAB/Simulink 模块中控制模型的联合仿真。在与 ADAMS 软件结合以前，需要先在 MATLAB/Simulink 模块中建立以滑移率为参数的控制系统，然后将 MATLAB/Simulink 模块中输出的文件导入 ADAMS 软件中，最后在 ADAMS 软件中进行防抱制动系统与系统动力学模型的联合仿真，以实现 ABS 的实时控制功能。

ABS 虚拟试验主要进行车速与制动距离的仿真、ABS 控制系统的通道数对汽车制动方向稳定性和制动距离的影响。

（3）试验结果的分析与验证　获得虚拟试验结果后，可在汽车构造、汽车理论、汽车动力学、汽车设计和汽车试验学等的基础上，根据计算需要，对虚拟试验结果可信度进行分析。如有必要，做汽车制动性的真实试验，对比真实试验与虚拟试验的结果，以验证所建仿真模型的合理性和虚拟试验结果的正确性。在试验验证中，要注意真实试验与虚拟试验的试验条件的差异，如侧向风、附着系数的影响等。

例 11-1　基于 ADAMS 软件的汽车制动性虚拟试验。首先在 ADAMS/Car 下建立整车三维实体模型，如图 11-1 所示。根据机动车运行安全技术条件，设置仿真条件，汽车在附着系数不小于 0.7 的路面上以 50km/h 的初始速度紧急制动，试验通道的宽度为 2.5m，得汽车制动距离曲线，如图 11-2 所示。

3. 汽车操纵稳定性虚拟试验

基于 ADAMS 软件的操纵稳定性虚拟试验的基本步骤如下。

（1）建立汽车操纵稳定性的动力学模型　利

图 11-1　整车三维实体模型

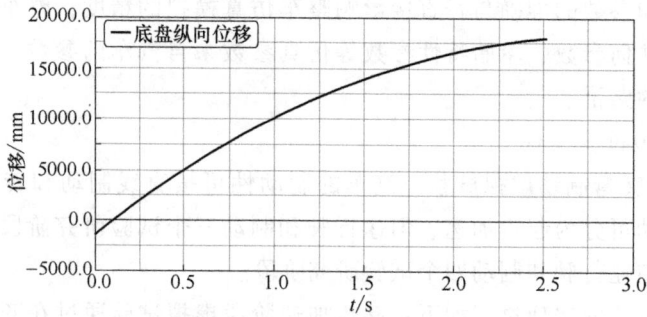

图 11-2　汽车制动距离曲线

用多体系统动力学软件 ADAMS/Car，采用参数化建模方法建立汽车操纵稳定性的动力学模型。将整车分为前悬架、后悬架、转向系统、制动系统、车身系统、轮胎等模块，分别建立各个子模块的虚拟样机模型，再将各子模块装配成整车模型，从而建立起汽车操纵稳定性的动力学模型。

（2）建立汽车虚拟试验场模型　在路面模型中选择虚拟试验场。虚拟试验场是与用户最直接接触的部分，逼真的虚拟试验场景能真实地反映实际的实车状态，更容易使用户产生"身临其境"的感觉，有助于沉浸感；对场景进行光照、雾化、纹理映射等描述，可以形成较好的视觉感受。

（3）汽车操纵稳定性虚拟试验实现　在汽车操纵稳定性虚拟试验中，通过模型的输入信号，驱动虚拟试验场景中的虚拟汽车模型，使汽车做出在该输入信号下的响应，实现汽车操纵稳定性虚拟试验。可根据 GB/T 6323—2014《汽车操纵稳定性试验方法》，对虚拟汽车模型输入信号，进行转向盘角阶跃输入、转向盘角脉冲输入、转向回正、稳态回转、转向轻便性和蛇行虚拟试验。

例 11-2　采用定转向盘转角试验法的汽车稳态转向虚拟试验。先让汽车沿半径为 15m 的圆周缓慢行驶，保持转向盘转角不变，使汽车缓慢而均匀地加速，纵向加速度小于 0.25m/s² ，当侧向加速度达到 6.5m/s² 时，停止虚拟试验，从显示器上可得图 11-3 所示的汽车操纵稳定性动力学模型、图 11-4 所示的汽车纵向车速和横摆角速度曲线、图 11-5 所示的汽车瞬态转弯半径 R 曲线。

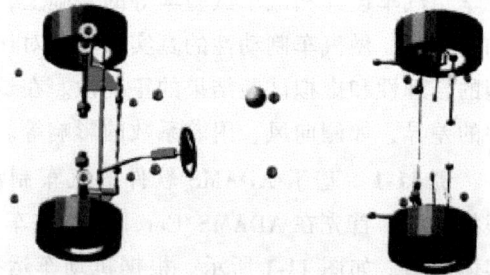

图 11-3　汽车操纵稳定性动力学模型

4. 汽车平顺性虚拟试验

汽车平顺性虚拟试验可基于 VPG 软件或 ADAMS 软件开展试验工作，与汽车操纵稳定性虚拟试验的方法相似。首先，建立包括乘员在内的试验汽车的三维实体模型；其次，建立虚拟试验场的场景模型，场景模型范围的大小要满足试验车辆行驶距离的要求，不同的道路应有不同的道路场景，如随机路面道路场景、波形路面道路场景、比利时路面道路场景等，以及凹陷、凸起等；然后，可以采用实车道路试验和平顺性动力学模型两种方法获得汽车平顺性动力学的数据，在虚拟试验开发平台上对虚拟试验的各种资源进行编程调用，或根据 GB/T 4970—2009《汽车平顺性试验方法》，对虚拟汽车模型输入信号，实现汽车平顺性虚拟试验，在显示器上显示汽车平顺性试验数据。

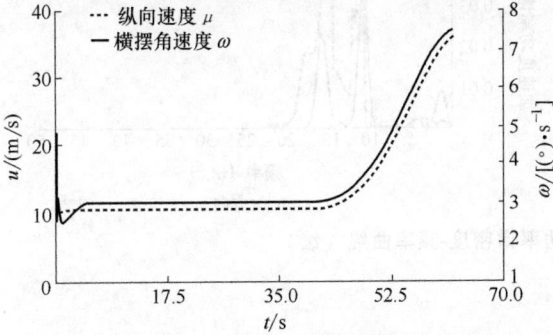

图 11-4　汽车纵向车速和横摆角速度曲线

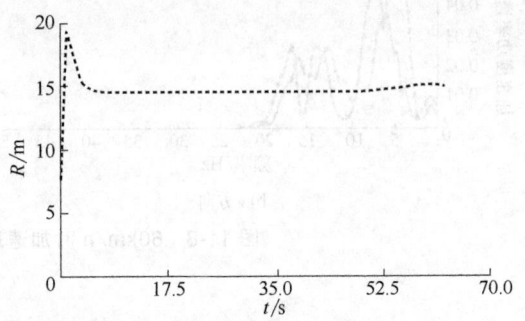

图 11-5　汽车瞬态转弯半径 R 曲线

例 11-3　基于 VPG 虚拟试验场软件的汽车稳态转向虚拟试验。建立整车的三维实体模型，将白车身、悬架、轮胎及其他部件进行合理装配，即可得到整车刚弹耦合有限元模型，如图 11-6 所示。根据汽车平顺性试验方法，采用三角形凸块对路面脉冲激励进行描述，采集驾驶人座椅下方地板和座椅上的加速度信号，得脉冲激励下最大加速度响应值车速特性，如图 11-7 所示。采用随机路面建模对路面激励进行描述，取车速为 60km/h，得 60km/h 时加速度功率谱密度-频率曲线，如图 11-8 所示。

图 11-6　整车刚弹耦合有限元模型

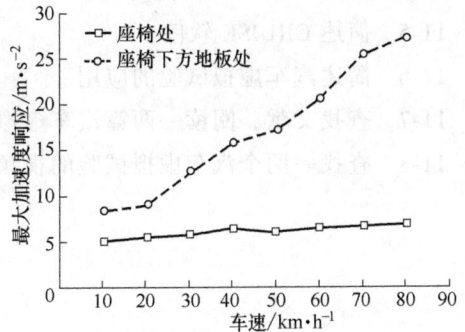

图 11-7　脉冲激励下最大加速度响应值车速特性

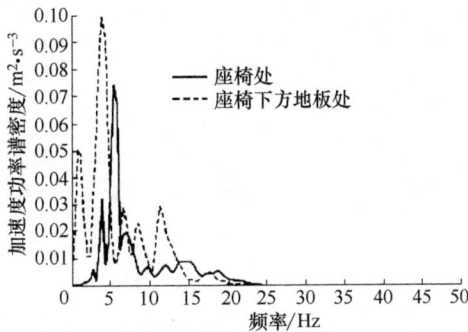

a) x 方向

图 11-8　60km/h 时加速度功率谱密度-频率曲线

b) y 方向

c) z 方向

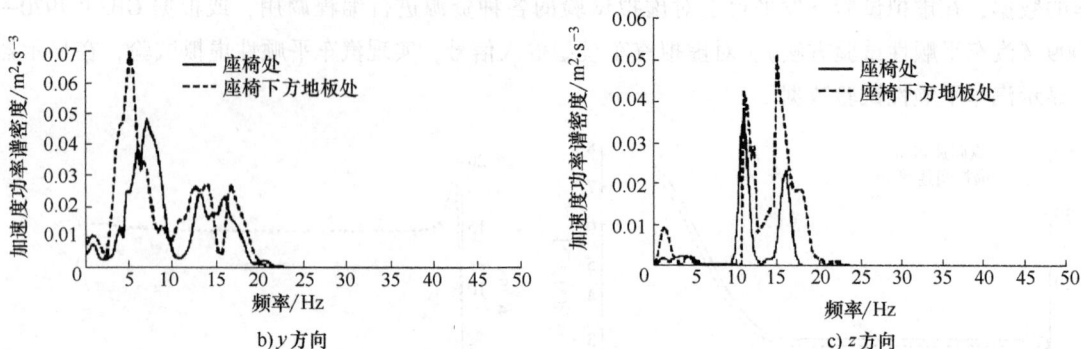

图 11-8　60km/h 时加速度功率谱密度-频率曲线（续）

习　题

11-1　简述汽车虚拟试验的概念。

11-2　汽车虚拟试验是否是真实试验？

11-3　汽车虚拟试验中有哪些常用软件？

11-4　简述 ADAMS 软件。

11-5　简述 CRUISE 软件。

11-6　简述汽车虚拟试验的应用。

11-7　查找文献，阅读一两篇汽车虚拟试验的文献，介绍其主要内容。

11-8　查找一两个汽车虚拟试验的视频，与班级同学交流。

参 考 文 献

[1] 朱冰，杨志华. 汽车试验学 [M]. 2版. 北京：机械工业出版社，2023.

[2] 徐晓美，万亦强. 汽车试验学 [M]. 北京：机械工业出版社，2013.

[3] 张代胜. 新能源汽车试验学 [M]. 北京：机械工业出版社，2022.

[4] 何耀华. 汽车试验技术 [M]. 2版. 北京：机械工业出版社，2019.

[5] 余志生. 汽车理论 [M]. 6版. 北京：机械工业出版社，2018.

[6] 唐岚. 汽车工程测试技术基础 [M]. 北京：机械工业出版社，2021.

[7] 吴建平，彭颖. 传感器原理及应用 [M]. 4版. 北京：机械工业出版社，2021.

[8] 陈庆. 传感器原理与应用 [M]. 北京：清华大学出版社，2021.

[9] 朱幼莲. 数字电子技术 [M]. 2版. 北京：机械工业出版社，2019.

[10] 邹虹. 数字电路与逻辑设计 [M]. 2版. 北京：人民邮电出版社，2017.

[11] 傅立敏. 汽车空气动力学 [M]. 北京：机械工业出版社，2006.

[12] 王建. 汽车测试技术 [M]. 北京：清华大学出版社，2019.

[13] 崔胜民. 智能网联汽车技术 [M]. 北京：机械工业出版社，2021.

[14] 杨殿阁，黄晋，江昆，等. 汽车自动驾驶 [M]. 北京：清华大学出版社，2022.

[15] 杨殿阁，黄晋，江昆，等. 汽车自动驾驶：实验 [M]. 北京：清华大学出版社，2022.

[16] 李克强，王建强，许庆. 智能网联汽车 [M]. 北京：清华大学出版社，2022.

[17] 王建. 智能车辆技术基础 [M]. 北京：清华大学出版社，2021.

[18] 宋强，等. 电动汽车电机系统原理与测试技术 [M]. 北京：机械工业出版社，2016.

[19] 冯金芝，胡学坤，郑松林，等. 轿车操纵稳定性的虚拟试验研究 [J]. 上海理工大学学报，2013，35（1）：65-70.

[20] 吴光强，方园. 汽车平顺性时域仿真分析 [J]. 汽车技术，2007 (2)：8-11.

[21] WANG Y C, GONG J W, WANG B Y, et al. Off-road testing scenario design and library generation for intelligent vehicles [J]. Green Energy and Intelligent Transportation, 2022 (3)：1-12.

[22] MOHAMED A, MUSBAHU M, SIMON L, et al. A rapid capacity evaluation of retired electric vehicle battery modules using partial discharge test [J]. Journal of Energy Storage, 2022, 50：1-10.

[23] 许兆棠，丁涛，吉河波，等. 双缸非平行驱动汽车驻车坡度角检测系统：CN201610638754.9 [P]. 2019-06-11.